全过程工程咨询实践与案例丛书

房屋建筑工程
全过程工程咨询实践与案例

浙江江南工程管理股份有限公司　编

李　冬　胡新赞　陶升健　主编

中国建筑工业出版社

图书在版编目（CIP）数据

房屋建筑工程全过程工程咨询实践与案例／浙江江南工程管理股份有限公司编．— 北京：中国建筑工业出版社，2020.6（2023.7 重印）
（全过程工程咨询实践与案例丛书）
ISBN 978-7-112-25122-3

Ⅰ．①房…　Ⅱ．①浙…　Ⅲ．①建筑工程—咨询服务—案例
Ⅳ．① F407.9

中国版本图书馆 CIP 数据核字（2020）第 079643 号

　　本书以全过程工程咨询体系的建立作为切入点，收编了国内多项有代表性的房屋建筑工程全过程咨询管理实践案例，辅以管理成效分析，深入浅出，案例真实、数据翔实，具有较高的学术研究和实际应用价值。

　　实践案例以中山大学·深圳建设工程全过程工程咨询项目为主，重点从项目策划、设计管理、招标采购管理、进度控制、投资控制、合同管理、BIM 技术管理、建筑工业化应用、创优管理、验收移交管理等方面进行详细论述，涵盖项目建设全过程、全方位管理内容。该项目在建设期间，管理成效突出，获得的好评如潮，本书也收录了其部分案例以飨读者。本书还为读者选择了文化场馆、医疗卫生、综合体工程、体育场馆等项目实施案例，可以满足更加广泛工程建设者需求。本书注重理论与实践相结合，在剖析案例的基础上，还摘录了全过程工程咨询有关工作指南内容，对全过程工程咨询业务的开展具有较强的指导性、实操性。本书可供咨询服务单位、相关领域学生、研究机构、建设单位、政府有关部门等参考使用。

责任编辑：封　毅
责任校对：姜小莲

全过程工程咨询实践与案例丛书

房屋建筑工程全过程工程咨询实践与案例
浙江江南工程管理股份有限公司　编
李　冬　胡新赞　陶升健　主编
*
中国建筑工业出版社出版、发行（北京海淀三里河路9号）
各地新华书店、建筑书店经销
北京点击世代文化传媒有限公司制版
建工社（河北）印刷有限公司印刷
*
开本：787×1092毫米　1/16　印张：28¼　字数：617千字
2020年7月第一版　2023年7月第四次印刷
定价：78.00 元
ISBN 978-7-112-25122-3
（35902）

本书编委会

总策划： 李建军

主　编： 李　冬　胡新赞　陶升健

副主编 高　辉　王　鑫　袁剑辉　谷金省　韩仲凯

编　委：（按姓氏笔画排序）

干汗锋　王金生　王翌明　石　晶　乐安安

邢邦宝　师为会　刘严征　许　冰　李百新

李　明　李晓庆　宋志刚　张世慧　张启明

张　炜　张　威　张静玉　陈飞龙　陈伟军

范金诚　林志军　周　婷　赵京宇　赵建恩

胡　瑶　段武君　洪　江　袁新云　耿忠平

耿　蕾　党兰英　钱英育　钱　铮　崔立新

彭公俊　彭明阳　曾桂萍　蔡利平　裴　仰

谭清清

校　对： 周　婷　范金诚　章　楠　程宝龙　杨慕强

序 一

随着国民经济的高速发展，中国建筑业的技术能力、管理水平得到了大幅度的提升。为进一步促进行业的可持续健康发展，政府主管部门不断探索创新，相继推出工程总承包、建筑师负责制、全过程工程咨询等模式。由此看出，建筑业在重视技术创新的同时，管理模式也在不断优化。

一个好的工程，必须有一个稳固的基础；工程咨询便可作为建设项目的"指路人"，以工程技术为基础，结合多学科知识及积累的工程经验，为建设项目提供科学有效的咨询与管理服务。传统的工程咨询模式呈现出碎片化、单一性、多方参与等特点，全过程工程咨询管理模式通过一家单位整体把控工程建设全产业链，高度整合、有效融合各咨询服务模块，变外部协调为内部协调，提高了投资决策水平，有效降低服务成本，同步提升工程建设质量和管理效率。

回顾 2017 年以来政府主管部门发布的有关文件，可以感受到国家推动全过程工程咨询这种创新型服务模式的决心。例如，《国务院办公厅关于促进建筑业持续健康发展的意见》（国办发〔2017〕19 号，2017 年 2 月国务院办公厅印发），在"完善工程建设组织模式"条款中提出"培育全过程工程咨询"；《住房城乡建设部关于开展全过程工程咨询试点工作的通知》（建市〔2017〕101 号，2017 年 5 月 2 日中华人民共和国住房和城乡建设部发布），推出 40 家代表企业为第一批试点单位，开展为期两年的全过程工程咨询试点工作；《国家发展改革委 住房城乡建设部关于推进全过程工程咨询服务发展的指导意见》（发改投资规〔2019〕515 号，2019 年 3 月 15 日发布），提出在房屋建筑和市政基础设施领域推进全过程工程咨询服务发展，以完善工程建设组织模式，推动工程高质量发展。

伴随着全过程工程咨询政策的推出，试点项目陆续落地。经过两年多的实践，虽然全过程工程咨询在行业的认可度不断提升，但仍处于政策引导和初步发展阶段。一方面，现阶段推行的全过程工程咨询项目多为政府投资的大型公建项目，投资规模大、功能复杂，相对比较适合展示全过程工程咨询的管理能力；另一方面，全过程工程咨询企业也处于转型探索阶段，很多企业缺少切实可行的管理经验和满足工作需求的复合型职业经理人，较难体现社会各方期望的全过程工程咨询单位应该达到的管理成效。

因此，全过程工程咨询初步发展阶段，项目实践经验的总结与分享显得尤为重要。

浙江江南工程管理股份有限公司作为国内转型全过程工程咨询较为成功的企业，敢为人先、实干在先、创新争先，组织编写了《房屋建筑工程全过程工程咨询实践与案例》一书，把全过程工程咨询项目实践进行了系统的、全面的总结。此书是试点单位对全过程工程咨询试点项目实践经验总结的力作，具有较高的指导意义，尤其对全过程工程咨询业务发展初期的企业和正在开展全过程工程咨询业务的咨询师来说，值得推荐阅读。

未来，我们应以创新引领，不断深入项目实践，总结实践经验，完善相关理论与实践体系，培养专业的管理人才，促进全过程工程咨询行业持续发展，提升建筑咨询行业服务价值，进而让建筑业与我国经济一起蓬勃发展。

中国工程院院士

浙江大学教授　董石麟

序 二

从文明诞生起，建筑业就一直与人类社会的进步相伴相随。在中国，改革开放以来的建筑业更是蓬勃发展，早已成为国民经济的支柱产业之一。在经济发展新常态下，以创新、绿色、开放、共享为发展理念，中国建筑业的发展与改革也在持续深化。但耀眼的成绩下存在着不容忽视的事实——我国建筑业现状仍然是大而不强，工程咨询服务缺乏整合，工程建设组织方式相对传统。2017年，国务院办公厅发布《关于促进建筑业持续健康发展的意见》，明确提出培育全过程工程咨询，将工程建设组织由传统模式转向全过程工程咨询模式，对项目建设各服务阶段和服务内容整合为全生命周期的一体化专业咨询服务。政府投资工程带头推行全过程工程咨询，统筹、科学、高效，最大限度地实现工程建设的综合目标。

当前，为适应行业发展趋势和市场需求，建筑业企业积极响应政府号召，主动谋求转型升级，以自身服务主业为起点，把原来分割的业务环节和业务板块串联起来，延伸服务范围，开展多元化服务。在这个过程中，如何提升能力，如何转型升级，成为新模式下各行业企业新的使命和新的挑战，需要持续不断的实践和探索。在这样的背景下，对某些示范项目进行分析、思考、提炼和总结，形成可复制可推广的经验，从而辐射带动行业全面的创新和提升，就显得意义重大。《房屋建筑工程全过程工程咨询实践与案例》一书在这方面做了很有益的尝试。

作为国家全过程工程咨询试点企业的浙江江南工程管理股份有限公司，紧抓时代机遇，积极主动投身于行业的改革和探索，通过项目实践，案例示范，在全过程工程咨询模式运用上已经积累和沉淀了丰富的经验。特别是以深圳地区为一个实行全过程工程咨询的标杆项目为载体，通过对项目统分结合的具体操作剖析，系统全面地诠释了全过程工程咨询的理念和含义。该项目咨询工作的过程和成果被全国同行密切关注、广泛调研和深度观摩。由于其源于工程实践，经受了市场检验，赢得了业界口碑，取得了丰硕成果，并且在提炼和总结时去芜存菁，因此本书对开展全过程工程咨询具有很高的参考价值和指导意义。

全过程工程咨询概念提出至今已历三年，通过有效的政府引导和市场培育，目前为建筑业产业结构调整和供给侧改革开了个好局。积极推行全过程工程咨询，促进企业调整经营与业务结构，通过市场竞争实现优胜劣汰，是工程咨询企业增强企业活力和综合实力，顺应趋势和适应市场的重要途径。这是一项长期的工作，需要全行业不断向纵深方向探索和实践。

借着为本书作序之际，我衷心希望全体咨询人发挥智慧，群策群力，主动转型升级，不断创新变革，提升我国建筑业管理的能力与水平，适应中国咨询业国际化发展需求。

中国建设监理协会会长 王早生

2020 年 3 月

前 言

2017年2月，国务院办公厅颁布《关于促进建筑业持续健康发展的意见》（国办发〔2017〕19号），提出鼓励、发展、推广全过程工程咨询，要求政府投资工程应带头推行全过程工程咨询，鼓励非政府投资工程委托全过程工程咨询服务。2019年3月，国家发展改革委、住房城乡建设部联合印发的《关于推进全过程工程咨询服务发展的指导意见》指出，在房屋建筑和市政基础设施领域推进全过程工程咨询服务发展，以完善工程建设组织模式，推动工程高质量发展。

作为试点企业之一，浙江江南工程管理股份有限公司以不同的服务形式承接了大量不同专业类型项目的全过程工程咨询，包括房屋建筑、水利工程、市政基础设施工程等，其中房屋建筑工程类项目占了绝大多数。通过全过程工程咨询的实践，企业培养了一大批全过程工程咨询管理人才，积累了大量的管理经验和教训。

目前，全过程工程咨询尚处于发展阶段，管理经验有待不断地总结与分享，特别是以具体项目系统性的全过程工程咨询实施案例为基础的经验分享并不多。为此，公司成立了课题组，专门结合项目实施过程中积累的经验和教训，编制成全过程工程咨询实践与案例系列丛书。之前，《水利项目全过程工程咨询实践与案例》已完成出版，课题组本次主要是以房屋建筑工程为主，以理论研究结合实践案例，达到在实际工程中应用理论和指导实践的作用，具有较强的实用价值。本书首先介绍了全过程工程咨询有关概论，然后以中山大学·深圳建设项目全过程工程咨询的实施为主要案例，对项目具体实施策划以及各个专项管理实施方案予以总结，将实际成果与同行们共同分享；同时本书还选取了公司其他不同功能类型的房屋建筑工程案例，如文化场馆、医院、综合体、体育场馆等，展示其全过程工程咨询实际的管理成效和经验教训；最后，课题组对公司内部编制的各个专项管理工作指南进行了摘录和汇总，供各位读者借鉴和参考，期望与同行们一起提高全过程工程咨询的专业化和规范化水平。

本书通过分析全过程工程咨询取得的效果，佐证全过程工程咨询的优势，通过实证研究，证明了推行全过程工程咨询模式有利于投资决策科学、功能设计优化、工程品质提升、建设工期合理。内容更加丰富、新颖、并更具有说服力和指导性。

本书参编人员包括公司全过程工程咨询服务资深专家、公司机关相关研究人员和项目一线员工等，既有理论基础，又有较高的可实施性、可操作性，可用于指导工程项目全过程工程咨询服务各工作内容的开展，也可作房屋建筑工程管理类学生参考用书。

由于本书编制时间紧，书中内容如有不足之处，衷心期待各位专家、学者及广大读者提出宝贵的意见和建议，以便再版时改正修订。

浙江江南工程管理股份有限公司董事长

2020 年 3 月

目 录

第 1 篇

全过程工程咨询管理概论

本篇结合全过程工程咨询有关术语，对全过程工程咨询模式予以概括性描述，研判了房屋建筑工程采用全过程工程咨询模式的必然发展趋势，分析了开展全过程工程咨询服务的基本能力要求，并简要阐述了与房屋建筑工程全过程工程咨询有关的专项咨询工作内容。通过本篇的介绍，可以使读者对全过程工程咨询的实施有初步了解。

第1章　全过程工程咨询概述

1.1　全过程工程咨询术语

1.1.1　专业术语

1. 全过程工程咨询 Whole-process project consultation

是指对包括项目决策、工程建设、项目运营三个阶段的建设项目全生命周期提供组织、管理、经济和技术等各有关方面的工程咨询服务，包括项目的全过程工程项目管理以及投资咨询、勘察、设计、造价咨询、招标代理、监理、运行维护咨询以及 BIM 咨询等专业咨询服务。全过程工程咨询服务可采用多种组织方式，由投资人授权一家单位负责或牵头，为项目决策至运营持续提供局部或整体解决方案以及管理服务[①]。

2. 总咨询工程师 Director of project consultation

是指由全过程工程咨询企业法定代表人书面授权，履行合同、主持全过程工程咨询服务机构工作的负责人。总咨询工程师作为全过程工程咨询项目负责人，应具备咨询工程师、建筑师、结构工程师、其他勘察设计类工程师、造价工程师、监理工程师、建造师等一项或多项国家类（一级）注册执业资格，具备相应专业的副高级及以上专业职称，并具有类似工程咨询经验。

3. 专业咨询项目负责人 Project leader of professional consultation

是指由专业咨询企业委派，具备相应资格和能力、主持相应专业咨询服务工作的负责人。

专业咨询项目负责人应具备咨询工程师、建筑师、结构工程师、其他勘察设计类工程师、造价工程师、监理工程师、建造师等一项或多项国家类（一级）注册执业资格或具有工程类、工程经济类中、高级职称，并具有类似专业咨询经验[②]。

[①] 广东省住房和城市建设厅.广东省住房和城乡建设厅关于征求《建设项目全过程工程咨询服务指引（咨询企业版）（征求意见稿）》和《建设项目全过程工程咨询服务指引（投资人版）（征求意见稿）》意见的函（粤建市商〔2018〕26 号）[Z].2018.

[②] 陕西省住房和城市建设厅.关于印发《陕西省全过程工程咨询服务导则（试行）》《陕西省全过程工程咨询服务合同示范文本（试行）》的通知（陕建发〔2019〕1007 号）[Z].2019.

1.1.2　相关术语

1. 建设项目 Construction project

为完成依法立项的新建、扩建、改建工程而进行的、有起止日期的、达到规定要求的一组相互关联的受控活动，包括全过程工程项目管理、投资咨询、勘察、设计、造价咨询、招标代理、监理等工作。

2. 工程监理 Construction supervision

受项目建设单位委托，根据法律法规、工程建设标准、勘察设计文件及合同，在施工阶段对工程质量、进度、造价进行控制，对合同、信息进行管理，对工程建设相关方的关系进行协调，并履行工程安全生产管理法定职责的服务活动。

3. 工程项目管理 Construction project management

咨询单位受项目建设单位的委托，在项目实施的全过程或分阶段实施过程中，通过项目策划和项目控制，努力实现项目投资目标、进度目标和质量目标的专业化管理和服务活动。

4. 项目管理策划 Project management planning

为达到项目管理目标，在调查、分析有关信息的基础之上，遵循一定的程序，对未来（某项）工作进行全面的构思和安排，制定和选择合理可行的执行方案，并根据目标要求和环境变化对方案进行修改、调整的活动。

5. 投资管理 Tendering management

为实现中标目的，按照招标文件规定的要求向招标人递交投标文件所进行的计划、组织、指挥、协调和控制等活动。

6. 采购管理 Procurement management

对项目的勘察、设计、施工、监理、供应等产品和服务的采购业务过程进行的计划、组织、指挥、协调和控制等活动。

7. 合同管理 Contract management

对项目合同的编制、定力、履行、变更、索赔、争议处理和终止等管理活动。

8. 项目设计管理 Project design management

对项目勘察、设计工作开展的计划、组织、指挥、协调和控制等活动。

9. 项目技术管理 Project technical management

对项目技术工作进行的计划、组织、指挥、协调和控制等活动。

10. 进度管理 Schedule management

为实现项目的进度目标而进行的计划、组织、指挥、协调和控制等活动。

11. 质量管理 Quality management

为确保项目的质量特性满足要求而进行的计划、组织、指挥、协调和控制等活动。

12. 资源管理 Resources management

对项目所需人力、材料、机具、设备和资金等进行的计划、组织、指挥、协调和控制等活动。

13. 信息管理 Information management

对项目信息的收集、整理、分析、处理、存储、传递和使用等活动。

14. 沟通管理 Communication management

对项目内外部关系的协调及信息交流所进行的策划、组织和控制等活动。

15. 风险管理 Risk management

对项目风险进行识别、分析、应对和监控的活动。

16. 收尾管理 Closing stage management

对项目的收尾、试运行、竣工结算、回访保修、对项目总结等进行的计划、组织、协调和控制等活动。

17. 项目后评价 Project post-evaluation

在项目建设完成并投入使用或运营一定时间后，对照项目可行性研究报告及审批文件的主要内容，与项目建成后所达到的实际效果进行对比分析，找出差距及原因，总结经验教训，提出相应对策建议，以达到提高投资决策水平和投资效益的活动。

18. 绿色建筑 Green building

在全寿命期内，节约资源、保护环境、减少污染，为人们提供健康、适用、高效的使用空间，最大限度地实现人与自然和谐共生的高质量建筑[①]。

1.2　工程咨询概述

1.2.1　工程咨询

咨询是运用知识、技能、经验、信息提供服务的脑力劳动，旨在为他人出谋划策，解决疑难问题。因此，咨询活动是一种智力活动，咨询服务是一种智力服务。工程咨询作为广义咨询中的一个重要分支，有其特定的含义。工程咨询是遵循独立、公正、科学的原则，综合运用多学科知识、工程实践经验、现代科学和管理方法，在经济社会发展、境内外投资建设项目决策与实施活动中，为投资者和政府部门提供阶段性或全过程咨询和管理的智力服务[②]。

1.2.2　工程咨询的服务范围

依据国家发展和改革委员会 2017 年 11 月 6 日第 9 号令《工程咨询行业管理办法》，工程咨询的服务范围主要包括：

（1）规划咨询：含总体规划、专项规划、区域规划及行业规划的编制；

（2）项目咨询：含项目投资机会研究、投融资策划，项目建议书（预可行性研究）、

---

① GB/T 50378—2019，绿色建筑评价标准 [S]. 北京：中国建筑工业出版社，2019.

② 国家发展改革委. 中华人民共和国国家发展改革委员会令（第 9 号）[Z].2017.

项目可行性研究报告、项目申请报告、资金申请报告的编制,政府和社会资本合作(PPP)项目咨询等;

(3)评估咨询:各级政府及有关部门委托的对规划、项目建议书、可行性研究报告、项目申请报告、资金申请报告、PPP项目实施方案、初步设计的评估,规划和项目中期评价、后评价,项目概预决算审查,及其他履行投资管理职能所需的专业技术服务;

(4)全过程工程咨询:采用多种服务方式组合,为项目决策、实施和运营持续提供局部或整体解决方案以及管理服务。有关工程设计、工程造价、工程监理等资格,由国务院有关主管部门认定。

1.3 全过程工程咨询概述

1.3.1 全过程工程咨询理解

全过程工程咨询的提出与推广是转变建筑业经济增长方式的需要,是促进工程建设实施组织方式变革的需求,是政府职能转变的需求,是提高项目投资决策科学性、提高投资效益和确保工程质量的需要,是实现工程咨询企业转型升级的需求,也是推进工程咨询行业国际化发展的战略需求。

2017年2月,国务院办公厅发布了《关于促进建筑业持续健康发展的意见》(国办发〔2017〕19号),提出了"完善工程建设组织模式培育全过程工程咨询。鼓励投资咨询、勘察设计、监理、招标代理、造价等企业采取联合经营、并购重组等方式发展全过程工程咨询,培育一批具有国际水平的全过程工程咨询企业"。同年,住房城乡建设部在全国推行全过程工程咨询试点工作,40家试点企业位列其中。

2019年3月15日,国家发展改革委、住房城乡建设部共同发出了《关于推进全过程工程咨询服务发展的指导意见》(发改投资规〔2019〕515号),要遵循项目周期规律和建设程序的客观要求,在项目决策和建设实施两个阶段,着力破除制度性障碍,重点培育发展。投资决策综合性工程咨询和工程建设全过程咨询,为固定资产投资及工程建设活动提供高质量智力技术服务,全面提升投资效益、工程建设质量和运营效率,推动高质量发展。

全过程工程咨询服务的推行,打破了传统模式下工程咨询服务松散状、碎片化的现状,实现项目的集成化管理,达到提升项目投资效益的效果;有利于完善项目建设组织管理模式,有利于促进工程咨询行业转型升级,有利于工程咨询企业水平和能力的提升,有利于工程咨询行业人才队伍的建设和综合素质的高水平建设,有利于建筑师制度的推动;有利于工程咨询业的国际化发展。

1.3.2 全过程工程咨询服务范围及内容

全过程工程咨询的服务范围是投资项目的全寿命周期,包括决策阶段、实施阶段(设计施工）和运营阶段，具体由委托合同确定^①。

全过程工程咨询的服务内容是合同委托范围内的全过程、全方位的实施策划、控制和协调，以及单项或多项组合专业工程咨询。因此，可将全过程工程咨询服务内容以"1+N+X"的基本模式来表达："1"是指全过程工程项目管理咨询；"N"代表全过程工程咨询单位自己承担的项目专项服务（立项咨询、评估咨询、勘察、设计、项目策划、招标采购、造价咨询、工程监理等），N>1；"X"是非全过程工程咨询单位承担，但由全过程工程咨询单位管理和协调的外部专项服务^②。

工程项目管理的范围与内容，根据《建设工程项目管理试行办法》（建设部建市〔2004〕200号）的规定，具体范围如表1.3-1所示。

建设工程项目管理的范围与内容 表 1.3-1

序号	范围与内容
1	协助建设单位方进行项目前期策划，经济分析、专项评估与投资确定
2	协助建设单位方办理土地征用、规划许可等有关手续
3	协助建设单位方提出工程设计要求、组织评审工程设计方案、组织工程勘察设计招标、签订勘察设计合同并监督实施，组织设计单位进行工程设计优化、技术经济方案比选并进行投资控制
4	协助建设单位方组织工程监理、施工、设备材料采购招标
5	协助建设单位方与工程项目总承包企业或施工企业及建筑材料、设备、构配件供应等企业签订合同并监督实施
6	协助建设单位方提出工程实施用款计划，进行工程竣工结算和工程决算，处理工程索赔，组织竣工验收，向建设单位方移交竣工档案资料
7	生产试运行及工程保修期管理，组织项目后评估
8	项目管理合同约定的其他工作

对于项目决策阶段，在合同委托范围内，它是表1.3-1中"1"的全部内容，具体可分解为项目立项的初步策划、项目配套管理与报审、项目实施策划。

对于项目实施阶段，在合同委托范围内，表1.3-1中"2~7"的全部内容，它也是《建筑工程咨询分类标准》GB/T 50852—2013规定的贯穿全过程的全方位的"工程项目管理"咨询。

1.3.3 全过程工程咨询的特点

1. 成果的非物质性

全过程工程咨询属于工程咨询的一种，因此全过程工程咨询具有工程咨询成果非物质性的特点。工程咨询成果非物质性与工程总承包最终提供有形的物质产品是不同的。工程总承包虽然也涉及勘察设计等咨询成果，但其目的是提供有形的物质产品。

---

① 杨卫东，等. 全过程工程咨询实践指南[M]. 北京：中国建筑工业出版社，2018.
② 全过程工程咨询专题论坛嘉宾观点荟萃[J]. 中国勘察设计，2018（9）：48-51.

工程总承包是"包工程"，是将无形的智力成果与有形的、分散的材料、机械设备相融合并最终物化为建筑产品、形成固定资产的行为，工程总承包最终提供的是有形的物质产品。

2. 过程的相对性

全过程工程咨询首先强调了"全过程"。既然全过程工程咨询模式推出的目的是要打破传统碎片化的咨询服务模式，通过一家单位把控整个工程建设产业链，高度整合、有效融合各个咨询服务专业，变外部协调为内部协调，有效降低服务成本，缩短工期，提升工程建设质量和效益，那么全过程工程咨询是否一定是建设项目的全过程呢？对于全过程的理解，应该是"相对"的全过程，而不是"绝对"的全过程。其相对的对象可根据委托人的不同，其阶段性成果的不同，其委托全过程工程咨询的内容也有所不同。

因此，"全方位的全过程工程咨询服务"也应该理解为相对的全方位，即"相对于全过程的全方位"。

3. 内容的回避制度

全过程工程咨询应当按照现有法律法规遵循"回避制度"。如果全过程工程咨询的内容当中包含了前期的项目建议书、可行性研究报告、环境影响评价等内容，那么根据"回避制度"，该项目全过程工程咨询的业务就不能涵盖本项目的项目评估，也不能涵盖本项目后评价的相应内容，但可以包含后评价的自我评价，可以组织协调相关事宜，为项目后评价创造条件。

1.3.4　全过程工程咨询下的关系与责任

1. 全过程工程咨询模式中的参建各方关系

全过程工程咨询包含工程监理的，总咨询工程师与总监理工程师的关系：总咨询师可以由具备注册监理工程师执业资格并在全过程工程咨询企业注册的执业人员履行总监理工程师职责并承担总监理工程师的法定责任；也可以由全过程工程咨询企业另外指定符合要求的人员担任总监理工程师，履行相应职责。

同样，对于勘察单位项目负责人、设计单位项目负责人等专业人士与总咨询工程师的职能认定，可以等同总监理工程师的描述。

2. 全过程工程咨询下的各方责任主体

对于实行了全过程工程咨询的建设项目，参建各方的质量安全责任该如何承担呢？2014 年 8 月 25 日，住房城乡建设部发布了《建筑工程五方责任主体项目负责人质量终身责任追究暂行办法》（建质〔2014〕124 号）规定，建筑工程五方责任主体项目负责人，是指承担建筑工程项目建设的建设单位项目负责人、勘察单位项目负责人、设计单位项目负责人、施工单位项目经理、监理单位总监理工程师，并不涉及总咨询工程师。在全过程工程咨询下对于施工单位项目经理其责任毫无争议，如总咨询工程师还担任了勘察、设计的项目负责人或总监理工程师，那么总咨询工程师就承担其相应的责任。

对于咨询工程师（投资）的责任，《工程咨询行业管理办法》（国家发展改革委2017年第9号令）第十四条明确规定，"工程咨询单位对咨询质量负总责。主持该咨询业务的人员对咨询成果文件质量负主要直接责任，参与人员对其编写的篇章内容负责。""实行咨询成果质量终身负责制。"同理，如总咨询工程师同时担任了投资决策综合性咨询阶段的投资咨询工程师，那么总咨询工程师就应该承担相应的责任。

对于大型复杂项目，总咨询工程师作为全过程工程咨询项目的总负责人，其任务繁重，责任重大，同一个人在一个项目上任职多岗，总会力不从心，难免会出现纰漏。因此，对于项目总咨询工程师在工程建设全过程咨询阶段，可参照一级建造师、监理工程师的管理规定，在同一项目任职和兼职不得超过2个且不得在其他项目兼职上岗。即担任了项目的总咨询工程师，最多还可兼任设计负责人、勘察负责人、总监理工程师等岗位中的一个岗位。对于投资决策综合性咨询，可参照注册建筑师等勘察设计工程师的管理规定执行。

1.3.5　房屋建筑工程的全过程工程咨询服务模式

房屋建筑工程是工程建设行业最为广泛、庞大的领域，该领域的工程咨询发展相对成熟与完善，全过程工程咨询在该领域的试点也比较早，因此形成了相对成熟的服务模式。根据当前国内的情况和实践的状况，目前大致有三大类服务模式：

1. 顾问型模式

该模式是指从事全过程工程咨询企业受建设单位委托，按照合同约定，为工程项目的组织实施提供全过程或若干阶段的顾问咨询服务。特点是咨询单位只是顾问，不直接参与项目的实施管理。

2. 管理型模式

该模式是从事全过程工程咨询企业受建设单位委托，按照合同约定，代表建设单位对工程项目的组织实施进行全过程或若干阶段的管理和咨询服务。特点是咨询单位不仅是顾问，还直接对项目的实施进行管理。咨询单位可根据自身的能力和资质条件提供单项咨询服务。

3. 一体化协同管理模式

该模式是指从事全过程工程咨询企业和建设单位共同组成管理团队，对工程项目的组织实施进行全过程或若干阶段的管理和咨询服务。

以上三种模式，咨询单位可根据自身的能力和资质条件提供单项或多项咨询服务[①]。

---

① 杨卫东，等.全过程工程咨询实践指南[M].北京：中国建筑工业出版社，2018.

第2章 全过程工程咨询基本能力要求

不同于传统"碎片式"工程咨询，全过程工程咨询是通过一家单位整体把控整个工程建设产业链，高度整合、有效融合各个咨询服务专业，变外部协调为内部协调，有效降低服务成本，缩短工期，提升工程建设质量和效益，这就要求全过程工程咨询单位和参与全过程工程咨询项目人员具备全面工程建设管理经验。

2.1 全过程工程咨询单位要求

全过程工程咨询单位应当在技术、经济、管理、法律等方面具有丰富经验，具有与全过程工程咨询业务相适应的服务能力，同时具有良好的信誉。全过程工程咨询单位应当建立与其咨询业务相适应的专业部门及组织机构，配备结构合理的专业咨询人员，提升核心竞争力，培育综合性多元化服务及系统性问题等一站式整合服务能力[①]。

为培养、提升企业全过程工程咨询业务服务能力，实现企业的转型升级，推动工程咨询行业的发展，全过程工程咨询单位还应具备全过程统筹协调管理能力、投资控制能力、风险控制能力、内外部资源整合能力和创新能力等。

2.2 全过程工程咨询项目团队要求

2.2.1 项目团队要求

根据全过程工程咨询合同及项目全过程工程咨询服务内容的要求，搭建咨询团队。咨询团队中的总咨询工程师、项目总控工程师、各专业设计管理工程师、造价工程师、招标工程师、总监理工程师、专业监理工程师等人员，应满足前期咨询、勘察设计、设计管理、招标采购、投资控制、报批报建、工程监理、信息管理、创新管理等相应工作的执业资格、职称、专业能力要求。

全过程工程咨询重在专业咨询信息的集中和资源整合，强调组织的集成和信息流通无偏差，所以对团队成员的素质要求比较高。全过程工程咨询项目团队除满足技术能力要求外，还应具有较好的组织、沟通、协调管理能力，有建立内部协调机制、优

① 国家发展改革委.国家发展改革委 住房城乡建设部关于推进全过程工程咨询服务发展的指导意见（发改投资规〔2019〕515号）[Z].2019.

化管理流程等能力。

2.2.2　总咨询工程师要求

总咨询工程师作为全过程工程咨询项目负责人，应具备咨询工程师、建筑师、结构工程师、其他勘察设计类工程师、造价工程师、监理工程师、建造师等一项或多项国家类（一级）注册执业资格，具备相应专业的副高级及以上专业职称，并具有类似工程咨询经验。

此外，总咨询工程师应具备较强的领导力、指导力、决策力、协调力、知识力、执行力，具体体现在包括但不限于团队管理、前期咨询、设计管理、招采管理、投资分析、报批报建管理、信息化管理、工程监理、资源整合、创新变革能力等[①]。

（1）团队管理：具有促进团队稳定和团队融合（参建单位互相融合、互相帮助）的能力，包括团队组织建设和团队沟通，以及分工协作体系、绩效考评体系、激励机制等的构建。

（2）前期咨询能力：具有项目筛选、项目可行性分析等能力。

（3）设计管理能力：具有对设计人员的工作进行管理的能力，管理内容包括设计进度管理和设计质量管理等；主要工作包括设计任务书的编制、对设计成果的审核、对技术专题的论证、对设计提案和设计工作的评估等。

（4）招采管理能力：具有执行采购计划、拟定招标文件、制定技术规定及评分细则、评审承包商履约情况等能力。

（5）投资分析能力：具有开展清单算量、定额使用、计价原则、费率计取等基础工作，以及进行资金使用计划安排、投资分析等关键性工作的能力。

（6）报批报建管理能力：具有围绕土地、规划、施工三大许可证办理有关报建工作类别、条件、进程，以及项目竣工运营需要的报批报建工作的能力。

（7）信息化管理能力：具有建立信息系统管理平台，收集、传输和分析信息，继而开展决策工作的能力。包括但不限于运用 BIM 技术、VR 技术、无人机等信息技术。

（8）工程监理能力：具有对七大目标（功能、质量、进度、投资、安全、环境、廉政）的管控能力，包括场地整备、原材料设备验收和节点验收、过程跟踪管理及施工实体是否贯彻落实设计和招财意图等，并对工程实体质量作出监管和评价。

（9）资源整合能力：具有整合项目前台资源、单位后台资源、社会专家资源和社会专业公司资源的能力。

（10）创新变革能力：具有运用新方法解决新问题的能力，如清单管理、大数据管理、"党建 +"工作模式、产学研一体化管理能力、流程并联管理等。

---

① 金桂明.探索总咨询师的能力建设 [J].建设监理，2019（10）：5-9.

2.3　全过程工程咨询措施保障

做好全过程工程咨询，需要咨询企业从机制、制度、资源、信息、人才、学习创新等多个方面给予充分保障。

2.3.1　体制保障

建立适应于全过程工程咨询业务的管理体制，企业有专门的职能部门对接业务的开展，最好设立事业部，企业赋予事业部一定的经营和生产管理能力，在一定时期内对全过程工程咨询的业务开展予以政策倾斜和运转扶持，如从业人员的薪酬待遇可以高于企业内其他同等的业务人员，激发企业内部具有较强专业能力和学习能力的技术。

2.3.2　制度保障

建立比较完善的项目管理工作制度、工作指导文件，文件包括观众指南、工作细则、管理手册、咨询大纲等文件范本，目前企业已经编制的工作指南包括前期报批报建报验工作指南、综合管理工作指南、招标采购工作指南、造价咨询管理工作指南、设计技术管理工作指南、工程管理工作指南，根据行业发展，其他部分工作指南正在编制过程中，如 BIM 技术管理工作指南、项目实施策划编制指南、项目后评估编制指南、创新工作管理工作指南等。

2.3.3　资源保障

全过程工程咨询业务必须按照小前端大后台的模式开展工作，项目现场人员数量不一定多、业务也不一定精，但是他们应该可以起到一个桥梁的作用，要能够把现场工作的需求及时反馈到相关人员与部门，利用大后台的保障，让大后台提供的服务和支持为项目发挥重要作用。企业可以通过建立一定数量与规模的平台，把公司已经完成或正在实施的项目工程案例以及公司内部和外部的专家资源连接起来。平台可以是专业类的工程研究中心，也可以是专项类的研究室，也可以是特定的咨询中心。咨询管理中心要结合公司可以从事的业务资质范围设定，如工程设计咨询管理中心、未来社区研究中心等。外部资源的配置保障除了各行业知名的专家院士外，还包括大型或特色设计院、工程总承包施工企业、材料设备供应商等。

2.3.4　信息保障

重点是信息库的建设。信息库的建设除了重点搜集公司已完项目的各类信息外（如设计单位、施工单位、材料设备的品牌与造价信息、设计文件、招标采购文件、投标文件以及其他过程管理资料），还包括国内外现行或即将推行的工程建设信息、法律法规规章、规范规程等。这些信息的搜集，要对在建项目、项目招投标过程和后续项目实施等，起到指导、借鉴和支持支撑的作用，特别是项目定义阶段，对建设方确定工程建设标准、功能需求定位、招标采购与定价等有一定的参照与指导作用，体现全过程工程咨询的服务价值。

2.3.5　人才保障

项目管理、全过程工程咨询从业人员的服务能力是保证项目实施效果的根本，特别是技术与管理复合型人才，更是全过程工程咨询服务质量的保证。近几年，随着国家在越来越多的项目上对全过程工程咨询管理模式的推进，优质全过程工程咨询从业人员的需求量将进一步扩大，企业如果没有一定的积累，将直接影响后续业务的承接和实施，特别是前期综合管理人员、造价咨询管理人员、招标采购管理人员、BIM 技术管理人员等。

2.3.6　学习保障

目前，新技术、新材料、新工艺等不断涌现，传统管理模式也在不断革新，国家各级政府也在不断发布新的法律法规等政策性文件，全过程工程咨询企业必须与时俱进，除了做好相应的资料搜集外，必须及时组织学习宣贯（如各类大讲堂、学习会等），打造学习型组织，从而指导公司各级业务工作的开展，引导项目部的工作顺势满足项目建设需求。

第3章 有关专项咨询

3.1 项目实施策划咨询

3.1.1 建设项目策划的概念

建设项目策划是指在项目建设前期，通过调查研究和收集建设项目的相关资料，在充分占有信息的基础上，运用组织、管理、经济和技术等工具，对建设项目产品的形成和建设项目产品的实施，进行全面系统的分析，定义、估计和计划安排，项目策划阶段的主要活动包括：确定项目目标和范围；定义项目阶段、里程碑；估算项目规模、成本、时间、资源；建立项目组织结构；项目工作结构分解；识别项目风险；制定项目综合计划。项目计划是提供执行及控制项目活动的基础，以完成对项目客户的承诺。项目策划一般是在需求明确（即项目建议书批复）后制定，项目策划是对项目进行全面的策划，其输出成果是"项目实施策划方案"。

建设项目策划是确定项目目标及项目管理目标的一项重要工作，是项目建设成功的基本前提，其根本目的是为建设项目的决策和实施增值。通过项目实施策划，可以使项目建设者的工作有正确的方向和明确的目标。

建设项目策划是在项目前期所做的一种预测性工作，其成果不是一成不变的，随着项目的深入，应随着项目实际情况和需要不断丰富和完善。

3.1.2 建设项目实施策划的方针

1. 建设项目实施策划的目的

建立制度、明确流程、统一思想、提高效率。

2. 建设项目实施策划的原则

可行性原则、创新性原则、价值性原则、集中性原则、智能放大原则、信息性原则。

3. 项目实施策划有关理念

建设项目实施策划主要是为了确保建设项目产品目标的实现，在项目开始实施之前及实施前期，对项目的实施进行项目管理组织、招标与采购管理、进度管理、合同管理、造价管理、勘察设计管理、技术管理、工程现场管理和信息资料管理等方面的策划，建立一整套针对项目实施期的系统的、科学的、规范的管理模式和方法措施，为建设项目产品目标的顺利实现提供支撑和保障。即解决"怎么建"的问题。

项目策划可以由咨询机构完成，也可以由全过程工程咨询单位或项目管理单位来完成，不管由谁完成，参建各方经过评审后一旦达成共识，最终必须由建设单位参与颁布，并监督各参建单位实施。

4. 项目实施策划的关键措施

（1）项目实施策划的人员分工

项目实施策划应当由项目负责人组织编制，在全过程咨询事业部的协助下，参考同类项目的经验，由各部门负责人（指设计技术部、综合管理部、造价合约部、工程管理部）共同参与而形成的。

（2）强化项目信息收集与分析

项目管理部进场后，项目总负责人及前期工作的负责人应详细阅读和理解项目建议书及其批复文件，以及建设单位关于本项目的会议纪要、建设用地批复文件、所在区域的法定图则等，熟悉项目定位、项目规模、投资、使用需求、工作计划等内容。

通过收集场地及项目相关基础资料、各类技术报告等，了解并分析项目建设条件。收集资料应力求全面准确，必要时需到规划、档案部门、使用单位等进行查询和办理。资料收集后，应对资料进行分析整理。

通过现场踏勘了解用地条件，用地性质，现有的建筑、构筑物，用地周边环境及配套设施等，研究场地地形特点，分析设计与建设难点，预判项目存在的问题等。

根据项目区域发展条件、场地特征、项目定位、项目特殊性、未来发展趋势等，梳理项目关键性议题，提炼项目核心问题（具体项目具体分析：比如进度、项目影响力、品质等）。

（3）确认建设管理模式、设计招标、总承包招标模式

合理的建管模式能有效推进项目，在项目策划编制过程中，全过程咨询单位负责人应当协助建设单位针对本项目的特点进行充分分析，重点思考各种建设管理模式的利弊。根据分析结果，对建设管理模式初步达成一致意见，提出拟采用的建设管理模式，并选择匹配的设计招标和总承包招标模式，按建设单位内部流程上报方案，根据批示方案来编制项目策划方案。

（4）注重多方沟通交流工作模式

①与使用单位（注：如医院的重要科室、学校的重要院系）交流，确认需求与项目定位、编写设计任务书；使用方的需求确认分为信息收集和转化、需求评审、需求确认、需求动态管理、需求变更、需求跟踪及完善几个步骤。

项目需求研究应从使用方的需求和运营管理需求出发，分析项目为满足管理者与使用者的日常活动所应提供的各种设施和服务，可采用引入公众参与等方式，进一步发掘使用者对建筑功能的诉求。

②协助建设单位与发改委、规划局、财政局等建设主管部门沟通，明确项目投资、用地规划要点、前期经费、资产核销等项目相关信息。

③加强与建设单位单位负责施工管理的部门沟通，共同分析预判项目建设全过程中的技术难点和管理难点，预估对项目建设的影响，并对项目工期达成共识。

（5）全过程思维模式

建设管理包含了前期研究阶段、项目工程勘察与设计阶段、项目施工阶段、项目竣工验收阶段等各个阶段，未来还需参与建筑物试运营的管理工作。而项目策划是建设单位项目管理活动的起点，因此在编制时要以项目全生命周期管理的思维去考虑各项目在各阶段可能遇到的问题，以实现项目目标为导向。

（6）策划案编写要点

①确定纲领。策划案应编制总论，对策划案重点思考的问题及决策在总论中描述。

②确定项目愿景及使命。明确清晰的愿景，可以使项目团队所有成员对项目愿景都有共同理解。项目使命是项目要达到的目的、解决的问题，或满足组织的某种需要。

③把握定位。从使用单位及使用者的角度、建筑物全生命周期角度、管理角度思考问题，提出项目的功能定位。

④提炼归纳。为让项目更加明晰，须对项目的特点进行分析思考并提炼归纳，以达到清晰展示的目的，包括项目管理、设计、施工的重点难点分析，设计、施工限制条件分析等。

⑤逻辑推演。对关键的策划重点，需要详细的、有逻辑的推演过程。如从项目的规模、投资额、项目特点、项目目标、进度目标等进行详细分析，提出相适应的建管模式，进而结合项目定位选择与项目匹配的设计招标模式。

⑥大胆创新。在项目策划过程中对于难点分析问题，根据项目特点要勇于突破常规、用创新构思的角度去分析解决问题。

3.1.3　项目策划的准备工作

1. 项目立项阶段

（1）同类项目调研；

（2）使用需求调研；

（3）项目现状调研；

（4）项目相关政策调研；

（5）项目定位；

（6）项目概念规划；

（7）组织评审编制项目建议书。

2. 项目可研阶段

（1）项目调研；

（2）报批报建调研；

（3）环境影响评价；

（4）项目定位论证；

（5）项目建设概念性方案设计的招标；

（6）研究建设管理模式；

（7）组织评估项目可行性研究报告。

3.方案设计阶段

（1）参与方案设计的优化，通过参与方案设计的优化，既可以及时掌握项目的基本信息，同时对项目进展、项目特点会有更深的印象，使项目策划工作可加贴近。

（2）收集报批报建成果。

（3）研究建设管理模式。

（4）组织编制设计进度计划。

4.初步设计阶段

（1）收集报批报建成果，参考之前内容。

（2）收集详细勘察资料，详细勘察一般在初步设计阶段进行，补充初勘工作中的不足之处，使每个建筑物下的地基条件完全明确，以便为地基基础设计、地基处理与加固、不良地质现象的防治工程，提供设计数据和资料。

（3）组织各专业评审。

5.明确项目策划编制依据

6.项目实施策划的成果文件

（1）项目实施策划的成果文件是指《××建设工程项目实施策划方案》或《××建设工程项目策划书》，此项目策划书与传统意义上的《工程咨询规划》或《项目管理手册》有一定的区别。

（2）项目实施策划应当得到建设单位的认可，在此基础上编制《项目管理手册》或《工程咨询规划》。

（3）项目实施策划是全过程咨询部进场后编制的第一个指导性文件，应当在进场后一个月内形成初稿。

3.1.4 与项目概况有关的策划内容

1.工程基本情况

（1）项目建设地点、使用单位、项目性质及特点（或功能定位）、项目场地及周边状况等。

（2）项目效果图、项目立项批文文号等。

（3）项目大事记作为可选内容，一般用于重大项目，说明项目之前的重大节点，如政府签约、领导批示等。

（4）资料收集充分的情况下，可以列出项目建设背景。

2.项目建设内容及规模

包括项目概算批准的建设内容及功能分区、建设规模（或生产能力），其中建设规模包括建筑面积、投资额等。

3.项目现状

项目已开展工作情况进行概要描述。

4. 项目分析

（1）项目分析主要是对存在的问题及项目的难点、重点等进行概要描述。

（2）项目分析是体现咨询单位前期工作成果的重要内容，项目负责人应当重视对项目的理解分析，不同的项目有独特的特点，避免千篇一律。

（3）项目重难点分析，是指导全过程工程咨询工作的关键内容之一，项目负责人应当组织各部门负责人讨论分析，必要的时候可以向企建设单位管部门寻求后台支持。

5. 编制依据

列出前期已收集好的编制依据。

3.1.5　与统筹工作相关的策划内容

目标策划、组织策划、招标采购策划、合同管理策划、设计与技术管理策划均属于总体统筹相关的策划内容。

1. 目标策划

（1）目标策划的主要内容

①项目总体目标：体现项目地位和定位。

②分解目标：质量目标、安全目标、投资目标、工期目标、环境目标、廉洁目标、绿色建筑、BIM 技术等。

③全过程工程咨询目标：指全过程工程咨询项目管理拟达到的内部管理目标，如人员培训、课题研究等。

（2）目标策划的参考格式

①质量目标：应当包括设计成果质量、施工质量、创优目标等。

②建设工期目标：应当包括主要里程碑的时间节点。

③投资控制目标：一般以批准的概算为准，具体内容可以参考全过程工程咨询合同，同时与建设单位沟通后确定。

④安全文明生产目标：主要指施工阶段要求达到的目标。

⑤其他目标：包括绿色建筑、海绵城市、BIM 技术、廉洁等。

2. 组织策划

（1）选用的管理模式：是否采用全过程咨询管理模式；全过程咨询服务内容是否包含监理；是否采用常规建设工程管理模式。

（2）组织结构

包括项目建设总体组织架构图、参建各方关系图、全过程咨询项目管理部的组织结构图。通过总体组织机构图理清参建单位的管理界面，通过内部组织机构图明确项目管理部的职责分工。

（3）各部门主要职责

①全过程咨询项目部全权代表全过程咨询单位负责项目的全过程咨询服务内容（一般包括项目管理、工程监理、造价咨询等）。在项目策划书应当明确各部门的主要职责内容。

②各部门的主要职责内容必须以全过程咨询合同的服务内容为基础，主要职责不宜少于合同明确的责任和义务，同时也不宜过于增加项目管理部的责任。

（4）制度流程

①明确拟推行的管理工作制度清单，如：参加方的履约考评制度；设计管理制度；工程技术管理制度；施工安全文明管理制度；招标采购管理制度；工程投资管理制度等。

②明确后期拟编制的管理文件，如项目管理手册、监理规划、监理细则等。

3. 招标采购策划

（1）项目招标采购总体计划安排

从三个方面做好招标策划工作，一是合约规划，即从项目总体的技术服务需求、施工、材料设备供货三个方面策划合同结构、发包范围、发包金额、合同界面等；二是招标总体进度策划，明确各子项招标采购起止时间、前置条件（如报建批件、设计文件、市场调研等）；三是招标组织策划，即按照招标采购目标要求，如何组建招标代理团队、建立招标代理工作制度和方法、预判招标风险和制订纠偏应对措施等。

（2）针对本项目招标采购相关建议

招标采购建议应当结合公司以往同类项目业绩及建设单位的期望提出可行性的建议，建议包括设计招标模式、施工招标原则、施工招标策略、其他专项招标的总体原则等。

（3）标段划分（合同结构）

包括全过程工程咨询、其他咨询、工程勘察设计、工程施工承包、材料设备供应等标段划分原则与划分情况。

4. 合同管理策划

（1）明确合同管理的目标。

（2）为确保工程整体目标的实现，对整个项目工程招标、合同的合理规划，如合同范围和标段的划分、招标方式、合同类型及核心条款选用等。涉及重大调整时，须报相应决策机构审议。

（3）合同分类：按合同性质分类梳理合同。

（4）项目策划时可以说明合同管理的主要任务。

（5）大型项目可以考虑编制《合同管理白皮书》，对合同签订情况进行汇总分析；通过合同对概算及结算对比分析；对合同履约情况进行分析，如合同履行进展情况、合同履约评价、支付情况分析、存在问题分析等。

5. 设计与技术管理策划

（1）设计与技术管理的重难点分析。

依据项目的具体特点及前期的调查分析的结果，明确设计管理重难点。

（2）设计与技术管理的工作任务（一般从质量、进度、投资三方面进行阐述）。

（3）针对项目特点，提出新技术应用的要求。新技术应用可以包括绿色建造、智慧工地、海绵城市、BIM 技术、无人机应用、信息化（DIS 项目数据集成系统、智能巡检、大数据等）。

3.1.6 与目标管控相关的策划内容

进度管理策划、质量管理策划、投资管理策划、安全与文明施工管理策划等属于与目标管控相关的策划内容。

1. 进度管理策划

（1）进度目标描述及进度管理责任

①进度目标的描述与目标策划中保持一致，同时应当与《全过程工程咨询合同》中关于进度的表述保持一致，当两者出现偏差时，项目负责人应当及时与建设单位进行沟通，以明确进度目标管理责任的划分。

②全过程咨询单位一般承担着建设单位方的进度管理责任，大部分项目在《全过程工程咨询合同》有明确的描述。《全过程工程咨询合同》内关于进度管理责任的描述应当在进度策划中体现。

（2）进度影响因素分析

建议从建设方、设计方、施工方、全过程咨询方角度分析，对进度管理重难点进行简单描述。

（3）进度预控措施

针对可能影响进度的因素，依次制定针对性的预控措施，如：组织措施、技术措施、经济措施、信息化措施、工期追补措施。

（4）进度计划的编制

（5）进度计划的执行与监督

（6）进度计划的调整

（7）进度预警机制

①在项目审批环节，应督促设计等相关服务单位积极与审批部门沟通解释，及时解决技术层面的问题。如审批时限超出规定时限，应及时分析原因，报告分管处室领导，寻求解决办法。

②全过程咨询单位应当指定专人（一般为综合管理部计划管理岗位）对季度计划滞后的项目进行预警信号登记。相关进度预警机制可参考以下内容：进度预警分为黄色预警、橙色预警、红色预警三种。

2. 质量管理策划

（1）明确质量目标

明确质量管理的基本目标，以及明确是否有评杯评奖的特殊要求。

（2）评杯创优的策划（如有）

①建立创优组织机构。

②明确参建各方创优职责。

③确定创优工作机制。

④制定的安全、质量、文明施工、资金方面创优管理方案。

（3）依据质量目标梳理各阶段质量管控重难点，并明确预防措施

①不同项目的质量管控重点各不相同，质量管理的措施也不相同，项目负责人应当与工程管理部负责人组织编制。

②编制时可以考虑先从阶段划分，如可分为前期策划阶段、设计阶段、招标阶段、实施阶段、竣工阶段。对于项目策划而言，更应当重视前期策划阶段和设计阶段的内容，因为这是项目前期建设单位最关心的内容。

③管控措施一般从组织措施、经济措施、技术措施、合同措施等方面着手，考虑到项目策划的深度，管控措施点到为止即可。

（4）设计质量

设计质量是建设单位关心的重点，根据项目特点和建设单位的实际需求，有的项目在项目的质量策划时可以重点放在设计质量方面的策划。

（5）质量预警机制

当工程出现重大质量风险或发生重大质量事故时，全过程咨询项目部应当及时上报建设单位，由建设单位及时启动质量预警。质量预警分为黄色预警、橙色预警、红色预警三种。

（6）其他内容

必要时，还可以对以下内容进行简单的描述：

①材料设备的品牌报审及进场验收原则；

②第三方巡查；

③第三方检测；

④样板管理；

⑤质量问题（事故）处理。

3. 投资管理策划

（1）明确投资控制总体目标和全过程咨询的控制目标

①投资控制总体目标参考目标策划的内容。

②明确全过程咨询单位的造价控制目标，如果服务内容包括全过程造价控制（或清单编制，或跟踪审计等），应当在项目策划中明确该项的控制目标，具体内容在参考《全过程工程咨询合同》的基础上与建设单位单位沟通后确定。

（2）年度资金计划

依据工程安排对项目投资进行分解，管理投资造价，形成年度资金计划表，通过制定年度资金计划，依据该计划严格控制项目投资。

（3）梳理各阶段投资控制策划

（4）特别说明

目前，在建的全过程工程咨询项目中，有的项目包括全过程造价咨询的服务内容，有的则不含全过程造价咨询，只是履行建设项目管理中的造价管理职责。不同的服务内容，在投资管理策划时应当不同。如果包括了全过程造价咨询服务，则策划内容的

深度要求更高一些。

4. 安全管理与文明施工管理策划

（1）明确安全与文明施工管理的目标与原则

（2）明确安全与文明施工管理的要求

（3）工作要点及管控措施

（4）其他内容

根据项目需要描述的内容：安全预案监管；安全专项方案和措施检查；重大节日安全工作管理原则；灾害性天气防御原则；安全事故处理；安全工作与智慧工地的融合。

3.1.7　与品质提升相关的策划内容

有的项目对工程品质或项目管理效率或创新等有一些要求，可以针对性地进行策划，策划内容包括：专项咨询策划、绿色建造与环境管理、先进建造体系策划、BIM 管理策划等。

1. 专项咨询策划

包括环境影响评价、可行性研究、地质灾害危险性评估、地震安全性评价、工程勘察、水土保持方案设计、施工图审查及勘察专项文件审查、用水节水评估、雷电灾害风险评估、绿色建筑认证、交通影响评价、社会稳定风险评估等技术服务管理。

应参照建设单位的工作制度，编制适合项目的主要项审批流程图：应注意审批流程中审批环节的时效性，以及相互之间的逻辑关系。依据工程进度主要节点，倒排各项审批工作的时间，在后续的工作中编制审批计划安排，避免因审批流程问题延误工期。

各地专项的内容有所不同，且目前政策变化较大，前期管理咨询师应当适时关注政策变化而进行调整。同时，各项技术服务与报批报建直接相关。

2. 绿色建造与环境管理

（1）绿色建造管理方针；

（2）绿色建筑目标；

（3）绿色建筑评价体系；

（4）绿色建造管理策划；

（5）绿色工地策划内容；

（6）绿色建筑的一些参考措施：

①三新；②三化；③三控；④三循环；⑤四节一环保；⑥永临相结合；⑦七个百分百。

3. 先进建造体系策划

（1）绿色建造体系

详见绿色建造与环境管理章节。

（2）快速建造体系

快速建造体系，是指在项目前期设计、报建、招标、施工、验收等各个建造阶段，通过科学合理地组织、管理，采取先进技术和经济措施，确保工程能够得到快速、连续、高效地建设，在保证工程安全质量的情况下，合理地缩减建设周期的建造体系。主要特色为"高效建设、工期合理"。

（3）优质建造体系

优质建造体系，是指通过提升工程建设和选材用材标准，完善工程建设技术标准体系，积极采用新技术、新工艺、新材料、新设备，消除质量通病，减少安全隐患，实现高度共享的优质公共项目建造,打造精品工程的建造体系。主要特色为"安全可靠、实用耐用"。

（4）智慧建造体系

①智慧建造体系，是指结合"智慧城市"的建设，依托先进信息技术、先进的信息化建造系统以及先进工程建造技术的融合，促进工程建设管理全过程安全可控、可追溯，提速、提质、提效、提廉，实现系统化协同管理的建造体系。主要特色为技术融合、系统集成、协同管理。

②不同的项目有一些要求,各项目负责人可以选择一些作为参考。实施要点为"数字化建造、信息化管理、智能化监控、智慧化运营"。

4. BIM 管理策划

在目前 BIM 技术全面推广的形势下，要将 BIM 技术与工程实际密切结合，实现 BIM 技术落地应用，承担从规划设计、施工建造到运营管理全过程 BIM 应用的示范和验证作用，体现 BIM 技术在项目全生命周期中工程实践的应用价值。

通过项目 BIM 实施规划的制定保证项目实施过程中 BIM 应用的延续性、可用性，便于管理性。采用统一软件、统一版本，保证协同操作。内容包括：

（1）BIM 管理目标；

（2）BIM 管理的工作要点；

（3）BIM 管理措施。

3.1.8　其他的策划内容

除了统筹管理、目标管控、品质提升外，还有一些与日常工作紧密联系的，或效率提高的，或具有区域特性的等策划内容，如：信息档案管理策划、党团建建设策划、宣传策划、风险管理策划、验收移交管理策划、后评价管理策划等。

1. 信息与档案管理策划

（1）明确信息与档案管理目标；

（2）梳理信息与档案管理的特点；

（3）信息与档案管理的难点分析；

（4）信息与档案管理的基本原则及主要流程。

2. 党团建设策划

（1）党建活动策划；

（2）廉政建设策划。

3.宣传策划

（1）宣传目的；

（2）宣传内容；

（3）宣传媒介。

4.风险管理策划

（1）风险识别（以风险类型划分）；

（2）风险转移措施；

（3）风险源识别。

5.验收移交管理策划

（1）主要内容；

（2）针对性建议。

6.后评价管理策划

（1）工程后评价策划；

（2）项目后评价工作表。

3.2 绿色建筑与环境管理（水土保持）

3.2.1 绿色建筑工程的内涵

1.绿色建筑工程

绿色建筑定义：在全寿命期内，节约资源、保护环境、减少污染，为人们提供健康、适用、高效的使用空间，最大限度地实现人与自然和谐共生的高质量建筑。

绿色性能定义：涉及建筑安全耐久、健康舒适、生活便利、资源节约（节地、节能、节水、节材）和环境宜居等方面的综合性能。

2.绿色建筑评价体系

国家现行的绿色建筑评价体系依据 2019 年 8 月 1 日起实施的《绿色建筑评价标准 GB/T 50378—2019》开展相关绿色建筑设计及评价工作。

绿色建筑设计以及评价涉及的其他规范有：

《民用建筑热工程设计规范》GB 50176；

《公共建筑节能设计标准》GB 50189；

《民用建筑绿色设计规范》JGJ/T 229；

《绿色建筑评价标准》GB/T 50378；

《声环境质量标准》GB 3096；

《建筑采光设计标准》GB/T 50033；

《建筑外门窗气密、水密、抗风压性能分级及检测方法》GB/T 7106；

《建筑幕墙》GB/T 21086；

《铝合金门窗工程设计规程》DGJ32 J07；

《建筑给水排水设计规范》GB 50015；

《节水型生活用水器具》CJ 164；

《室内空气质量标准》GB/T 18883；

《建筑照明设计标准》GB 50034；

《绿色建筑评价技术细则补充说明——规划设计部分》；

《绿色建筑评价技术细则补充说明——运行使用部分》。

3. 绿色建筑工程申请评价的基本规定

绿色建筑评价应以单栋建筑或建筑群为评价对象。评价对象应落实并深化上位法定规划与相关专项规划提出的绿色发展要求；设计系统性、整体性的指标，应基于建筑所属工程项目的总体进行评价。

绿色建筑评价应在建筑工程竣工后进行。在建筑工程施工图设计完成后，可进行预评价。

绿色建筑申请评价方为建设单位。申请评价方应对参评建筑进行全寿命期技术和经济分析，选用适宜技术、设备和材料，对规划、设计、施工、运行阶段进行全过程控制，并应在评价时提交相应分析、测试报告和相关文件。申请评价方应对所提交资料的真实性和完整性负责。

绿色建筑评价机构为国家、省、市级住房和城乡建设系统的节能管理部门。评价机构应对申请评价方提交的分析、测试报告和相关文件进行审查，出具评价报告，确定等级。

4. 绿色建筑工程评价指标与等级划分

绿色建筑评价指标体系由安全耐久、健康舒适、生活便利、资源节约、环境宜居5类指标组成，每类指标均包括控制项和评分项；评价指标体系还统一设置加分项。

控制项的评价结果为达标或不达标；评分项和加分项的评价结果为分值。

绿色建筑评价的分值应符合表3.2的规定。

绿色建筑评价表 表 3.2

项	控制项基础分值	评价指标评分满分值					提高与创新加分项满分值
		安全耐久	健康舒适	生活便利	资源节约	环境宜居	
预评价分值	400	100	100	70	200	100	100
评价分值	400	100	100	100	200	100	100

绿色建筑评价的总得分应按下式进行计算：

$$Q = (Q_0 + Q_1 + Q_2 + Q_3 + Q_4 + Q_5 + Q_A) / 10$$

式中：Q 为总得分；

Q_0 为控制项基础分值，当满足所有控制项的要求时取400分；

$Q_1 \sim Q_5$ 分别为评价指标系统 5 类指标（安全耐久、健康舒适、生活便利、资源节约和环境宜居）评分项得分；

Q_A 为提高与创新加分项得分。

绿色建筑星级等级按下列规定确定：

基本级：控制项全部满足。

一星级：控制项全部满足、各类指标评分项得分不应小于其总分值的 30%、总得分 ≥ 60 分。

二星级：控制项全部满足、各类指标评分项得分不应小于其总分值的 30%、总得分 ≥ 70 分。

三星级：控制项全部满足、各类指标评分项得分不应小于其总分值的 30%、总得分 ≥ 85 分。

5. 绿色建筑标识申报及评定管理

建筑工程施工图设计完成后，可进行预评价。预评价能够更早地掌握建筑工程可能实现的绿色性能，可以及时优化或调整建筑方案或技术措施，为建成后的运行管理做准备；预评价作为设计评价的过渡，与各地现行的设计标识评价制度相衔接。

建设工程竣工后，可进行绿色建筑的最终性能评价，将绿色建筑相关资料正式上报评价机构。绿色建筑评价定位在建筑物建成后评价，能够更加有效约束绿色建筑技术落地，保证绿色建筑性能的实现。

绿色建筑相关资料按规定申报完成后，由评价机构负责组织评审，评审委员会根据相关标准、规定对申报材料进行评审，评审通过后获得"绿色建筑标识"并颁发证书。

中国绿色建筑标识评定由政府组织开展，直接委托以下机构进行评审确定：中国城市科学研究会绿色建筑研究中心；住房和城乡建设部科技促进中心；地方相关机构（目前全国 29 个省市成立了绿色建筑评价标识管理办公室和绿色建筑专家委员会，开展地方绿色建筑评价标识评审工作，只评审一星级、二星级绿色建筑）。

3.2.2　绿色建筑工程管理要点

中国各地区在气候、环境、资源、经济社会发展水平与民俗文化等方面都存在较大差异，而因地制宜又是绿色建筑建设的基本原则。对绿色建筑工程方案的确定，应综合考量建筑所在地域的气候、环境、资源、经济及文化等条件和特点，来确定绿色建筑的方案，实现从规划、设计到施工，再到运行使用及最终的拆除，构成一个全寿命周期的绿色建筑。

1. 绿色建筑星级标准确定

在项目立项阶段，要根据国家和地方的绿色建筑标准的规定，审核项目是否必须执行绿色建筑标准，针对需要执行绿色建筑标准的项目，首先要确定项目执行绿色建筑的星级标准，根据不同的星级标准，分析选用合理的技术措施与实现策略，以达到科学投资以及节能收益的最大化。

2. 绿色建筑方案设计规划

（1）控制项设计要求

①场地选址及场地内部危险化学品、易燃易爆危险源、电磁辐射、含氡土壤等危害源排除。

设计要点：场地选址应避开滑坡、泥石流等地质危险地段；易发生洪涝地区应有可靠的防洪涝基础设施；场地应无危险化学品、易燃易爆危险源的威胁，应无电磁辐射、含氡土壤的危害。

提交成果：建设用地规划许可证、总平面图、地勘报告、环评报告及批复、土壤氡浓度检测报告、电磁辐射检测报告需符合要求。

②配建的绿地应符合所在地城乡规划的要求，应合理选择绿化方式，植物种植应适应当地气候和土壤，且应无毒害、易维护，种植区域覆土深度和排水能力应满足植物生长需求，并应采用复层绿化方式。

设计要点：建筑总平面图技术经济指标的项目绿地率达到规划指标105%；建筑总平面图（竖向）、地下室顶板平面图的种植区域的覆土深度应满足乔、灌、草自然生长的需要，乔木大于1.2m，深根系乔木大于1.5m，灌木大于0.5m，草坪大于0.3m。

提交成果：建筑总平面图（技术经济指标表），建筑总平面图（竖向）、地下室顶板平面图。

③场地内不应有排放超标的污染源。

设计要点：建筑设计总平面图、建筑平面图应体现相关污染源所在位置及其控制措施，包括污染源的平面和竖向位置，排风（烟）口的布置等。民用建筑污染源主要指垃圾房、餐饮业厨房、锅炉房、水泵房、制冷机房、地下车库等。

提交成果：建设工程规划许可证、环评报告及其批复、建筑总平面图、建筑平面图。

④生活垃圾应分类收集，垃圾容器和收集点的设置应合理并应与周围景观协调。

设计要点：建筑设计总平面图、建筑平面图设置垃圾分类收集设施，合理规划垃圾物流。如果按规划需建配垃圾收集站，应能具备定期冲洗、消杀条件，并能及时做到密闭清运。

提交成果：建筑总平面图、建筑平面图。

（2）得分项设计要求

①应用建筑信息模型（BIM）技术。

设计要点：在建筑的规划设计、施工建造和运行维护阶段中的一个阶段应用BIM技术。

提交成果：BIM应用报告。

②充分利用场地空间设置绿化用地。

设计要点：建筑总平面图明确场地内集中绿地的布置和面积。集中绿地应满足的基本要求：宽度不小于8m，面积不小于$400m^2$，并应有不少于1/3的绿地面积在标准的建筑日照阴影线（即日照标准的等时线）范围之外。

提交成果：建筑总平面图。

③室外吸烟区位置布局合理。

设计要点：医院不得设置吸烟区，建筑设计时需注明，无烟学校应设置禁烟标志，并在景观设计注明设置禁烟标志。

提交成果：建筑设计说明、总平面图。

④采取措施降低热岛强度。

设计要点：屋顶的绿化面积、太阳能板水平投影面积以及太阳辐射反射系数不小于0.4的屋面面积合计达到75%。

提交成果：建筑设计说明。

3.绿色建筑工程施工图设计规划

本阶段的工作主要有：确定项目绿色建筑技术措施要求；完成设计各专业的绿色建筑方案，落实技术要点、相关产品以指导施工图设计；完成认证所需要的各项模拟分析。

（1）建筑专业

①控制项设计要求

a.室内污染物浓度符合标准规定，建筑室内和建筑主出入口处应禁止吸烟。

设计要点：建筑设计总说明明确室内空气污染物浓度指标要求和室内装修材料、家具制品的污染物限量控制标准；建筑室内和建筑主出入口处设置禁烟标志。

提交成果：建筑设计总说明。

b.围护结构热工性能应符合规定要求。

设计要点：在室内设计温度、湿度条件下，建筑非透光围护结构内表面不得结露；供暖建筑的屋面、外墙内部不应产生冷凝；屋顶和外墙隔热性能应满足现行国家标准《民用建筑热工设计规范》GB 50176的要求。建筑材料做法表明确屋顶和外墙的隔热材料、构造做法。隔热检查计算书计算检查屋顶和外墙的隔热效果。

提交成果：建筑材料做法表、隔热检测计算书。

c.建筑室内外公共区域满足全龄化设计要求。

设计要点：建筑室内公共区域、室外公共活动场地及道路均满足无障碍设计要求，设有无障碍电梯。无障碍设计说明明确建筑室内公共区域、室外公共活动场地及道路的无障碍设计要求。建筑总平面图、建筑平面图明确无障碍设计内容与无障碍设计说明要求一致。电梯技术参数表明确无障碍电梯的技术参数要求。

提交成果：无障碍设计说明、建筑总平面图、建筑平面图、电梯技术参数表。

d.建筑造型要素应简约，应无大量装饰性构件，并应符合公共建筑的装饰性构件造价占建筑总造价的比例不应大于1%。

设计要点：建筑设计总说明说明装饰性构件的使用位置和功能。装饰性构件造价比例计算书，摘录工程造价预算书的相关内容，逐一计算各单体建筑的装饰性构件造价比例。

提交成果：建筑设计总说明、装饰性构件造价比例计算书。

②得分项设计要求

a. 采取保障人员安全的防护措施。

设计要点：门窗表及门窗大样图，采取高窗、限制窗扇开启角度、适度减少防护栏杆垂直杆件水平净距、安装防蚊纱窗、隐形防盗网等措施。建筑平面图和外墙大样图明确窗台与绿化种植整合；建筑物出入口设置防护措施，并与人员通行区域的遮阳、遮风或挡雨措施结合，如门楼、骑楼、连廊、雨棚等。总平面图在场地设计时，考虑人员通行区域与建筑物的安全间距。

提交成果：建筑平面图、门窗表及门窗大样图、外墙大样图、总平面图。

b. 充分利用天然光。

设计要点：主要功能房间有眩光控制措施，设计总说明明确主要功能房间的眩光控制设计措施（采用浅色饰面或高反射比窗帘）。

提交成果：建筑设计总说明。

c. 建筑及照明设计避免产生光污染。

设计要点：建筑设计总说明、玻璃幕墙工程设计总说明明确玻璃幕墙应采用可见光反射比不大于 0.3 的玻璃。在城市快速路、主干道、立交桥、高架桥两侧的建筑物 20m 以下以及一般路段 10m 以下的玻璃幕墙，应采用可见光反射比不大于 0.16 的玻璃；在 T 形路口正对直线路段处设置玻璃幕墙时，应采用可见光反射比不大于 0.16 的玻璃。

提交成果：建筑设计总说明、玻璃幕墙工程设计总说明。

（2）结构专业

①控制项设计要求

a. 外遮阳、太阳能设施、空调室外机位、外墙花池等外部设施应与建筑主体结构统一设计、施工，并应具备安装、检修与维护条件。

设计要点：结构设计总说明明确外部设施应与建筑主体结构统一设计；当外部设施不与主体结构同时施工时，应设预埋件，并明确预埋件的力学性能要求。外部设施连接结构详图明确外部设施与主体结构连接的结构做法。

提交成果：结构设计总说明、外部设施连接结构详图。

b. 不应采用建筑形体和布置严重不规则的建筑结构。

设计要点：结构设计总说明明确项目建筑的形体规则性。建筑形体规则性判定报告根据结构设计图纸和计算书，逐一判定建筑的平面、竖向、扭转等形体规则情况。

提交成果：结构设计总说明、建筑形体规则性判定报告。

c. 预拌混凝土、预拌砂浆。

设计要点：结构设计总说明需注明现浇混凝土应采用预拌混凝土；砌筑砂浆采用预拌砂浆。

提交成果：结构设计总说明。

②得分项设计要求

合理采用耐久性好、易维护的装饰装修建筑材料（结构）。

设计要点：建筑设计总说明明确外饰面材料采用水性氟涂料或耐候性相当的涂

料，选用与建筑幕墙设计年限相匹配的饰面材料；防水和密封材料耐久性符合 GB/T 35608—2017；室内装饰装修材料选用耐洗刷性 ≥ 5000 次的涂料，选用耐磨性好的陶瓷地砖，选用免装饰层做法。材料做法表明确材料和构造做法与建筑设计总说明要求一致。结构设计总说明明确采用清水混凝土。

提交成果：建筑设计总说明、材料做法表、结构设计总说明。

（3）通风与空调专业

①控制项设计要求

a. 气流组织合理。

设计要点：采取措施避免厨房、餐厅、打印复印室、卫生间、地下车库等区域的空气和污染物串通到其他空间；应防止厨房、卫生间的排气倒灌。通风空调设计总说明明确机械通风设计要求，保证污染房间的负压，对不同功能房间保证一定压差。通风平面和大样图明确机械通风进风口和排风口的位置，避免进排风短路或污染；防止厨房、卫生间的排气倒灌，排气道的断面、形状、尺寸和内壁应有利于排烟（气）通畅，并安装止回排气阀、防倒灌风帽等。

提交成果：通风空调设计总说明、通风平面和大样图。

b. 主要功能房间应具有现场独立控制的热环境调节装置。

设计要点：通风空调设计总说明和主要设备材料表明确集中式空调系统的风系统设置，末端装置的形式、规格和参数。空调平面图，末端装置送、回风口未跨房间（区域）设置的，视为可现场独立控制。

提交成果：通风空调设计总说明、主要设备材料表、空调平面图。

c. 地下车库应设置与排风设备联动的一氧化碳浓度监测装置。

设计要点：通风空调设计总说明明确一氧化碳浓度监测装置的设计依据、设计参数、监测面积、安装布置和一氧化碳浓度监测范围要求。智能化设计说明明确一氧化碳浓度监测装置和排风设备的联动控制要求。一氧化碳浓度监测与排风设备控制系统图，与电气设计总说明要求一致。一氧化碳浓度监测与排风设备控制系统平面图明确一氧化碳浓度监测装置、排风设备的平面布置和配线。

提交成果：通风空调设计总说明、主要设备材料表、智能化设计说明、一氧化碳浓度监测与排风设备控制系统图、一氧化碳浓度监测与排风设备控制系统平面图。

②得分项设计要求

a. 具有良好的室内热湿环境。

设计要点：采用人工冷热源的建筑，主要功能房间达到现行国家标准《民用建筑室内热湿环境评价标准》GB/T 50785 规定的室内人工冷热源热湿环境整体评价Ⅱ级的面积比例，达到 60%。

提交成果：通风空调设计总说明。

b. 供暖空调系统的冷、热源机组能效均优于现行国家标准。

设计要点：供暖空调系统的冷、热源机组能效均优于现行国家标准《公共建筑节能设计标准》GB 50189 的规定以及现行有关国家标准能效限定值的要求，冷水机组COP 提高 12%，多联机 IPLV（c）提高 16%，分体空调达到一级能效。

提交成果：通风空调设计总说明、暖通设备表。

c. 采取有效措施降低供暖空调系统的末端系统及输配系统的能耗。

设计要点：通风空调系统风机的单位风量耗功率比现行国家标准《公共建筑节能设计标准》GB 50189 的规定低 20%。空调冷热水系统循环水泵的耗电输冷（热）比比现行国家标准《民用建筑供暖通风与空气调节设计规范》GB 50736 规定值低 20%。

提交成果：通风空调设计总说明、暖通设备表。

（4）电气专业

①控制项设计要求

a. 停车场应具有电动汽车充电设施或具备充电设施的安装条件，并应合理设置电动汽车和无障碍汽车停车位。

设计要点：电气设计总说明、充电设施配电平面图和系统图：按照规定，鼓励配建停车场设置充电桩，新建大型公共建筑停车场、社会公共停车场需按停车位总数量的30% 配建充电桩，剩余停车位应全部预留充电设施建设安装条件（建筑 + 电气）。

提交成果：电气设计总说明、充电设施配电平面图和系统图。

b. 主要功能房间的照明功率密度值不应高于现行国家标准《建筑照明设计标准》GB 50034 规定的现行值；公共区域的照明系统应采用分区、定时、感应等节能控制；采光区域的照明控制应独立于其他区域的照明控制。

设计要点：电气设计总说明明确各功能空间（区域）的照度和照明功率密度设计值；明确公共区域和有自然采光区域照明系统的节能控制要求。照明平面图明确灯具、（定时、感应）开关的布置和配线，应与电气设计总说明的节能控制要求一致。照明功率密度计算书根据照度设计灯具布置和房间面积等，计算照明功率密度设计值。

提交成果：电气设计总说明、照明平面图、照明功率密度计算书。

c. 冷热源、输配系统和照明等各部分能耗应进行独立分项计量。

设计要点：电气设计总说明明确分项计量要求。采用集中冷热源的公共建筑，对建筑内各能耗环节如冷热源、输配系统、照明、热水能耗等进行独立分项计量；对非集中冷热源的公共建筑，建筑内根据面积或功能等进行分项计量。采用分体空调设计时，应在设计说明中描述建筑内根据面积或功能等进行分项计量。配电系统图标注全部分项计量电表。

提交成果：电气设计总说明、配电系统图。

②得分项设计要求

a. 采用节能型电气设备及节能控制措施。

设计要点：主要功能房间的照明功率密度值达到现行国家标准《建筑照明设计标准》GB 50034 规定的目标值；电气设计总说明明确各功能空间（区域）的照度和照明功率密度设计值；明确采光区域的人工照明控制采用自动调光装置。照明功率密度计算书，根据照度设计，灯具布置和房间面积等，计算照明功率密度设计值。

提交成果：电气设计总说明、照明功率密度计算书、主要设备材料表。

b. 设置 PM10、PM2.5、CO_2 浓度的空气质量监测系统，且具有存储至少一年的监测数据和实时显示等功能。

设计要点：主要功能房间设置空气质量监测系统。监测系统对污染物浓度的读取时间间隔不得长于 10min。

提交成果：电气设计总说明、监测系统点位图。

（5）给排水专业

①控制项设计要求

a. 给水排水系统的设置应符合规定。

设计要点：生活饮用水水质应满足现行国家标准《生活饮用水卫生标准》GB 5749 的要求。应制定水池、水箱等储水设施定期清洗消毒计划并实施，且生活饮用水储水设施每半年清洗消毒不应少于 1 次。应使用构造内自带水封的便器，且其水封深度不应小于 50mm。非传统水源管道和设备应设置明确、清晰的永久性标识。给排水设计总说明明确生活饮用水用水点出水水质的常规指标要求；使用构造内自带水封的便器，其水封深度应不小于 50mm，且不能采用活动机械密封替代水封；明确非传统水源管道和设备的标识设置要求。市政供水水质检测报告可用同一水源邻近项目一年以内的水质检测报告。

提交成果：给排水设计总说明、市政供水水质检测报告。

b. 应制定水资源利用方案，统筹利用各种水资源。

设计要点：应按使用用途、付费或管理单元，分别设置用水计量装置。用水点处水压大于 0.2MPa 的配水支管应设置减压设施，并应满足给水配件最低工作压力的要求。用水器具和设备应满足节水产品的要求。水资源利用方案，应包括所在地气候情况、市政条件及节水政策，项目概况，水量计算及水平衡分析，给排水系统设计方案，节水器具及设备说明，非传统水源利用等内容。给排水设计总说明明确分项用水计量要求；明确市政供水压力、供水分区压力和用水点处水压要求；明确用水器具设备的用水量和工作压力要求。各层用水点水压计算表根据市政供水压力和水泵扬程、沿程阻力和局部阻力，计算各层用水点的供水水压。给水系统图标注全部分项计量水表和减压设施。

提交成果：给排水设计总说明、各层用水点水压计算表、给水系统图。

②得分项设计要求

a. 所有给水排水管道、设备、设施设置明确、清晰的永久性标识。

设计要点：给水排水设计总说明对给排水管道和设备标识的设置位置、系统名称、流向、标识字体、大小、颜色等明确设计要求。

提交成果：给水排水设计总说明。

b. 使用非传统水源。

设计要点：绿化灌溉、车库和道路冲洗用水采用非传统水源（雨水回用）的用水量占其总用水量的比例不低于60%；冷却水补水采用非传统水源的用水量占其总用水量的比例不低于40%。给排水设计总说明明确非传统水源形式（市政再生水、雨水、建筑中水等），水量、水处理和水质、计量和控制等要求。非传统水源利用系统图和平面图表述非传统水源利用的水系统流程、配管和设备布置、控制原理等。机房详图，布置水处理设施、水泵、控制设备，配管和配线等。非传统水源利用计算书明确采用非传统水源的用水量占其总用水量的比例指项目某部分杂用水采用非传统水源的用水量占该部分杂用水总用水量的比例。

提交成果：给排水设计总说明、非传统水源利用系统图和平面图、机房详图、非传统水源利用计算书。

c.设置用水远传计量系统、水质在线监测系统。

设计要点：设置用水量远传计量系统，能分类、分级记录、统计分析各种用水情况。

提交成果：给排水设计总说明、分级水表设置示意图。

（6）景观专业

①控制项设计要求

a.建筑、室外场地、公共绿地、城市道路相互之间应设置连贯的无障碍步行系统。

设计要点：景观室外总图明确场地范围内的人行通道应与建筑主要出入口、场地公共绿地、公共空间和市政人行道路等相联通、连续。当场地存在高差时，应以无障碍坡道相连接。

提交成果：景观室外总图。

b.室外热环境应满足国家现行有关标准的要求。

设计要点：景观设计总说明、总平面图明确、反映室外热环境规定性设计的相关指标要求，包括户外活动场地夏季遮阳覆盖率、绿化遮阳体的叶面积指数、户外活动场地和人行道路地面的渗透和蒸发指标、建筑屋面绿化率等。

提交成果：景观设计总说明、总平面图。

c.建筑内外均应设置便于识别和使用的标识系统。

设计要点：景观设计总说明明确标识系统的设置要求。建筑内外应设置便于识别和使用的标识系统，包括导向标识和定位标识等。标识一般有人车分流标识、公共交通接驳引导标识、易于老年人识别的标识、满足儿童使用需求与身高匹配的标识、无障碍标识、楼座及配套设施定位标识、健身慢行道导向标识、健身楼梯间导向标识、公共卫生间导向标识，以及其他促进建筑便捷使用的导向标识等。

提交成果：景观设计总说明。

②得分项设计要求

a.室内外地面或路面设置防滑措施。

设计要点：景观室外铺装设计图明确室内外地面或路面，建筑坡道、楼梯踏步的防滑设计等级；室内外地面或路面的防滑做法。

提交成果：景观室外铺装设计图。

b. 采取人车分流措施，且步行和自行车交通系统有充足照明。

设计要点：景观电气设计总说明明确人行及非机动车道的照明灯具选型要求，路面平均照度、最小照度和垂直照度的设计值并对标。景观室外照明平面图体现景观室外照明布置情况。

提交成果：景观电气设计总说明、景观室外照明平面图。

c. 建筑及照明设计避免产生光污染。

设计要点：景观电气设计总说明明确室外夜景照明灯具的照度、发光强度、眩光值、上射光通比等设计参数要求，如未设置夜景照明，则在建筑设计总说明中写明。

提交成果：景观电气设计总说明。

（7）装修专业

①控制项设计要求

a. 室内污染物浓度符合标准规定，建筑室内和建筑主出入口处应禁止吸烟。

设计要点：室内装修材料和固定家具制品明细表明确装修材料和固定家具制品选用与建筑设计总说明要求一致。室内空气中污染物浓度计算分析报告以各种装修材料、家具制品主要污染物的释放特征（如释放速率）为基础，以"总量控制"为原则，选择典型功能房间（卧室、客厅、办公室等）使用的主要建材（3~5种）及固定家具制品，对室内空气中甲醛、苯、总挥发性有机物的浓度水平进行计算分析。

提交成果：室内装修材料和固定家具制品明细表、室内空气中污染物浓度计算分析报告。

b. 建筑内外均应设置便于识别和使用的标识系统。

设计要点：建筑（装修）设计总说明明确标识系统的设置要求。建筑内外应设置便于识别和使用的标识系统，包括导向标识和定位标识等。标识一般有人车分流标识、公共交通接驳引导标识、易于老年人识别的标识、满足儿童使用需求与身高匹配的标识、无障碍标识、楼座及配套设施定位标识、健身慢行道导向标识、健身楼梯间导向标识、公共卫生间导向标识，以及其他促进建筑便捷使用的导向标识等。标识系统平面布置图和大样图应考虑建筑使用者的识别习惯，通过色彩、形式、字体、符号等整体进行设计，形成统一性和可辨识度。应在场地内和建筑室内显著位置上设置标识，标识应反映一定区域范围内的建筑与设施分布情况，并提示当前位置等。建筑及场地的标识应沿通行路径布置，构成完整和连续的引导系统。公共建筑的标识系统应当执行现行国家标准《公共建筑标识系统技术规范》GB/T 51223。

提交成果：建筑（装修）设计总说明、标识系统平面布置图和大样图。

②得分项设计要求

a. 控制室内主要空气污染物的浓度。

设计要点：氨、甲醛、苯、总挥发性有机物、氡等污染物浓度低于现行国家标准《室内空气质量标准》GB/T 18883 规定限值的10%。材料做法表、室内装修材料和固定家具制品明细表明确装修材料和固定家具制品选用与建筑设计总说明要求一致。室内空气中污染物浓度计算分析报告以各种装修材料、家具制品主要污染物的释放特征（如释放速率）为基础，以"总量控制"为原则，选择典型功能房间（卧室、客厅、办公室等）使用的主要建材（3~5种）及固定家具制品，对室内空气中甲醛、苯、总挥发性有机物的浓度水平进行计算分析。

提交成果：室内装修材料和固定家具制品明细表、室内空气中污染物浓度计算分析报告。

b.建筑室内外公共区域满足全龄化设计要求。

设计要点：室内（装修）平面图和大样图明确建筑室内公共区域的墙、柱等处的阳角均为圆角，并设有安全抓杆或扶手。

提交成果：室内（装修）平面图和大样图、电梯技术参数表。

c.选用的装饰装修材料满足国家现行绿色产品评价标准中对有害物质限量的要求。

设计要点：选用满足要求的装饰装修材料达到3类及以上。

提交成果：建筑（装修）设计总说明。

3.2.3 绿色施工的内涵

1.绿色施工的概念与原则

（1）绿色施工的概念

绿色施工是指工程建设中，在保证质量、安全等基本要求的前提下，通过科学管理和技术进步，最大限度地节约资源与减少对环境负面影响的施工活动，实现节能、节地、节水、节材和环境保护。

（2）绿色施工的原则

实施绿色施工，应依据因地制宜的原则，贯彻执行国家、行业和地方相关的技术政策，符合国家的法律、法规及相关的标准规范，实现经济效益、社会效益和环境效益的统一。

施工单位应运用ISO14000环境管理体系和OHSAS18000职业健康安全管理体系，将绿色施工有关内容分解到管理体系目标中去，使绿色施工规范化、标准化。

2.绿色施工的总体框架

绿色施工总体框架由施工管理、环境保护、节材与材料资源利用、节水与水资源利用、节能与能源利用、节地与施工用地保护六个方面组成。这六个方面涵盖了绿色施工的基本指标，同时包含了施工策划、材料采购、现场施工、工程验收等各阶段的指标。

3.绿色施工方案的内容

实施绿色施工，应进行总体方案优化。在规划（包括施工规划）、设计（包括施工阶段的深化设计）阶段，应充分考虑绿色施工的总体要求，为绿色施工提供基础条件。实施绿色施工，应对施工策划、机械与设备选择、材料采购、现场施工、工程验收等各阶段进行控制，加强对整个施工过程的管理和监督。

主要内容包括：

（1）工程概况

工程概况包括建筑类型、结构形式、基坑深度、高（跨）度、工程规模、工程造价、占地面积、工程所在地、建设单位、设计单位、承建单位，计划开竣工日期等。

（2）绿色施工目标

承建单位和项目部分别就环境保护、节材、节水、节能、节地制定绿色施工目标，并将该目标值细化到每个子项和各施工阶段。绿色施工目标的设定需提供设定依据。

（3）组织机构

项目部成立创建全国建筑业绿色施工示范工程领导小组，公司领导或项目经理作为第一责任人，所属单位相关部门参与，并落实相应的管理职责，实行责任分级负责。

（4）实施措施

实施措施包括：钢材、木材、水泥等建筑材料的节约措施；提高材料设备重复利用和周转次数、废旧材料的回收再利用措施；生产、生活、办公和大型施工设备的用水用电等资源及能源的控制措施；环境保护如扬尘、噪声、光污染的控制及建筑垃圾的减量化措施等。

（5）技术措施

技术措施包括：采用有利于绿色施工开展的新技术、新工艺、新材料、新设备；采用创新的绿色施工技术及方法；采用工厂化生产的预制混凝土、配送钢筋等构配件；项目为达到方案设计中的节能要求而采取的措施等。

（6）管理制度

建立必要的管理制度，如教育培训制度、检查评估制度、资源消耗统计制度、奖惩制度，并建立相应的书面记录表格。

3.2.4　绿色施工要点

1. 环境保护技术要点

（1）扬尘控制

工程在土方作业、结构施工、安装装饰装修、建构筑物机械拆除、建构筑物爆破拆除等时，要采取洒水、地面硬化、周挡、密网覆盖、封闭等，防止扬尘产生。

（2）噪声与振动控制

现场噪声排放不得超过国家标准《建筑施工场界噪声限值》GB 12523 的规定。在施工场界对噪声进行实时监测与控制。监测方法执行国家标准《建筑施工场界噪声测量方法》GB 12524。使用低噪声、低振动的机具，采取隔声与隔振措施，避免或减少施工噪声和振动。

（3）光污染控制

尽量避免或减少施工过程中的光污染。夜间室外照明灯加设灯罩。透光方向集中在施工范围。电焊作业采取遮挡措施，避免电焊弧光外泄。

（4）水污染控制

施工现场污水排放应达到国家标准《污水综合排放标准》GB 8978 的要求。在施工现场应针对不同的污水，设置相应的处理设施，如沉淀池、隔油池、化粪池等。基坑降水尽可能少地抽取地下水。

对于化学品等有毒材料、油料的储存地，应有严格的隔水层设计，做好渗漏液收集和处理。

（5）土壤保护

保护地表环境，防止土壤侵蚀、流失。因施工造成的裸土，及时覆盖砂石或种植速生草种，以减少土壤侵蚀；因施工造成容易发生地表径流土壤流失的情况，应采取设置地表排水系统、稳定斜坡、植被覆盖等措施，减少土壤流失。

（6）建筑垃圾控制

加强建筑垃圾的回收再利用，建筑垃圾的再利用和回收率达到30%。对于碎石类、土石方类建筑垃圾，可采用地基填埋、铺路等方式提高再利用率，力争再利用率大于50%。

施工现场生活区设置封闭式垃圾容器，施工场地生活垃圾实行袋装化，及时清运。对建筑垃圾进行分类，并收集至现场封闭式垃圾站，集中运出。

（7）地下设施、文物和资源保护

施工前应调查清楚地下各种设施，做好保护计划，保证施工场地周边的各类管道、管线、建筑物、构筑物的安全运行。施工过程中一旦发现文物，立即停止施工，保护现场并报告文物部门和协助做好工作。

2. 节材与材料资源利用技术要点

（1）节材措施

图纸会审时，应审核节材与材料资源利用的相关内容。根据施工进度、库存情况等合理安排材料的采购、进场时间和批次，减少库存。材料运输工具适宜，装卸方法得当，防止损坏和散落。根据现场平面布置情况就近卸载，避免二次搬运。

现场材料堆放有序。储存环境适宜，措施得当。保管制度健全，责任落实。

施工中采取技术和管理措施提高模板、脚手架等的周转次数。优化安装工程的预留、预埋、管线路径等方案。

（2）结构材料

推广使用预拌混凝土和商品砂浆。准确计算采购数量、供应频率、施工进度等，在施工过程中进行动态控制。推广钢筋专业化加工和配送。优化钢筋配料和钢构件下料方案。优化钢结构制作和安装方法。

（3）围护材料

门窗、屋面、外墙等围护结构选用耐候性及耐久性良好的材料，施工确保密封性、防水性和保温隔热性。

（4）装饰装修材料

①贴面类材料在施工前，应进行总体排版策划，减少非整块材的数量。

②采用非木质的新材料或人造板材代替木质板材情况下,考虑回收利用,节约用量。

③防水卷材、壁纸、油漆及各类涂料基层必须符合要求，避免起皮、脱落。各类油漆及胶黏剂应随用随开启，不用时及时封闭。

④幕墙及各类预留预埋应与结构施工同步。

⑤木制品、木装饰用料等各类板材及玻璃等宜在工厂采购或定制。

⑥采用自粘类片材，减少现场液态胶粘剂的使用量。

（5）周转材料

周转材料应选用耐用、维护与拆卸方便的周转材料和机具。推广使用定型钢模、钢框胶合板、铝合金模板、塑料模板。多层、高层建筑使用可重复利用的模板体系，模板支撑宜采用工具式支撑。高层建筑的外脚手架，采用整体提升、分段悬挑等方案。

现场办公和生活用房采用周转式活动房。现场围挡应最大限度地利用已有围墙，或采用装配式可重复使用围挡封闭。力争工地临房、临时围挡材料的可重复使用。

3. 节水与水资源利用技术要点

（1）提高用水效率

施工现场供水管网应根据用水量设计布置，管径合理、管路简捷，采取有效措施减少管网和用水器具的漏损。施工现场喷洒路面、绿化浇灌宜采用经过处理的中水。现场机具、设备、车辆冲洗用水必须设计成循环用水装置。施工现场办公区、生活区的生活用水采用节水系统和节水器具，提高节水器具配置比率。项目临时用水应使用节水型产品，安装计量装置，采取针对性的节水措施。

（2）非传统水源利用

①优先采用中水搅拌、中水养护，有条件的地区和工程应收集雨水养护。

②处于基坑降水阶段的工地，宜优先采用地下水作为混凝土搅拌用水、养护用水、冲洗用水和部分生活用水。

③现场机具、设备、车辆冲洗、喷洒路面、绿化浇灌等用水，优先采用非传统水源，尽量不使用市政自来水。

④大型施工现场，尤其是雨量充沛地区的大型施工现场建立雨水收集利用系统，充分收集自然降水用于施工和生活中适宜的部位。

⑤施工中应尽可能采用非传统水源和循环水再利用。

4. 节能与能源利用技术要点

（1）节能措施

制定合理施工能耗指标，提高施工能源利用率。优先使用国家、行业推荐的节能、高效、环保的施工设备和机具，如选用变频技术的节能施工设备等。

在施工组织设计中，合理安排施工顺序、工作面，以减少作业区域的机具数量，相邻作业区充分利用共有的机具资源。安排施工工艺时，应优先考虑耗用电能的或其他能耗较少的施工工艺。避免设备额定功率远大于使用功率或超负荷使用设备的现象。

根据当地气候和自然资源条件，充分利用太阳能、地热等可再生能源。

（2）机械设备与机具

建立施工机械设备管理制度，开展用电、用油计量，完善设备档案，及时做好维修保养工作，使机械设备保持低耗、高效的状态。

选择功率与负载相匹配的施工机械设备，避免大功率施工机械设备低负载长时间运行。机电安装可采用节电型机械设备，如逆变式电焊机和能耗低、效率高的手持电动工具等，以利节电。机械设备宜使用节能型油料添加剂，在可能的情况下，考虑回收利用，节约油量。

（3）生产、生活及办公临时设施

利用场地自然条件，合理设计生产、生活及办公临时设施的体形、朝向、间距和窗墙面积比，使其获得良好的日照、通风和采光。

临时设施宜采用节能材料，墙体、屋面使用隔热性能好的材料，减少夏天空调、冬天取暖设备的使用时间及耗能量。

（4）施工用电及照明

临时用电优先选用节能电线和节能灯具，临电线路合理设计、布置，临电设备宜采用自动控制装置。采用声控、光控等节能照明灯具。

5. 节能与施工用地保护技术要点

（1）临时用地指标

根据施工规模及现场条件等因素合理确定临时设施，如临时加工厂、现场作业棚及材料堆场、办公生活设施等的占地指标。临时设施的占地面积应按用地指标所需的最低面积设计。

（2）临时用地保护

①应对深基坑施工方案进行优化，减少土方开挖和回填量，最大限度地减少对土地的扰动，保护周边自然生态环境。

②红线外临时占地应尽量使用荒地、废地，少占用农田和耕地。工程完工后，及时对红线外占地恢复原地形、地貌，使施工活动对周边环境的影响降至最低。

③利用和保护施工用地范围内原有绿色植被。对于施工周期较长的现场，可按建筑永久绿化的要求，安排场地新建绿化。

（3）施工总平面布置

施工总平面布置应做到科学、合理，充分利用原有建筑物、构筑物、道路、管线为施工服务。施工现场搅拌站、仓库、加工厂、作业棚、材料堆场等布置应尽量靠近已有交通线路或即将修建的正式或临时交通线路，缩短运输距离。

临时办公和生活用房应采用经济、美观、占地面积小、对周边地貌环境影响较小，且适合于施工平面布置动态调整的多层轻钢活动板房、钢骨架水泥活动板房等标准化装配式结构。施工现场围墙可采用连续封闭的轻钢结构预制装配式活动围挡，减少建筑垃圾，保护土地。

施工现场道路按照永久道路和临时道路相结合的原则布置。施工现场内形成环形通路，减少道路占用土地。

3.2.5 开发绿色施工的新技术、新工艺、新材料与新设备

施工单位应建立健全绿色施工管理体系，对有关绿色施工的技术、工艺、材料、设备等应建立推广、限制、淘汰公布制度和管理办法。发展适合绿色施工的资源利用与环境保护技术，对落后的施工技术、工艺、设备、材料等进行限制或淘汰，鼓励绿色施工技术的发展，推动绿色施工技术的创新。

住房城乡建设部在《建筑业10项新技术（2017）》中专门列了"绿色施工技术"章节，包括封闭降水及水收集综合利用技术，建筑垃圾减量化与资源化利用技术，施工现场太阳能、空气能利用技术，施工扬尘控制技术，施工噪声控制技术，绿色施工在线监测评价技术，工具式定型化临时设施技术，垃圾管道垂直运输技术，透水混凝土与植生混凝土应用技术，混凝土楼地面一次成型技术，建筑物墙体免抹灰技术。

3.2.6 绿色施工示范工程申报管理

绿色施工示范工程由中国建筑业协会进行评定。

1. 申报条件

（1）申报工程应是建设、设计、施工、监理等相关单位共同参与的房屋建筑、市政设施、交通运输及水利水电等土木工程建设项目。

（2）申报工程应是开工手续齐全，已列入当年开工计划且施工组织实施方案符合住房和城乡建设部《绿色施工导则》等相关文件的工程。

（3）申报工程应是具有绿色施工实施规划方案并在开工前经专家审定通过的工程。工程应自始至终做好水、电、煤、油、各种材料等各项资源、能源消耗数据的原始记录。

（4）申报工程原则上应是省（部）级建筑业新技术应用示范工程。

（5）申报工程应在工程建设周期内完成申报文件及其实施规划方案中的全部内容。

2. 不得评为绿色施工合格的要求

（1）发生安全生产死亡责任事故；

（2）发生重大质量事故，并造成严重影响；

（3）发生群体传染病、食物中毒等责任事故；

（4）施工中因"四节一环保"问题被政府管理部门处罚；

（5）违反国家有关"四节一环保"的法律法规造成严重社会影响；

（6）施工扰民造成严重社会影响。

3.2.7 水土保持重点与措施

1. 水土保持总体要求和初步方案

水土保持要求：

（1）从水土保持角度，主体工程应从施工准备期提前落实水土保持措施，切实落

实先防护后施工,同时将水土保持防护措施与安全文明施工合理结合,从施工管理制度,施工落实程序等方面全面落实水土保持措施。

（2）切实做好土石方优化管理。

2. 水土保持典型设计

（1）临时围挡:主体设计车行道罩面施工区、人行道工程区外围修建临时施工围挡,采用波纹彩钢板结构,墙板采用单面彩色夹芯钢板。基础底部为混凝土结构。

（2）沙袋拦挡:建设过程中,临时堆放的土方集中堆放,采用临时拦挡、遮盖进行防护。

（3）土工布苫盖设计:施工时,遇雨天需要将临时堆土、堆料等用土工布进行苫盖,以免雨水携带大量的土粒、料、泥四处散流。

3. 雨季施工水土保持措施

主体工程安排在旱季施工,不易发生水土流失,其他工程在雨季施工中应做一些临时应急措施来预防水土流失,主要措施如下:

（1）根据天气预报,降雨前应疏通各排水沟,清理沉沙池。对排水沟不完善的区域应临时开挖排水沟,沟内铺土工布防冲,还可用沙包拦截引导水流,收拢归槽,以免泥水四处漫流。

（2）临时堆积土方等易发生流失的部位采用编织布进行覆盖防止水土流失。

（3）应做好施工监督管理工作,施工单位应与咨询单位及建设单位密切联系,遇到问题及时通报,以便能及时解决,把水土流失降到最低。

3.2.8 环境保护重点与措施

环境保护措施总体布局:根据工程建设对环境的影响特点和各环境因子影响预测评价结论,以及工程涉及区环境保护目标和污染控制目标要求,环境保护措施包括运行期水环境保护措施、施工期水环境保护措施、环境空气保护措施、声环境保护措施、生活垃圾处理措施、人群健康保护措施、水土保持措施、生态环境保护措施、移民安置保护措施、环境地质保护措施和其他环境保护措施。

项目前期做好保护区域生态环境措施,确保项目区生态、经济、社会的全面、协调发展。同时更进一步明确工程建设过程中水土流失防治范围及责任者、水土流失防治目标、防治措施及实施进度,为防治水土流失提供技术保障,并将水土流失的防治措施纳入工程建设总体。

1. 环境保护措施总体布局内容

（1）运行期水环境保护措施包括:

水质保护——加强水土保持;

生活垃圾——集中收集后运输到垃圾填埋场;

生活污水——集中收集后输送至污水处理厂及综合利用系统。

（2）施工期水环境保护措施包括：

基坑废水——投加絮凝剂，沉淀；

砂石加工废水——沉砂池、絮凝沉淀池处理后循环利用；

混凝土系统废水——在沉淀池内，投加絮凝剂，沉淀后综合利用；

含油废水——投加混凝剂、经隔油材料回收浮油后综合利用；

生活污水——地埋式一体化生活污水处理设备处理后综合利用。

（3）环境空气保护措施包括：

粉尘防治——采用先进施工技术，定期洒水，覆盖爆破，配备收尘器；

加强绿化——栽种行道树、草坪；

废气控制——选择符合卫生标准的机械，加强维护，配备净化器、收尘器；

道路扬尘——限速行驶，定期洒水；

施工人员——配备防尘设备，加强人员保护。

（4）声环境保护措施包括：

噪声源控制：选择符合相关标准的机械，并且加强维护；采用先进施工技术和爆破技术，控制爆破时间；振动大的设备使用减振机座。

2. 施工期环境控制措施

从施工期大气污染分析可知，大气影响主要来自施工场地、土料开挖和运输，影响对象除现场施工人员外，还有施工区附近居民。大气污染控制的有效方法主要是采取洒水及控制车速等措施，施工现场及施工道路应每天定时洒水（洒水次数视具体情况而定，要求每天两次），保持工地有一定湿度，物料装卸时也采用洒水设备，运输过程中加罩防护；卡车在施工现场行驶时车速控制在 12km/h 以下，推土机的推土速度减至 8km/h 以下；另外在靠近居民的施工区必须在现场周围设有效整洁的施工围挡。另外应做好施工人员的劳动保护，如佩戴防尘口罩等。

（1）大气环境保护措施

选用正规施工机械运输车辆，减少有害气体的排放。运输干线和施工工地在晴天定期洒水和清扫，场内车辆限速行驶。集中施工作业时注意考虑风力、风向、大气状况等条件，避免集中作业造成局部大气污染严重；对水泥、砂石等施工物料需妥善堆放、保管和运输，避免因搬运等造成扬尘；工程弃土及时清运，以防产生环境污染；运输车辆要进行清洗后才能离开工地。

（2）噪声控制措施

合理安排施工计划，居民区的地段，避免在同一地点集中使用大型动力机械设备，在一定时段应降低施工强度，尽量避免集中使用大功率机械，严格控制施工时间。选用低噪声设备，固定的大型机械设备加装减震机座；加强设备维护和保养；进、排气口设置消声器。

（3）弃土处置

工程建设所产生的弃土，按规定运至指定地点弃置，避免对环境的二次污染。施工土方开挖现挖现运，临时堆积时应防止水土流失，为防止弃置作业中流水的侵蚀，应在弃置场周围修筑排水沟以收集与排走地表径流。

（4）水质污染防治

①施工废水的处理：混凝土养护过程中，采用适当的机械设备和作业方式、选择合理的时间和施工强度，控制再悬浮量，减少对水质的影响。

②将生活区设置在附近的居住区，生活污水排入市政污水管网。

③机械设备冲洗水处理：根据场地条件，设置集水池使生产废水在池内停留，经沉淀后排入市政管网。

3. 环境监测与环境管理

（1）环境监测

施工期污废水水质监测计划为在各个施工区生活污水、生产废水处理设施的进水口和出水口各设置一个监测断面，施工高峰期 1 次 / 月，非高峰期 1 次 /3 月，施工准备期、竣工期适当放宽监测频率。分析项目为 BOD5、CODCr、DO、pH、SS、NH3-N、TN、石油类共 8 项。

大气和噪声的监测点拟设置在管线施工区及泵站施工区的施工场地。大气监测项目为 TSP、PM10 等。噪声监测与大气监测同步进行，主要对高声级机械设备噪声进行监测。大气和噪声监测时间为施工高峰期，每三个月监测一次。

（2）环境管理

为了更好地对建设项目的环保工作进行监督和管理，建设单位应设置专职的环保部门，由该部门负责人主持环境保护的有关工作，将各项指标落实到具体的责任人，并建立相应的奖惩制度，确保环保措施的落实和发挥效益。环境管理部门主要工作包括制定并执行各项环境保护工作规章制度；制定并执行施工期环境监测计划，加强施工期生态环境保护监管工作；应将施工期的生态保护和环境污染控制列入工程承包内容，并在开工前制定生态保护和污染控制方案上报环保行政主管部门。

3.3　BIM 咨询管理

3.3.1　公共建筑工程实施 BIM 技术的必要性

大型公共建筑工程具有体量庞大、技术复杂、项目周期长、环境影响因素多、土方工程量大等特点，进而引起的工程进度计划、施工组织设计及项目管理等均存在巨大的难度。此外，随着项目信息化及项目后期运营维护需求的提升，传统的项目建设模式已很难满足建设的需求。

当前，BIM 技术在政府强有力的推动下，企业积极参与、市场需求旺盛、人才不断涌入，已经成为各方研究的重要领域、企业转型升级的有力工具、行业改变生产方式的有效推动力，备受关注。"BIM 建模软件—信息数据—专业分析软件及平台"构成了 BIM 技术的基本工作模式。通过建立数字化的 BIM 模型，添加项目相关的数据信息，运用专业的分析软件及平台对信息处理并利用，为提高效率、保证质量、节约成本、缩短工期发挥重要作用。对于大型公共建筑工程，实施 BIM 技术的必要性主要包括以下方面：

1. BIM 技术的可视化

在 BIM 的可视化优势，BIM 建模及优化的过程即为项目虚拟建造的过程，有力地支持设计与施工一体化，减少了实际过程中的"错、漏、碰、缺"等问题的发生，减少了建设过程的资源浪费，节约项目工期，带来了显著的经济及社会效益，改变了传统的生产方式。

2. BIM 技术的协同性

BIM 技术的协同性操作是区别于传统工程实施流程的主要特征。通过协同平台，各专业可各自完成各自的任务，既可以实现独立工作，又可以信息共享，实现提高工作效率的目的。特别是大型的公共建筑项目，由于项目复杂、涉及专业多，通过 BIM 协同平台，各专业、部门、工序之间的信息传递准确性、快速性将极大提升。

3. BIM 技术的参数化

随着对 BIM 技术研究的逐渐深入，BIM 技术由最初以可视化为目的的 BIM 三维模型，逐步发展到具有属性参数、深入分析参数信息、挖掘参数价值的阶段。对于公共建筑，特别是前期设计阶段，利用各类参数信息，进行功能、流线、性能分析，优化设计方案，提高项目品质。

4. BIM 技术的信息化

在项目实施的过程中，各实施阶段均会形成大量的信息，尤其是大型项目，由于建设工期长，若人员流动性大，建设过程信息极易流失或管理混乱。BIM 模型是强大的信息集成、交流、分析及共享平台，能够有效地解决大型公共建筑项目信息管理水平低下的问题。

3.3.2　BIM 应用总体目标

确定 BIM 应用的总体目标，是 BIM 应用的第一步。BIM 应用的目标主要有减少设计变更、提升设计品质、提升工作效率、缩短项目周期、节约施工成本、打造相关平台、方便运营维护等，各类型的项目目标与选择 BIM 实施阶段有直接对应关系。

BIM 技术的实施阶段，主要包括 BIM 设计阶段、BIM 施工阶段、BIM 运维阶段，各阶段均对应各类目标。其中，BIM 设计阶段所对应的目标是减少设计变更、提高设计品质；BIM 施工阶段所对应的目标是缩短项目周期、节约施工成本、提升工作效率；BIM 运维阶段所对应的目标是打造相关平台、方便运营维护。作为全过程工程咨询方，可以根据项目的特点、建设单位的需求，合理选择项目总体目标及项目实施阶段。

此外，项目目标设立还需考虑投入与产出的关系，BIM 模型精度是 BIM 技术投入的主要内容，BIM 模型的应用程度，主要取决于模型的精度。对于建筑工程，国家及部分省市均已出台了相关的标准，以浙江省工程建设标准《建筑信息模型（BIM）应用统一标准》DB33/T 1154—2018 为例：工程项目各阶段 BIM 模型细度等级应满足项目所需的 BIM 应用要求，其对应等级代号如表 3.3-1 所示。根据目前的项目实施经验，建议模型等级设置在 LOD300 以上。

各阶段 BIM 模型细度等级

表 3.3-1

各阶段模型名称	模型细度等级代号	形成阶段
方案设计模型	LOD100	方案设计阶段
初步设计模型	LOD200	初步设计阶段
施工图设计模型	LOD300	施工图设计阶段
深化设计模型	LOD350	深化设计阶段
施工过程模型	LOD400	施工实施阶段
竣工及运维模型	LOD500	竣工验收及运行维护阶段

3.3.3 BIM 项目组织架构及各方职责

BIM 项目组织架构的选择是 BIM 实施首要考虑的问题，将对项目正常运行和全过程工程咨询方 BIM 工作起决定性的影响。对于全过程工程咨询项目，BIM 项目的组织架构，主要分为两个层级：建设单位为第一层级，主要起到把控整体方向、提出需求任务的作用；全过程工程咨询单位 BIM 团队及 BIM 具体实施团队为第二层级，全过程工程咨询单位主要起到组织、策划及管理的作用，BIM 具体实施团队具体负责项目BIM 实施。各参建单位需相互配合，各司其职，最终完成 BIM 工作。

根据不同的实施团队，将 BIM 项目组织架构分为以下三类：①设计与施工单位各自实施 BIM 的模式；②第三方 BIM 咨询单位主导实施 BIM 的模式；③ EPC 总承包方主导实施 BIM 的模式。鉴于目前大型公共建筑，较多实施 EPC 总承包模式，因此，以 EPC 总承包方主导实施 BIM 的模式为例，说明全过程工程咨询方在该模式下如何开展 BIM 技术咨询与管理工作，该模式下的组织架构如图 3.3-1 所示。

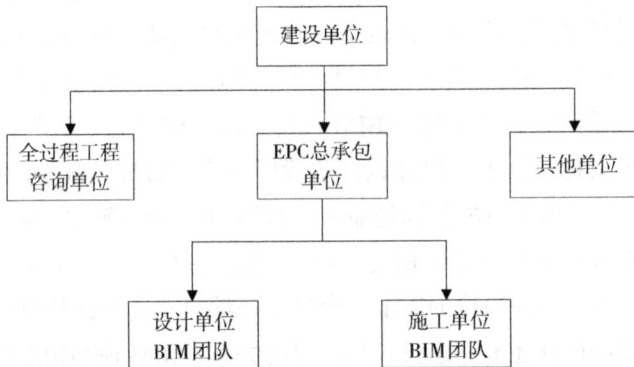

图 3.3-1 EPC 总承包方主导实施 BIM 模式组织框架

EPC总承包主导实施模式，即EPC总承包合同中包含BIM子项，由总承包单位自行完成BIM工作，并将BIM成果用到各个阶段。当EPC总承包实力较强，设计施工均其自身完成，则设计及施工BIM由一个团队完成；若EPC总承包为联合体形式，则BIM团队可能由设计BIM及施工BIM两个团队组成。在该模式下，各单位职责如下：

1. 建设单位单位职责

（1）明确BIM需求及实施阶段；

（2）把控BIM整体方向，协调各方分歧；

（3）提供BIM费用投入；

（4）对完成情况进行评估考核。

2. 全过程工程咨询单位职责

（1）负责工程项目BIM实施准备工作；

（2）负责编制《项目总体BIM实施方案》；

（3）负责项目BIM应用管理工作及成果审核工作；

（4）负责工程项目BIM实施成果的总结和推广。

3. 设计单位职责

（1）提供设计各阶段的BIM模型，包括但不限于建筑物、地形模型、机电设备等各专业的综合模型；

（2）基于设计模型的各类分析、计算等数据及分析报告；

（3）对施工单位进行设计BIM成果交底，保证设计BIM模型与信息能够顺利传递到施工阶段；

（4）完成规范及建设单位要求的其他设计阶段BIM成果。

4. 施工单位职责

（1）编制《EPC单位BIM实施方案》，配合全过程工程咨询单位完成《项目总体BIM实施方案》；

（2）在设计BIM模型的基础上继续深化，满足施工阶段BIM需求；

（3）基于施工BIM模型，完成计划的施工BIM应用点，并出具相关分析计算报告、指导现场施工的成果文件；

（4）根据现场实际实施情况，修改并完善模型，最终形成竣工模型，为运营维护做准备。

考虑到EPC总承包模式下，EPC总承包单位实力较强，且BIM成果质量、BIM成果带来效益、设计BIM及施工BIM的关系，均为EPC总承包的内部问题。因此，BIM全过程工程咨询方不仅充当管理的角色，更需要有合作的态度。除了满足合同约定要求、维护好建设单位利益，一般以《EPC总承包项目实施计划书》为管理依据，重点把控最终BIM成果，至于中间过程及其内部BIM沟通可不必介入过多。

3.3.4 项目总体 BIM 实施方案

BIM 技术的实施，需事先制定详细及全面的实施方案，作为项目管理为主的 BIM 全过程工程咨询方，需制定合理的 BIM 总体实施方案，使后续工作顺利开展。此外，各类公建项目均有其特色，也需在项目总体 BIM 实施方案得以体现。BIM 总体实施方案，主要包括工程简介、项目实施目标、BIM 实施准备工作、BIM 实施规划、BIM 成果管理检查机制、BIM 协同实施、BIM 实施保障措施等内容。

1. 工程简介

工程简介主要是对项目总体情况进行描述、对项目实施 BIM 技术重难点进行分析。在项目前期，充分考虑重难点将对后续 BIM 项目实施、资源配置、应用点选择、项目管理都将有重要的影响。分析项目重难点时，建议考虑以下方面的内容：

（1）充分了解建设单位要求，建设单位的需求是多方面的，建设单位的需求是项目管控的重点；

（2）认真研读相关图纸及资料，明确 BIM 实施项目重难点部位；

（3）对项目进行现场勘查或收集分析勘察资料，充分了解地形及场地的特点；

（4）明确项目是否需要实施运维，如需实施，则各阶段信息的录入、信息的传递、模型的精度均是管控的重点；

（5）分析项目进度及项目体量大小，若工期紧任务重，则应做好 BIM 进度分析与模拟；

（6）分析项目的组织模式，若项目参与方多，协调要求高，则应重点加强 BIM 组织协调及管控；

（7）明确项目是否有特殊要求，若需评杯评奖，则需重点策划，加强过程资料收集。

2. 项目 BIM 实施目标

项目 BIM 目标包括 BIM 总体目标及各阶段的 BIM 目标，对项目目标的内容已有论述，此处主要强调确定项目目标需要注意以下方面的内容：

（1）在确定总体目标时，首先需要详细地听取建设单位的意见，对建设单位的意见进行分析；

（2）应充分考虑项目投入与产出的关系，目标不宜设置过高；

（3）充分考虑全过程工程咨询方人员的技术实力及 BIM 实施单位的综合能力；

（4）在确定各阶段的 BIM 目标时，应考虑各阶段目标的衔接，保证信息的延续性。

3. BIM 实施准备工作

在 BIM 实施前，需要做诸多准备工作，主要包括 BIM 组织总体实施框架、BIM 软件标准化统一、项目界面划分及明确各单位人员的主要职责。其中 BIM 组织总体实施框架及各单位人员的主要职责，以上章节已有论述。

（1）BIM 软件标准化统一。BIM 软件众多、版本各有不同，甚至同一应用点都有不同的软件可供选择。此外，考虑到单位之间模型流转与衔接，若未统一软件标准及数据格式，将对后期项目运行产生不利的影响，甚至导致项目无法实施。不同阶段、不同应用点的软件选择及数据格式如表 3.3-2 所示，仅供参考。

BIM 软件及数据格式　　　　　　　　　　　　　　表 3.3-2

序号	应用类型	软件名称	版本要求	交付格式	备注
1	模型创建	Autodesk Revit	2016	*.rvt	包括 Architecture、Structure、MEP
		Rhino	5.0 及以上	*.IGS	
		Catia	V5 及以上	*.CATProduct	
		Tekla	V19.0 及以上	*.DB1	
		Autodesk civil 3d	2016	*.DWG	
2	模拟浏览	Navisworks	2016	*.nwd	
		Lumion 3D	5.0 及以上	*.DAE	
		3D Studio Max	2014 版	*.3dxml	
3	协同管理	BIM 管理平台			

（2）项目界面划分。BIM 涉及众多部门，且涉及模型的流转、信息的传递，不同阶段模型深度均有不同的要求，若前期不对此进行明确的工作界面划分，将引起后期工作的混乱，界面应和招标文件中各方的要求保持一致。若为总承包模式，强化总承包统领分包的责任并认定其为成果唯一对接口，避免施工单位太多引起的管理混乱。

4. BIM 实施规划

BIM 实施规划，主要包括 BIM 应用点的策划及选择、技术经验的总结与推广等，其中 BIM 应用点的策划及选择是 BIM 咨询与管理工作核心工作。BIM 技术的传统应用点，在部分 BIM 相关规范中均有论述，不再赘述。除了传统的 BIM 应用点，各类公共建筑均有其特有的 BIM 应用点，读者可以依据项目自身特点选取，以文化场馆建筑为例：

（1）文化场馆参观流线模拟；

（2）大型展厅安全疏散模拟；

（3）剧场大空间气流组织模拟；

（4）剧场大空间声环境模拟等。

在项目实施过程中，对技术经验的总结与推广，也是项目实施规划中的内容。主要包括 BIM 技术总结（新闻稿、宣传稿、观摩会）、BIM 奖项申报、BIM 宣传视频制作、BIM 课题研究、BIM 技术专项培训以及 BIM 论文编写等。此部分内容均需前期合理规划，在项目实施过程中收集过程资料及信息，方便后期成果整理。

5. BIM 成果管理与检查机制

在 BIM 实施过程中，BIM 质量是项目实施的生命线，如何对成果进行有效管理、把控 BIM 质量，需在总体实施方案中明确。在提出质量管控之前，应明确 BIM 成果的质量标准。由于 BIM 标准及 BIM 规范对 BIM 成果的质量没有明确的规定，且 BIM 成果均为优化性质，优化质量很难定量描述，部分 BIM 成果存在无法落地的情况。高质量 BIM 成果标准，建议满足以下特点：

（1）BIM 模型能够反映设计图纸的设计意图，即 BIM 建模应准确无误，使图纸信息完整地反映到 BIM 模型中；

（2）BIM 模型能够准确反映现场地形、场地等现场信息；

（3）BIM 分析计算结果能够反馈设计，指导或优化设计；

（4）BIM 优化后的模型，不应改变设计意图、不违反规范要求、符合施工习惯及现场实际，能够真正实现落地；

（5）BIM 项目信息能够一脉相承，实现项目管理信息化。

对于 EPC 总承包模式下的 BIM 成果质量管控，建议 BIM 质量采用三级控制。设计单位及分包的深化设计 BIM 单位，对自己成果进行内部审核并出具内部审核报告，此为第一级管控；设计单位及分包的深化设计 BIM 单位将 BIM 成果提交到总承包单位，由总承包单位进行再次审核，并出具审核意见，此为第二级管控；总承包单位将审核意见反馈给各方进行修改，最终将成果提交与全过程工程咨询方审核，并出具审核意见，此为第三级管控。

3.3.5　BIM 实施的保障措施

在 BIM 实施过程中，需要有良好的制度作保障，BIM 工作方能顺利的实施。主要包括会议制度保障、进度控制保障、履约评价保障等保障制度。

1. 会议保障制度

（1）BIM 例会制度。BIM 例会一般由全过程工程咨询方主持，建设单位参与，各参建单位参加的方式，一般两周召开一次，特殊情况另行通知。然而，在 EPC 总承包单位模式下，若 EPC 总承包内部会议，应由 EPC 总承包单位主持，全过程工程咨询方参加。

会议任务是协调解决参加单位在 BIM 实施过程中存在的 BIM 技术应用问题，保证项目 BIM 应用的总体性、完整性、统一性。总结工程 BIM 工作进展情况，协调应用过程中存在的技术问题，提出下阶段的具体工作目标，了解各参建单位在工作过程中遇到的难点、关键点，并给出指令性或指导性的意见。

（2）各专业协调会议。在各参建单位 BIM 实施过程中遇到比较重大、急需解决的问题，由相关单位 BIM 负责人提请召开各专业协调会议，商讨和确定解决方案。会议一般由全过程工程咨询方主持，并指定专人负责会议记录，在会后在 BIM 管理平台上形成会议纪要。

2. 进度保障制度

进度控制是 BIM 实施管控的重要内容，对于周期较长的大型公共建筑工程显得尤为重要。前期制定的进度计划如何有效地执行，进度落后或 BIM 工作内容变更如何调整进度计划，均需要有进度保障措施。

目前，一般的 BIM 管理平台已有进度控制功能模块，可以要求各参建单位每月末制定下月详细的 BIM 工作计划，并指定责任人，经相关人员审批后，该条工作计划将自动生成为"工作任务"，推送到该责任人的工作日历中。工作日历亦在 BIM 平台进行展示，用户每次登陆平台后均可看到本人的当前工作安排。

3. 履约保障制度

可建议建设单位，采用完善的履约评价管理体系进行 BIM 工作的履约情况进行全面管控，并制定履约细则文件，就履约细则中的内容进行逐条落实，保障项目更好地达成建造目标。

第2篇

中山大学·深圳建设项目全过程工程咨询案例

　　本篇选取中山大学·深圳建设工程项目全过程工程咨询作为案例，结合项目的实际情况，对开展全过程工程咨询的相关工作进行了系统、全面的解读，结构完整、内容全面、理念领先。全过程工程咨询单位从项目立项通过开始介入，全方位地展现项目各主要咨询工作以及相应的策划、措施、方法、流程等。通过这个案例的展现，读者能够真正了解房屋建筑项目应该从哪些方面着手做好全过程工程咨询工作，这也是本书的核心篇章。

第4章 项目概况及范围管理

4.1 项目概况

1. 项目名称：

中山大学·深圳建设工程项目全过程工程咨询。

2. 项目地址：

深圳市光明新区公常路以北，康弘路以东，羌下二路以西，与东莞黄江接壤的猪婆山、猪公山周边区域，如图 4.1-1 所示。

图 4.1-1 中山大学·深圳建设工程规划用地图

3. 项目建设目标

围绕建设世界一流大学的战略目标，将深圳校区建设成为百年不落后的世界一流大学校园。世界一流的百年校园主要体现在：校区整体风貌特色体现世界一流大学的水平；校区设施功能满足建设世界一流大学的需求；建筑和空间设计因地制宜、以人为本、具有人文特色；校区和光明新区城市规划协调统一、紧密融合。

4. 建设内容及规模

中山大学·深圳建设工程将按照百年校园的标准规划建设校舍。校园建设遵循"整体规划、一次实施、与办学规模相匹配并适当超前"的原则。

项目选址总用地面积 144.71hm²，可建设用地 110.35hm²，保护林地 34.47hm²。总建筑面积为 1272913m²，其中地上建筑面积 1038192m²，地下及半地下建筑面积 234721m²。主要规划建设满足四大学科群办学基本条件的基础设施。

5. 项目场地及周边现状

（1）场址现状

中山大学深圳校区西侧建设用地为城市建成区，目前建有工业园、学校及部分民宅；北侧建设用地为基本农田；南侧建设用地主要为猪婆山和七座小山丘，以及东森教练场。建设前场地初始状况如图 4.1-2 所示。

图 4.1-2　中山大学·深圳建设用地初始状态

（2）地形、地质、地震情况

拟建场地南侧原始地貌属于丘陵地貌，场地起伏变化大，局部地段为山林及泥沼地；北侧原始地貌为平原，地势平整。

项目场地内高差较大，最大高差为 106m，因此建议规划设计选择坡度小于 30% 的用地作为建筑用地，且尽量顺应等高线方向，以减少土方和对原有山体的破坏。

根据国家标准《建筑抗震设计规范》GB 50011—2010，场地的抗震设防烈度为 7 度，设计基本地震加速度 0.05g，设计地震分组为第一组，特征周期为 0.35s。

（3）工地地质与水文条件

根据《新陂头河整治工程初设报告》，本工程场内地层自上而下分别为：第四系人工填土层（Q45）、第四系冲洪积层（Q4al+pl）和三叠系上统小坪组砂岩（Tx）。

地下水主要受大气降雨的影响，地下水类型以第四系松散岩类孔隙水和基岩裂隙水为主。

（4）交通运输条件

项目建设用地南侧紧邻公常路，西侧为广深高速，东侧为珠三角环线高速，周边路网较为完善和便利，满足本项目物料进场需求，具体如图 4.1-3 所示。

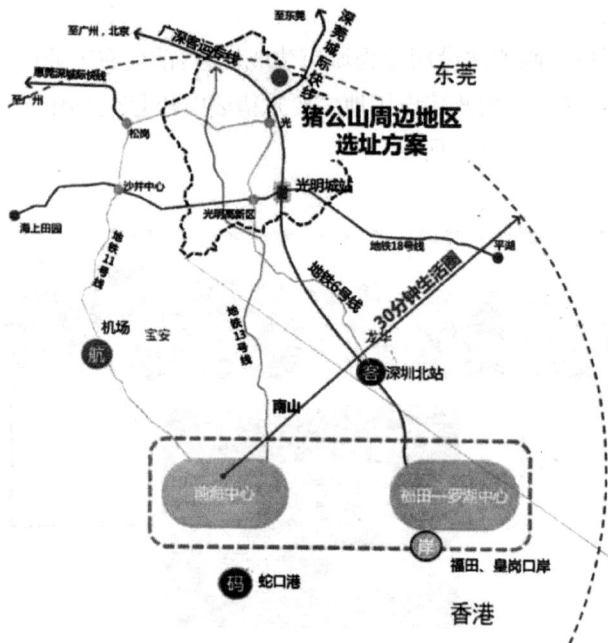

图 4.1-3 交通运输条件图

（5）市政设施条件

①市政给水

项目用地东侧建成有一座水厂（光明水厂），现状规模为 20 万 m^3/ 日，远期建设规模 40 万 m^3/ 日，保障光明区用水需求，为本项目水源地。

项目用地南侧公常路上现状有 2 条 DN300 给水管道。项目用地周边给水设施完善，满足本项目建设期用水需求。

②市政污水

项目用地南侧公常路上现状有 2 条 DN400 污水管道，项目污水通过污水管网排入公常路污水管，并最终排入光明污水处理厂，满足本项目建设期排污需求。

③市政雨水

项目用地南侧公常路上现状有两条雨水暗渠，北侧有新陂头河，项目雨水通过雨水管网排入公常路雨水暗渠或新陂头河，满足本项目建设期雨水排放需求。

④市政电力

根据《深圳市电力网发展规划（1992—2010 年）》和《深圳市电力管网专项规划（2000—2010）》，光明区设有 500kV 变电站 2 座。项目周边设有 1 座 110kV 变电站，满足本项目电力供应需求。

⑤市政通信

项目用地南侧公常路上敷设有一条 36 孔通信管道，满足本项目通信需求。

⑥市政燃气

项目用地南侧公常路上敷设有一条现状 DN150 燃气中压管道，满足本项目燃气需求。

综上，项目周边市政设施完备，满足项目建设及运营阶段市政需求。

（6）施工条件

本项目场址地势开阔，有足够的空间用作施工场地，对外运输道路也十分畅通。项目用地周边的路网、供电、供水、通信、消防等主要设施比较完善，因此，本项目具备施工条件。

6. 投资及资金来筹措

中山大学·深圳建设工程项目一次概算批复金额 1198632.00 万元，其中建安工程费 1074974.15 万元，工程建设其他费 66322.67 万元，预备费 57065.18 万元。资金来源为深圳市人民政府投资。

4.2　对项目的理解综述

从项目现有情况和实际需求分析看，项目有着以下重点和难点，需要项目管理人员在实施过程中做好预控和过程重点把控等工作，确保项目按期、按需、在既定的投资目标内保质保量成功实现。

（1）中山大学深圳校区工程无论从使用功能、建设标准、涉及专业等，都有着综合性强、标准要求高、综合协调难度大的特点。

（2）工程的文明施工、环境保护、现场周边安全、交通运输的组织、材料设备的进出场等，对施工管理的科学性、有效性提出了很高的要求，这也是本工程重点策划和管理控制的主要内容之一。

（3）设计参与单位多，方案设计与施工图设计、建筑设计与专业设计管理等需要协调的工作量大、面广、细节多，且工程结构复杂、功能全面、施工难度大，需要论证或借鉴类似工程成功经验的内容多。需要提前完成的专业与应用试验应该提前策划。

（4）体量大、工期紧：项目前期很多工作尚未铺开，但要求 2020 年 6 月交付。从时间安排上可以看出，工程有着明显的设计周期短、前期准备时间短、施工周期短的特点，开工时间相当紧迫。

（5）消防设计与施工：学校建筑不同于一般的房屋建筑工程，由于其功能需要，大跨度、大空间的房间布置可能比较多，使得消防超规、超限、超标的问题比较明显，如何解决这些问题，符合消防审查与验收的要求，也是工程管理与协调的重点之一。

（6）中山大学深圳项目工程方案设计、施工图设计均为三个标段，施工总包分多个标段，施工分包单位数量更多，其中工程设计有若干设计小组和若干专业深化设计单位参与，各标段之间、各单位之间既相互联系又相互制约，因此各种界面管理繁多，管理组织协调工作量大。

1）工作面：各标段设计单位的工作界面、建筑设计与专业设计工作界面、总承包单位施工作业界面、专业工序界面、总承包和专业分包界面；单位工程之间，单位工程内各分布子分部之间界面界定，界面管理量大面广。

2）临设场地：现有场地条件复杂，本项目参建单位多，施工临时设施、材料堆场安排紧张、道路运输等给总平面管理、进度控制、安全文明施工管理带来较大难度。

3）工作标准：需要完整、有效、统一的工作制度及流程建设，确保各建设目标在实施过程中标准统一，不走弯路。

（7）全过程安全管理难度大

由于工程体量大、单体多、施工难度大，特别是综合体育馆、大礼堂和图书馆等体育文化类项目结构跨度大、施工难度大等，使得项目风险点多，重大危险源多，尤其是大型机械施工安全、高空坠落、深基坑开挖、防火、临时用电、施工车辆进出场地、施工工人众多等给安全管理工作带来难度。

4.3　工作范围

本项目全过程咨询服务内容为项目管理和监理的一体化服务内容。

项目管理服务内容包括：项目策划、计划管理、报建报批管理、设计管理、招标采购及合同管理、进度管理、造价管理、投资管理、档案信息管理、BIM 管理、实验室工艺咨询管理、现场施工组织协调管理、竣工验收及移交管理、工程结算管理以及与项目建设管理相关的其他工作。

工程监理服务内容包括：施工准备阶段监理、施工阶段监理、保修监理及后续服务管理以及与工程监理相关的其他工作。

此外，根据浙江江南工程管理股份有限公司项目管理工作标准，在项目竣工验收前组织完成《中山大学·深圳项目使用手册》的编制，并组织相关参建单位完成对使用单位相关人员的培训或交底，确保项目顺利移交；组织编制《中山大学·深圳项目后评估报告》，并在项目竣工验收后、审计工作基本完成 30 日内，提供报告初稿，为后续项目的实施提供借鉴。

4.3.1　项目计划统筹及总体管理工作内容

（1）编制项目管理工作文件，制定项目管理具体目标，建立项目管理的组织机构，明确各部门及岗位工作职责，分解项目管理的工作内容，制订项目管理工作程序及工作制度，制订各阶段各岗位的人力资源计划。

（2）编制项目总体进度计划，根据项目实施情况进行动态调整。

（3）协调项目各层面、各相关单位、各项工作关系，协调项目外部关系。

4.3.2 报建报批管理工作内容

（1）对项目建设需要开展的相关专题研究以及需要办理的相关手续进行梳理。

（2）根据项目建设内容编制报批报建工作计划，完成项目前期及工程建设期间的各项报批报建手续（包括但不限于：办理土地、规划、建设、环保、人防、消防、气象、水土保持、市政接驳等）。

（3）对各参建单位的报建报批工作进行协调管理。

4.3.3 设计管理工作内容

（1）制定设计管理工作大纲，明确设计管理的工作目标、管理模式、管理方法等。对项目设计全过程的进度、质量、投资进行管理。

（2）根据使用功能需求条件，转化成设计需求参数条件，要求设计单位按时提交合格的设计成果，检查并控制设计单位的设计进度，检查图纸的设计深度及质量，分阶段、分专项对设计成果文件进行设计审查。

（3）负责组织对各阶段及各专业的设计图纸设计深度及设计质量进行审查，减小由于设计错误造成的设计变更、增加投资、拖延工期等情况。对设计方案、装修方案及各专业系统和设备选型优化比选，并提交审查报告。

（4）协调使用各方对已有设计文件进行确认。确认设计样板，组织解决设计问题及设计变更，预估设计问题解决涉及的费用变更、施工方案变化和工期影响等，必要时开展价值工程解决设计变更问题。

（5）组织专项审查，包括但不限于：交通评估的审查、环境影响评价的审查、结构超限审查论证、消防性能化论证、深基坑审查、建筑节能审查等。对评估单位提出异议的修改、送审，直到通过各种专业评估。组织工程勘察、设计、施工图设计审查、第三方检测等前期阶段的各项服务类招标、签订合同并监督实施。

（6）对项目全过程进行投资控制管理。负责组织设计单位进行工程设计优化、技术经济方案比选并进行投资控制，要求限额设计，施工图设计以批复的项目总概算作为控制限额。

4.3.4 招标采购及合同管理工作内容

（1）根据项目特点对招标采购工作内容进行分解，制订招标采购计划，确定招标方式、招标时间、标段划分等内容，编制招标文件和拟定设备材料的技术要求及参考品牌等。对造价咨询单位编制的报价原则、工程量清单、标底、上限价等经济技术指标进行审核。

（2）组织招标答疑与补遗编制、投标文件澄清工作，对投标资料、投标样板进行审查、验证，参与投标单位相关人员的面试、答辩等工作，对投标方及采购的设备材料进行调研。

（3）审查中标候选人技术标书中的施工组织设计及技术方案，审查材料设备的技术参数指标，审查中标候选人商务标书中的清单分项及投标报价，提出存在的问题并提出合理的优化建议。

（4）负责本项目涉及的土建项目和各专业系统地设计、咨询、施工、供货及相关专业合同的起草、谈判，协助签订；对合同履约、变更、索赔、合同后评价进行管理；对合同风险进行分析并制定应对措施。

4.3.5　进度管理工作内容

（1）确定进度管理总体目标及节点目标，编制项目进度计划及控制措施，分析影响进度的主要因素，对进度计划的实施进行检查和调整。

（2）定期组织召开进度协调或调度会，参会人员以各参建单位公司级领导和项目负责人为主，以不断取得各参建单位总部的支持。

4.3.6　投资管理工作内容

（1）确定投资控制目标，制订投资管理制度、措施和工作程序，做好决策、设计、招标、施工、结算各阶段的投资控制。

（2）负责设计概算的审核，配合发展改革委、评审中心概算评审工作，以批复的可行性研究报告中建安工程投资为依据，控制设计单位限额设计。

（3）管理造价咨询单位，组织概算全面审查工作，组织专家评审会议，根据项目特点参考同类工程经济指标。

（4）概算经建设单位批准后报送发展改革部门，与发展改革评审部门进行沟通、协调、确保评审结果的合理性。

（5）审核并且确认造价咨询单位编制的工程量清单、标底、控制价的准确性，尤其是材料设备的名称、规格、数量等内容，负责将招标控制价报送审计专业局审计或备案，招标上限价应按分项预算严格控制，对超过预算项说明原因，并报建设单位招标委员会批准。

（6）审批工程进度款支付，审核工程变更及签证，做好用款计划、月报、年报、年度投资计划等统计工作，建立分管项目的合同、支付、变更、预结算等各种台账；负责对项目投资进行动态控制，处理各类有关工程造价的事宜，定期提交投资控制报告；参与甲供材料设备招标工作。

（7）定期组织召开造价专题会议，解决造价问题争议，建立投资控制台账，督促完善设计变更等程序。

（8）负责办理工程量清单复核报告审批手续，检查督促造价咨询单位、监理及时审核工程量清单复核报告、设计变更及现场签证等，督促专业工程师及时办理设计变更、现场签证等审批手续。负责检查催办专业工程师招标阶段的结算资料收集整理和归档情况。

（9）负责工程结算的审核并配合专业机构审定；负责对项目工程造价进行经济指

标分析，负责提交结算审核事项表；参与结算资料整理归档；配合财务办理竣工决算；负责审核结算款、保修款，协助办理审批手续。

（10）负责协调和造价咨询单位有关结算问题的分歧。负责对监理和造价咨询单位的结算工作的管理。并在造价咨询单位的结算审核报告上签署意见。负责结算报告的审批手续和报送审计部门。负责跟踪审计进度，及时反馈审计意见。负责审计报告征求意见稿的审批手续和审计报告的整理归档。负责在工程项目所有结算完成后书面通知建设单位财务处办理项目决算，按建设单位财务部门要求准备相关决算资料并配合决算审计。

（11）负责监理及造价咨询单位的工程结算管理，送审、跟踪审计进度，反馈审计意见、归档审计报告，配合决算审计。

（12）工程投资控制月报制度

1）每月 25 日前，应向建设单位提供当月的投资控制月报。

2）投资控制月报应包括上月工程款支付情况、工程形象进度、工程完成投资额、承包商人员和机械设备投入情况、工程质量情况、检测资料、数据、工程设计变更及投资增加情况，提出问题，查找原因，并提出下月的工作建议。

3）对于建设单位有特殊要求的情况，应向建设单位提供投资控制双周报。

（13）投资控制工作总结制度

1）在工程竣工验收后，应向建设单位提交该项目的工程投资工作总结，该总结作为工程咨询工作的一项竣工验收资料，并报送建设单位资料室备案。

2）投资控制工作总结报告内容应包括并不限于：工程概况及建设全过程情况、造价咨询工作手段、造价管理情况，设计变更的内容、原因、造价审计中存在的问题及解决办法，对项目造价管理工作的评价与分析（包括但不限于概算与结算情况对比分析），工程遗留问题的总结与分析等，并提出合理的建议。

4.3.7　工程技术管理工作内容

对工程建设过程中的特殊结构、复杂技术、关键工序等技术措施和技术方案进行审核、评价、分析，解决施工过程中出现的设计问题，优化设计方案，对工程建设新技术、新工艺新材料进行研究论证，对重要材料、设备、工艺进行考察、调研、论证、总结，从技术角度提出合理化建议或专项技术咨询报告。

组织设计单位对监理和施工单位进行技术交底，对重点工序、重点环节的技术、质量进行控制，处理工程建设过程中发生的重大技术质量问题。

4.3.8　档案与信息管理工作内容

（1）借助专业的信息管理软件及先进的信息技术平台，根据时间、内容、类型进行分类、编码、归集，高效检索、分享、传递、审批工程项目信息，保存能清楚证明与项目有关的电子、文档资料直至项目移交。

（2）负责对勘察、设计、监理、施工单位工程档案的编制工作进行指导，督促各单位编制合格的竣工资料，负责本项目所有竣工资料的收集、整理、汇编，并负责通过档案资料的竣工验收以及移交。

（3）借助先进的信息管理软件或信息技术平台，对工程建设过程中如质量、安全、文明施工等信息进行高效的分享、传递、监督、反馈、管理。

4.3.9　BIM 管理工作内容

（1）组织落实项目 BIM 应用工作，保证项目 BIM 价值的实现，实现对项目 BIM 实施的综合管理。

（2）审核项目 BIM 总体实施方案和各专项实施方案，规范 BIM 实施的软硬件环境，审核招投标文件 BIM 专项条款，审核项目的 BIM 实施管理细则、各项 BIM 实施标准和规范。

（3）审查 BIM 相关模型文件（含模型信息）包括建筑、结构、机电专业模型、各专业的综合模型，及相关文档、数据，模型深度应符合各阶段设计深度要求。

（4）审查 BIM 可视化汇报资料、管线综合 BIM 模型成果、BIM 工程量清单、BIM 模型"冲突检测"报告。

（5）管线综合分析和优化调整，分析基于 BIM 的管线综合系统解决方案。

（6）实现基于 BIM 的工程咨询：建立 BIM 实施的协调机制及实施评价体系，负责项目 BIM 管理平台的管理，实现项目各参与方的协同，基于 BIM 开展工程咨询工作，包括基于 BIM 的所有技术审查、项目例会等。

（7）审查相关 BIM 成果是否符合深圳市建筑工务署《BIM 实施管理标准》与深圳市建筑工务署《BIM 实施导则》的要求，提交审查报告并负责成果验收。

4.3.10　实验室工艺咨询管理工作内容

对本项目中公共实验室、教学实验室、科研实验室、生物安全实验室、动物实验中心以及与实验室工艺相关的全过程咨询管理。

包括但不限于：

（1）调研整理汇总实验室工艺需求：

实验室的使用目的、实验室的实验内容、实验流程、实验室的仪器种类、型号、功率、重量等。

主要设备使用频率、主要设备的用水、用电、用气、通风及承重要求、实验室的操作人数、实验室三废内容等。

（2）调研整理汇总实验室环境要求：人对环境的要求、实验对象对环境的要求、设备对环境的要求、实验内容对环境的要求、实验室的功能实现目标。

（3）认证定义：

定义实验室的类别、实验室使用目的、实验室安全等级、实验流程与建筑空间要求、实验室总体环境要求、实验设备与建筑结构的配套要求、实验室功能与建筑结构关系、实验室三废对环境的影响。

（4）将使用需求转化为设计需求语言，制作实验室房间参数手册（或房间参数卡片）。

（5）评估设计输出与设计需求的匹配性、可行性、设计理念（比如安全、舒适、节能、环保等）、实现目标（比如前瞻性、灵活性、先进性等）。

（6）对实验室工艺设计进度、设计质量进行全过程管理。

（7）对实验室施工工艺进行全过程管理。

（8）对实验室工艺流程调试、验收、检测、认证过程进行管理。

4.3.11　现场施工管理工作内容

（1）对项目实施过程进行质量、进度、投资进行现场控制，对现场安全文明施工及信息做好管理工作，并协调现场施工各相关单位，确保现场质量和施工过程顺利进行。

（2）对现场与评优有关的工作制定目标，并督促参建各方按照目标采取相关措施予以实施。

4.3.12　竣工验收及移交管理工作内容

（1）负责组织项目相关参建各方办理项目专业验收和总体竣工验收申报手续，并协助进行项目专业验收和总体竣工验收，及时解决工程竣工验收中发现的工程质量问题。

（2）负责项目移交工作的管理，包括质量监督、档案验收、项目审计、财务决算、环境保护、卫生监督、劳动安全、消防、工程总结等。项目管理总体策划方案。

第5章 项目管理总体策划方案

5.1 编制依据

本项目项目管理咨询规划编制依据主要有：

（1）国家、广东省、深圳市及建筑工务署现行有关法律、法规、规定等；

（2）本项目批准的项目建议书、可行性研究报告；

（3）本项目条件及环境分析资料；

（4）方案设计文件；

（5）项目管理规划大纲；

（6）有关文件及合同；

（7）同类项目的相关资料；

（8）建设工程设计、施工及验收规范、操作规程；

（9）政府有关建设工作的文件、会议纪要等。

5.2 项目前期策划的目的及策划分析

5.2.1 项目前期策划的目的

建设项目前期策划是确定项目目标及项目管理目标的一项重要工作，是项目建设成功的基本前提，其根本目的是为建设项目的决策和实施增值。使项目建设者的工作有正确的方向和明确的目标。建设项目实施策划的目的包括：

（1）建立制度：规范管理团队人员的行为；

（2）明确流程：引领各参建单位，保证工作步骤顺次清晰；

（3）统一思想：保持各参建单位目标明确，行动一致；

（4）提高效率：促使复杂的问题简单化、简单的问题程序化。

5.2.2 项目策划意义

（1）策划文件是项目建设纲领性文件，贯穿项目建设全过程的建设指引、指导项目建设各项目标的实施落地。

（2）高起点规划，高标准建设形势所需；十九大以来，全国工程建设领域形成了高起点规划、高标准建设、高质量发展的新形势，同时全面推行全过程咨询、工程总承包等新型建管模式，项目策划也是形势所需。

（3）工务署 2020 先进建造体系有力支撑，工务署积极响应十九大精神，积极推出 2020 先进建造体系理念，明确以绿色、优质、快速、智慧建造为主线，全面将工务署每一个项目都建设成精品工程，策划文件是先进建造体系的有力支撑。

（4）评估项目建设成效的重要依据，项目建成后，如何评估项目建设成效，项目建设当初设定的目标是否完全实现，建设过程各项管控措施是否落地，策划文件作为评估的重要依据。

5.2.3　项目策划分析

1. 项目概况

（1）项目区位分析

项目基地位于公常路以北，龙大高速以东，与光明城火车站相距仅 8 公里，地铁 6 号线设有中山大学站，交通区位优越，详见图 5.2 所示。

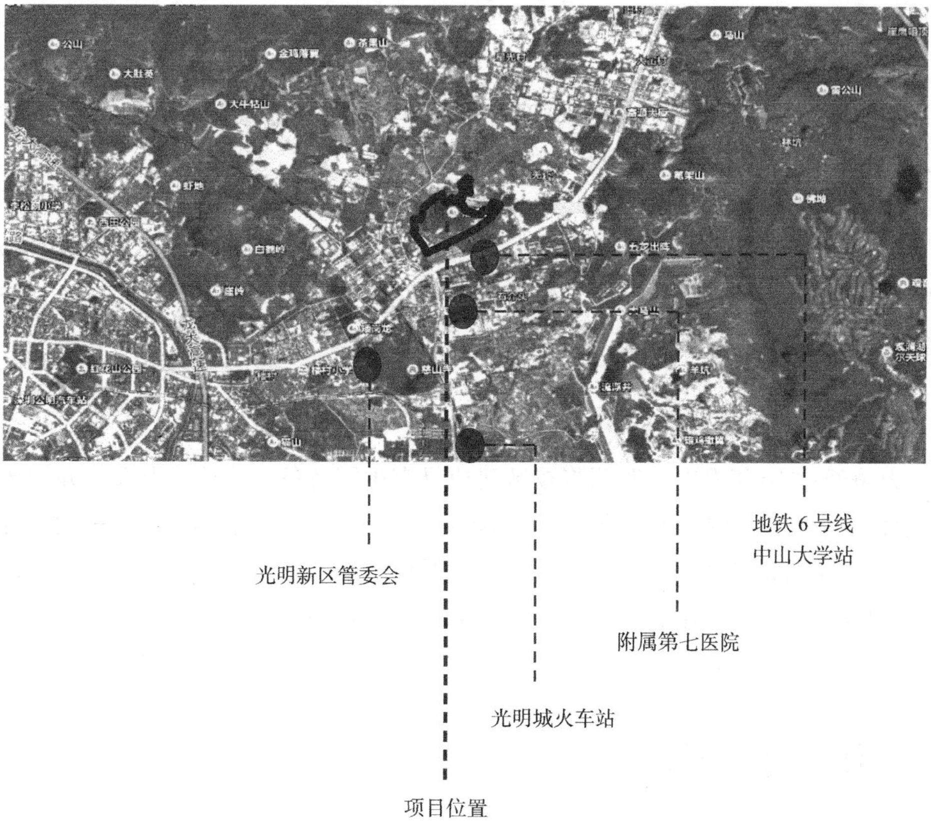

图 5.2　项目区位位置分析

（2）特点分析

规模大、标准高：中山大学深圳项目建筑面积 127 万平方米，一次性规划、一次性建设，在国内房屋建筑项目中建设规模最大；标准高：何镜堂院士领衔的优秀设计团队，引进全国顶尖的全过程工程咨询单位，在设计理念、材料设备选择等方面坚持高标准严要求。

工艺设计复杂：校园建筑中涵盖多达 30 万平方米实验室，1800 座大礼堂，2800 座体育馆及国际学术交流中心，涉及实验室工艺、舞台工艺、体育工艺、厨房工艺等大量工艺设计。

建筑类型多、功能全：项目涵盖教学类、生活类、体育类、文化类、餐饮类、市政类等建筑形态，堪称小社会。

土地整备工作难度大：本项目有约 50 万平方米建筑需要拆迁，对项目勘察、设计、招标及施工产生全方位影响。

山地建筑，地形复杂，土方量大：地形高差约 60 米，大量 50 米高边坡处理，竖向设计难度大，土方平衡难度大，景观设计要求高。

2. 需求分析

深圳市政府的要求如下：

（1）对标国际一流现代化城市，坚持高起点、高标准、高质量规划建设，把每一个工程都建成精品工程。

（2）促进深圳市开放式、国际化高等教育体系建设，为城市经济社会发展提供强有力的人才保证、智力支持和科技支撑。

使用单位中山大学的要求如下：

中山大学 · 深圳设计以通透、现代、纯粹的几何体重和图形语汇为整体建筑风格基调，体现对孙中山先生的纪念，对中山精神的诠释，继承和发扬中山大学历史校园的建设传统，体现"形神兼备、和而不同"的原则。

3. 项目定位

办学定位：创办世界一流大学

"力争经过 10 年左右的时间将校区建成具有中国特色、传承中山大学办学传统，若干学科水平居于国内、国际前列，具有世界一流水平的大学校区。"——《教育部关于中山大学在深圳市建设新校区有关问题的批复》

项目建设定位：打造先进建造标杆项目、引领政府投资工程全新管理模式、按百年大学标准建设中国最美大学。

5.3　项目管理目标策划

按照《中华人民共和国高等教育法》等中国有关法律法规，在教育部的指导下，加快推进中山大学 · 深圳建设发展。经过 10 年左右的努力，将中山大学 · 深圳建成具有中国特色、传承中山大学办学传统，若干学科居于国内、国际前列，具有世界一流水平的大学校区。成为支撑引领深圳经济社会发展，辐射港澳及亚太地区的高层次创新人才重要培养基地。

1. 采用科学、合理、先进的项目管理方法和手段，使中山大学深圳校区项目高效、合理地实施，保证项目总目标的顺利实现。

2. 结合中山大学深圳校区工程管理组织的特点，采用基于网络信息技术的项目管理信息系统，形成中山大学深圳校区项目管理的特色。

3. 通过中山大学深圳校区工程项目管理的实施，建立一套规范化、科学化和标准化的项目管理系统，锻炼和培养一批大型工程项目管理人才，为今后深圳市住宅工程管理站和管理公司承担的复杂项目的建设和运行打好基础。

4. 理论与实践结合，在项目实施过程中，产生一批有价值的研究成果，项目完成后汇编出版若干工程技术与管理方面的文集。

5. 项目目标分解：

（1）投资目标：由于项目实施难度较大、存在风险较多，同口径计算基础上概算不超估算，预算不超概算。保证项目投结算不超合同价。

（2）进度目标：中山大学深圳建设工程项目计划开竣工日期为 2017 年 10 月 1 日起至 2021 年 6 月 30 日止，其中西生活区和西公共教学区 2020 年 6 月第一批交付，其余建筑 2021 年 6 月第二批交付。

（3）安全文明施工目标：无重大伤亡事故，广东省级安全文明标化工地，部分标段"国家 AAA 安全文明标化工地"。

（4）质量目标：图书馆争创"中国建设工程鲁班奖"，国际学术交流中心工程争创国家优质工程奖；一般项目确保一次性验收合格率 100%。

（5）绿色建筑：建筑工业化率，综合服务大楼绿色建筑设计三星认证，其他公共建筑，绿色建筑设计二星认证。

（6）科技创新目标：省部级工法若干项，论文若干篇，专利一至二项。

（7）BIM 技术：不少于三个标段的 BIM 技术应用获省级及以上大赛奖项。

5.4　管理组织与模式的策划

5.4.1　管理模式及组织架构

根据国务院推行全过程咨询背景，充分考虑项目影响力大、建设规模大，建设单位管理人员少、项目多的实际状况。确定本项目采取全过程咨询管理模式。全过程咨询模式下，项目参建各方关系如图 5.4-1 所示。

5.4.2　工作流程及授权

工作流程及授权如图 5.4-2、图 5.4-3 所示：

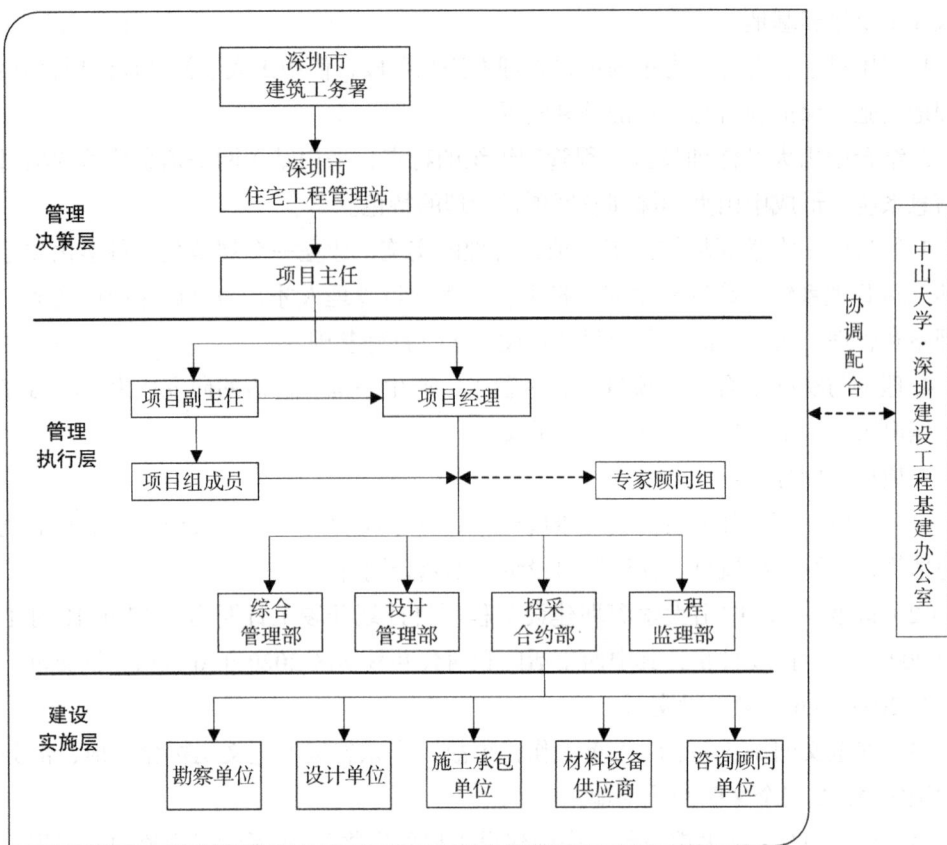

图 5.4-1 项目参建各方关系图

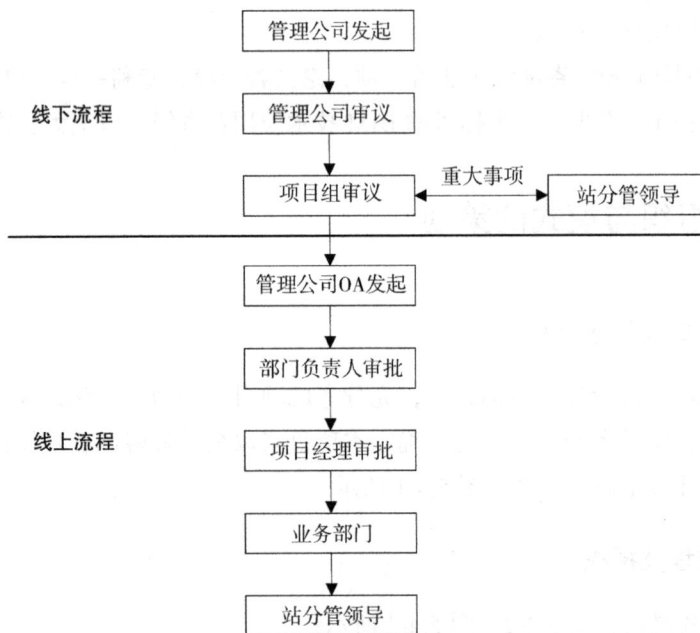

图 5.4-2 总体工作流程图

工作流程

签证变更 ┤
├ 50w 以下 ⟶ 项管
├ 50w 以上 ⟶ 项管 ┤
　　　　　├ 50w ~ 300w ⟶ 会议纪要 ⟶ 分管站领导 ⟶ 站招标会
　　　　　├ 300w 以上 ⟶ 会议纪要 ⟶ 分管站领导 ⟶ 站 ⟶ 署

招　　标：项目组团队与项管团队策划讨论　⟶　咨询单位编制招标方案　⟶　项目招标会　⟶　站招标会　⟶　署招标会

支　　付：承包人　⟶　监理　⟶　造价咨询　⟶　项管　⟶　项目招标会　⟶　站财务　⟶　站分管领导

履约评价：项管　⟶　项目招标会　⟶　项目组签字

洽　　商：承包人　⟶　监理　⟶　项管　⟶　项目技术会　⟶（站会议）⟶（署技术委员会）

材料设备：承包人　⟶　监理　⟶　项管　⟶　项目材料会　⟶（领导汇报会）

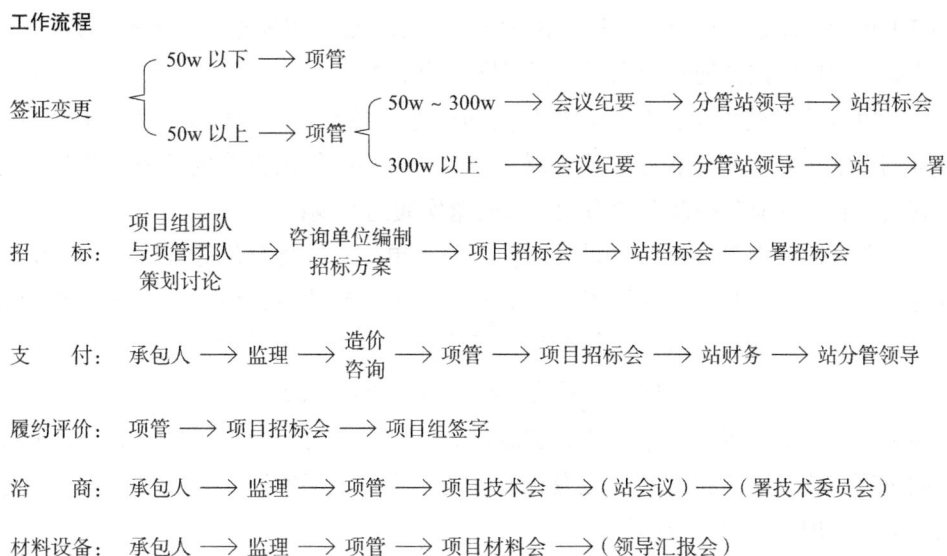

图 5.4-3　主要工作内容流程图

5.4.3　全过程工程咨询单位组织架构

全过程工程咨询单位负责自可行性研究报告批复至后续服务期（质量保修期）满，对项目进行全过程策划与管理，负责项目计划统筹及总体管理、报建报批管理、设计管理、招标采购及合同管理、进度管理、造价管理、投资管理、档案信息管理、BIM 管理、实验室工艺咨询管理、现场施工组织协调管理、竣工验收及移交管理、工程结算管理以及与项目建设管理相关的其他工作，负责施工准备阶段监理、施工阶段监理、保修监理及后续服务管理以及与工程监理相关的其他工作。

1. 全过程工程咨询单位主要权责

（1）全过程工程咨询单位依据《项目工程咨询合同》约定，代表建设单位全面行使对本项目参建单位的监督、协调及管理权力，并按照《项目工程咨询合同》约定承担相应管理责任及风险；

（2）全过程工程咨询单位负责全面承担本项目项目管理职能，包括项目建设全过程中需实施的前期报建管理、招标采购管理、造价咨询管理、工程设计管理、工程施工管理、工程竣工结算管理、项目试运行（竣工验收）及工程移交管理等工作，代表建设单位对本项目建设质量、安全、进度、投资、合同、信息等进行全面管理和控制，确保项目各项建设目标圆满实现；

（3）负责协助建设单位建立健全本项目建设期间各项管理制度及工作流程，并控制、检查、监督全体参建单位遵照执行；

（4）负责协助建设单位提出工程设计功能要求、落实设计管理指令、组织评审工程设计方案、审查设计单位过程成果文件，组织设计单位进行工程设计方案优化、限额设计、技术经济方案比选等；

（5）负责协助建设单位制定项目招标采购计划、确定招标方案、审查招标文件等，组织开标、评标，按计划时间完成工程招标采购工作；

（6）负责协助建设单位与工程项目总包企业或各专业分包施工企业、设计企业、造价咨询企业等技术服务企业、建筑材料、设备、构配件供应等供货企业及时完成合同洽商及签署、并监督控制合同履约，及时落实履约纠偏；

（7）负责落实对勘察单位、设计单位、施工单位、供货单位等全体参建单位的合同管理，跟踪检查全体参建单位及参建人员的合同履约质量，检查、监督全体参建单位及参建人员全面履行合同，对参建单位及参建人员存在的过程违约行为有权依据对应承揽合同约定及相关法规规定及时落实纠偏指令及处罚措施；

（8）负责协助建设单位落实工程实施用款计划、及时申请项目建设资金、审批各类合同进度款支付、审批工程变更及设计变更、审批现场签证、处理工程索赔、合同争议、审批办理工程竣工结算等；

（9）负责协助建设单位落实对工程施工质量、进度、投资、安全的全面管理，协助建设单位组织竣工验收、整理移交竣工档案资料；

（10）负责协助项目建设单位单位落实生产试运行及工程保修期管理，负责组织项目后评估；

（11）协助建设单位完成项目建设需同步实施的其他各项甲方管理工作；

（12）负责全面承担本项目全过程工程监理职责；

（13）负责《项目工程咨询合同》约定的其他义务及职责。

2. 全过程工程咨询单位组织架构

鉴于项目为群体工程，单体众多，参建单位众多，管理工作量巨大，咨询项目部具体部门及岗位设置与合同约定项目管理职责对应，即设立综合管理部、设计管理部、工程监理部、招采合约造价部四个职能部门，鉴于目前设计标段已划定三个标段，全过程工程咨询岗位设置及人员数量将围绕项目规模及设计标段划分进行，设项目经理一名，全面负责，此外将根据项目工艺特点组建专家顾问团队，全程为项目经理团队提供专业咨询及技术支持，协助项目经理把控项目整体方向及全局性事务，把握项目建设重点、难点，及时协调解决制约项目进展的有关事项，保证项目顺利推进。考虑项目体量、规模及整体工程的协调，针对性设立项目总协调一名，由公司总经理担任，主要职能是把控项目整体方向及全局性事务。

3. 全过程工程咨询单位管理组织架构

具体管理组织架构如图5.4-4所示。

5.5　各单位职能分工

根据类似工程经验梳理出各单位职能分工内容（如表5.5所示），项目实施前根据项目所在地予以调整。

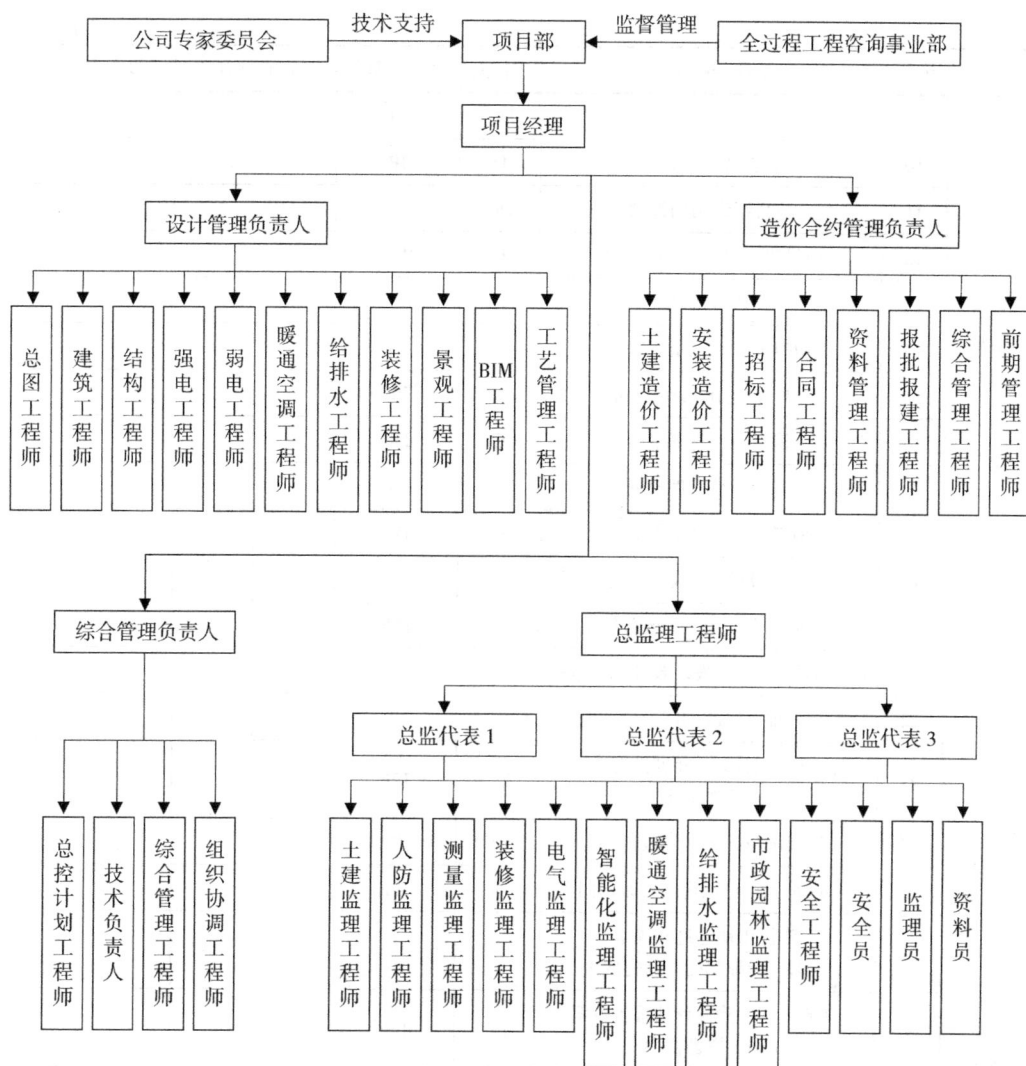

图 5.4-4　全过程工程咨询单位组织架构图

各单位职能分工一览表

表 5.5

阶段	编号	工作分解任务	委托人	项目管理方	设计方	监理方	承包商或供应商
前期策划	1	项目实施意向确定（已完成）					
	2	项目需求分析（已完成）					
	3	项目立项办理（已完成）					
	4	可行性研究报告编制（已完成）					
	5	功能需求分析和定位	D	IP			
	6	设计标准确定	D	IP			
	7	投资分析	DC	IP			
	8	投资确定	D	IP			

续表

阶段	编号	工作分解任务	委托人	项目管理方	设计方	监理方	承包商或供应商
前期策划	9	总进度计划编制	DC	IPE			
	10	总进度计划确定	D	IP			
	11	项目组织结构策划	DC	E			
	12	项目建设目标策划与分解	D	IDE			
	13	技术建议	D	IPE			
	14	初拟工程实施用款计划	DC	IPE			
	15	工程实施用款计划审定	DC	PE			
	16	编制项目管理手册	C	DE			
	17	编制项目管理规划	C	DE			
	18	编制项目管理工作流程	C	DE			
前期策划（行政许可报批）	19	项目建议书报批（发改部门、已完成）					
	20	前期工作计划（发改部门）	DC	IPE			
	21	可行性研究报告（发改部门、已完成）					
	22	概算审批（发改部门、已完成）					
	23	新开工项目计划（年度投资计划）（发改部门）	DC	IPE			
	24	续建项目计划（发改部门）	DC	IPE			
	25	年度重大项目认定（发改部门）	DC	IPE			
	26	建设用地选址和预审（国土资源部门、已完成）					
	27	地质灾害危险性评估报告备案（国土资源部门）	DC	IPE			
	28	建设项目用地预审转批（国土资源部门、已完成）					
	29	建设用地规划许可（国土资源部门、已完成）					
	30	建设用地批准（含临时建设用地批准）（国土资源部门、已完成）					
	31	建设工程方案设计招标备案（国土资源部门）	DC	PE	I		
	32	建设工程方案设计核查（国土资源部门）	DC	PE	I		
	33	地名命名核准（国土资源部门）	DC	IPE			
	34	建设工程规划许可（国土资源部门）	DC	PE	I		
	35	超限高层建设工程建筑抗震设防审批（国土资源部门）	DC	PE	I		

阶段	编号	工作分解任务	委托人	项目管理方	设计方	监理方	承包商或供应商
前期策划（行政许可报批）	36	市政管线接口（建设工程开设路口审批）（国土资源部门）	DC	IPE			
	37	施工图修改备案（国土资源部门）	DC	PE	I		
	38	建设工程开工验线（国土资源部门）	DC	IPE			
	39	建设工程竣工验收测绘（国土资源部门）	DC	IPE			
	40	建设工程规划验收（国土资源部门）	DC	IPE			
	41	建设项目环境影响审批（人居环境委员会）	DC	IPE			
	42	环保报批（人居环境委员会）	DC	IPE			
	43	建设工程公开招标改邀请招标或直接发包审批（住建部门）	DC	IPE			
	44	建设工程招标公告（投标邀请书）和招标组织形式备案（住建部门）	DC	IPE			
	45	建设工程施工（监理）招标文件备案（住建部门）	DC	IPE			
	46	建设工程招标投标情况报告备案（住建部门）	DC	IPE			
	47	建设工程合同备案（住建部门）	DC	PE	I	I	I
	48	建设工程施工许可（提前开工复函）（住建部门）	DC	IPE			
	49	民用建筑工程建筑节能专项验收（住建部门）	DC	PE	I		I
	50	建设工程竣工验收备案审核（住建部门）	DC	PE	I	I	I
	51	不具备太阳能集热条件认定（住建部门）	DC	IPE			
	52	建筑节能施工图设计文件抽查（施工许可环节）（住建部门）	DC	PE	I		
	53	建筑设计方案节能审查（住建部门）	DC	IPE			
	54	超限高层建筑工程抗震设防审批（住建部门）	DC	PE	I		
	55	城市排水许可（水务部门）	DC	IPE			
	56	单位用户用水计划审批或登记备案（水务部门）	DC	IPE			
	57	排水设施验收（水务部门）	DC	IPE			
	58	取水许可（水务部门）	DC	IPE			

续表

阶段	编号	工作分解任务	委托人	项目管理方	设计方	监理方	承包商或供应商
前期策划（行政许可报批）	59	人防报批（市政府应急管理部门）	DC	IPE			
	60	建设工程消防设计审核（市公安消防监督管理局）	DC	PE	I		
	61	建设工程消防验收（市公安消防监督管理局）	DC	PE		I	I
	62	建设工程消防设计审核、验收备案抽查（市公安消防监督管理局）	DC	PE	I		I
	63	燃气管道工程气源接入登记审批（燃气部门）	DC	IPE			
	64	燃气管道工程施工图供气方案认可审批（燃气部门）	DC	PE	I		
	65	燃气管道施工作业审批（燃气部门）	DC	PE			I
	66	园林绿化报批（园林绿化部门）	DC	IPE			
	67	供电协调（供电部门）	DC	IPE			
	68	防雷装置设计审核（市气象局）	DC	PE	I		
	69	防雷装置竣工验收（市气象局）	DC	PE			I
	70	城建档案专项验收（档案局）	D	PEC	I	I	I
	71	城建档案移交进馆（档案局）	D	PEC	I	I	I
	72	档案信息报建登记（档案局）	D	PEC	I	I	I
	73	电信、移动、联通协调	DC	IPE			
招标阶段	74	招标范围确定	DE	IP			
	75	招标文件编制	DC	E			
	76	招标文件审定	DE	IP			
	77	招标实施	DE	IP			
	78	初拟合同文本	C	E			
	79	合同谈判	DE	PE			
	80	合同签订	DE	IP			
	81	勘察、设计、施工、材料供应等单位招标确定	DE	IP			
设计阶段	82	设计任务书编制	DC	PE			
	83	设计任务书审定	DE	IP			
	84	初步设计文件编制	C	C	E		
	85	初步设计及概算审查	D	PE	I		
	86	设计方案评审	DE	P	I		
	87	设计方案优化	D	PE	I		

续表

阶段	编号	工作分解任务	委托人	项目管理方	设计方	监理方	承包商或供应商
设计阶段	88	技术经济方案比选	D	PE	I		
	89	施工图设计文件编制		C	E		
	90	施工图设计文件审查	C	E	I		
	91	施工图设计报审	C	E	I		
	92	设计协调	D	PE			
	93	设计文件发放	C	E	I		
	94	设计施工图交底会审	E	E	I		
	95	有关设计进度质量等情况报告	C	IE	I		
	96	审核关于设计质量进度和支付的报告	E				
采购阶段	97	甲供采购清单建议提出	C	E			
	98	甲供采购清单确定	E	I			
	99	技术要求文件编制	DC	PE	I		
	100	确定采购方式	DE	IPE			
	101	市场调研		E			
	102	采购谈判	DE	IEP	E		E
	103	初拟合同文本	C	E			
	104	合同谈判	DE	IP			E
	105	合同签订	E	I			E
	106	材料设备验收	C	PD			E
	107	材料设备保管		C			E
施工阶段	108	建设工程施工许可证	DC	PE			
	109	办理工程质量监督委托	DC	PE			
	110	建立现场协调机制	C	PDE		DE	
	111	编制监理规划	C	DE		DE	
	112	编制监理细则	C	DE		DE	
	113	编制监理旁站方案	C	DE		DE	
	114	编制见证取样计划	C	DE		DE	
	115	施工组织和方案审批	C	DE		DE	I
	116	材料设备报批	C			C	DE
	117	施工实施				C	DE
	118	质量进度投资安全施工过程监理	C	C	I	DE	I
	119	工程阶段性验收	C	DE	IE	IE	IE
	120	变更控制	DC	PDE	IE	I	I
	121	变更审批	E		E		
	122	提出工程索赔	C	IPD		IE	E

续表

阶段	编号	工作分解任务	委托人	项目管理方	设计方	监理方	承包商或供应商
施工阶段	123	处理工程索赔	C	IPD		IE	E
	124	施工监控	C	IPDE			
	125	施工协调	C	P		IDE	E
	126	过程验收	C	P		DE	IE
	127	安全和环境保护事务处置	C	IP	IE	DE	IE
	128	年度投资计划	DE	IPE			
	129	工程量审核	C	C		E	I
	130	工程进度款审核	C	C		E	I
	131	工程进度款审批支付	DE	IP			
	132	有关进度质量投资的定期报告		IE		IE	
	133	审核关于质量进度资金使用情况的报告	E				
竣工验收阶段	134	工程质量自检		C		C	E
	135	初步验收	C	IPD	E	E	E
	136	消防验收	C	E	E	E	E
	137	市政验收	C	E	E	E	E
	138	园林绿化验收	C	E	E	E	EE
	139	工程竣工验收准备	C	IE	E	E	E
	140	工程竣工验收	DE	IP	IE	IE	IE
	141	工程实物移交	EC	E		E	E
	142	工程档案移交	EC	E		E	E
	143	工程竣工决算编制	C				E
	144	工程竣工决算审核	C	E		E	
	145	工程竣工结算	C	E		E	
缺陷责任期	146	工程回访		E	E	E	E
	147	缺陷分析	IC	PDE	E	E	E
	148	缺陷处理	C	PDE	E	E	E
项目后评估	149	评估分析	IP	IE	IP	I	IP
	150	评估报告		E			

职能代号说明：信息提供—I，计划—P，决策—D，执行—E，检查—C

5.6　项目总控计划表

全过程工程咨询单位进场后，根据进度目标，排除项目总控制计划表，如表 5.6 所示：

表 5.6

项目总控制计划表

中山大学·深圳建设项目总控制计划（版次 1）

序号	方案设计阶段（可研阶段）	开始时间	完成时间	前置工作	责任单位	备注
一	方案设计阶段（可研阶段）					
1	可研等已完成工作阶略					
2	方案设计					
2.1	总图		2017 年 8 月 25 日			
2.1.1	各单体定位		完成			
2.1.2	建筑单体方案（图书馆、大礼堂、体育馆除外）	2017 年 7 月 6 日	2017 年 7 月 5 日			校方确认，图书馆、礼堂、体育馆单体 8 月底
2.1.3	单体平面布局	2017 年 7 月 3 日	2017 年 8 月 15 日	单体方案确定		校方确认
2.1.4	场地平整招标图（满足模拟招标）	2017 年 7 月 6 日	2017 年 7 月 25 日	边坡勘察、单体定位、单体方案确定		华工出方案、华阳出节点做法
2.1.5	景观、道路、管廊、竖向方案		2017 年 8 月 25 日	单体定位		校方确认
2.1.6	BIM 模型	同步完成				
2.2	建设工程方案设计招标备案	2017 年 7 月 1 日	2017 年 7 月 20 日	招标书盖公章或书面复函		
2.3	方案规划报批	2017 年 9 月 1 日	2017 年 9 月 30 日	招标备案、方案设计完成		
3	初勘					
3.1	边坡勘察任务书	2017 年 7 月 3 日	2017 年 7 月 5 日			
3.2	边坡勘察（外业）	2017 年 7 月 6 日	2017 年 7 月 15 日	勘察任务书、未拆迁部位进场准入		
3.3	勘察报告					
3.3.1	初勘报告	2017 年 7 月 3 日	2017 年 7 月 5 日	先期完成部分		
3.3.2	边坡勘察报告	2017 年 7 月 15 日	2017 年 7 月 20 日	场地条件具备		
3.4	勘察审查单位招标（批量采购）	2017 年 7 月 3 日	2017 年 7 月 15 日			
3.5	勘察报告审查	2017 年 7 月 16 日	2017 年 7 月 20 日			查阅沿公常路原建筑勘察报告

续表

中山大学·深圳建设项目总控制计划（版次 1）

序号	任务名称			
4	造价咨询			
4.1	场平及基础工程造价咨询招标（批量采购）	2017 年 7 月 3 日	2017 年 7 月 15 日	
4.2	场平工程量清单编制	2017 年 7 月 20 日	2017 年 7 月 30 日	场地平整招标图
4.3	建筑及室外工程造价咨询招标（批量采购）	2017 年 8 月 1 日	2017 年 8 月 30 日	
5	现场摄影摄像服务招标（批量采购）	2017 年 7 月 3 日	2017 年 7 月 15 日	
6	场地平整施工招标	2017 年 7 月 25 日	2017 年 9 月 10 日	
7	宗地图	2017 年 7 月 3 日	2017 年 7 月 15 日	红线图
8	土地使用权出让合同	2017 年 7 月 15 日	2017 年 8 月 15 日	宗地图、征收完成
9	国有土地使用证	2017 年 8 月 20 日	2017 年 9 月 20 日	出让合同
10	环境影响评价	2017 年 6 月 26 日	2017 年 7 月 10 日	立项批复，公众参与，选址意见书（预审意见）
11	地铁建设意见征询	2017 年 7 月 20 日	2017 年 8 月 10 日	勘察资料，方案设计文件
12	地质灾害评估	2017 年 7 月 10 日	2017 年 7 月 30 日	立项批复，初勘
13	地震安全性评价			
13.1	地震安全性评价招标（公开招标）	2017 年 7 月 10 日	2017 年 8 月 20 日	
13.2	现场勘探、报告编制、评审、审批	2017 年 9 月 1 日	2017 年 9 月 30 日	拆迁完成
14	林地使用许可		2017 年 8 月 31 日	
15	现场拆迁		2017 年 8 月 31 日	拆迁完成前需落实未拆迁单位配合初勘作业
16	用地规划许可证	2017 年 9 月 1 日	2017 年 9 月 30 日	立项、选址、环评、地灾、林地审批
17	水土保持方案	2017 年 9 月 10 日	2017 年 10 月 15 日	选址意见书、建筑方案确定
18	交通影响评价	2017 年 10 月 10 日	2017 年 10 月 30 日	用地规划、用地合同
19	详细蓝图审查	2017 年 10 月 10 日	2017 年 10 月 30 日	用地规划、用地合同
20	人防意见征询	2017 年 10 月 10 日	2017 年 10 月 30 日	方案核准、用地规划

续表

中山大学·深圳建设项目总控制计划（版次 1）

序号	内容			备注
二	初步设计阶段			
21	工程地质勘察			
21.1	地勘单位招标（批量采购）	2017 年 8 月 20 日	2017 年 9 月 5 日	总图确定、勘察任务书
21.2	现场勘探（含氡量检测）、报告编制、审查	2017 年 9 月 10 日	2017 年 10 月 30 日	视拆迁完成情况分片实施
22	供电规划设计单位招标（批量采购）	2017 年 7 月 5 日	2017 年 8 月 15 日	
23	景观绿化设计单位招标（公开招标）	2017 年 7 月 5 日	2017 年 8 月 30 日	
24	供电、给水、排水、燃气、通信等市政配套调研	2017 年 9 月 1 日	2017 年 9 月 30 日	方案阶段明确需求
25	初步设计编制			
25.1	总图设计	2017 年 8 月 25 日	2017 年 10 月 25 日	
25.2	景观设计	2017 年 8 月 25 日	2017 年 10 月 25 日	
25.3	建筑专业（含功能确认,机电提资,工艺提资）	2017 年 8 月 25 日	2017 年 9 月 25 日	
25.4	基础造型报告	2017 年 9 月 15 日	2017 年 9 月 25 日	勘察报告或参照初勘报告、原建筑勘察报告
25.5	结构专业设计（含工艺提资）	2017 年 9 月 26 日	2017 年 10 月 30 日	
25.6	机电专业设计（含工艺提资）	2017 年 9 月 26 日	2017 年 10 月 30 日	
25.7	工艺设计	2017 年 9 月 26 日	2017 年 10 月 30 日	设计分包完成
25.8	海绵城市、绿色建筑等专项设计	2017 年 9 月 26 日	2017 年 10 月 30 日	确定评定星级
25.9	BIM 模型	同步完成		
26	初步设计审查（管理,造价,强审等内部审查）	2017 年 11 月 1 日	2017 年 11 月 15 日	
27	概算			
27.1	设计概算编制（管理公司及造价咨询公司内审同步）	2017 年 11 月 1 日	2017 年 11 月 30 日	
27.2	初步设计及概算方案校对确认并报发改委	2017 年 12 月 1 日	2017 年 12 月 10 日	
27.3	概算审批	2017 年 12 月 11 日	2017 年 12 月 31 日	

续表

中山大学·深圳建设项目总控制计划（版次1）

序号	工作内容	开始时间	完成时间	成果文件	备注
28	人防审查	2017年11月1日	2017年11月15日	征询单、图纸	
29	用水节水报告	2017年11月1日	2017年11月15日	立项批复、初步设计图纸	
30	第三方监测招标（战略合作）	2017年11月1日	2017年11月30日	监测方案（华阳、东北院、建科）	
三	施工图设计阶段				
31	基础工程施工图（基坑土方、基坑支护、桩基础）	2017年11月10日	2017年12月5日		
32	EPC设计施工总承包（Ⅰ标）招标	2017年12月30日	2018年3月20日	概算批复	
33	电梯招标（战略合作）	2017年12月1日	2017年12月30日		纳入总包管理
34	防水招标（战略合作）	2017年12月1日	2017年12月30日		纳入总包管理
35	施工总承包范围周施工图（建筑、结构、机电）	2017年12月30日	2018年5月10日		
36	专项施工图（工艺、景观、管廊、装饰、海绵等）	2018年4月10日	2018年10月30日		
37	EPC施工图设计及审查	2018年3月30日	2018年5月30日		
38	BIM模型	同步完成			
39	施工图审查（强审、内部审查）	2018年2月25日	2018年6月10日		
40	防雷装置设计审核（化学品库房）	2018年5月1日	2018年5月30日	设计文件	
41	排水设计审批	2018年5月1日	2018年5月30日	用地规划、设计文件	
42	气源点接入	2018年5月1日	2018年5月30日	宗地图、总图	
43	建设工程规划许可证	2018年5月1日	2018年5月30日	用地规划、用地合同、水保、环评、人防、排水、强审	先函后证
44	建设工程消防设计审核	2018年6月1日	2018年6月30日	用地规划、工程规划、方案核准	
45	节能审查	2018年6月1日	2018年6月30日	工程规划、强审、绿建自评报告等	
46	开设路口审批	2018年6月1日	2018年6月30日	用地规划、工程规划、设计文件	
47	施工总承包（Ⅱ、Ⅲ标）招标	2018年5月1日	2018年10月30日	设计文件	

续表

中山大学·深圳建设项目总控制计划（版次 1）

序号	工作内容	开始时间	结束时间	备注
48	景观绿化招标（公开招标）	2019 年 6 月 1 日	2019 年 10 月 30 日	
49	实验工艺供货安装单位招标	2019 年 8 月 1 日	2019 年 11 月 30 日	前期调研
50	室内装饰装修工程招标	2019 年 9 月 1 日	2019 年 12 月 30 日	
51	工艺、室内装饰装修深化设计及确认	2019 年 11 月 1 日	2019 年 12 月 30 日	
52	施工许可证办理	2018 年 11 月 1 日	2018 年 12 月 30 日	与总包对应，分批办理
四	施工阶段			
53	设计施工总承包（Ⅰ标）			
53.1	西区生活区桩基础	2018 年 5 月	2018 年 9 月	
53.2	西区生活区 ±0.00	2018 年 10 月	2018 年 12 月	
53.3	西区生活区主体结构	2018 年 12 月	2019 年 11 月	分批陆续封顶
53.4	西区生活区竣工	2018 年 5 月	2019 年 6 月	ABC 三栋 5 月份竣工，其余 6 月份竣工
53.5	东区边坡施工	2018 年 5 月	2018 年 12 月	
53.6	东区生活区桩基础	2018 年 8 月	2019 年 3 月	
53.7	东区生活区 ±0.00	2019 年 4 月	2019 年 7 月	
53.8	东区生活区主体结构	2019 年 8 月	2020 年 6 月	分批陆续封顶
53.9	东区生活区竣工	2021 年 5 月	2019 年 6 月	
54	施工总承包（Ⅱ标）			
54.1	边坡施工	2018 年 12 月	2019 年 5 月	
54.2	西区公共教学组团桩基础	2018 年 12 月	2019 年 4 月	
54.3	西区公共教学组团 ±0.00	2019 年 5 月	2019 年 8 月	
54.4	西区公共教学组团主体封顶	2019 年 9 月	2019 年 12 月	
54.5	室内外装饰、实验室工艺、机电安装穿插	2019 年 12 月	2020 年 5 月	
54.6	室外管廊、道路、雨污水管	2019 年 5 月	2020 年 5 月	第一批交付
54.7	第一批交付建设内容竣工	2020 年 5 月	2020 年 6 月	检测、调试、验收

续表

中山大学·深圳建设项目总控制计划（版次1）

序号	任务名称			备注
54.8	医科组团、图书馆桩基础	2019年5月	2019年12月	医科组团受场地移交文影响延迟进场，图书馆受边坡施工影响
54.9	医科组团、图书馆主体	2019年12月	2020年10月	
54.10	室内外装饰、机电安装穿插	2020年10月	2021年5月	
54.11	医科组团、图书馆竣工	2021年5月	2021年6月	第一批2020年9月交付
55	施工总承包（Ⅲ标）			
55.1	边坡施工			
55.2	理工一组团桩基础	2018年12月	2019年6月	
55.3	理工一组团 ±0.00	2019年7月	2019年9月	
55.4	理工一组团主体	2019年10月	2020年1月	
55.5	室内外装饰、实验室工艺、机电安装穿插	2020年2月	2020年9月	
55.6	室外管廊、道路、雨污水管	2019年5月	2020年7月	检测、调试、验收
55.7	第一批建设内容竣工	2020年5月	2020年6月	
55.8	第二批建筑基础工程（40万平方米）	2018年12月	2019年10月	
55.9	第二批建筑 ±0.00	2019年8月	2020年5月	
55.10	第二批建筑主体结构	2019年10月	2020年8月	
55.11	室内外装饰、实验室工艺、机电安装穿插	2020年7月	2021年5月	实验室工艺需求确定
55.12	室外管廊、道路、雨污水管	2019年4月	2020年5月	
56	园林绿化			
56.1	第一批交付区域	2020年5月	2020年7月	施工总承包提供作业面
56.2	第二批交付区域	2020年5月	2021年6月	施工总承包提供作业面
57	工程结算	2018年	2021年	分段结算
58	政府审计	待定		
59	维保	2020年7月	2023年6月	

5.7　招标策划

1. 招标策划总体原则

（1）推行大总包管理模式，为充分发挥工程总承包优势，吸引国内顶尖施工总承包企业充分参与竞争，项目推行大总包管理模式。

（2）发挥专业公司优势，本着专业的人做专业的事的指导思想，部分专项设计及专业施工另行发包，避免在部分标准高、专业性强的领域因为设计总包或施工总包唯利是图，低价分包的手段造成不良影响。园林绿化专项设计、实验工艺专项设计、智能化专业发包、消防电专业发包、舞台工艺专业发包、实验工艺专业发包。

（3）加强市场调研，招标前进行充分市场调研、摸底，对潜在优秀企业的资质条件、业绩情况、团队情况、获奖情况等进行全方位调查，合理设置招标条件。

（4）全链条择优，作为重大项目、标杆项目，唯有通过招标选择到国内优质的参建单位，方能在实施过程实现精品打造，所以力求在勘察、设计、咨询、施工等环节实现全链条择优是本项目招标策划的目的。

2. 发包项目策划

根据上述原则，按照规模和专业性划分标段如下：

（1）规模大：三个总包建筑面积分别为 36 万平方米、42 万平方米、51 万平方米，投资额分别 16 亿元、30 亿元、35 亿元，发包范围除建筑工程外还包括对应区域边坡支护、道路、综合管廊及雨污水；大景观：考虑本项目山地建筑特点，景观实施难度大但可以出彩，必须委托专业景观公司而不是由总承包另行分包，室外工程除总承包负责实施的道路、管廊等工程外，其余园林绿化、景观小品、园路园桥等全部由专业景观公司负责；大装修：本项目考虑品质提升需要，由设计院委托专业室内设计公司进行了长达 8 个月的装饰方案设计工作，装饰方案历经十余次修改，考虑装修专业性强，本次在施工总承包招标时仅考虑地下室、设备用房、强弱电间及管道井、楼梯间等部位普通装修交由总包完成，其余大部分区域均另行发包委托专业装饰公司负责。

（2）专业性：本着专业的人做专业的事的指导思想，部分专项设计及专业施工另行发包，避免在部分标准高、专业性强的领域因为设计总包或施工总包唯利是图，低价分包的手段造成不良影响。园林绿化专项设计、实验工艺专项设计、智能化专业发包、消防电专业发包、舞台工艺专业发包、实验工艺专业发包。

1）大总包——施工总承包（Ⅰ、Ⅱ、Ⅲ）招标

①标段划分示意图（如图 5.7 所示）

②招标范围

平行发包与战略合作均纳入总包管理。

平行发包：实验室工艺、二次装修、智能化、消防电、舞台工艺、园林绿化。

战略合作：电梯、防水、外墙涂料、卫生洁具、电缆、变压器、木门、钢质门等。

图 5.7　标段划分示意图

③质量奖

图书馆获得鲁班奖奖励 300 万元。

国际学术交流中心获得国家优质工程奖奖励 300 万元。

2）大装修

①范围：除地下室、设备机房、管道竖井、强弱电间、楼梯间外所有区域。

②专业：装饰装修、电气照明、给排水。

③择优方案：施工业绩、BIM 应用能力、企业资信、投标团队、管理模式。

④创优目标：中国建筑工程装饰奖。

3）大景观

①范围：绿化及喷灌、铺装、园路、景观照明、小品、汀步。

②标段划分：一个标段。

③创优目标：优秀园林绿化工程金奖。

④择优方案：施工业绩、供应能力、企业资信、投标团队。

4）园林绿化、实验工艺专项设计招标

①背景：专业性强，原合同未计取专项设计费，原设计院无法完成设计任务。

②择优方案：充分调研潜在投标人、不竞价、业绩导向、团队导向、方案导向。

5）智能化、消防电专业分包招标

①纳入总承包管理

三个总包同——专业系统兼容性。

三个总包同——设备品牌一致性。

②标段划分：智能化按照校园网和设备网分为两个标段，消防电一个标段。

6）舞台工艺、实验工艺专业分包招标（如表 5.7 所示）

①纳入总承包管理

②择优方案：业绩导向、团队导向、企业资信、技术方案。

舞台工艺、实验工艺专业分包划分表　　　　　　表 5.7

内容	舞台工艺	实验工艺
范围	舞台机械，灯光，音响，活动看台	实验室内部装饰装修，实验用水、用气，洁净空调、照明，污水处理、送排风系统
标段划分	一个标段	医科一个标段，理科一个标段，工科一个标段

5.8　先进建造体系策划

　　政府工程的建设涉及市民工作生活的方方面面，是城市形象品位和综合实力的展现，更关乎城市的可持续发展。近年来，深圳市建筑工务署紧紧围绕市委市政府"城市质量提升年"工作部署，不断提升工程建设和选材用材标准、深化招投标制度改革、繁荣设计创作提升建筑文化、加强前期策划和工期科学管理、强化材料设备质量管理、完善施工质量控制和质量监管体系、积极推进建管模式创新、加大新技术创新和应用、提高工程建设信息化管理水平，形成一套完整的理论体系，即 2020 先进建造体系。本项目结合 2020 先进建造体系落实具体策划实施方案。

5.8.1　绿色建造体系

　　绿色建造系统，是指以人、建筑和自然环境的协调发展为目标，通过科学合理的设计、管理和技术进步，在建设项目的全寿命周期内，通过最大限度地实现"四节一环保"，即建筑节地、建筑节水、建筑节材、建筑节能、保护环境，尽可能地控制和减少对自然环境的使用和破坏，并实现项目可持续发展的建造体系。主要特色为环境友好、低能耗、可持续。

　　重点实施举措为"三新三标化，四控一循环，减废再利用，七个百分百"，本项目主要应用点包括以下几个方面：

　　（1）爬架技术。本项目在东西两个生活区 14 栋学生宿舍约 33 万 m^2 建筑中全部采用爬架技术，实现节约用地，降低主体施工对室外工程的影响，体现低碳、环保原则，实现经济、安全、快捷目标。如图 5.8-1 所示。

图 5.8-1　爬架技术

（2）铝膜技术。本项目在东西两个生活区 14 栋学生宿舍约 33 万 m² 建筑中全部采用铝模技术，实现循环使用，节约用材，同时提升工程品质。如图 5.8-2 所示。

图 5.8-2　铝模技术

（3）标准化围挡。统一采用全新标准化围挡。如图 5.8-3 所示。

图 5.8-3　标准化围挡

（4）三化工地。物业化、花园化、标准化建设单位临时设施在没有图纸情况下，采用 BIM 正向设计，用模型指导施工。如图 5.8-4 所示。

图 5.8-4　三化工地

（5）人性化人文关怀。办公区分别配置了小型医疗室、阅览室、休闲吧、室内健身房及室外运动场地，丰富管理人员业余生活，为团队建设创造有利条件。如图 5.8-5 所示。

图 5.8-5　人性化人文关怀办公区

（6）海绵城市设计应用。海绵城市六字方针：渗、滞、蓄、净、用、排。本项目采用了透水铺装、雨水花园、下沉绿地、绿色屋顶、排水路缘石、环保雨水口等海绵设施。本项目可建设用地面积 110hm²（不包括保护山林面积），共划分子汇水区 1061 个，管渠 62 段，采用了透水铺装、雨水花园、下沉绿地、绿色屋顶、排水路缘石、环保雨水口等海绵设施，年径流总量控制率为 74.35%，优于 73% 规划目标。如图 5.8-6 所示。

图 5.8-6　海绵城市设计应用

（7）雨水收集（如图 5.8-7 所示）

（8）安全防护全部采用装配式可周转材料（如图 5.8-8 所示）

（9）原建筑拆除垃圾再利用——本项目将现场原有建筑物基础拆除后破碎处理，约 3 万 m³ 建筑垃圾用于现场临时道路铺设、基坑通道铺设等用途，实现循环利用。如图 5.8-9 所示。

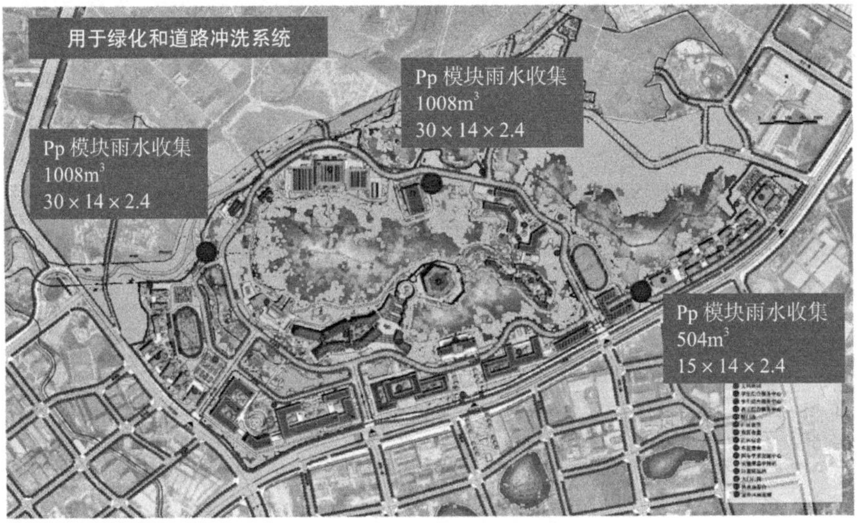

图 5.8-7　雨水收集

图 5.8-8　安全防护全部采用装配式可周转材料

图 5.8-9　原建筑拆除垃圾再利用

（10）项目场地内原有树木移植到临建区域重复利用——通过调查，本项目现场有部分树木具有一定移植价值，计划将原有树木迁移到临建区及道路两侧。如图 5.8-10所示。

图 5.8-10　项目场地内原有树木移植到临建区域重复利用

（11）集约型管廊入廊管线包括生活给水、消防给水、空调水、中水、高低压电缆、弱电线缆等管线，考虑安全因素，燃气不入廊，本项目为山地建筑，地形起伏大，雨水、污水重力流管道不入廊。

5.8.2　快速建造体系

快速建造系统，是指在项目前期设计、报建、招标、施工、验收等各个建造阶段，通过科学合理地组织、管理，采取先进技术和经济措施，确保公务署工程能够得到快速、连续、高效地建设，在保证工程安全质量的情况下，合理地缩减建设周期的建造系统。主要特色为"五化"，即构件模块化、设计标准化、招标菜单化、施工工业化、流程并联化。

重点实施举措为"空间标准化，内墙装配式，统筹四先行，施工巧穿插"，本项目主要包括以下几个方面：

（1）策划现行——2017 年 6 月汇报项目总体策划，2017 年 12 月重点汇报管理模式及招标方案策划，2018 年 2 月重点汇报投资控制策划，2018 年 7 月重点汇报先进建造体系策划。

（2）市政现行——永临结合总包进场后先行组织边坡支护、集约型管廊及道路路基施工，为未来三年现场安全文明施工创造条件。如图 5.8-11 所示。

图 5.8-11　市政现行

（3）绿化先行——边坡及道路路基完成后组织绿化施工，一是可以提升施工期间场地环境，二是提高项目交付时苗木的成活率，可以交付一个相对成熟的校园。如图 5.8-12 所示。

图 5.8-12　绿化现行

（4）功能空间标准化设计——本项目对宿舍单元进行了模块拆分，分解为起居空间、卫生间、阳台三个模块，不同功能按照标准模块设计。如图 5.8-13 所示。

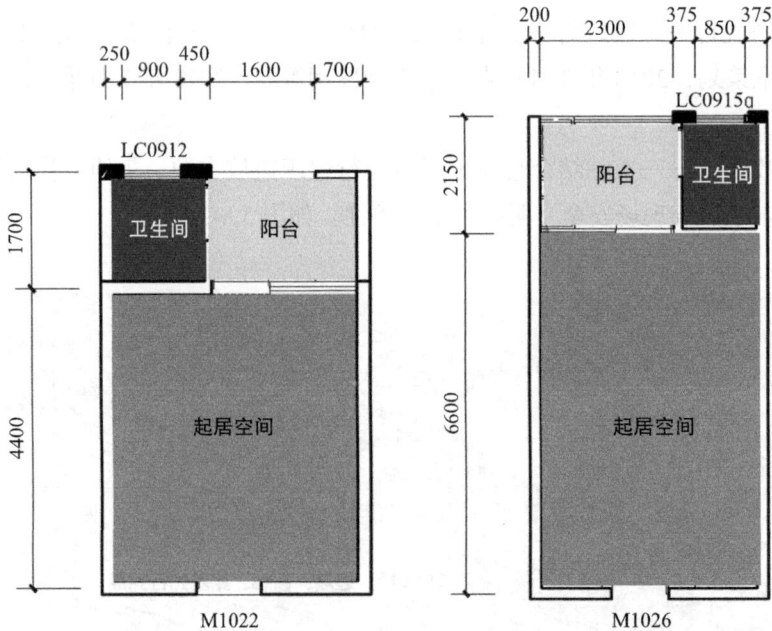

图 5.8-13　功能空间标准化设计

（5）构建预制化（如图 5.8-14 所示）

图 5.8-14　构建预制化

（6）施工工业化

混凝土结构装配式、实验室装配式、机房装配式。如图 5.8-15 所示。

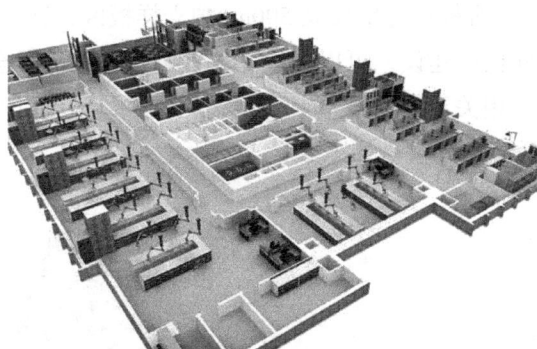

图 5.8-15　施工工业化

（7）建设并联化，通过建设并联化，实现多工序穿插施工，大幅缩短工期。如图 5.8-16 所示。

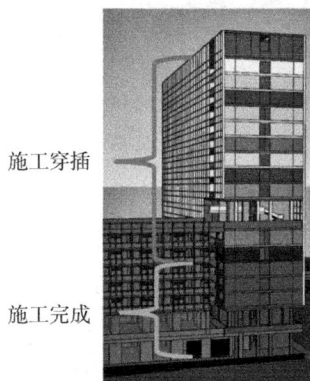

图 5.8-16　建设并联化

5.8.3　优质建造体系

优质建造系统，是指通过提升工程建设和选材用材标准，完善工程建设技术标准体系，积极采用新技术、新工艺、新材料、新设备，消除质量通病，实现优质建造，打造精品工程。学习借鉴行业最佳实践和前沿发展，推进四新技术应用。结合中建集团装配式、碧桂园 SSGF 和万科新建造技术成套工法等优秀实践经验，进行适用性研究，针对工务署各类不同类型项目的特点，有步骤地进行推广。主要特色为高标准、重创新、高质量、创精品。

重点实施举措为"高精度楼面，薄贴墙地砖，防漏卫生间，全现浇外墙"，本项目主要包括以下几个方面：

（1）工务署标准。工务署标准共计 36 项，多项标准优于国家标准，部分标准填补工程建设标准空白。将在项目实施期间严格执行工务署标准。

（2）品牌库，工务署品牌库材料种类及数量：共涵盖 6 大项 124 种建筑材料设备，其中建筑 17 种，结构 3 种，强电 22 种，弱电 39 种，给水排水 24 种，暖通 19 种。

（3）样板先行。II、III 标段分别设立 500m² 独立样板区，全要素、全工艺展示——样板先引路通过独立样板区建设，可以建设一座能够体现该标段全部工艺要素的展示区，不仅能够提前确定相关建设内容节点、做法、效果，又可以通过样板制作提升施工工艺质量，实现优质建造要求。如图 5.8-17 所示。

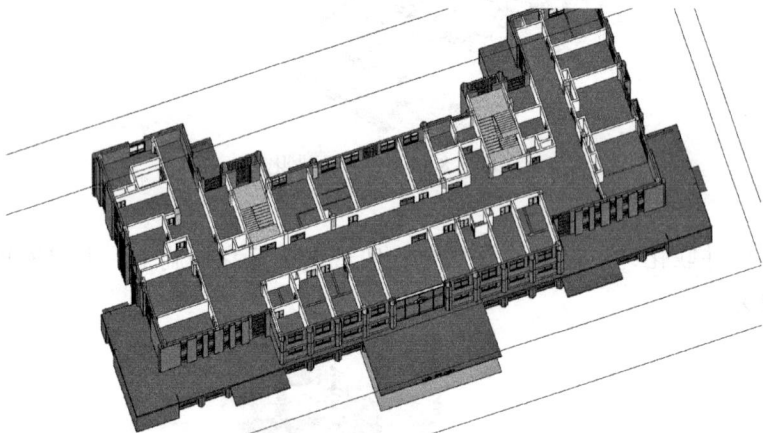

图 5.8-17　样板先行

（4）陶砖墙体专题调研。方案设计阶段外墙陶砖按照幕墙进行设计，采用钢龙骨作为受力体系，安全性、经济性相对较差，且国内尚没有陶砖幕墙设计及施工验收标准，经过反复调研、论证，最终确定采用每层混凝土结构挑板作为受力体系，不仅解决了缺乏验收标准问题，安全性也得到极大提高，造价相对降低、施工速度显著提升。

通过国内多个项目调研反馈，返碱现象已是陶砖墙体的质量通病和顽疾，很难根治。项目组与项目管理公司通过多地案例分析，吸取经验教训，结合本项目建筑特色，及时采取一系列措施，尽最大可能降低返碱现象。

（5）高精度楼面，取消找平层，如图 5.8-18 所示。

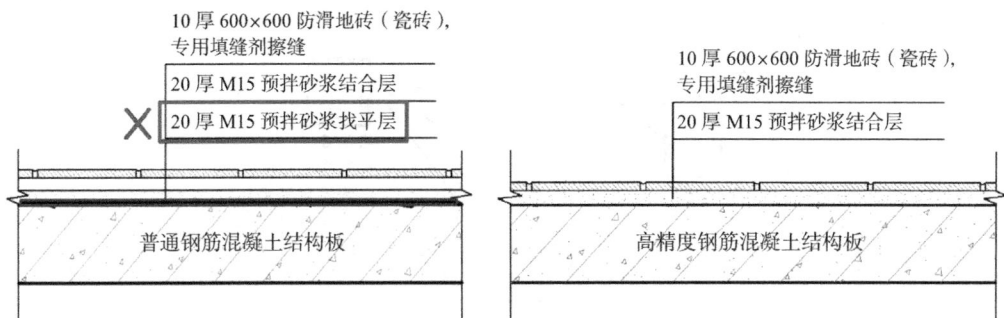

图 5.8-18　高精度楼面

（6）避免地砖上墙，墙面采用瓷片。与瓷片相比地砖厚度厚、尺寸大、吸水率极低，背面相对更光滑，地砖上墙容易出现空鼓，附着力差造成脱落现象，统一改用瓷片在必要墙面进行铺贴。如图 5.8-19 所示。

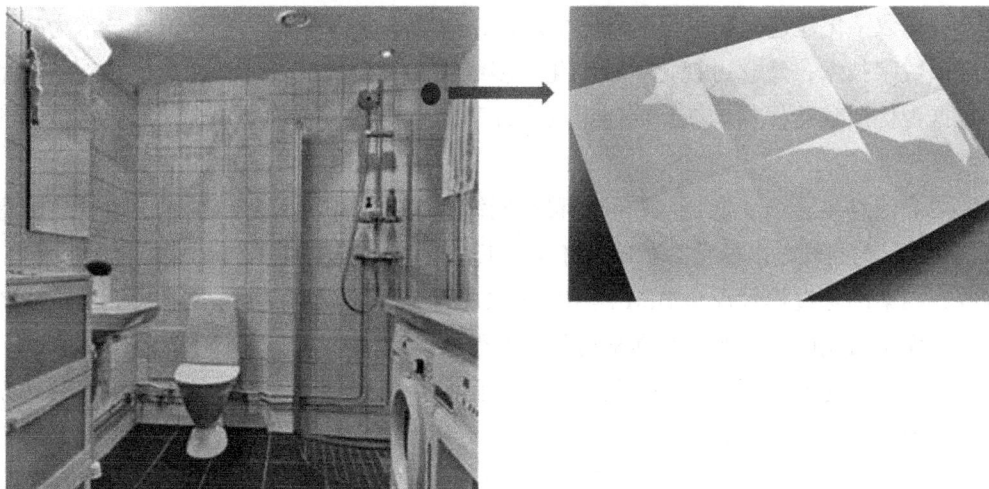

图 5.8-19　避免地砖上墙，墙面采用瓷片

（7）湿砖上墙，防开裂干砖上墙因吸水率高容易造成墙面抹灰层或结合层开裂、空鼓现象，要求施工单位砌砖前必须采取湿砖工序，建立"干砖上墙，推倒重砌"制度。

（8）取消天棚抹灰——天棚抹灰脱落也是工程质量通病，本项目要求取消天棚抹灰，提高混凝土楼板平整度，无吊顶区域直接打磨后进行后续工艺处理，有吊顶区域无须处理直接吊顶即可。

（9）宿舍开关。学生就寝后谁关灯的问题一直是宿舍的痛点，本项目将两床位之间电源插座改为开关并将高度提高到1.8m高位置（如图5.8-20所示），既不影响学生正常用电，也不增加投资，完美地解决了学生睡觉前关灯的困扰，提高了使用舒适度。

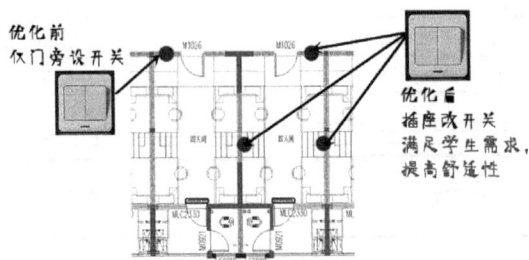

图 5.8-20　电源插座位置更改

5.8.4　智慧建造体系

智慧建造系统,是指通过信息技术与先进工程建造技术的融合,实现"数字化建造、信息化管理、智能化监控、智慧化运营",提高整个建造过程的智慧化和精细化管理水平的建造体系。主要特色为数字化、信息化、智能化、精细化。重点包括以下几个方面:

（1）数字化建造。在工程建设的全过程、全专业推行推广应用以BIM技术为核心的虚拟数字技术,建立可视化、精细化、多维度、可模拟的设计和建造模式,用模型和数据为优质建造保驾护航。同时,与实体建筑孪生共长的数字建筑,形成高精度的数字资产。

（2）信息化管理。依托互联网、移动网络、大数据、云计算等技术,以管理为重点、以质量为主线、以模型为基础,将政府工程设计、招标、进度、质量、合同、变更、验收、档案的全过程管理与BIM模型深度关联融合,建设"业务一网通办、进度一图尽览、模型云端应用、廉政数据驱动"的工程建管平台。

（3）智能化监控。运用人工智能、物联网、传感终端、无人机等科技手段,建立温度、湿度、风向、风速、噪声、扬尘等施工环境全天候监测;塔吊、升降机等特种设备运行状态全实时监控;劳务人员、参建单位人员"刷脸"考勤、实名管理;出入口、塔吊顶端、材料堆放区、危险源等重点区域视频全联网监控;实现工地的"实时采集、全面监控、预警联动、智慧分析",为工地精细化管理和质量安全管控提供技术保障。

（4）智慧化运营。依托电子标签、二维码、视频监控、短程通信、设备监测等技术,汇集建筑实时运行数据,构筑综合监测、协同指挥的建筑"大脑",为物业管理、能源管理、设备管理提供一体化的智慧运营解决方案,实现项目建成后的高效、共享、安全、绿色的智慧建筑生态系统。

5.9　投资控制策划

1. 三位一体加强过程控制

充分发挥全过程咨询模式下，设计管理、造价管理、工程监理三位一体的优势，结合多年项目管理经验，制定投资控制总体策划思路，如图 5.9-1 所示，策划表如表 5.9 所示。

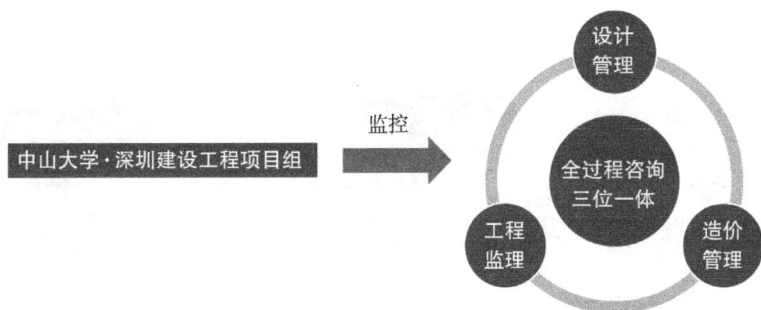

图 5.9-1　三位一体

三位一体控制策划表　　　　　　　　　　　　　　　　　　表 5.9

阶段	责任部门	控制要点
设计阶段	设计管理部	稳定使用需求；重大技术方案把控；精细化审核
	造价管理部	限额设计；概算审查；材料设备档次确定；类似项目指标分析；重要材料设备市场调研
	工程监理部	施工难易程度对造价影响；施工进度对造价影响；材料设备采购便利性
招标阶段	设计管理部	技术要求编制；清单项目完整性审核；清单特征描述审核
	造价管理部	计价标准确定；合同条款策划；清单项目完整性审核；清单项目单价审核；主要清单项目工程工程量审核
	工程监理部	合同条款策划；确定施工组织方案；参与确定措施项目计价原则
施工阶段	设计管理部	控制使用需求变化；关注技术标准更新；审核工程变更技术合理性
	造价管理部	投资指标动态分析；合理编制资金计划；进度款审核；变更审核签证
	工程监理部	施工方案审核优化；变更签证审核；形象进度确认
结算阶段	设计管理部	复核设计变更完整性（变更减少项）
	造价管理部	编制结算策划方案；全面检查结算文件完整性、规范性；重点抽查主要结算项目质量
	工程监理部	审查结算文件真实性；督促结算文件时效性

2. 科学组织，精准结算

编制结算实施方案，实施过程结算、分段结算、动态结算。根据结算专项方案，对桩基、主体结构、钢结构以及咨询服务、固定总价合同等实施过程结算、分段结算、动态结算，可以提高结算精度，加快结算进度，实现工程结算、档案资料与工程实体三同步。

3. 合同管理白皮书

合同管理白皮书核心精神是通过对合同来源、合同类型、合同支付情况、合同履行情况、合同额与概算及结算额对比、合同条款执行情况等实时动态分析，为决策层全面掌握项目进展及所遇到问题提供科学分析、预警信息，总结经验，提升合同管理水平。如图 5.9-2、图 5.9-3、图 5.9-4 所示。

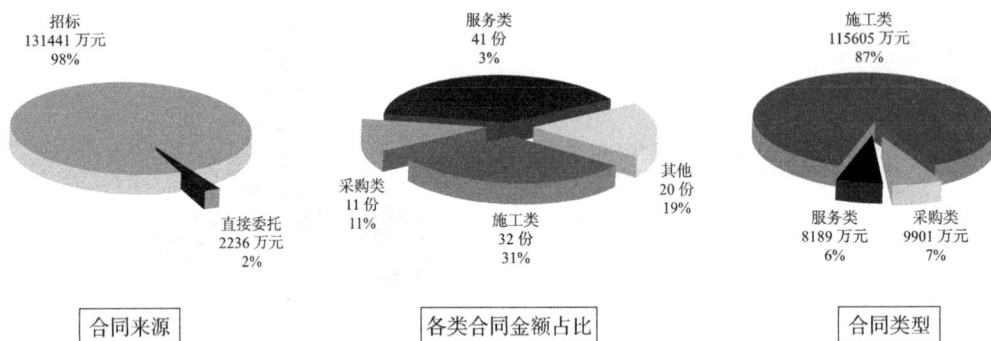

图 5.9-2　合同签订情况分析

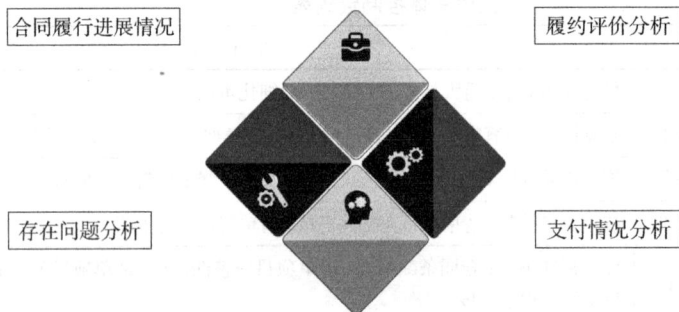

图 5.9-3　合同履行情况分析

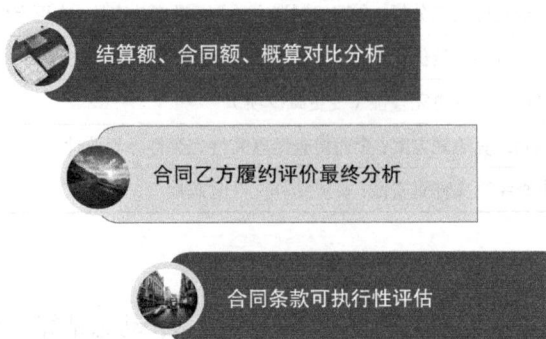

图 5.9-4　合同结算情况分析

5.10 需求管理策划

1. 使用方的两个特征

一是变化频繁需求不稳定是使用单位在建设期间暴露出来的最大特征，"唯一不变的就是需求一直在变"，二是出口众多使用方需求往往令出多门，有主管领导直接下指令的，有具体使用团队下指令的，有基建处下指令的，多头管理、标准不一。

2. 针对需求变化制定三项原则

一是把握标准，建设标准也就是投资控制底线，无论使用方需求如何变化，都要基于投资分析后确定是否接受，特别是在概算批复之后把握住投资控制底线尤为重要，否则使用方无休止的变化会无限突破投资控制指标；二是满足功能，最大限度满足使用功能，工务署作为建设单位，建设完成后要向使用单位交付，如果使用功能不能满足使用需求，会造成不良影响，但满足使用功能需要在早期特别是在初步设计前完成，否则会造成施工图设计无限拖延或在施工期间不断变更造成投资失控；三是尊重效果，在不违背基本审美原则前提下，充分尊重使用方对观感效果的需求。

3. 设计管理期间遵循的五项措施

一是明确机制，针对需求不稳定、令出多门的特征，先行明确沟通机制，保证使用团队专业性需求能够充分体现、需求文件传递渠道畅通；二是充分沟通落实专业设计管理团队与具体使用团队一对一对接沟通，充分听取使用团队意见，由以往被动接受使用需求转变为主动沟通需求；三是合理引导需求，使用团队的需求表达语言是非专业的，当使用团队提出需求难以实现或影响投资较大时，设计管理团队或设计师应用更科学的方法引导使用团队进一步分析其需求的合理性，避免需求的盲目性；四是把握重点需求管理抓住重点，应重点对接规划布局、平面功能、观感效果、工艺需求、机电系统运营管理等方面的需求，不要在材料选用、设备选型等方面投入过多精力与使用方对接；五是科学采纳要求对使用方需求进行科学评估，在不影响造价、进度等前提下，对其需求科学采纳，避免照单全收。如图 5.10 所示。

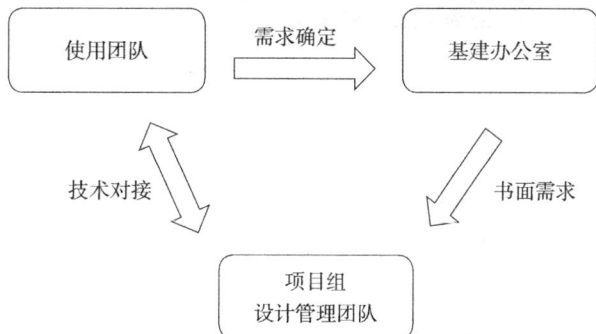

图 5.10　设计管理阶段沟通机制

5.11　资源管理策划

1. 资源整合

资源管理的核心精神是通过整合工务署、全过程工程咨询单位及各参建单位的优质资源，优势互补，实现 1+1 > 2 的效果。如图 5.11-1 所示。

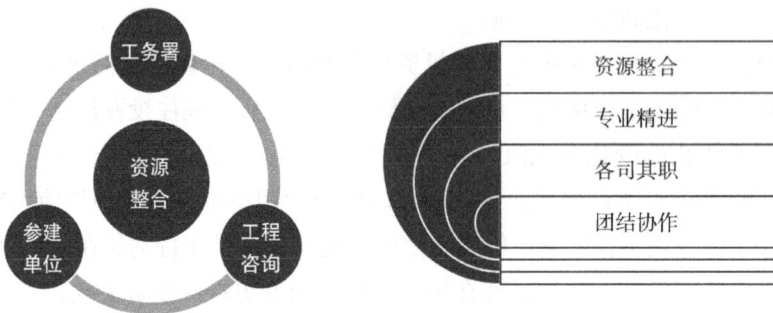

图 5.11-1　资源整合

2. 工务署资源

工务署资源如图 5.11-2 所示。

图 5.11-2　工务署资源

3. 全过程工程咨询单位资源

江南管理学院：覆盖高层管理人员理论学习、中层骨干技术传授、操作层员工基本技能培训的全天候学习平台；

八大研究中心：剧场、体育场馆、综合管廊、酒店等研究中心可提供课题研究、技术支持、经验总结、案例分析、专家服务等资源；

数据库：可提供材料设备价格信息、技术参数、参建单位履约情况等基础数据；

外部专家：针对高精尖课题或疑难问题，可调动公司专家库提供优质专家服务。

5.12　新型学习组织策划

1. 党建工作学习

党建工作学习如图 5.12-1 所示。

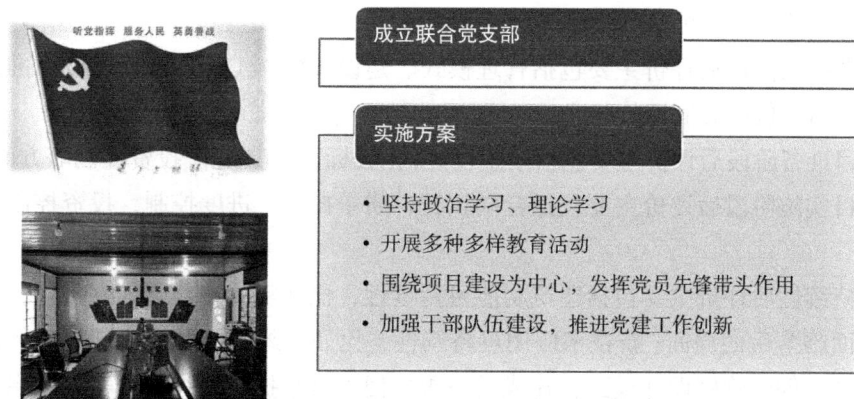

图 5.12-1　党建工作学习

2. 廉政建设学习

对参建单位：中标单位廉政教育专题宣贯会，中标单位签署廉政责任状，廉政建设与合同履约评价挂钩，一票否决。

对从业人员：全员签订廉政责任状，定期开展廉政警示教育专题会，到监狱等场所实地参观服刑人员现身说法。

3. 团建工作学习

通过拓展基地、旅游式团建、体育活动、主题演讲比赛、与邻近单位、参建单位举办交流座谈会、专家主题讲座等形式加强团队内部的凝聚力、学习性。

4. 技术提升学习

技术提升学习如表 5.12 所示。

技术提升学习计划表　　　　　　　　　　　　　　　表 5.12

项	学习内容
学习背景	工务署＋工程咨询双平台；结合中山大学实际需求；发动全部参见单位参与；定期举行多种形式交流
学习目的	品质提升；人才培养；技术积累；经验推广；标准定制
学习措施	专项培训；专题调研；课题研讨；成果转化

5.13 后评价策划

项目后评价是指项目完成后一定时间内（一年为宜），通过对比分析的方法，对项目实施各阶段所作出的决策，比如建设标准、建设规模、使用功能，所确定的目标，比如质量目标、进度目标等，工程使用情况，重点是机电系统运行或设备选型情况等进行评估，评估上述决策和目标是否完全实现，或目标完成度，并分析原因，总结经验。后评价主要分为如下几个阶段：前期决策阶段后评价，项目准备阶段后评价，项目实施阶段后评价，项目可持续性后评价。

前期决策阶段后评价主要包括管理模式、建设规模、工程规划、建设标准，项目工期、项目定位等方面评价。

项目准备阶段后评价主要包括勘察设计，招投标，施工准备，投资控制等方面评价。

项目实施阶段后评价主要包括合同执行，质量控制，进度控制，投资控制等方面评价。

可持续性后评价主要包括建筑功能可持续性，比如实验室功能的先进性，是否建成后即面临落后的局面；新技术应用可持续性，比如集约型综合管廊，打破传统综合管廊概念，创新管廊设计模式，建成后是否方便检修维护，是否存在安全隐患，是否预留一定扩容空间等。

5.14 工作文件清单

1. 本项目拟编制作业性实施细则及文件清单。

项目拟编制作业性实施细则及文件清单如表 5.14-1 所示。

项目拟编制作业性实施细则及文件清单表　　　　　　　　表 5.14-1

类别	名称	备注
项目管理类	工程咨询规划	
	项目管理手册	
	设计管理实施细则	
	招标采购管理实施细则	
	综合管理实施细则	（包含项目部管理各项工作制度、流程）
	合同造价管理实施细则	
	BIM 管理实施细则	
	实验室工艺管理实施细则	
工程监理类	工程监理规划	
	工程创优监理方案	

续表

类别	名称	备注
工程监理类	桩基工程监理实施细则	
	基坑支护工程监理实施细则	
	基础工程监理实施细则	
	结构工程监理实施细则	含钢结构工程，预应力工程
	幕墙工程监理实施细则	
	精装修工程监理实施细则	
	通风空调工程监理实施细则	
	给排水工程监理实施细则	含海绵城市工程
	燃气工程监理实施细则	
	电气工程监理实施细则	
	智能化工程监理实施细则	
	电梯工程监理实施细则	
	泛光照明工程监理实施细则	
	室外市政工程监理实施细则	含牌坊工程，边坡治理工程
	园林景观工程监理实施细则	含林相改造工程
	地下综合管廊工程监理实施细则	
	污水处理工程监理实施细则	
	钢结构工程监理实施细则	
	绿色建筑工程监理实施细则	
	标识标线工程监理实施细则	
	厨房工程监理实施细则	
	工业化建筑工程监理实施细则	
	安全监理实施细则	如不良地质处理，水土保持等项目
	旁站监理方案	
	安全应急预案	
	见证取样送检计划	
发表技术成果	《大型校园群体工程项目管理实践》专著一本	联合出版
	发表相关论文不少于 5 篇	联合刊登

2. 规章制度文件清单

建设单位本身具有一套严密的管理规章，结合招标文件要求需遵守其规章制度，故列出主要规章名称，过程中制度有出入时应与建设方商议处置一致后执行。如表 5.14-2 所示。

规章制度表　　　　　　　　　　　　　　　表 5.14-2

序号	内容
1	《关于强化工程管理与廉政建设信息化工作的通知》(深建工字〔2016〕121号)
2	《深圳市建筑工务署项目管理手册》
3	《深圳市建筑工务署项目管理手册前期分册》
4	《深圳市政府投资项目审批流程和申报材料指引》
5	《深圳市建筑工务署政府公共工程BIM应用实施纲要》《深圳市建筑工务署BIM实施管理标准2015版》
6	《深圳市发展和改革委员会关于进一步做好节能审查工作的通知》(深发改〔2017〕249号)
7	《工程计量支付管理办法》的通知(深建工字〔2016〕96号)
8	《深圳市建筑工务署评定分离项目定标准备工作指引(2015)》的通知
9	《管线综合设计及施工管理指引(试用版)》等指引的通知(深建工字〔2016〕109号)
10	深圳市建筑工务署关于进一步加强劳动防护用品管理的通知
11	深圳市建筑工务署关于进一步明确严格执行署履约评价结果反馈机制的通知(深建工字〔2016〕110号)
12	深圳市建筑工务署关于重新印发《深圳市建筑工务署合同履约评价管理办法》的通知(深建工字〔2016〕73号)
13	深圳市建筑工务署发包人单方面办理工程结算的实施细则深建工字〔2016〕103号
14	深圳市建筑工务署工程量清单、预算(标底)编审质量控制工作指引深建工字〔2016〕104号
15	深圳市建筑工务署工程结算编审质量控制工作指引深建工字〔2016〕105号
16	《深圳市建筑工务署房建项目方案设计招标评定分离定标准备工作指引(试行)》(深建工字〔2016〕78号)
17	《市建筑工务署工程建设档案管理办法》的通知(深建工字〔2016〕64号)
18	《建筑材料质量监督管理办法》的通知(深建工字〔2016〕118号)
19	《材料设备进场验收监督管理办法》的通知(深建工字〔2017〕11号)
20	《深圳市建筑工务署合同管理办法》的通知(深建工字〔2016〕90号)
21	《深圳市建筑工务署安全生产管理制度》的通知(深建工字〔2016〕72号)
22	《深圳市建筑工务署工程变更管理办法》的通知(深建工字〔2016〕75号)
23	《深圳市建筑工务署工程结算管理办法》的通知(深建工字〔2017〕9号)
24	《深圳市建筑工务署投资控制管理办法》的通知(深建工字〔2016〕83号)
25	《深圳市建筑工务署材料设备战略合作供应商管理办法》的通知(深建工字〔2017〕12号)
26	《深圳市建筑工务署设备监造管理办法》的通知(深建工字〔2017〕1号)
27	其他技术指引类文件参见《深圳市建筑工务署标准汇编——指引类》(2017年2月版)
28	其他招标类文件
29	未明处详参见《深圳市建筑工务署工程与廉政建设管理制度汇编》(2014年7月版)

第6章 报批报建管理

6.1 报批报建工作重点难点分析

（1）鉴于本项目单体数量众多，报建工作需分开进行，同时各单体设计进度无法完全一致，显现报批报建管理工作量巨大。

（2）项目设计周期较短，报批报建工作进度与设计进展相辅相成，需要制定周密的报建工作计划，并与设计进度总控计划相互支持。

（3）需要充分熟悉深圳市政府投资项目报建流程规定，需要明确报批报建工作内在的逻辑关系，据此指导报建工作。

（4）报批报建工作专业要求高，报建人员需要对当地政策法规、规划、消防、人防等均应十分熟悉，并具备相应的专业知识，方能保证报建过程中能与各级主管部门直接协调、沟通。

（5）报批报建工作审查审批时间存在不确定性，关联单位较多，同时报建成果又与项目进展紧密关联，故报建人员跟踪意识及责任心、主观能动性均要求较高。

（6）报批报建过程中，各类报建成果文件需要设计院提供，各类手续文件、报告需要使用单位或建设单位配合出具，对报建人员的组织协调能力及考虑问题的前瞻性提出较高的要求。

（7）报建工作事关基本建设程序是否合法合规，对项目建设推进进度的重要性不言而喻。

6.2 报批报建工作内容

依据深圳市报批报建要求，项目实施的6个阶段的工作内容如下。

6.2.1 项目建议书阶段

1. 项目建议书编制
2. 项目调研
3. 项目建议书审批
4. 与使用单位沟通
5. 社会稳定风险评估
6. 下达前期经费计划编制

7. 选址意见书起草

8. 用地预审

9. 地质灾害危险性评估

10. 地质灾害评估报告备案

11. 环评报告编制

12. 建设项目环境影响审批

6.2.2　可研报告阶段

1. 安评审批

2. 上报市政府批地审定

3. 征收地工作推进

4. 可研报告编制

5. 使用单位确认

6. 可研报告审批

7. 林地使用可行性研究

8. 林地使用许可

9. 用地方案图制定

10. 用地规划许可

11. 拆迁许可

12. 周边道路调查

13. 给水排水管线调查

14. 10 千伏外线调查

15. 初步勘察

16. 地震安全性评价

6.2.3　方案设计阶段

1. 办理宗地图

2. 土地使用权出让

3. 详细蓝图编制

4. 详细蓝图审批

5. 设计任务书编制

6. 方案设计

7. 方案设计审查会

8. 使用单位确认方案

9. 设计方案规划审查

10. 燃气工程气源接入点确定

11. 不具备太阳能集热条件认定

12. 建设工程开设路口（报规委）

13. 人防建设意见征询

14. 地铁控制线内项目报审

15. 详细勘察

16. 勘察专项审查

6.2.4 初步设计与概算阶段

1. 水土保持方案设计

2. 水土保持方案审查

3. 初步设计

4. 初步设计专家审查

5. 初步设计评审

6. 使用单位确认初设

7. 初步设计规划审查

8. 交通影响评价报告编制

9. 交通影响评价审核（开路口前置条件）

10. 基础施工图提前出图

11. 深基坑专家会

12. 基坑及基础施工图强制审查

13. 桩基础提前开工规划报建

14. 节能审查

15. 用水节水报告编制

16. 开设机动车路口报审

17. 用水节水报告审批

18. 消防设计预审

19. 消防设计审核

20. 人防报建审核

21. 编制与评审概算书

22. 概算审批

23. 下达年度投资计划

6.2.5 施工图设计阶段

1. 排水施工方案审批

2. 超限高层建设工程建筑抗震设防审批

3. 施工图设计工作推进

4. 施工图设计绿色专篇审批

5. 施工图供气方案确认

6. 施工许可前置条件审查

7. 绿色建筑认证

8. 绿色节能评审

9. 施工图设计评审

10. 排水许可证办理

11. 防雷装置设计审核

12. 建设工程规划许可

13. 使用单位确认项目功能

14. 室内装修设计

15. 使用单位确认施工图

16. 扩建路口或拆除分隔带审批（报交委）

17. 施工图修改备案

18. 建筑工程装修消防设计审核

19. 室内设计消防审查

6.2.6　工程实施阶段

1. 施工许可证办理

2. 对应前期报验各项专项验收办理

3. 竣工验收办理

4. 资料归档移交办理

5. 竣工备案办理

6.2.7　政府投资项目报建流程（略）

6.3　报批报建工作管理体会

针对本项目报建报批工作特点及重点难点，落实报批报建管理专项措施：

（1）由综合管理部落实专人专岗负责项目报建报批工作，设计管理部负责全面协助项目报建工作。

（2）进场阶段围绕项目属性，及时搜集整理报建报批类政策法规文件，了解各项报批报建具体要件要求，梳理报建工作任务。

（3）围绕项目总控计划及报建程序要求，制定项目报建工作专项控制计划及配套该计划对应要求的设计报建成果具体要求、出具时间等，提前落实设计院据此准备报建要件。

（4）报建专员选择深圳地区有过本岗位工作经验的专业人员承担，确保充分熟悉报建工作流程。

（5）加强报建工作协调，针对制约报建工作进展的事宜及时报告建设单位，及时协调各级部门及时解决。

（6）围绕报建工作专项总控计划，分解制定报建工作月计划、周计划，纳入项目管理周报、月报，定期总结报建工作进展，定期落实下一阶段报建工作计划，保证报建工作满足工程进度需要。

（7）加强报建报批专员的专业技能专业知识学习培训，确保报建人员过程协调沟通能有的放矢，加强报建人员的责任心、主观能动性教育，确保报建工作在具备条件的情况下第一时间完成。

（8）组织报建人员定期总结报建工作成果，定期梳理剩余报建工作任务，确保提前落实各项报建工作要件准备工作。

第7章 设计管理

7.1 设计管理目标

本工程设计管理目标可划分为进度、质量、投资三个方面进行控制，具体如下：

1. 进度目标

详见总控计划表。

2. 质量目标

设计总体质量达到等级"良"，图书馆、行政楼、国际学术交流中心、公共教学楼、大礼堂等标志性建筑设计质量达到等级"优"，并获取国家级优秀工程设计奖项。

（1）方案设计需符合《建筑工程设计文件编制深度的规定》及设计合同约定，满足投资估算编制要求，满足报批要求。

（2）初步设计需符合《建筑工程设计文件编制深度的规定》及设计合同约定，主要技术方案确定，满足设计概算编制要求。

（3）施工图设计需符合《建筑工程设计文件编制深度的规定》及设计合同约定，满足编制施工图预算及施工招标要求，施工期间无重大技术变更、无重大平面布局调整、无重大功能调整。

3. 投资控制目标

一次设计概算：119.83 亿元；

施工图预算：不超概算；

竣工结算：不超施工图预算。

7.2 设计管理分析

7.2.1 设计管理特点

（1）世界一流大学目标定位，政府高度重视，工程范围广、内容多；

（2）项目规模大，单体数量多，设计同步开展，设计管理协调工作量大；

（3）建筑类型多，医疗、文体、教学、办公等功能齐全，专业种类繁多；

（4）工程投资规模大，设计品质、标准定位高，单位造价较同类项目高；

（5）一期建设场地内有山林、河道，呈现一山矗立、七丘拱卫地形特点；

（6）根据深圳地方规定，海绵城市、绿色建筑、BIM 管理等内容必须同步实施。

7.2.2 设计管理难点

（1）项目有三个设计标段、五家设计单位，材料、设备、色彩等标准选定协调；

（2）项目占地面积大、场地标高变化多，总图及竖向管理；

（3）现有场地存有大量树木，结合原有苗木及地形做好景观设计；

（4）项目医学实验室数量多、类型全，医疗及试验工艺技术；

（5）针对实验室配套，污水、废气、危险品、防疫、消毒管理；

（6）项目内设综合体育馆和篮球馆、游泳馆，体育工艺技术管理；

（7）项目设有大礼堂，建筑声学、机械、灯光、音响等舞台工艺；

（8）项目图书馆设计标准高，消防、抗震、空间布局、装饰标准；

（9）项目食堂面积大，就餐人员多，厨房工艺流线设计管理；

（10）国际学术交流中心内设客房、会议、餐饮，需按照酒店标准建设，落实酒店相关工艺及管理标准；

（11）项目体育馆、大礼堂等建筑存在大空间、大跨度形态，可能存在结构超限、消防超规等问题；

（12）项目设有地下综合管廊，管廊基坑支护、入廊管线排布及施工；

（13）项目使用功能不确定，各单体、楼层及房间具体使用需求存在变数；

（14）设计总承包模式下，总包单位对设计分包选择及管控力度不够；

（15）工程单位投资指标较高，树精品意识，提升设计品质。

7.2.3 设计管理主要风险

（1）现场大量建筑尚未拆迁，影响地质勘查作业，不能及时向设计提供水文、地质真实资料；

（2）设计人员投入不足，可能导致设计进度滞后，影响招标、施工进度的风险；

（3）设计人员技术水平不高，计成果质量达不到国家标准、国家规范要求，造成变更甚至拆改浪费的风险；

（4）工艺设计滞后，工艺设备采购滞后，造成主体设计甚至现场施工完成部位发生变更、拆改的风险；

（5）设计需求发生变化，造成设计变更或工程拆改的风险；

（6）技术标准更新造成原设计标准发生变化的风险。

7.3 实施阶段设计管理措施

7.3.1 方案阶段设计管理

方案设计阶段管理工作重难点及对策大纲如表 7.3-1 所示。

方案设计阶段管理工作重难点及对策大纲　　　　　　　　　　　表 7.3-1

方案设计阶段管理工作重难点及对策大纲	
内容	对策
建设规模确定	充分论证功能并预留潜在发展空间
建设功能确定	分组就使用需求与使用部门和设计院洽商
总平面确定	充分论证、科学决策、因地制宜
外立面效果确定	
投资规模确定	

7.3.2　初步设计阶段管理

通过对参与建设管理的大型知名学校的调研，学校类工程初步设计管理重点难点如表 7.3-2 所示。

初步设计阶段管理工作重难点及对策大纲　　　　　　　　　　　表 7.3-2

初步设计阶段管理工作重难点及对策大纲	
内容	对策
使用需求及平面功能确认	组织设计院和校方对接探讨
工艺设计不能满足建筑各专业进度	提前确定工艺设计分包及咨询顾问
市政配套条件如给排水、电力、燃气供应能力与项目实际需求复核落实	与设计院各专业对接复核落实情况
装饰标准、机电材料选用标准确定	组织设计院汇报，技术及经济比选
设计进度控制受功能、投资变化影响存在不确定性	1. 工务署和校方确认功能、标准 2. 积极协助设计院解决相关技术问题
提高设计质量标准	加强图纸审核力量，闭环管理措施
概算存在不确定性	重大技术方案、重要设备选型、重要部位装饰效果及早确定
报批报建进度难以控制	提前准备相关资料 校方加大协调力度

1. 设计图纸管理重点难点

（1）平面功能确定

项目校舍总建筑面积为 1272913m²，主要规划建设满足四大学科群办学基本条件的基础设施。管理公司组织、协调校方提需求，联系设计院落实合理需求，最终由校方对平面功能确认。

（2）设计专业范围齐全

初步设计范围应该涵盖红线范围内全部专业，管理公司复查初步设计文件专业齐全性，避免出现特殊专业如燃气、电力外线等没有包含在设计内容里，将造成工程量无法准确计取,造成概算缺项,影响工程报建。

（3）市政配套对接到位

初步设计阶段要充分调研地块周边市政配套条件,清楚掌握给水、供电、燃气、排水、通信等资源情况。一方面核查上述资源实际接驳点位,另一方面核查上述资源是否满足项目需求。如不能满足,则研究解决方案,避免设计完成后出现相应市政配套条件不能满足使用需求现象。

（4）重大技术方案得以解决

初步设计是解决工程技术方案可行性的关键阶段,项目所有技术方案比如基础选型、设备选型必须在初步设计阶段充分分析、论证,确保技术可行、经济合理,不能将悬而未决的技术方案留到施工图阶段处理。管理公司重点从结构安全性、经济性、新技术应用成熟性、后期运行便利性等方面进行审核。

（5）设计深度满足规定

对照《建筑工程设计文件编制深度规定》和工务署管理手册、指引等规定,核查设计文件深度是否满足要求。初步设计阶段设计院对建筑工程设计往往比较重视,设计深度大多都能满足要求,但对于室外总图专业一般重视不够,设计仅有意向性方案,对总图中的道路、广场无定位或坐标,建筑物或构筑物与各类控制线距离标注不清,主要道路、地面、水面等关键性竖向标高标注不清。

（6）特殊专业满足招标及概算编制条件

核查特殊专业如实验室、厨房、污水处理等类似专业设计深度能否满足概算编制要求,上述专业建设单位要性能参数及设备选型方向应在初步设计阶段基本确定,以满足概算编制要求。避免上述专业无图、无说明、无概算,最终导致工程发生变更、超概算的局面。

2. 设计说明

（1）设计说明齐全、规范

设计说明涵盖总图及各单体、专业设计说明,设计说明与初步设计图纸同步完成。设计文件完成后,一方面需对照工程内容检查设计说明的完整性,检查不同建筑单体说明是否完全雷同、各专业说明是否齐全,特殊专业说明是否遗漏。另一方面要检查设计说明编制质量,是否有引用废止规范、图集、标准,设计说明中具体内容的针对性,工程概况等内容说明完整等。

（2）设计说明与图纸相符

重点检查设计说明中采用的技术方案、技术等级、材料标准等相应指标是否在图纸中得到体现,或出现图纸与设计说明不符现象。对不符之处与设计人员分析原因并予以纠正,保证设计说明与设计图纸的一致性。

（3）符合报批报建要求

初步设计除上报发改委审批外,还需要进行节能、消防等专项审查,要求初步设计说明中编制相应节能、消防设计专篇,专篇内容须符合申报要求。

7.3.3 施工图设计阶段管理

施工图阶段管理工作重难点及对策大纲如表 7.3-3 所示。

施工图阶段管理工作重难点及对策大纲 表 7.3-3

内容	对策
使用需求反复变化	施工图开始前二次征求使用部门意见
专业间设计界面错、漏	组织专业间条件确认，对界面专项检查
专业间位置、标高冲突	启用 BIM 技术，加强冲突碰撞检测
施工图与初步设计内容、标准变化	对比检查、分析原因
专业设计深度不满足规定	对照标准重点检查
管线综合排布不合理	启用 BIM 技术，加强冲突碰撞检测
引用废止规范、标准、图集	加强检查
报批报建进度难以控制	1. 提前准备相关资料 2. 校方加大协调力度

1. 使用需求反复变化

初步设计阶段需求论证不充分，在施工图设计阶段甚至施工阶段，使用部门往往会提出反复调整功能及平面布局要求，这会给施工图设计带来很大困扰，直接影响设计进度及工程投资。为避这种情形发生，将在施工图开始前先行就平面功能再次征求使用部门意见，最大限度将需求在施工图设计开始前落实。

2. 专业设计界面检查

项目中实训教室、实验室、展览展示空间等建筑涉及专业范围广，功能要求全。各专业设计需要相关专业提供设计条件，如智能化专业中楼宇控制则需要暖通、给水排水专业提供对应控制设备的点位数量、平面位置及监控需求；例如柴油发电机组、制冷机组等大型设备还需要建筑专业留足运输通道、结构专业满足荷载要求；装饰装修专业也需要和建筑、结构专业理清设计界面，避免专业之间出现缺漏或重复。施工图阶段将对各专业之间界面、设计条件作为管理重点。

3. 专业间交叉互审，防止冲突

工程各专业图纸要通过施工活动实施到位，形成最终建筑物。各专业实物是相互依托、相辅相成的关系。在施工图阶段，不仅要就单专业图纸质量进行审查，还要对与其相关专业进行交叉互审，以免出现工程施工期间位置冲突、标高冲突、空间不足等无法实施的现象，如对于给排水专业施工图设计文件审查，在审查设计文件深度符合要求，内容是否齐全、清楚、有无遗漏或差错，平面图、立面图、透视图是否一致等的基础上，还应审查埋地管道的埋置深度、形式，与建筑物基础、道路及其他管线的水平净距和交叉净距是否符合要求，与各专业核对线路布置、走向等有无矛盾或影响安全的地方，管道穿越地下室、水池等构筑物墙、地面及穿越伸缩缝、沉降缝，土建结构中是否预留孔洞，设计是否采取了可靠的防水措施或技术措施等。

4. 施工图与初步设计发生重大变化

因初步设计阶段考虑不周或外部条件发生变化，施工图设计阶段就某些技术方案、材料选用、结构形式等较初步设计文件发生重大变化，进而带来投资变化。此时要认真复核变化原因、因变化带来的投资变化调整情况，充分论证变化的科学性、可行性及经济性，并根据情况适时上报发改委等有关主管部门备案。

5. 部分专业设计深度不满足

工程中智能化、幕墙、室内装饰装修等专业经常出现施工图设计深度不满足要求的现象。不满足设计深度情形代表性问题如下：① 末端设备定位及管线走向不准确、仅有示意图；② 智能化机房内设备无定位尺寸；③ 智能化机房用电量需求不明确；④ 幕墙安装节点做法不明确；⑤ 幕墙与结构定位及连接不清晰；⑥ 室内装饰装修仅有材料名称及尺寸，节点做法不详、无平面排版图、无设备定位尺寸图等。此阶段审查图纸将上述类似专业容易出现问题作为检查重点。

6. 管线综合排布不合理

管线综合排布是公共建筑的难点之一。管线排布不合理会导致浪费材料、挤压空间、不利于施工及后期维护等负面影响。本项目综合楼、教学楼及地下室等公共空间管线综合排布将是施工图阶段工作难点。采用 BIM 技术启动管线排布将会有效解决上述困扰。

7. 标准、规范、图集的适用性及时效性

标准、图集、规范作为设计依据，编制发行部门会根据技术发展适时更新标准，某些地方也会根据当地气候、水文、材料等因素发布当地地方标准。设计院在设计阶段要注意相关标准引用，一方面要有针对性，即所引用的标准等文件适用当地要求及项目要求，另一方面注意时效性，避免引用过期标准、规范。

8. 核查各方审图意见落实情况

通过前期全过程工程咨询单位以及审图机构、造价公司、报建主管单位审查，形成的大量审图意见会反馈到审计院，上述意见是否能够得到有效执行是反映最终施工图质量的关键环节，全过程工程咨询单位将针对上述单位审查意见建立跟踪反馈机制，对合理意见逐项落实，不合理意见也给提出单位予以回复。

7.3.4　施工期间设计管理

1. 图纸管理

为保证图纸管理口径一致，所有设计图纸及变更全部经建设单位授权由全过程工程咨询单位统一收发、归档，保证所有参建单位获取的设计文件同步、同版，避免图纸混乱造成现场施工与设计不能有效衔接。所有蓝图均保证由设计院提供，严格禁止施工单位私自晒图。

2. 设计交底

工程咨询单位监理部和施工单位进场后，应第一时间组织相关专业设计师对各自专业设计图纸进行详细交底，以利于监理工程师和施工单位技术人员快速准确理解设计意图，合理组织专业人员审查图纸，必要时可分阶段多次进行设计交底。

3. 图纸会审

正式施工前，工程咨询单位组织施工单位进行图纸会审，图纸会审要打破常规思路，一方面要充分调动施工单位审图的积极性，充分审图；另一方面要调动造价咨询单位、工程咨询单位管理工程师参与图纸会审，多方位、多角度审核图纸，保证图纸会审质量和成效。

4. 设计变更

严格控制设计变更提出和审批程序，对任何设计变更都要求提出设计变更的同时，说明变更原因、对相关专业影响、变更预算、是否会发生连锁签证及其费用等，全过程工程咨询单位组织初步审核评估并提出意见上报建设单位审定。杜绝先施工后补手续。

5. 驻场代表

本项目规模大，部分建筑技术复杂，在设计招标阶段明确设计驻场团队并写入合同条款。施工期间，严格按照合同并根据现场需要落实设计驻场团队人员数量及人员水平，要求驻场人员能够切实提供现场技术支持服务。

7.3.5 竣工验收阶段设计管理

1. 竣工图编制及审核

竣工图一般采用施工图加变更标注方式，由施工单位负责。如果施工期间部分图纸出现设计变更量较大，不宜用施工图作为竣工图时，则需要重新绘制竣工图。重新绘制竣工图由施工单位负责，工程咨询单位监理部负责对施工单位重新出具的竣工图进行审核。因施工单位没有出图资质，仍需要设计院对该图纸加盖出图章并会签，设计院因没有审核竣工图的义务，一般情况下不愿意加盖竣工图章。上述情形，建议一方面施工单位要认真如实绘制竣工图，另一方面监理公司要严格审查竣工图，确保竣工图纸质量，让设计院放心；同时建议在招标阶段进行约定以免后期协调困难。

2. 竣工验收

设计工作的最后环节是竣工验收，设计单位要在竣工验收记录单签字盖章。施工期间有些施工内容在满足规范及使用功能情况下并不能保证完全按照施工图施工，很多情况可能影响设计效果。设计单位参加验收人员会借故不予签字，导致工程验收不能顺利推进。此时需要建设单位发挥协调作用并采取一定经济措施，保证竣工验收工作顺利推进。

7.4　项目设计管理的工作体会

（1）应该在全国范围内优选专业设计单位，建设单位需对专业设计分包单位严格把控、精心筛选，保证选择优秀设计分包团队，给予合理设计费，提升专业设计质量，改变以往由设计总承包单方面主导选择设计分包单位，导致分包单位设计费低、设计质量差的不利局面。

（2）针对实验工艺、体育工艺、舞台工艺、厨房工艺等专项设计，一方面利用公司在上述领域国内领先地位，通过公司自有的医疗研究中心、剧场研究中心、体育研究中心、酒店研究中心等研究中心组织研讨会、专题会，研究解决重点工艺问题；另一方面聘请国内知名专家团队，对各阶段设计文件进行指导、把控，组织专家论证，确保工艺设计合理性、先进性。

（3）协调使用单位组建新校区建设专门协调机构，落实各阶段需求管理，在设计阶段充分论证项目需求，最大程度将使用需求在设计阶段解决，避免施工期间或试用期间出现重大变更。

（4）组织设计团队到中山大学原有校区开展阶段性生活体验，实地感受中山大学文化，近距离观察体验师生教学习惯、学习习惯、生活习惯，设计出更好的作品。

（5）组织设计品质提升竞赛，针对项目设计单位多、设计技术难点多的特点，组织各家设计院定期参加设计品质提升竞赛，由管理公司负责提出竞赛内容、要求并制定奖励办法，推出更加合理、可行、经济的设计内容。

（6）推行全方位覆盖、全生命周期 BIM 应用。以往 BIM 技术应用局限于设计阶段或施工阶段，应用于建筑单体较多。为最大限度发挥 BIM 技术的应用优势，建议推行全方位覆盖、全生命周期的 BIM 应用，即将用地范围内所有设计内容统一进行 BIM 建模、管理，提升设计管理水平，BIM 应用实行全生命周期一体化建模管理，即设计阶段、施工阶段、使用阶段统一采用一个平台建模，统一设计、指导施工、利于维护，避免以往设计与施工分开建模，试用阶段无法使用的局面。

（7）对现状用地范围内树木进行摸底调查，按不同树种、胸径、冠幅、坐标分类登记，以便于园区景观设计加以考虑，充分利用现有树木并进行适当整合。

（8）敦促设计充分利用地形，在园区内规划景观河道与现有河流贯通，一是有利于山体雨水有组织排放，防止内涝，二是将水景引入园区，提升了学校景观效果。

第8章　招标采购管理

8.1　招标采购管理目标

8.1.1　招标采购管理工作总目标

通过科学策划，精心组织和严格控制招标采购程序，协调内部各职能部门、设计单位、造价咨询单位协作，择优选择勘察、设计、施工和材料、设备供货单位；在进度上满足相关单位进场开展专项设计、技术服务、施工、材料设备采购的需求，在质量上要求合法合规、内容完整全面、工作界面清楚、风险约定明确、权利义务明晰，全面配合实现项目总体的质量、进度、投资等目标。

8.1.2　招标采购方案策划

（1）根据委托人现行采购制度和模式，一是为在委托人战略合作伙伴中按规定程序选定技术服务、专业施工单位、供货单位；二是为在批量招标的预选承包商中按规定的程序选定技术服务、专业施工单位、供货单位；三是通过公开招标程序引入施工总承包单位等。

（2）方案设计、施工图设计、全过程工程咨询已由委托人完成采购，不纳入招标策划内容，其他技术服务类采购结合项目技术服务类需求、委托人批量采购名录、战略合作单位的因素配合推进。鉴于项目单体多、占地广、建筑形式多、投资巨大的特点，施工总承包的发包应划分若干标段，标段划分原则上结合片区集中、工程量适中、施工难度大致相同的原则，且对应设计标段，从管理上避免交叉、设计协调上简化难度。

（3）招标时间以保障技术服务单位开展服务、工程施工总控进度为基础，结合对应单位进场需开展深化设计的时间、排产时间、进场准备时间等，原则上技术服务类采购应相关服务开展前30天完成，施工类采购应在相关施工前30～60天完成（如表8.1所示），特殊情况下应通过招标要求另行约定，减少因进场准备工作不足带来的风险。

8.2　招标采购管理工作特点

本工程属于政府投资工程，是要建设一所包含多学科、多专业、多元素的综合型大学校园，一期建筑面积多达127万 m^2，建筑周期约三年，可以说工期十分紧张、建设内容非常多。因此，本工程招标采购管理工作具有以下特点：

表 8.1

施工招标方案表

序号	招标项目	招标范围	招标内容	图纸情况	投资估算	定标方式	招标模式	招标完成时间
1	土石方 I 标	建筑基底清除，局部清表	建筑基地清理、清表、建筑垃圾转运	无	1400 万元	票选抽签	工程量清单	2017.9
2	设计施工总承包 I 标	东西区学生宿舍、食堂、东区边坡、建筑面积 36 万平方米，边坡面积约 2.5 万平方米	1. 房屋建筑工程包含地基与基础（除防水工程）、主体结构、室内外装饰装修、屋面、给水排水、通风与空调、建筑电气、建筑节能。 2. 东区边坡土石方及边坡支护。 3. 建设单位临时设施	计划 2017.11.15 前完成初步设计	17 亿元	资格后审定性评审票决抽签	EPC，清单计价＋平方米包干	2018.3
3	施工总承包 II 标	1. 图书馆、医科组团、西区公共教学组团，建筑面积 42 万平方米； 2. 对应用地红线范围以内及西区生活区的室外配套工程	1. 房屋建筑工程包含地基与基础（除防水工程）、主体结构、普通装修、建筑幕墙、屋面、给水排水、通风与空调、建筑电气、建筑节能	计划 2018.5 出具施工图	25 亿元	资格后审定性评审票决抽签	工程量清单计价	2018.10
4	施工总承包 III 标	1. 综合服务楼、理工科组团 1-4、东区教学组团、国际学术交流中心、大礼堂、体育馆、校门诊，建筑面积 51 万平方米； 2. 对应用地红线范围以内及东区生活区范围的室外配套工程	1. 室外工程包含道路、边坡（土石方、挡土墙、支护工程）、附属建筑（车棚、挡土墙、场地平整、综合管廊、人防走廊、树木迁移	计划 2018.5 出具施工图	35 亿元	资格后审定性评审票决抽签	工程量清单计价	2018.10
5	二次装修平行发包总包管理	图书馆、大礼堂、综合服务大楼、国际学术交流中心及教学组团约 50 万平方米，定八个标段	重要公共区域二次装修及配套的水电安装工程	2019.8 ~ 2020.4	12 亿元	资格后审定性评审票决抽签	施工图＋工程量清单	2019.12 ~ 2020.6
6	实验室工艺平行发包总包管理	动物房、医科组团实验室、理工科组团实验室，两个标段	4 个标段	2020.3 ~ 2020.7	13 亿元	资格后审定性评审票决抽签	工程量清单＋部分总价包干	2020.5 ~ 2020.9
7	园林绿化平行发包总包管理	用地红线范围内的室外绿化	室外绿化工程	2019.11 完成施工图	2.6 亿元	资格后审定性评审票决抽签	施工图＋工程量清单	2020.2
8	电梯供货安装	全部电梯，三个标段	电梯设备供货、安装	2017.11.15 前完成初设	1.5 亿元	—	委托战略合作单位	2017.11
9	防水工程	全部地下室、管廊、屋面	地下室、屋面等防水材料供货、防水施工	2017.11.15 完成初设	0.8 亿元	—	委托战略合作单位	2017.12
10	人防工程	全部人防区域	人防设备供货、安装	2018.1 完成施工图	0.5 亿元	—	委托战略合作单位	2017.12
11	货物	全部电力电缆	电缆供货	2018.1 完成施工图	1.5 亿元	—	委托战略合作单位	根据进度

（1）本工程招标标的范围广、体量大。本工程招标范围涵盖了40多万 m^2 的四大学科组团、60万 m^2 的公共建筑、另外还有25万 m^2 的地下室及架空走廊等，建筑单体非常多，招标工作体量不言而喻。

（2）招标涉及领域多，专业性强。本工程是综合型大学校园，招标工作涉及很多专业领域，比如公共建筑中有涉及体育工艺、舞台工艺、图书展陈等，四大学科组团中有涉及医疗工艺、各类试验台、洁净区等，这些内容专业性都比较强。

（3）考虑到本工程为政府投资，招标采购工作必须遵照《深圳经济特区建设工程施工招标投标条例》（以下简称《条例》）和有关法律法规执行，对于达到招标规模要求的，招标方式必须采用公开招标，采购方式视采购工作内容而定。

（4）招标工作周期，包括招标公告（含预审文件公告）时间、投标截止时间、公示时间等必须按照条例要求的时间设置。

（5）所有招投标工作均须按条例要求的流程办理，并采用电子招投标形式。

（6）社会关注度高。本工程总投资超过100亿元，投资额巨大。社会各界对此十分关注，尤其建筑领域的各个知名企业对本工程更是特别关注。

8.3　招标采购管理工作难点

针对上述招标采购管理工作的特点分析，本工程招标采购管理工作具有以下难点：

（1）前期招标策划难度大。本工程招标策划阶段制定的招标计划、标段划分等与整个项目的建设目标息息相关。如何制定合理的招标计划，使得进度目标得以完成；如何合理划分标段，使得各承包单位、供货单位顺利衔接；在工程前期阶段来说，确实难度很大。

（2）招标工作量庞大。由于超大规模的建设体量，为了能满足总工期目标，招标标段划分势必会较多，同时包含了咨询服务、施工总承包、专业承包、设备材料供货等各类型招标工作达到数十项，工作量十分庞大。

（3）工期目标紧使得招标周期压力大。本工程建设工期目标为三年，可以说工期十分紧张。为了实现工期目标，招标工作更要往前赶，争取在前期阶段早日完成关键的招标工作，使得技术服务单位配合完成报批报建、承包单位能够早日进场开始动工、设备材料供货单位能够及时供应相应设备材料。

（4）部分专业工程或设备材料在前期招标时，造价很难明确。由于建设体量大，工期紧，设计周期也十分紧张，导致施工图设计难免会有部分专业工程或设备材料设计的不够深入或者不详细。因此，招标时这部分内容的造价很难明确，可能会有大量暂估价的存在。

（5）招标工作过程中协调工作难度大。在后续各项招标工作开展过程中，会涉及各个参建单位，如建设单位、项目管理单位、招标代理单位、造价咨询单位、设计单位、顾问单位、施工总承包单位等，关键工作岗位的人员众多，招标工作时各项组织协调工作难度很大。

8.4 招标采购管理工作的主要风险

（1）进度管理方面的风险。招标采购管理工作如果未能按照招标采购计划实施，产生滞后现象，便会影响项目的实际开工时间，从而影响到整个项目的进度。同时，若招标阶段出现意外的流标现象或投诉现象，往往也会影响到招标工作不能按时完成，进而影响到整个项目的进度。

（2）质量安全管理方面的风险。招标工作的最终目的是选择优秀的承包单位，来建设本工程或者为本工程提供服务。如若招标阶段工作不到位，招标文件设置有缺陷，导致最后中标的单位不能完全胜任本工程，那么质量安全方面就会存在较大的风险。

（3）投资控制方面的风险。招标阶段常常会因为各方面原因，导致招标工程量清单错漏项，后续招标结束后，承包单位便会以此作为索赔理由，提出各种费用索赔等，使得投资控制的风险加大，甚至可能突破原投资额。

（4）合同方面的风险。招标文件编制阶段，若在承包人义务、合同支付、违约责任等条款方面出现不全面或者疏忽之处，后续实施阶段，承包人会利用相应的漏洞，导致履约不到位或者合同超付等风险。

8.5 招标采购管理方案策划

本工程实行项目管理后，通过全过程工程咨询单位的科学策划，精心组织和严格管理招标采购工作，择优选择勘察、设计、施工和材料设备供货单位，保证参建单位及参建人员的质量，从而确保实现项目总体建设目标，同时，通过全过程工程咨询单位的协调组织，保证招标采购工作关联单位如招标代理机构、建设单位、设计院、造价咨询单位等保持及时良好的沟通与联系，将大大有利于项目招标采购工作的开展。

8.5.1 招标采购工作内容及分解

根据参与项目建设各实施方的组织结构，确定项目招标采购包件内容，招标采购包件宜按工作量、专业内容进行分解，确定项目各招标采购包件之间的工作范围，工作内容及工期的相互衔接；招标方案策划详见 8.1 节。

8.5.2 确定招标采购主体

一般服务类包件（如工程咨询、勘察设计、监理、造价咨询等）以及市政配套单位的采购主体为建设单位。主要材料设备以及一些专业分包（如桩基工程、幕墙工程、智能化工程等）的采购主体可以是建设单位，也可以是总包施工单位，也可以是总包施工单位和建设单位联合采购。如图 8.5 所示。

```
                          ┌──────────┐
                          │  采购主体  │
                          └──────────┘
                    ┌───────────┴───────────┐
              ┌─────────┐              ┌──────────┐
              │  业主   │              │ 总承包单位 │
              └─────────┘              └──────────┘
     ┌────┬────┬────┬────┬────┐      ┌────┬────┐
```

市政配套单位	服务类包件	施工总包	甲供材料设备	专业分包	专业分包	材料设备

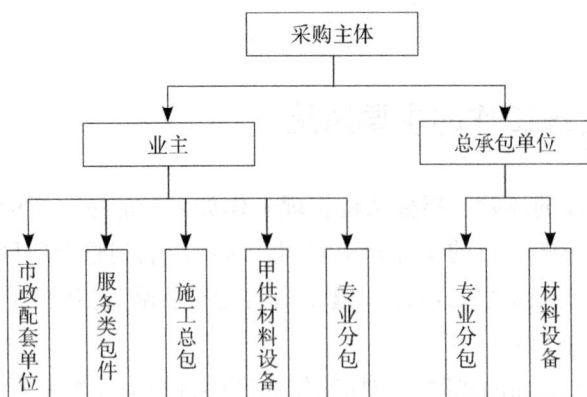

图 8.5 招标采购主体

8.5.3 招标采购基本工作程序

（1）全过程工程咨询单位项目部正式成立进场后，招采合约部负责及时搜集项目前期所有的立项文件，当地政府主管部门有关招标投标的政策文件、会议纪要等，完成地方招标投标文件汇编，组织招标管理工程师及时学习掌握，同时了解建设单位关于项目招标的想法，在此基础上及时编制针对性的招标采购管理实施细则。

（2）在项目策划阶段，招采合约部应根据项目工程施工总体进度计划，编制招标采购工作的总控计划，同时就每个招标项目对应所需的设计文件出具时间、清单编制完成时间向设计管理部、造价咨询部作清晰交底，以便其他部门配合招标做好相应出图及清单编制工作。

（3）全过程工程咨询招采合约部在总控计划的前提下，根据项目的特点，编制较详细的招标采购具体工作计划。包括勘察、专项施工图设计、施工各招标工作的持续时间，施工标段的划分，总承包的范围，总分包的界面划分，招标方式的确定，材料设备的供货及采购方式，计价模式的确定，以及招标可能存在的风险预估（如某些较特殊的专业工程可能一次招标不能成功，要做好应对办法）。

（4）招标采购工作计划经项目经理审核同意后上报建设单位审批，经建设单位审批确认后实施，实施期间，招标月度工作计划、周工作计划均应围绕招标采购总控计划进行，当因种种因素导致原计划不能实现时，招标采购部应随工程实际进展动态调整修正总控计划。

（5）围绕招标采购管理工作计划，全过程工程咨询单位负责针对每个具体的招标任务在拟正式启动前组织建设单位分管人员召开招标准备会，就具体招标范围、标段划分、招标方式、招标日期、投标人资质条件、投标人资质审查办法、评标办法、定标办法等招标文件实质性内容及招标项目具体要求组织造价咨询单位及建设单位进行商讨、明确。

（6）根据招标准备会确定的该项招标的具体要求，招标合约部及时按要求完成招标文件初稿的编制。

（7）招标文件（包含清单等）的具体编制由招标合约部（工程量清单随项目合同约定可能由造价咨询单位负责）负责进行，针对招标文件中需明确的质量及技术要求，材料、设备的品牌、品种、规格、型号、数量、单价、质量等级等相关信息等，招标合约部应组织设计单位围绕设计文件及建设单位的要求进行编制，确保招标文件的针对性。

（8）招标合约部应组织设计单位与造价咨询单位做好配合，应落实清单编制单位在《清单及预算编制总说明》中清晰交代招标工程量清单及招标控制价编制的依据设计文件以及对应的招标范围、界面划分等，以确保招标文件有关招标范围及招标内容的描述与工程量清单一致，同时避免在项目后期实施过程中，因招标范围或依据文件不清晰导致争议，增加实施期间的管理工作量。

（9）招标文件初稿并自审合格后，应组织相关各方审查，招标合约部负责同步转发招标文件初稿至建设单位、造价咨询单位、法律顾问及建设单位指定的其他审核单位，组织以上几方在报审表中约定的定稿时间内完成审核，审核意见及时反馈至招标合约部，以便招标合约及时召开招标文件定稿会。

①法律顾问主要负责审查招标文件中有关甲乙方的权利、义务、违约责任等合同条款内容。

②造价咨询单位主要负责审查招标文件中有关报价规则、报价说明、工程量清单及拦标价等投资控制内容与其编制的清单、标底等是否吻合。

③其他职能部门作部门符合性审查。

④建设单位全面审查。

（10）招标合约部负责按约定时间组织法律顾问、造价咨询单位、建设单位按时召开招标文件定稿会，针对各方审核意见，组织各方进行商讨、明确，根据会议最终达成的一致意见，形成定稿会会议纪要并据此及时完成招标文件的修改、完善，形成招标文件初步定稿。

（11）初步定稿的招标文件电子版报建设单位再次审查、复核无误后完成出版、装订成册、签署、盖章，并及时上报建设单位完成定稿会签，经各方会签的招标文件反馈各参与会签的单位各一份留存/备案。

（12）招标合约部负责及时启动正式招标工作，及时完成招标信息的发布，招标、评标的组织和服务工作、投诉处理以及招标档案归集、整理、备案、移交等。

（13）招标合约部按照建设单位授权组织开标、评标、清标、定标、公示等招投标程序。

中标候选人在公示期间未发现不良行为者即为中标人，公示结束后办理相关中标手续，组织合同澄清及合同签订。

8.5.4　招标工作质量管理

1. 围绕招标项目潜在投标人及市场实际状况作好针对性市场调研，避免因资质资格设置不合理导致流标或潜在优秀投标人被排斥在外的情况出现。

2. 招标文件质量的控制

招标文件的内容应完整且具针对性，应保证投标人充分掌握本次招标的有关规则，正确参与投标，文件编制人员应在编制期间充分了解建设单位关于本次招标的要求，充分熟悉图纸、设计文件的要求，应就招标项目实施阶段可能涉及的有关风险充分预测，就具体责任划分在招标文件中给予明确界定，就本次投标的报价规则、范围等作清晰交代，务必保证招标文件中商务部分如工程量清单、招标控制价等内容与招标文件中技术要求、技术标准部分均协调一致。招标文件编制及审核重点包括但不限于以下内容：

（1）项目名称、建设地点（交验地点）、建设规模、承包方式、工期要求（供货期限或完成时限）。

（2）招标范围、招标界面划分、投标人资质等级要求、投标有效期、投标保证金数额。

（3）投标文件接收单位名称及地址、投标截止时间、开标时间及地点。

（4）履约担保的形式及金额。

（5）招标代理单位、代建单位名称及地址、联系人、电话、传真。

（6）评定标办法及标准。

（7）合同条款及格式。

（8）工程量清单（含编制说明）。

（9）招标控制价。

（10）图纸。

（11）质量、技术标准和要求。

（12）商务标投标文件格式。

（13）技术标投标文件格式。

（14）本次招标可能涉及的风险责任划分及违约责任约定。

（15）其他有利于促进合同履行、有利于建设单位实施阶段落实各项管理工作的相关约定等。

3. 招标控制价的审核

（1）招标控制价必须根据国家或省市、行业建设主管部门颁发的有关计价依据和办法，依据设计施工图纸及招标文件中具体技术要求、质量标准约定等针对性编制。

（2）招标控制价由造价咨询单位负责编制并报管理公司、建设单位完成逐级审查确认。

（3）招标控制价不得超出投资控制额和已批准的设计概算，招标控制价超过批准的设计概算时，应报设计概算审批部门办理审批。

（4）投标人的投标价不得高于招标控制价，投标人投标价高于招标控制价的应予拒绝。

（5）招标控制价应在规定时间内对所有投标人公布，原则上应在开标日期提前至少 5 日公示并公布。

（6）招标控制价中的特殊取费及费率问题必须符合当地建设主管部门颁发文件要求。

（7）仔细审核招标控制价，检查工程量清单有无漏项、价格有无严重不符合实际。

（8）招标文件中要求的主要材料品牌、规格尽量详细，避免工程施工过程中中标人以此为由来争议价格或者材料的好坏。

4. 严格遵循定标原则与程序

（1）中标人确定后，由代理单位报当地有关招投标管理部门及监督行政部门审批或备案。

（2）经审批或备案确认后，由招标代理单位办理中标公示，接受社会监督。

8.5.5　招标工作进度管理

（1）招标工作进度安排应根据《深圳经济特区建设工程施工招标投标条例》及 73 号文规定的法定时间实施关键时间控制。

（2）上述招标工作持续时间还未包括开始招标前的准备工作时间，如编制招标文件的时间、编制工程量清单及预算的时间、招标文件修改及定稿时间等。另外，还不包含定标时间，并且定标时间往往会持续较长一段时间。因此在项目策划阶段，全过程工程咨询单位（招标合约部）在制定招标工作计划时应对此充分考虑。

（3）为保障工程施工进度，在制定招标工作计划时，需严格围绕工程施工计划确定需招标进场的货物或施工单位最迟进场时间，结合招标及合同谈判签署所需时间、货物排产所需时间、施工单位进场准备所需时间等确定最迟确定中标单位时间，依据招标流程及时间规定，明确每项招标最迟开始时间及最迟结束时间，同时时间允许的情况下，尚需适当考虑可能流标等不确定性因素的影响，据此编制招标总进度计划。

（4）在招标总进度计划确定后，应逐项清理每项招标所需的设计文件、工程量清单，提前与设计管理部沟通，落实招标配套图纸能按时出具，与造价管理部沟通，落实工程量清单能按时出具，避免因招标图纸或清单影响招标工作进度，同时就招标文件中所需的技术要求、招标界面的具体划分、现场现状条件类图纸的绘制等工作组织专业工程师按时落实。

（5）在每个招标项目启动前，全过程工程咨询单位（招标合约部）应及时落实招标代理单位作针对性市场调研，就每个招标项目的重点、要求组织建设单位进行商讨研究，对招标文件编制重点给予明确，以促进招标文件初稿的质量，避免文件质量不高影响招标工作进度。

（6）在招标文件初稿提交后，全过程工程咨询单位（招标合约部）应及时组织各招标文件审查单位在规定时间内完成招标文件审查并书面反馈审查意见，及时组织过程定稿会，落实招标代理单位依据定稿会意见按时完成招标文件的调整及完善，及时组织招标文件向建设单位主管领导汇报并最终定稿。

（7）在招标进展的每个环节，全过程工程咨询单位（招标合约部）应加强与招标代理单位的沟通与联系，跟踪检查进度是否存在异常，针对出现的异常情况协助代理单位及建设单位及时解决，保障招标进度正常。

8.6　招标采购管理体会

（1）招标合约部应注意建设单位关于招标采购的制度、流程及规定，同时还应注意深圳市招投标法规的特殊性，所以，招标合约部前期工作重点之一应放在建设单位制度、流程等要求，以及深圳市招投标法规，电子化招标运用等方面资料、信息收集工作，并应组织全员宣贯学习。

（2）鉴于项目的独特性，可以考虑以大总包的发承包方式以吸引实力强、业绩好、优秀施工项目管理团队的大型施工企业参与竞争。

（3）特殊工艺的专业工程可以采用设计施工一体化的招标模式。比如医学组团中净化工程的招标可以采用设计施工一体化的招标模式，大礼堂中舞台机械灯光音响等也可以采用设计施工一体化的招标模式。因为，这些特殊工艺的专业工程往往施工单位比设计单位更加专业，设计的图纸更加全面更加适用，所以类似工程可以采用设计施工一体化的招标模式。

（4）重视标段界面管理，在平面上应避免交通干扰，在竖向上应考虑防汛排水，在时间上应考虑搭接有序，在工序上应考虑施工组织和专业工程特性。

第9章 进度控制

进度控制的工作内容归纳起来包括以下六个方面：

（1）确定进度管理总体目标及节点目标，编制项目进度计划及控制措施，细化设计进度计划、招投标进度计划、前期工作进度计划、现场施工进度计划等，分析影响进度的主要因素，对进度计划的实施进行检查和调整。

（2）定期收集数据，预测施工进度的发展趋势，实行进度控制。进度控制的周期应根据计划的内容和管理目的来确定。

（3）定期组织召开进度协调或调度会，参会人员以各参建单位公司级领导和项目负责人为主，核查上阶段进度进展，计划完成情况，存在问题，后续采取措施，下一步计划等。

（4）随时掌握各建设过程持续时间的变化情况以及设计变更等引起的前期手续的变化或施工内容的增减，现场施工内部条件与外部条件的变化等，及时分析研究，采取相应措施。

（5）加强进度过程检查和纠偏，落实进度动态控制，基于中山大学·深圳建设工程项目工程进度控制工作的重要性，监理部在完成总包的总体工程进度计划审核的基础上，及时审查总包的计划实施质量，审查进度执行情况，及时落实进度纠偏措施，确保工程进度满足总工期要求。

（6）计划节点工序完成后，应及时组织验收，处理工程索赔，工程进度资料整理、归类、编目和建档等。

9.1 进度控制的目标

9.1.1 进度控制总目标

中山大学·深圳建设工程项目进度控制总目标为：确保本工程按期竣工。本工程计划开竣工日期为 2017 年 9 月 28 日起至 2021 年 6 月 30 日止。具体节点控制内容为：2017 年 11 月完成初步设计；2018 年 5 月完成施工图设计；2018 年 1 月完成场地平整，2019 年 5 月完成边坡支护及桩基础，2020 年 6 月第一批交付，2021 年 6 月第二批交付。

9.1.2 进度控制目标分解

全过程工程咨询依据中山大学·深圳建设工程项目工程实际情况，编制总控制性计划，详见表 5.6 项目总控制计划表。

9.2　进度控制的难点

进度计划的编制和实施是一个动态控制的过程，中山大学·深圳建设工程项目工程工程量大，工期紧，在施工进度控制过程中，主要的工程难点包括以下方面。

9.2.1　前期工作是难点

中山大学·深圳建设工程项目工程项目尚需要大量的前期工作，方能顺利实现在 2017 年 9 月开始场平施工的进度计划，主要包括了拆迁量大、前期手续烦琐、场地平整量大等困难。

中山大学·深圳建设工程项目工程项目用地拆迁量大，现场大量建筑尚未拆迁，涉及居民及企业多，目前勘察进场已受阻，影响地质勘查作业，不能及时提供水文、地质真实资料，影响到设计进度及质量，拆迁难度大。项目部应针对性提出建议，协助建设单位进行协调，尤其对沿公常路一侧现存大量建筑物等重点部位加快拆迁进度，为下一步的初设、施工图设计、场地平整、桩基施工等工序提供条件。

中山大学·深圳建设工程项目工程项目要确保 2017 年 9 月进行场平施工，在设计方案阶段就应采取非常措施，争取场平先行。为保证场平先行施工，场平所需施工图等内容最晚应在 2017 年 7 月底即先行完成，方可顺利开展下一步场平等施工单位的招标工作，因此，需尽快完成场平范围内边坡勘察作业，为出图提供条件。

中山大学·深圳建设工程项目工程项目场地内有山林、河道，呈现一山矗立、七丘拱卫地形特点，山地开发，可以有效节约耕地面积，由于坡地特有的高低落差明显的特质，可以使校区的建筑获得高低起伏，错落有致的变化，形成一种动态的建筑美感。相对于平地建筑，山地建筑施工中涉及土石方、挡土墙、坡地的道路及管网布置工程量大，影响其工程成本的同时也对施工进度管理增加了难度。因此在设计管理中，一定要加强节约用地原则，建筑外形设计一定要加强对山势与地势的运用，尽可能减少填土量与挖土量，加强对山地山势地势的应用。

9.2.2　设计管理是控制进度的难点

中山大学·深圳建设工程项目工程项目设计分为 3 个标段，校区要保证相对统一的风格，在材料、设备、色彩等标准选定需要在前期就有统一的策划，项目设计管理负责人应编制项目设计总控制性工作进度计划，进度计划经讨论报建设单位审批后执行。过程中充分及时地协调，避免因后续的调整、返工等导致施工进度的滞后。

在前期工作过程中，根据关键控制点检查实际进度，并与计划进度进行比较，以确定实际进度是否出现偏差。当实际进度与计划进度相比出现滞后时，分析产生偏差的原因，如设计等技术服务进度滞后，督促相关单位采取切实可行的措施消除偏差。

如审批环节出现问题，需与审批部门沟通解释，并及时应向处领导及分管署领导汇报，督促设计等相关服务单位积极与审批部门沟通解释，及时解决技术层面的问题。

加强对设计等技术服务单位的监督管理，对于因组织不力、管理混乱、投入不足等导致进度缓慢的单位，应及时提出批评、警告，情节严重的应根据合同及相关规定给予记不良行为记录等处罚，并作为履约评价的依据之一。

深化设计进度对现场进度的影响同样至关重要，尤其中山大学·深圳建设工程项目工程各专业设计和深化设计众多，如稍有不慎，停工待图将直接影响现场进度，为此，协助建设单位制定各专业出图计划，督促设计进度，对保障现场施工进度意义重大。

9.2.3　招标采购是进度控制难点，也是关键点

招标采购进度是制约中山大学·深圳建设工程项目工程现场工程进度的重要环节，是否能为施工预留出充分的准备时间，是否能在前期工序中保证后续施工的预留预埋，都会直接影响到现场进度。特别在主体结束后的装饰装修、安装施工阶段，材料种类繁多，中山大学·深圳建设工程项目工程后期又存在大量类似实验设备、厨房设备等特殊设备的采购，可供选择的品牌型号众多，往往招标采购工作的拖延使现场工程进度滞后，因此这是全过程工程咨询将协助建设单位落实进度控制的另一难点。全过程工程咨询将第一时间编制设计、咨询、施工、材料设备等招投标计划，结合设计进度、现场实施进度组织相应的招投标工作，并提前提交建设单位相关甲供设备进场时间要求、甲定分包进场时间要求、甲定材料进场时间要求、需建设单位解决的制约进度的相关事项等，真正实现通过项目经理的组织，实现建设单位与设计单位、各参建施工、供货等单位步调一致，目标一致。

9.2.4　协调各参建单位是进度管理难点

中山大学·深圳建设工程项目工程建设过程中，全过程工程咨询单位面对参建单位众多，关系庞杂，管理协调工作量大，主要包括项目建设单位、校方使用单位、设计单位、总包单位、各方的咨询顾问单位等，仅设计单位就包括各标段的方案、初设设计单位，施工图设计单位以及幕墙、智能化、体育、舞台工艺等专项设计单位。

根据类似工程估算，中山大学·深圳建设工程项目工程在施工阶段计划划分为 6个标段，会有多家总包单位，总包又有下属的自行发包、平行发包、甲供材料设备供应商等，进度管理环环相扣，牵一发而动全身，如果有某方面未考虑周全，因为某一节点未承接顺畅，就可能影响到该专项工程进度，进而影响到其他的工程进度，甚至引起总进度的滞后。如在招标过程中，未在合同中约定总包、分包之间的界面，就可能引起后续施工中的扯皮。

因此，建立完善的沟通协调制度，明确参建各方组织机构，通过工地例会、微信群、办公平台、项目管理及监理指令等方式，保证界面清晰、协同作战，目标一致，减少内耗，责任到人，保证项目建设总进度。

9.2.5　现场施工的进度管理难点

中山大学·深圳建设工程项目工程的单体多、面积大，后期的交叉工序多，进度控制必然存在着很多变数，进度控制技术要求高，在实施过程中必须不断地根据实际情况的发展进行总体进度计划的修订。而编制进度计划的难点在合理考虑工序衔接、工作面搭接、资源合理配置：

（1）中山大学·深圳建设工程项目工程地下室建筑面积大，土方开挖量大，在地下室的土方开挖与地下室底板施工，基础与主体结构施工合理进行分段搭接施工；如：地下室结构完成后在具备拆除墙体侧模板条件下，抓紧组织地下室外墙模板及脚手架体拆除，进行地下室外墙防水及保护层施工，跟进基坑回填工作，并同期进行地下室模板、支撑架体拆除、清理工作，在验收合格后插入地下室二次结构施工，分区分阶段开展机电设备安装及粗精装修工作。

（2）根据类似工程管理经验，中山大学·深圳建设工程项目工程中的体育馆、游泳馆等大型建筑很可能有大跨度的钢结构屋面，各部位钢结构合理安排工作面，同步进行安装是进度控制的保障；屋盖钢结构的安装，结构吊装量大，为屋盖结构施工的重点，在总体部署中，应预先考虑屋盖钢结构堆放、拼装、吊装场地，如有必要可暂停屋盖侧面的部分主体结构施工，待屋盖钢结构吊装施工完成后再行继续。

（3）在各区块相继完成屋盖钢结构施工后插入金属屋面工程。金属屋面工程应考虑材料堆放、运输需要，按照施工主线各单体主体结构完成后及时组织，尽早为各段精装修创造楼内封闭，为精装修面层工序的开展创造条件。

类似工作的有效搭接安排，能有效缩短绝对工期，应作为进度控制重难点加以重视，合理安排施工组织。

9.2.6　专项验收工作的组织难点

根据类似工程设计经验，中山大学·深圳建设工程项目工程地下预计将设计附着山体的 6 级人防工程，为保障战时师生及周边民众人身安全及物资，人防验收必然会成为重要的专项工程验收内容。作为师生的大型校区，尤其消防则涉及电气、给排水、暖通各专业，灭火形式不同，除了常规的喷淋系统，图书馆、机房等特殊部位还可能涉及气体灭火消防、水喷雾灭火处理；节能设计可能涉及采用 LOW-E 玻璃、遮阳设施、建筑围护结构节能设计等方面技术。此类特殊的专项工程，有各类对应的政府主管部门管理，必须通过专项验收，方可进行竣工验收。如果在设计、施工阶段不重视，导致验收中有不满足审批要求的质量缺陷，再进行返工、整改，对工程的质量、进度的影响会相当大。因此必须重视此类专业工程要求，争取在前期就避免可能的验收缺陷。

9.3　进度控制措施

中山大学·深圳建设工程项目工程工作面大，各专业交叉施工多，工期紧。在各工序施工过程中，合理划分施工段，开展流水作业，充分利用工作面对保障进度将非常重要，需要专业咨询单位的深度介入。

全过程工程咨询单位将以统筹管理、系统工程、工程风险分析、项目盈余评估等科学理论为基础，进行进度的目标分析，制定先进完善、切实可行的进度控制措施，并通过对计划的阶段目标和终极目标审核、分析，建立起有效的进度控制体系，通过各项具体进度控制措施的落实，切实保障进度控制工作质量。

工程进度控制目标的实现离不开具体的保障措施，只有抓好各项保障措施落实，方能真正实现对工程进度进行有效控制，在中山大学·深圳建设工程项目工程施工过程中，具体拟采取的进度控制措施如下。

1.组织措施

组织是目标控制的前提和保障，采取组织措施就是为保证组织系统的顺利运行，高效地实现组织功能。通过采取组织调整、组织激励、组织沟通等措施，以激发组织的活力，调动和发挥组织成员的积极性、创造性、为实施目标控制提供有利的前提和良好的保障，针对项目工程特点，拟采取的组织措施具体有以下几点：

（1）建立进度控制目标体系，明确建设工程现场监理组织机构中进度控制人员及其职责分工，落实专人专岗及专项管理制度、管理流程，围绕中山大学·深圳建设工程项目工程进度控制的重点、难点、落实进度控制责任，明确总监及专业监理工程师的职责，落实具体控制任务和管理职责分工，从组织分工上理顺工程进度管理程序；

（2）建立工程进度报告制度、进度计划审核制度、计划实施检查分析制度、建立进度协调会议制度、建立图纸审查、工程变更和设计变更管理制度等一系列进度管理相关制度。例如：

①建立工程进度报告制度及进度信息沟通网络。落实项目管理周报、月报及年报中针对性总结汇报进度控制情况，项目经理在分析进度的基础上，提出进度控制中存在的问题及纠偏建议，确保进度控制系统畅通。

②建立进度计划审核制度和进度计划实施中的检查分析制度。

根据中山大学·深圳建设工程项目工程施工合同有关条款、施工图及经批准的施工组织设计制定进度控制方案，对进度目标进行风险分析，制定防范性对策，针对各级进度计划的申报、审批制定专项流程及审核制度，落实专人加强过程中针对各级计划执行情况的检查分析，针对存在的问题，下达纠偏指令，经总监理工程师审定后报送建设单位。

③建立进度协调会议制度，包括协调会议举行的时间、地点，协调会议的参加人员等。

基于中山大学·深圳建设工程项目工程参建设单位众多，进度制约因素也较多，为此项目部除组织常规的管理例会外，将建立中山大学·深圳建设工程项目工程进度控制专题协调会制度，包括协调会议举行的时间，协调会议的参加人员等。项目经理及负责进度控制的专业工程师将定期组织召开不同层级的工程进度现场协调会议，以解决工程施工过程中施工单位与施工单位之间、施工单位与设计单位之间、施工单位与供货单位之间等候相互协调配合问题。

④建立图纸审查、工程变更和设计变更管理制度。

针对如此规模的项目，且设计文件尚未正式完成，为此，在后期的现场实施过程中，控制设计变更将是保证现场进度的另一个关键工作，为此，全过程工程咨询将围绕中山大学·深圳建设工程项目工程参建设计单位及施工单位的具体情况，围绕规范在保证相关程序的前提下，建立专项的图纸审查、工程变更和设计变更管理制度，确保设计变更及工程变更的质量及出具效率，避免因变更带来的返工或停工待图等不利进度的现象发生。

2. 技术措施

技术措施是目标控制的必要措施，进度控制在很大程度上要通过技术措施的质量和技术措施落实情况来实现，中山大学·深圳建设工程项目工程施工中，项目监理部将按建设单位的工期要求，督促检查承包单位按批准的进度计划施工，确保工程按期竣工，具体拟采取的技术措施如下：

（1）为保证工程顺利交付使用，施工单位应在工程开工前，提交总进度计划，明确关键节点完成时间；工程施工过程中，按月提交施工进度计划，并及时对比，根据现场施工实际情况调整工程进度，以保证工程顺利竣工。计划控制要点如下：

①熟悉招标文件和合同文件中有关进度的条款；

②审核、分析各投标单位的进度计划；

③审核设计、施工总进度计划，审核项目各阶段、年、季、月度的进度计划，并在项目施工过程中控制其执行，必要时，及时调整工程建设总进度：

a. 按总进度计划，年、季度、月进度计划进行工程建设进度审查，签复明确的审查意见，审查过程记录资料完整。通过审查的进度计划符合合同中工期的约定，阶段性进度计划满足总进度控制目标的要求，主要工程项目齐全，建设顺序、人员、材料、机械等安排合理。

b. 对进度计划的实施情况的定期检查每周一次，建立专项管理台账，做好相关记录和比对、分析；当实际进度严重滞后于计划且影响合同工期时，通过签发项目管理通知、监理通知要求施工单位采取调整措施加快施工进度，向建设单位报告工期延误的风险。

c. 对参建单位报审的进度计划调整方案及措施签复审查意见，审查过程记录资料完整。进度计划的调整造成合同工期目标、阶段性工期目标或资金使用等较大变化时，及时提出处理意见并报建设单位。

④在项目实施过程中，用计算机进行进度计划值与实际值的比较，每月、季、年

提交各种进度控制报告。对出现实际进度滞后于计划进度的，应分析发生原因；对实际进度滞后于计划进度 5% 以上的，应及时向委托人提出预警并根据发生原因提出具体的解决措施。

（2）确定设备安装、装修阶段各专业施工单位的清晰界面

中山大学·深圳建设工程项目工程施工过程中，基坑开挖、大型地下室施工、钢结构屋盖、设备安装调试、配套设施跟进等为工期控制的重点、难点，但主体阶段因为基本为总包单位施工，分包单位介入不多，仅有桩基、基坑围护等少数专业分包参与，各单位之间协调相对简单。但在后期的安装、装饰装修阶段，工期相当地紧张、无论是图书馆、体育场馆、国际学术交流中心还是配套区块，分包单位介入多、内外精装修要求高、设备众多、施工作业面交叉、参建单位协调施工关系复杂，应合理规划、积极协调，在招投标过程中，配合建设单位合理确定总、分包单位之间的界面，保证中山大学·深圳建设工程项目工程的现场施工不因为众多单位之间的扯皮拖延工期。

3. 针对关键工序，制定进度控制措施

在中山大学·深圳建设工程项目施工中，影响施工进度的关键工程主要包括地下室施工、钢结构制作及安装、外幕墙施工、内部精装修施工、实验工艺设备、舞台工艺、体育工艺施工等，其监控措施如下：

（1）大型地下室结构施工

①土方开挖

中山大学·深圳建设工程项目工程地下室面积 17 万平方米，预计至少 50 万立方米土方，开挖中需要配备足够的土方运输车辆以及合理的出土路线安排，距离底板标高 300 以上部分采用机械开挖，其他采用人工修土防止超挖。土方开挖原则上应分区分段进行，挖土次序严格遵循"分层开挖，先撑后挖"及"大基坑，小开挖"的原则，进行分区开挖。

在督促、审查承包单位编报的基坑围护方案并执行方面，督促施工单位应根据支护设计图纸编制详细、可行的土方开挖施工组织设计，组织专家就其中的挖土方案重点进行论证。重点应关注：拟投入的挖运土机械的数量性能和产能、挖土总体顺序、各阶段出土通道的布置、土方驳运以及于支撑、主体结构施工顺序间相协调和配合工况安排，以形成有序、安全的各工序流水作业。

②地下室结构施工

中山大学·深圳建设工程项目工程整个地下室施工中，有可能涉及基坑围护、土方开挖、大体积混凝土浇捣、预应力施工等专业。在中山大学·深圳建设工程项目工程总进度控制计划中，从土方开挖、基坑围护到地下室施工预留了 6 个月的时间，为了能如期完成，必须加强协调，重视工序搭接，争抢进度。

落实施工单位合理安排施工流水段，充分利用作业面，结合土方开挖，按照施工后浇带的设置，分段施工。根据流水施工可采取基坑分块开挖，开挖一部分，桩基验收、垫层施工、底板钢筋绑扎、混凝土浇捣等工作及时跟上。一方面可以缓解混凝土的供

求，减少施工机械和劳动力，降低生产成本；另一方面把大体积混凝土浇捣分成几块，可以降低大体积的混凝土浇捣中产生的质量问题，提高工程质量。同时各施工专业班组可以在基坑中按照工序连续施工，能保证专业班组施工的连续性，从而保证施工的总进度。

项目监理部在地下室施工过程中，将加强质量预控，避免出现因为质量不合格而返工影响工期的情况，保证各工序搭接作业能顺畅连接，紧密搭接。

（2）钢结构制作及安装

中山大学·深圳建设工程项目工程预计有部分钢结构，钢结构安装工程量大，对工期影响大，依此制定相关进度控制措施要点：

①钢结构工程安装进度受钢构件制作和材料供应影响大，物资供应进度计划是控制重点之一，所以应加强钢结构加工制作的驻厂监造，做好原材料控制及加工控制。本工程钢结构的加工制作应放在设备精良的工厂进行，生产加工出来的半成品必须通过验收及预拼装验收，之后送至现场进行组拼成型，以保证钢构件的质量及加工精度。

②影响钢结构工程进度的因素很多。如设计、材料、设备、施工工艺、操作方法、管理水平、技术措施以及气象、地形、地质等。但在钢结构工程的施工中，其安装进度受工程总进度的制约，受土建施工进度的影响。在中山大学·深圳建设工程项目工程施工中，体育场馆、国际学术交流中心等的主体钢结构施工必须和钢结构屋架结构的施工紧密结合，根据区块，编制施工计划，做好前期的钢结构预埋、后期的楼面板混凝土浇捣工作，并同时穿插地下室部分的安装、装饰等施工，以保证工程的总进度。

（3）内部精装修施工

中山大学·深圳建设工程项目工程主要功能囊括了图书馆、大礼堂、行政楼、体育馆、游泳馆、国际学术交流中心等，主体完成后项目进入内部装修阶段，其装修要求高，配套设施复杂，涉及专业广，分包单位多，将是影响后期施工进度的重点。

①在设计前期明确工程定位，避免后期涉及功能的重大变更，而定位上的变更直接影响到后期装修格局、风格、材料等的确定，在施工过程中直接导致返工、调整、原预留预埋作废、后锚固等影响工程施工进度的问题。因此为保证后期的精装修工程进度，监理项目部将在前期与建设单位加强沟通，领会工程定位，避免后期功能性变更。

②严密合同评审，招标文件、合同、造价清单应明确并保持统一。

在精装修工程施工前，将协助建设单位根据招标计划，对空调工程、内装工程、幕墙工程等进行招标工作，同时，在签订合同时，建议建设单位加强审核，注重图纸与招标清单一致，合同清单与招标清单一致，尽可能在合同条款中明确清单材料的质量标准及施工质量验收标准。避免后期因为再次的明确及变更产生进度上的延误。

③在进度管理方面，明确建设单位、监理及施工单位之间的责任划分。针对精装修进度的动态变化，制定有效可行的应变方案，及时调整，如果需要，应及时进行工程变更、完善索赔手续，避免陷入被动局面。类似项目的工程进展情况变化，一般会从主体结构封顶以后，开始显现工程进度差异。样板间先行，精装修材料的确定，地

面、门窗、吊顶、饰面板（砖）、涂饰、裱糊与软包各精装修工序与相关作业面的空调、电气、消防等专业之间的互相牵制，都是影响精装修工程的施工进度因素，监理项目部应积极协调，通过工地例会、监理通知、现场巡查等方式及时发现问题，解决问题，充分利用工作面，最大限度保证工程进展。

④在精装修施工标准确定中，应关注以下方面，避免因后期的质量问题引起返工：

在确定施工标准时，注重匹配各装饰分项之间档次，形成统一风格；

避免片面考虑装饰效果，对于后期使用考虑不周到，以至于装修完成后，进行二次设计施工。应在精装修设计中，考虑建设单位及物业管理的使用需求。

充分估计风险量，预留各专业协调合作空间，如精装修走廊扣板安装一般将吊顶封板作为重要的里程碑节点进行控制，所有隐蔽在吊顶中的工序均应围绕精装修扣板封口节点展开。所有预埋管线均应保证在封板之前进行了打压、试水，并且各单位都在封板之前签字确认隐蔽无问题。另外精装修与空调、消防工程工作接口，也应充分考虑安装专业的需求，如空调新风口设有电子阀，安装完成后仍须进行调试；消防送风和排风口设有风阀，须在送风调试完成后进行手动复位。在精装修设计时应考虑必要的检修口，避免因为安装工作的需要，引起装修工程的大面积拆卸。

⑤精装修阶段，现场专业繁多，交叉施工作业多，后期厨房、灯光音响、家具、标志标识等专项设备进场施工安装,应做好成品保护,防止成品破坏对施工进度的影响。

4.经济合同管理措施

（1）程建设过程中，由于设计、施工、设备供应商等参建单位的原因，造成进度滞后，针对具体原因要求参建单位增加资源投入或重新分配资源。

（2）根据合同中关于进度控制的相应奖惩条款，对相关参建单位实施经济奖惩，督促其提高工程进度意识。

（3）及时办理工程预付款及工程进度款支付手续，确保不因建设资金迟付影响工程进展。

（4）针对关键分项及工序，协助建设单位针对性地在合同中设立工期奖罚节点，促进承包商的进度意识。

（5）客观公正处理工期奖罚，对工期提前的落实奖励，对工期延误的，严格执行处罚。

5.信息管理措施

（1）采用现代信息技术手段辅助日常进度管理工作，日常工程监理要务实现信息化管理，所有监理文件资料应纸质文档和电子文档并存。利用企业建立的信息化系统，及时、完善、流畅地采集、处理、存储、交换和传输项目工程监理活动的相关信息。

（2）每月对比中山大学·深圳建设工程项目的完成情况和计划，确定整个项目的完成程度，并结合工期、生产成果、劳动效率、消耗等指标，评价项目进度状况，分析其中存在的问题。总监理工程师应在监理月报中向建设单位报告工程进度和所采取进度控制措施的执行情况，并提出合理预防由建设单位原因导致的工程延期及其相关费用索赔的建议。

（3）日常的纸质监理文件资料，如进度管理方面的监理日记、例会纪要、监理通知、监理月报的收集、整理、编制、审查与传递及时、规范、完整，归档的纸质监理文件资料的收集、整理、分类、汇总、组卷、储存符合相关规定。

9.4　进度控制管理体会

中山大学・深圳建设工程属于功能复杂的大片区项目。为打造国际一流的新校区，应该详细研究设计需求、认真推敲设计方案，精工细作，打造经久耐用的百年名校，根据目前的设计进度，在进度方面提出以下合理化建议：

（1）项目前期工作内容繁多，主要包括方案设计、初步设计及概算编制、施工图设计、施工图审查等主要技术工作及环境影响评价、地质灾害危险性评估、水土保持方案设计、用水节水报告编制等辅助技术工作；审批工作涉及规划国土委、发展改革委、水务局、建设局、人居委、交通委、公安消防局、应急办、气象局等职能部门，为保证工程建成后能满足学校功能需求，建议学校在设计阶段，包括方案、初步设计、施工图设计阶段，针对校园规划布局及各建筑单体（教室、实验室、图书馆等）的功能、各楼层平面布局、立面造型等进行全面商讨及确认。

（2）工程建设过程中，建议强化筹建工作领导小组职能，加强校园建设工作组的领导。一是请校园建设工作组成员单位指定专人具体负责中山大学深圳项目的技术审批，参加校园建设工作组办公室召集的项目设计各阶段技术审查会议，对项目的环评、概念规划、方案设计、路口开设、人防面积、消防设计、排水方案等提出技术审查意见；请学校组织专人提出深化功能需求并就设计图纸尽快决策。二是校园建设工作组按周召开工作例会，协调解决项目审批及各部门协调中存在的问题；三是筹建工作领导小组对校园建设工作组提出的请求和问题及时研究解决。形成三个层级快速决策、共同推进项目的机制。

（3）中山大学・深圳建设工程项目工程依山而建，场地设计在工程建设中是一个不可或缺的组成环节，是结合基地内工程项目的总平面设计，根据工程项目的规划条件与使用要求，在基地内外条件与相关法律法规规定的情况下，人为组织开展的一种工作活动。通过场地设计可以有效增强基地的利用效率，提高其利用的科学性，让场地中的各种要素有机地结合在一起，特别是建筑物和其他要素之间的结合，确保工程项目建设的顺利进行按期竣工。通过场地设计加强工程项目和基地周边环境的结合，创设一定的环境效益，使场地设计更加合理科学，完善山地建筑。

因此，在进行山地建筑设计的时候，一定要保证其布局顺应山形的变化，沿着等高线进行一定的布置。顺应自然的变化，就好像建筑与山体融为一体，在实现建筑使用价值的同时不破坏山体的整体环境。并且在进行实际操作的时候，因为建筑布局顺应山势的走向，其相应的布局规划也有效减少了土方量的施工。

场地设计中，道路设计也是非常重要的环节，是一种不可缺少的组成部分，在对道路进行设计的时候，一定要保证其科学性与合理性，要不然就会对建筑的总体布局产生影响，同时在建筑使用功能、节约用地、投资经济性等方面也有着一定的影响。中山大学·深圳建设工程项目工程属于大型山地建筑，一定要充分重视道路设计的重要性，进而完善场地设计，所以一定要对道路技术标准进行相应的了解与运用，以台阶为轴线组织步行系统辅以电梯、廊桥，组织公共垂直交通系统等方式进行设计，强化交通路线的合理布设，充分发挥其最大功能。

场地内的工程管线种类非常多，并且各类管线的用途、技术标准、性质、管径等各方面要求均不同，由各专业进行分别设计。强化场地管线设计就是为了保证建设用地的合理科学应用，明确各类工程管线的布设位置，保证空间布置的合理性，不会出现工程管线之间或者和建筑物、道路、绿化之间自相矛盾与冲突的情况，同时一定要充分考虑景观设计基础条件。因为山地建筑的道路相对比较狭窄，且高差变化较大，经常为管线设计带来一定的困难。所以，在进行敷设管线的时候，必然要出现一定的冲突现象，此时一定要严格遵照以下原则：压力管道避让重力自流管道；可弯曲管线避让不易弯曲管线或者难弯曲管线；分支管线避让主干管线；小管径管线避让大管径管线；新建管线避让原来管线。

第10章 投资控制

10.1 投资控制目标

保证项目投资目标控制于估算范围之内具体做到：

（1）按照《资金使用计划》支出建设款项，《资金使用计划》详见附件。

（2）不发生工程款超付及因管理人原因产生的索赔。

（3）严格遵守签证程序，严格控制合同外费用的支出，减少索赔事件的发生概率。

（4）以工程承包合同为基础，严格且合理地处理索赔。

（5）严格审核承包单位编制的施工组织设计，对主要施工方案进行技术经济分析，以优化方案、节约投资。

10.2 投资控制重点与难点分析

本项目具有工程规模大、建设内容多、建筑单体多、使用功能复杂，牵涉面广、协作条件要求高等特点。在资金满足建设进度同时，更应注重投资控制与管理，对所有工程费用须依据施工图纸及概算预算按月下达资金控制计划，坚持做到月初有计划，平时有分析，月终有总结。特别是在工程建设处于高峰期，而资金使用量大时候，适时召开工程投资分析会议，报告资金动态和费用控制情况，按概算内容和项目逐一对照，分析费用超节原因，提请各部门加强费用控制。具体存在以下几方面：

（1）土石方工程量巨大，原始地貌标高测量复杂，对投资影响很大；

（2）校内园林景观、艺术小品等方案前期设计深度不够将对后期投资控制影响很大，且施工过程中产生的变更在所难免；

（3）舞台工艺设备、实验室工艺设备都有特殊的工艺要求，各设备市场价格不透明，竞争性不强，以及可能涉及专利权等各种因素，使投资控制难度加大；

（4）拆迁过程中不可预见的费用多，中山大学牌坊、林相改造、水土保持、不良地质处理等将是本项目造价部门的重点控制工作内容。

以上诸多因素的影响使项目建设总体投资控制控制非常巨大。如果涉及过分采用新材料、新工艺对价格的确定也存在困难，费用的不确定性风险加大。针对以上工程投资重点与难点，我单位将采取相应措施对各阶段做好投资控制工作。

10.3　各阶段投资控制的措施

10.3.1　决策、设计阶段投资控制

（1）推行限额设计减少或避免"三超"现象的发生及设计方案的变化。

（2）根据已有的方案设计成果，进一步优化功能布局，合理利用空间，减少浪费。

（3）设计方案需经过深入讨论，听取各方意见（尤其是使用单位意见）后，最终定稿须经各方签字确认。一经确认，不得随意变更。在精装修方案设计与施工阶段应尽量避免对建筑设计方案的修改。

（4）对机电设备的选型、装修材料品牌、档次以及实验室设备等的确定，需要组织各方对市场进行充分调研，遵循适用、合理、经济的原则进行控制。

（5）清单编制前需对设计图的深度进行审核并提出设计中存在的问题，将设计中的问题在清单编制阶段解决，以防由于设计原因引起变更过大。

（6）加强设计图纸审查，确保工程量计量及清单描述的准确性，以减少后期由于清单描述与设计图纸做法不一致而引起的变更、签证费用。

（7）对未列入估算内容的后期根据学校实际科研、实验及教学需要，需进一步专业装修施工、安装及相关设备；校舍建筑需配置的家具、舞台灯光、音响、体育工艺设备等设备设施以及家具、办公设备、教学设备、黑板、体育器材等设备设施将利用公司的经验优势列出相关费用指标共建设单位参考决策列入项目概算。

（8）及时组织对茅洲河河道（即新陂头河）整治及河道两侧景观提升工程的设计与方案论证工作，列入本项目概算，避免出现概算中漏缺项目；

（9）地上附着物（建筑物、古庙等）拆迁、红线范围内现状各类市政管线（如电力、给排水、燃气等管线）迁移、一期用地涉及林地，因征占林地需恢复森林植被等各类费用积极参与协调明确费用列入投资概算的工程建设其他费用中。

（10）鉴于本项目所涉及建设项目内容较多，很多内容如重点及各专业实验室等需要进行大量的咨询论证，以及试验检测工作，建议建设单位在工程建设其他费用中单列技术专家咨询费和试验检测费用。

（11）设计单位完成初步设计概算后，及时组织力量对概算进行审查，并提出修改意见反馈设计单位。由设计、建设双方共同核实取得一致、并确认项目内容完整无意见后，由设计单位进行修改，再随同初步设计一并报送主管部门审批，最终确定项目总体概算投资。

10.3.2　招标采购阶段

1.招标文件的编制

（1）在招标文件中约定招标范围、工作界面、量、价的风险范围、主要材料/设备、

甲供材料 / 设备的供应方式及计价方式、暂估价、暂列金及包干价的结算方式。

（2）合理确定材料 / 设备价格、在招标文件中明确品牌、规格和技术要求。

（3）工程量清单编制、控制价编制应与招标文件的相关条款一致。

（4）招标文件评标办法。制定商务标评标办法主要应考虑三个方面的问题：

①评定标办法应有效防范投标单位相互串通、高价围标。

②有效防范投标单位低于成本价、恶意竞标。

③有效抑制投标单位的不平衡报价策略。

（5）合同类型确定及合同条款的拟定。

①合同类型的确定。工程建设项目施工合同类型的选择依据其计价方式的不同分为总价合同、固定综合单价合同。

②合同条款的选用。对合同中涉及工程价款支付条款、调整价格条款、变更条款、竣工结算条款、索赔条款等内容应详细审查，防范、转移或化解合同风险。

a. 合同条款工程价款分期支付建议采用以下两种方式（具体可按实际情况采用）：

a）按月计量支付：按月计量支付通常的操作程序是每月按合同约定日期由承包单位上报完成工程量，经建设单位、项目管理和监理一体化、造价咨询等各方共同认证后按已完部分工作量支付工程款。

b）按形象进度里程碑节点计量支付，按工程进度计划设置里程碑控制点（如幕墙系统工程等）。

b. 在合同条款中必须明确安全防护、文明施工措施项目总费用，以及费用预付、支付计划，使用要求、调整方式等条款：

a）在合同条款中必须对安全防护、文明施工措施费用预付、支付计划进行约定。合同工期在一年以内的，建设单位预付安全防护、文明施工措施项目费用不得低于该费用总额的 50%；合同工期在一年以上的（含一年），预付安全防护、文明施工措施费用不得低于该费用总额的 30%，其余费用应当按照施工进度支付。

b）实行工程总承包的，总承包单位依法将建筑工程分包给其他单位的，总承包单位与分包单位应当在分包合同中明确安全防护、文明施工措施费用由总承包单位统一管理，安全防护、文明施工措施由分包单位实施的，由分包单位提出专项安全防护措施及施工方案，经总承包单位批准后及时支付所需费用。

c）对总包管理费的支付，实行总承包管理的，在每期中间支付时，由项监理部根据实际配合情况支付相应的总包服务费或配合费。

c. 合同条款法律法规和物价波动引起的价格调整。

a）法律法规引起的价格调整，指合同签订日后法律法规变化引起的工程费用发生增减时，合同有约定的按合同约定执行；合同没有明确约定的，由造价人员、合同当事人协商确定并经建设单位批准后确定。

b）物价波动引起的价格调整，有两种调整方式。即按价格指数调整，或是按造价信息调整。

c）协助建设单位在专用合同条款中明确详细的调值公式，价格信息来源，调价周期，需调整的主要材料种类等。

d）协助建设单位与承包单位在合同中约定调整因素，即设定主要材料价格涨（跌）幅超过 ±5% 的风险幅度范围，超过部分扣除合同中风险比例后进行调整，或工程造价管理机构有调价文件时，按调价文件规定调整等。

e）调整价款支付时间可以与工程进度款同期支付，也可以竣工后一次支付，支付时间应在合同中明确约定。

d. 合同中变更条款（变更、索赔及现场签证），在拟定合同条款时，应明确变更条款（变更、索赔及现场签证）计价方式。其中变更的计价应遵循以下原则：

a）已标价的工程量清单有适用于变更工程（变更、索赔及现场签证）项目的，应采用该项目的单价。

b）已标价的工程量清单中没有适用于但有类似变更工程（变更、索赔及现场签证）项目的，可在合理范围内参照类似项目的单价。

c）已标价的工程量清单中没有适用也没有类似变更工程（变更、索赔及现场签证）项目单价的，应由承包商根据变更工程资料、计量规则和计价办法、工程造价管理机构发布的信息价格和承包人报价浮动比率提出变更工程项目的单价，并应报发包人确认后调整。

d）已标价的工程量清单中没有适用也没有类似变更工程（变更、索赔及现场签证）项目，且工程造价管理机构发布的信息价格缺失的，应由承包商根据变更工程资料、计量规则和计价办法和通过建设、项目管理、造价咨询等单位进行市场调查，取得合法依据的市场价格提出变更工程项目的单价，并应报发包人确认后调整。

e. 工程变更引起施工方案改变并使措施项目发生变化时，如果承包人未事先将拟实施的方案提交给发包人确认，则应视为工程变更不引起措施项目费的调整或承包人放弃调整措施项目费的权利。承包人提出调整措施项目费的，应事先将拟实施的方案提交发包人确认，并应详细说明与原措施项目相比的变化情况。拟实施方案经发承包双方确认后执行，并应按下列规定调整措施项目费：

a）安全文明施工费应按照实际发生变化的措施项目，按国家、省级、行业建设主管部门的规定计算。

b）采用单价计算的措施项目费，应按照实际发生变化的措施项目，按照本节"变更的计价应遵循原则"确定单价。

c）按照总价（系数）计算的措施项目费，按照实际发生变化的措施项目调整，但应考虑承包人报价浮动因素，及调整金额按照实际调整金额乘以本节"变更的计价应遵循原则"规定的承包人报价浮动率计算。

f. 工程量清单缺项：

a）合同履行期间，由于招标工程量清单缺项，新增分部分项工程量清单项目的，应按照本节"D"条规定确定单价，并调整合同价款。

b）新增分部分项工程量清单项目后，引起措施项目发生变化的，应按照本节"E"条规定，在承包人提交的实施方案被发包人批准后调整合同价款。

c）由于招标工程量清单中措施项目缺项，承包人应将新增措施项目实施方案提交发包人批准后，按照本节"D""E"条规定调整合同价款。

g. 发生合同工程工期延误的，应按照下列规定确定合同履行期间的价格调整：

a）因非承包人原因导致工期延误的，计划进度日期后续工程的价格，应采用计划进度与实际进度日期两者的高者。

b）因承包人原因导致工期延误的，计划进度日期后续工程的价格，应采用计划进度与实际进度日期两者的低者。

2. 清单及招标控制价编制

（1）准确把握清单及招标控制价编制及审核的工作量：统筹安排建筑、装饰、给排水、消防、通风空调、电气、弱电、通信、安防等各专业工程造价人员，保证满足清单及招标控制价的编制进度满足招标工作的时间要求。

（2）保证清单及招标控制价编制的质量要求。

①正确理解图纸设计要求，技术要求、准确把握清单编制规范及相应计价要求，严格保证清单及招标控制价的编制质量。

②注意清单项目的特征描述。

a. 按照《建设工程工程量清单计价规范》GB 50200—2013要求，清单项目特征描述必须与图纸内容相符，体现设计要求。

b. 清单项目特征必须全面准确，清单项目特征中必须清楚描述的内容分四方面：

a）涉及正确计量和计价的内容必须描述。

b）涉及结构要求的必须描述。

c）涉及材质要求的内容必须描述。

d）涉及安装方式的内容必须描述。

3. 对招投标流程及主要商务条款、评标办法的选择要求

4. 根据工程项目的技术特点、结合施工组织管理方式及工程造价相关的法律法规规定，准确编制有效控制工程造价

5. 投标价的审核

根据招标文件、招标控制价对投标价进行审核，分析是否采用不平衡报价，综合单价有没有奇高或奇低的，对有不平衡报价的部分要认真分析对结算可能产生的影响，以便在正式合同条款中进行详细的约定。

10.3.3 施工阶段

（1）施工合同的审核：对施工合同的相关计价条款的表述的准确性及完整性进行审核，以防结算时产生对合同条款理解的歧义。

（2）隐蔽工程（正负零以下土方、基础、主体、防水、管线、吊顶内龙骨，预埋等）：

针对隐蔽工程的特点，在隐蔽阶段进行现场跟踪，通过测量，拍照，录像等现场取证保留最原始第一手资料，作为现场签证及结算时的依据。

（3）签证单的合理性、规范性及定额计价因素的完整性，首先要确定变更的主体，工程变更一般是由建设单位、工程咨询单位、施工单位及设计院提出的，不管变更主体是谁要分清变更的范围，分析变更是否含在合同价内，另外还要分清变更类型是属经济签证或是技术签证，对属于合同范围内或承包方自身原因引起的变更不予认可，对正常合理的变更签证，要对签证的内容是否清楚，计价相关的要素是否完整进行审核，对不规范的签证单提出合理的修改建议。

（4）对签证单要求进行统一编号，并建立收发明细台账，结算时要对承包方的送审资料进行真实性及完整性复核，以防施工方在资料送审过程中修改原始数据或将故意变更减少部分签证不放入结算资料。

（5）合同价包干价内的材料进场及材料价格的确定：招标合同价内的材料如钢材、水泥、商品混凝土、门窗、设备、管线、各种装修材料等进场需核实是否与施工图纸及招标文件合同的约定的品牌规格相符，对不符的材料高于约定品牌的按原投标价执行，低于原投标品牌的要提醒建设单位责令承包方予以更换，对合同中约定按施工期间平均市场价或信息价的材料，必须跟踪记录每笔大宗材料进场时间、数量及当时的价格，作为结算的依据。

（6）暂估价材料 / 设备的定价：对于招标时暂估价材料 / 设备，实际施工时根据选用材料 / 设备的品牌、规格有针对性地进行市场询价，记录下所咨询厂家、联系方式、所询价格等情况，并以书面咨询函的形式提交建设单位，供建设单位定价提供参考依据。

（7）对暂估价专业项目的价格确定要配合建设单位做好价格确定的相关工作。

（8）索赔：首先要预防索赔的产生，对施工现场有可能产生索赔的因素要提前告知建设单位以防索赔事件的发生，对已发生的索赔要分清索赔的主要原因，对属于建设单位原因造成的索赔要记录下索赔的实际时间工期及费用等，以便索赔费用的计算，对于施工方引起的索赔也要记录下索赔的实际时间、工期及费用等以便帮助建设单位向施工方提出反索赔。

（9）进度款审核：根据现场进度情况对进度款进行审核，特别是变更部分的增加和减少对总体进度有影响部分的审核工作，以防进度款出现超付的被动局面。

10.3.4　竣工结算审计阶段

竣工结算的办理应符合合同约定要求，只有按合同要求完成全部工程并验收合格才能办理竣工结算，竣工结算审查主要是对合同内价款进行审查、合同外变更洽商签证费用进行审查、暂估价价格调整费用进行审查、索赔费用进行审查、价格调整费用进行审查及工期奖惩、质量奖惩的审查。

10.4　投资控制管理体会

1. 加强勘察、设计阶段投资控制管理

本项目体量较大、工种多，建筑使用功能多，因此，包括绿化、幕墙、装修、智能化等设计大多需要二次设计或者进行优化、细化设计，当设计图纸不能及时提供时，不仅对工程进度会造成影响，同时也会使现场增加不必要的额外费用而产生费用索赔。为此，公司根据以往类似经验做好几方面内容：

（1）协助建设方优选勘察和设计单位。通过设计招标，选择最优的设计方案。促使设计单位改进管理，采用先进技术，降低工程造价，缩短工期，提高投资效益。

（2）在设计招标文件中对降低工程造价要有明确要求，有相应地降低工程造价的具体措施。在签订设计合同时，要有专项条款写明控制投资的要求。

（3）根据投资规模，确定建设标准，确保设计按照工程建设标准规范和标准设计进行设计。

（4）通过技术经济分析，确定工程造价的影响因素，提出降低造价的措施。

（5）对工程项目重要部位、设计方案进行技术经济比较，通过比较寻求在设计上挖潜的可能性，控制项目投资。

（6）运用价值工程进行设计方案的选择，优化工程设计，争取以最低的总成本，可靠地实现建设产品的必要功能。

（7）采用限额设计，将工程投资科学地分配与各专业各单位工程和各分部在各专业达到使用功能的前提下，按分配的限额控制设计，严格控制施工图设计的不合理变更，保证总投资额不被突破。

（8）做好设计概算审查工作。重点审查概算编制依据的合法性、时效性和选用范围；审查概算内容中工程量，采用的定额、材料预算价格、各项费用采用的正确与否等。

（9）采用控制项目投资和节约费用时，运用现代管理手段，做好与设计人员之间的协调工作，激励设计人员对控制投资的主动性。

2. 加强现场施工中的图纸设计变更管理

本项目规模较大，工种复杂，施工图纸不可避免地会出现这样那样的问题，同时由于局部功能调整等原因，现场也会出现大量的工程变更，这些变更不仅可能造成造价的增加，也对工程进度产生较大影响，对此，相应处理措施如下：

（1）加强图纸审核，重视图纸交底及图纸会审，预先控制，并要求设计单位派驻现场设计代表，及时解决现场矛盾；

（2）安装专业预先进行投影布线，发现矛盾及时通过现场设计代表加强设计各专业之间的相互协调；

（3）确定工程变更流程，严格变更制度，避免不必要的工程变更，并专人负责跟踪工程变更落实。

（4）平时加强图纸的学习工作，及时发现包括功能上、布局上、图纸尺寸上等图纸中问题，并联系建设单位、设计以及施工单位就发现问题进行解决，使问题在施工前就得到解决。

3. 加强对深基坑围护、主体结构施工方案的优化选择工作，保证项目可靠、安全施工情况下尽可能节省工程施工费用

4. 加强材料设备供货管理

工程中使用包含铝材、石材、钢材（筋）等大量设备材料，设备材料的供货及时与否，直接影响到工程施工进度，加强对材料设备的供货管理，保证材料设备能及时跟上施工进度，是保证施工进度的重要措施，同时也减少因采购不及时造成的进度索赔和由此产生的费用索赔。对材料设备的管理包括：

（1）根据施工进度计划，督促施工单位编制相应的材料设备供应计划，对供货计划进行可行性分析，并以此作为提醒施工方、建设单位方进行设备定购依据；

（2）编制材料设备质量控制要求，对质量检测中的注意点提前在会议中或通过书面形式通知采购方，避免采购过程由于质量问题导致现场供货的不及时；

（3）利用公司信息库，向建设单位选购材料、设备提供厂家信息、单价等资料，供建设单位选购时候参考。同时针对不同的材料、设备，提供建设单位更合理的采购方式建议；

（4）做好现场设备、材料的进场管理工作，保证工程所使用的材料、设备合格；

（5）做好台账工作，为可能产生的索赔提供依据。

5. 做好工程索赔与反索赔的处理预防措施

本工程体量较大、建筑功能较多、加上施工工期相对紧张，现在不可避免会产生各种索赔和反索赔，加强索赔管理，可以有效控制工程造价。项目中可能出现索赔反索赔的几个方面包括：

（1）因地质原因（包括障碍物、地下文物、地下管线等）可能造成的索赔；

（2）因设计不完善、图纸提供不及时造成的工期索赔以及费用索赔；

（3）因工程需要建设单位单独分包由分包单位造成的工期拖延造成的索赔；

（4）由于材料、设备采购拖延不能及时提供造成的索赔；

（5）施工方拖延工期引起的反索赔；

（6）施工方施工质量问题导致的反索赔等。

6. 严控进度款拨付

严格按照下列程序，进行工程计量和工程款支付工作：

（1）承包单位统计经专业监理工程师质量验收合格的工程量，按施工合同的约定填报工程量清单和工程款支付申请表；

（2）专业监理工程师进行现场计量，按施工合同约定的工程量计算规则审核工程量和工程款支付申请表，并报总监理工程师审定；

（3）未经监理工程师质量验收合格的工程量，或不符合施工合同约定的工程量，

监理人员拒绝计量和该部分的工程款支付申请；

（4）总监理工程师签署工程款支付证书，并报建设单位；

（5）专业监理工程师及时建立月完成工程量和工作量统计报表，对实际完成量与计划完成量进行比较分析，制定调整措施，并在监理月报中向建设单位报告；

（6）施工当期发生的变更费用经双方确认后应于发生当月按合同约定条款在进度款中拨付；工程预付款也应根据合同条款约定予以扣回。

7. 加强投资控制信息管理，保证投资控制透明化、可控化

在投资控制过程中，积极做好投资控制的分析报告整理工作，按节点、按周期、按工种对投资控制的结果、出现偏差情况、出现偏差原因等定期、不定期进行汇报，同时就偏差处理措施提出意见以供建设单位参考。

8. 基坑及主体结构对工程造价的影响及相应投资控制措施

本工程地下室施工以及主体结构施工，不仅本身建安造价费用高，同时由于深圳地方地质与气候的特殊性，施工上增加不少难度，当施工中存在管理漏洞或施工方案有问题时，可能对两个工程的主要部位造成质量缺陷，甚至事故，直接后果就是造成工程经济上的重大损失。因此，做好本工程基坑及主体结构施工的管理工作，是保证工程进度计划实施的关键，同时也是做好工程投资控制的关键。

9. 深圳台风、雨季对投资影响及控制措施

深圳市是台风影响的重灾区，台风给建筑施工安全带来了严重的威胁，也给施工进度造成重大影响，为了更好地防范灾害性天气引发建筑安全事故，我们要在台风来临前最大限度地做好应对预防工作，要尽可能地把台风袭击造成的损失降低到最低，减少台风对施工投资的影响。同时，深圳地方多雨，应加强雨季施工管理，减少施工损失。

10. 工程变更

工程变更在建设项目中成为影响投资的重要因素，因此在施工阶段造价控制中应始终将工程费用的发生保持在受控状态并做到可预控性，在施工实施过程中，对可能的重大变更，向建设单位及设计单位预先报告因工程变更而可能引起的成本增减，并定期（工程变更发生时或每次付款时）将因工程修改所导致的造价增减向建设单位通报，而并非对既定方案进行事后的评估。导致工程变更的原因有很多，只有分析原因，认清根源，才能更好地控制好变更。因此，在成本控制的操作中除要严格控制变更外，还应充分调动各方的积极性和创造性，及时解决各种问题，也使工作得到不断优化。工程变更实施分级审批和管理，具体参见建设单位《工程变更管理办法》。

工程变更主要有：承包人提出的变更、设计变更及委托人提出的变更等几个方面。因此成本控制工作应渗透到质量控制、进度控制的工作内容中，具体包括：

（1）施工合同所包含的对应的工程质量、进度、投资内容审查和确定。

（2）施工组织设计所涉及的相关费用的审查和确定。

（3）发生不可抗力的风险因素时，要及时从造价控制高度确定增减投资额，以便确定成本控制的基础。

（4）在发生重大的设计变更和基础工程出现不可预见的情况时，对新的方案和措施及产生的工程费用应及时进行确认和控制。

（5）加强设计变更控制。一旦发生工程变更，将不可避免地使工程造价和工期发生变化。因此，在变更审批时，要进行技术经济分析，核查变更的理由、依据，单价、数量和金额的变化情况，确认变更不会从根本上影响工程质量和工期以及造价控制目标。

（6）严禁工程变更内容在未得到确认前，即已施工造成既成事实。这一点可从承包合同予以明确加以约定约束，对于未履行工程变更手续而已施工的，不予确认。对工程变更应做到事前把关，主动监控，规范操作。

11. 现场签证

现场签证的管理直接反映工程项目管理的水平，施工过程中的隐蔽工程、现场签证是增加工程造价的一个重要因素。应严格签证制度，明确工程、预算等有关部门、有关人员的职权、分工，确保签证的质量、杜绝不实及虚假签证的发生。注意收集工程施工的有关资料，了解施工过程情况，强调办理工程签证的及时性，对签证的描述要求客观、准确，签证发生后应根据合同规定及时处理，要加强可预见性，尽量减少签证发生。项目实施中往往会产生现场签证，而此类签证又常常成为承包人获得额外利润的重要来源。所以首先必须在源头上予以控制，加强对现场不确定因素的调查研究及预判，提出解决的办法及措施，堵塞漏洞。

对于过程中避免不了的签证，制定一套严格的审批控制流程来保证签证的客观合理。与签证相关的单位至现场进行实地勘察见证，特别对于隐蔽项目，以保证签证的属实。

12. 新增单价

对于新增单价的控制，一般应在签订施工承包合同时就约定核价的原则。在承包人投标报价时对于主要的或指定的项目要求其提供综合单价分析，也即工、料、机、费率等构成明细。在发生新增单价时，跟原有项目类似时，应参照原项目综合单价，对其中的工、料、机进行分析后作必要的换算；无原有类似项目参照的话，由承包人根据合同报价原则，提交新单价上报审核。成本控制方将对其构成进行认真分析，对于相应的新材料价格进行市场广泛询价，以确保新增单价符合原合同定价精神，避免承包人据此获得额外利润。

13. 材料、设备价格变化

造价控制工作中应非常重视对设备、材料价格的核算。在建设单位确认的设备、材料品牌、生产厂家、型号、材料等级的基础上，公司向建设单位出具的设备、材料批价单都需经各专业造价工程师核算、项目经理审核以及公司总师办复核后发出，最后由建设单位审批。公司内部的建材及造价的数据库系统可为建设单位提供设备、材料合理的市场价格。

根据合同对相应材料、设备价格进行调价时，对由此价格涨跌引起的费用增减，向委托人提供详细分析表，做到增加费用有理有据。

14. 综合协调管理措施

（1）项目造价咨询负责人是对内对外协调的第一责任人，负责整个项目造价咨询的协调管理。

（2）各专业负责人负责本专业范围内与相关单位的协调管理工作，对项目经理负责。

（3）各专业造价员对本专业负责人负责。

（4）主要协调管理措施：

1）进场由项目管理单位召开项目造价咨询交底会议。明确对造价咨询的授权，造价咨询明确业务流程及需各参建方配合的事项；

2）定期召开协调管理会议，解决造价管理工作中存在的沟通不畅、思路不统一、意见不一致、对待工作相互推诿的问题；同时定期不定期地召开各种专题会议，解决工作中遇到的问题；

3）运用信息，加强协商；项目组应广泛地收集信息，在信息收集后建立信息分析机制，对信息中暴露的问题积极组织协商，使问题得以迅速解决；

4）分析矛盾主因，抓住主要矛盾，并全力予以解决：工程建设中参与单位多、人员多，并且由于职责分工、工作衔接、利益分配等方面的认识水平不同，不可避免地出现各种矛盾，如果处理不当，矛盾往往会激化，影响工程顺利进行。为此造价咨询人员应在各自协调管理范围内，抓住主要矛盾全力予以解决。

15. 项目索赔与反索赔管理

（1）索赔

在施工阶段的造价控制中，及时提醒建设单位可能发生的工程费用索赔问题，向建设单位提供专业评估意见、估算书及反索赔咨询服务等，以保证建设单位合同规定的权益。

（2）反索赔

根据公司承担的各类型建设项目的经验，建设单位的反索赔可从以下几个方面着手：

1）如合同中已明确质量目标（按国家规定或建设单位要求），但施工中没达到合同约定的质量目标，或质量不符合标准规范，要求其返修直到达到合同约定标准，发生的费用由承包单位承担，并赔偿由此给建设单位带来的一切损失。如返修后仍达不到合同约定标准，建设单位有权安排其他承包单位施工，发生的费用由原承包单位承担，并赔偿由此给建设单位带来的一切损失，且建设单位有权直接从原承包单位的工程款中扣除以上发生的费用；

2）如合同中已确定工期目标，就要明确规定工期延误的赔偿责任。如由于承包单位的原因造成工期延误，就须按合同规定，从承包单位的工程款中扣除误期赔偿费；

3）如在合同中已明确"创奖夺杯"的责任条款，一旦承包单位违反，则建设单位可索赔；

4）建设单位可反索赔的其他各种情况。

第 11 章 合同管理

中山大学深圳校区一期工程设计标段总体分为 3 个标段，施工总承包标段规划 3 个，其他专业分包更是数量众多，合同结构非常复杂。合同管理作为项目管理工作内容的重要组成部分，在工程建设各个阶段发挥着重要的作用，直接关系到建设工程的质量、工期和投资效益。

11.1 合同管理原则和依据

合同的本质是法人和法人之间，或法人和公民之间，或公民和公民之间为实现某种目的而确定相互间权利和义务的协议。合同是权、责、利的约定且具有法律强制执行力。同时任何合同都是不完整的合同，任何工程项目必须从工作实际出发进行改进、完善。

合同订立的原则是"平等、自愿、公平、诚实信用、合法"，合同管理同样应遵循该原则。一切合同都必须在此原则规定下签订执行才是有效的。合同并不仅仅是划分责任和风险的契约，更重要的是建设单位和承包商联系的纽带，是为了双方有一个对双方都有利的原则，为了更好的合作提供保障和前提。

针对本项目，项目管理单位开展合同管理工作的依据是：

（1）《中华人民共和国合同法》；

（2）《中华人民共和国建筑法》；

（3）《中华人民共和国招标投标法》；

（4）《建设工程质量管理条例》；

（5）《建设工程勘察设计管理条例》；

（6）深圳工务署的《建设工程合同签订管理流程》；

（7）《项目管理委托合同》；

（8）建设单位与各承包单位订立的承包或委托合同。

11.2 合同管理的对象

建设工程的建设过程大体上经过勘察、设计、施工三个阶段，其中施工阶段又分为设备采购阶段和施工阶段。这三个阶段的建设任务虽然有着十分密切的联系，但仍然有明显的区别，可以单独地存在并订立合同。

项目管理单位通过项目管理委托合同获得建设单位的管理授权，将与建设单位相关的各类合同作为合同管理的对象，主要包括三类合同：即技术服务类合同、工程施工类合同、货物采购类合同。

11.2.1　技术服务类

技术服务类是指为发包人提供一定的技术咨询服务，并提供相应技术文件的活动。这里指的技术服务类主要包括工程勘察（地质勘察、水文地质勘察、工程测量）、工程设计以及在工程建设过程中必不可少的技术咨询服务类合同，比如：工程监理、项目管理、造价咨询、各种检验、试验、技术论证等合同。

11.2.2　工程施工类

建设工程施工合同是指发包方（建设单位）和承包方（施工人）为完成商定的施工工程，明确相互权利、义务的协议。建设工程施工合同的内容应包括工程范围、建设工期、节点工期、工程质量、工程造价、技术资料交付时间、材料和设备供应责任、拨款和结算、竣工验收、质量保修范围和质量保证期、双方各自的权利和义务等条款。

11.2.3　货物采购类

建设工程的材料供应中，主要材料如钢筋、水泥、混凝土、五金、油毡、沥青以及水、电、暖、卫等专项用料一般由总承包单位供应，辅助材料一般由分包单位供应，大型机电设备如冷水机组、换热器、冷却塔、发电机组、空调末端设备、电梯、实验设备等我们有时会根据工程实际情况，单独招标采购，并与材料供应商签订供货合同，将采购的材料、设备供应给施工总承包单位（或安装单位）。需注意，货物采购类合同指合同乙方仅负责供货及安装技术指导，不负责具体安装类采购合同，当供货商既负责供货同时又负责安装时，原则上应纳入工程施工类合同管理，如电梯供货及安装合同应纳入施工合同管理，这里的货物采购类合同特指仅负责供货类的合同。

11.3　合同管理的基本程序和内容

合同管理贯穿于建设工程全过程当中，从项目设计阶段、招标阶段、实施阶段，到项目结束，合同管理的管理重点各不相同。从合同管理的过程来看，大体上可以将合同管理分为三阶段，即合同的签订阶段、合同履约阶段、合同后评价阶段。

11.3.1　合同管理的基本程序

合同管理的基本程序如图 11.3 所示。

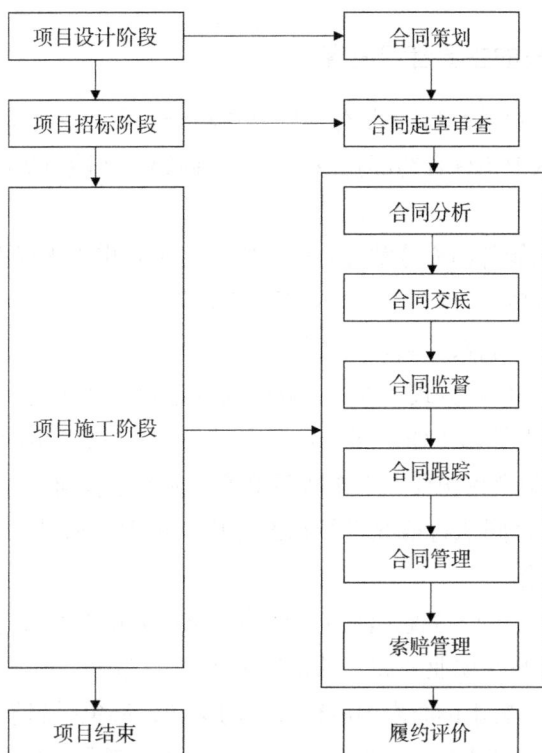

图 11.3　合同管理的基本程序

11.3.2　合同订立阶段的主要管理内容

（1）自招标文件编制开始，合同管理工程师参与招标文件编制，负责拟定合同初稿，明确合同核心实质内容，将相关内容纳入到招标文件，为中标后的合同谈判创造有利条件。

（2）中标公示结束，项目管理单位组织招标代理单位完善合同初稿，在招标文件合同初稿基础上补充双方法人信息、语言转化、投标文件中实质性承诺内容等，并组织相关各方审查评审并出具初稿合同审查评审意见。

（3）项目管理单位根据各方审查意见召开合同定稿会，完成合同单方面定稿。

（4）项目管理单位发放单方面定稿合同至中标单位，限定时间反馈意见，针对中标单位反馈意见组织建设单位集体研究，必要时请示建设单位领导逐条给出结论，合同洽商及谈判过程可能涉及多轮意见交换，管理公司应协助建设单位及时组织，针对争议问题的解决务必做到有利于据，合规合法。

（5）组织中标单位与建设单位开展合同谈判，就合同分歧逐项解决直至达成一致结论，完成合同最终定稿。

（6）组织定稿合同印刷出版，跟踪中标单位提交履约保函或履约保证金，落实合同签署盖章发放，大型项目根据建设单位需要，可组织正式签约仪式。

11.3.3　合同履约阶段的主要管理内容

（1）围绕部门职能及管理对象划分，明确单项合同履约管理责任部门及责任人：

1）项目管理团队中招标合约部就该合同核心内容、风险点等组织内部职能部门及责任人学习、交底。

2）其他各管理职能部门充分掌握合同内容，清理超出常规标准或规范类的合同要求作专项落实，专项制定管理工作流程，促进全面履约。

（2）依据合同履约内容，明确合同履约指标及合同履约管理工作重点、任务及时间，建立健全合同履约跟踪检查方式及方法，并随履约过程同期落实。

（3）做好合同文件管理工作，同步登记合同台账、付款台账等，合同及补充合同协议乃至经常性的工地会议纪要、工作联系单等实际上是合同内容的一种延伸和解释。应建立技术档案，对合同执行情况进行动态分析，根据分析结果采取积极主动措施，与合同方进行有效沟通。

（4）加强合同履约过程检查，注意按合同要求的时限履行义务。新颁布的《合同示范文本》对工程中的各项业务和意外情况处理时限都作了具体规定。承发包双方、监理工程师都应在合同要求的时限内履行各自的义务，避免引起争议及索赔。

（5）公正客观地处理索赔，及时组织补充协议洽商签署，索赔是合同履行过程中一方主张权利的要求，在主张的同时要提供事实证据。根据事实证据和合同条款，另一方作出承认、部分承认并予以赔偿相应的工期和费用。当然也可以采取反索赔来维护自己的合法权益。但不是就同一个问题的推诿，而是找出对方违约的地方提出反索赔要求。

（6）严格现场签证等类似合同补充洽商类事宜管理制度及流程。工程项目施工过程经常出现各种与合同约定不符的情况，必须及时办理现场签证。由于签证是双方对事实意思表示一致的结果，可以直接作为追加工程合同价款的计算依据。因此要严格签证权限制和签证手续程序，提倡只签客观实际情况而不签造价，只签实际工作量、点工数、施工措施而不签造价。结算部门应严把审核关，拒绝不合理的现场签证。

11.3.4　合同后评价阶段的主要管理内容

合同履行过程中和履行完毕，应按照合同约定的履约评价办法组织过程及全部履约评价，履约评价结果应反馈合同对方，并按照合同约定对履约评价结论不合格的单位进行处罚。招标合约部应指定的专门验收人员对合同履行情况进行验收总结，填写合同履行情况总结书，应标注履行合同的编号、客户名称、合同内容、合同履行的时间、企业收益、履行期间的困难、合同履行的启示、合同履约总体评价等情况，为后期类似合同风险的防范提供借鉴。

11.4　合同签订阶段的管理重点

合同管理过程中，做好预控工作至关重要。针对本项目特点，项目管理单位将全面专业地把控合同条款，将可能造成施工争议的条款预先完善和说明，在合同签订前最大程度规避合同风险。

11.4.1　组织建设单位开展合同谈判（澄清）

本工程投资额大且以国有投资为主，涉及的公开招标非常多。而本项目单体多，涉及的专业内容多，材料采购也多，所以也存在大量的直接委托。不管公开招标，还是直接委托，在合同签订前，建设单位都将与被委托人进行合同谈判，协助建设单位开展合同谈判是项目管理单位在合同签订阶段的工作重点。

1. 为建设单位答疑解惑

随着市场经济的发展，我国陆续出台了相当数量的法律、法规、规章。在进行合同谈判、签订合同、确定合同当事人双方的权利和义务时，要求谈判人员除具备必备的相关专业知识以外，还必须具备相关法律知识的储备。如除了了解合同法中关于订立合同应遵循的原则问题、订立合同的方式问题、缔约过失责任问题、不同合同应具备哪些条款问题、格式条款与格式合同问题、免责问题、合同无效问题、合同效力待定问题、合同条款规定不明应遵循的原则问题、合同风险转移问题、承担违约责任问题等合同法中的新变化，还需要熟悉勘察、设计、施工、监理合同示范文本的规定。

2. 做好合同谈判前的准备工作

（1）协助建设单位做好资料收集工作。谈判准备工作中最不可少的任务就是要收集整理有关合同对方及项目的各种基础资料和背景材料。这些资料的内容包括对方的资信状况、履约能力、发展阶段、已有成绩等，还包括工程项目的由来、土地获得情况、项目目前的进展、资金来源等。这些资料的体现形式可以是通过合法调查手段获得的信息，也可以是前期接触过程中已经达成的意向书、会议纪要、备忘录、合同等，还可以是对方对我方的前期评估印象和意见，双方参加前期阶段谈判的人员名单及其情况等。

（2）协助建设单位评审参建单位的实力。对参建单位的实力了解主要指的是对对方资信、技术、物力、财力等状况的分析。

（3）协助建设单位对合同谈判目标进行可行性进行分析。分析我方设置的谈判目标是否正确合理、是否切合实际、是否能为对方接受以及接受的程度。同时要注意参建单位设置的谈判目标是否正确合理，与自己所设立的谈判目标差距以及自己的接受程度等。

3. 重要合同的谈判应当拟定谈判方案

在扎实做好上述准备工作，以及进行综合分析的基础上，考虑到该合同可能面临的危险、双方的共同利益、双方的利益冲突，进行进一步拟订合同谈判方案。谈判方案中要注意尽可能地将双方能取得一致的内容列出，还要尽可能地列出双方在哪些问题还存在着分歧甚至原则性的分歧问题，从而拟订谈判的初步方案，决定谈判的重点和难点，从而有针对性地运用谈判策略和技巧，获得谈判的成功。

11.4.2 合同分析

根据合同谈判的结果，项目管理单位协助建设单位组织开展合同评审，对合同开展分析，主要重点有：

1. 合同范围的划分（施工界面的划分）

往往在订立合同时，合同双方是明确和清晰此范围的，但在工程完工后令双方最扯皮的也在此处，因为合同的文字描述不够全面或是叙述有歧义，造成双方各执一词。尤其在总包施工与独立发包工程之间的施工界面，总包单位与精装修工程的界面划分。

比如在电梯采购安装合同中，就需要特别明确电梯安装公司的电源接入处在哪里，是否由电梯安装公司自行从电梯电源配电箱接电缆入电梯供电，是否由电梯安装公司负责安装底坑爬梯及层门钢牛腿和电梯井永久性照明，还有实现电梯三方（或五方）通话功能的电缆线采购安装是否由电梯安装公司一并完成。电梯采购合同中除质保外是否提供几年的免费保养服务，保养服务是清包、半包还是全包，这些都可能是订立合同时的疏忽之处。

2. 合同价格形式

2013版施工合同示范文本中将合同价格形式分为三类，即单价合同、总价合同、其他价格形式合同。单价合同的含义是单价相对固定，仅在约定的范围内合同单价不作调整；总价合同则是指合同当事人约定以施工图、已标价工程量清单和预算书及有关条件进行合同价格计算、调整和确认的建设工程施工合同，在约定的范围内合同总价不作调整；其他价格形式合同，如成本加酬金与定额计价等。

一般情况下采用单价合同形式比较多，这里需明确综合单价包含的风险范围和风险费用的计算方式，在2013版工程量清单计价规中也强制性要求明确应由投标人承担的风险范围及其费用。风险范围一般包括投标人投标时漏报、错报、和报价失误；投标报价时人工、材料、机械台班单价与工程实施时的差异；施工管理不当带来的人工、机械的窝工，材料使用不当带来的材料浪费；管理不善带来的管理费越支；经营不善使得经济效益下降等。

3. 履约担保、预付款担保

履约担保和预付款担保都是为了保障建设方的权利和利益，从防范合同风险角度考虑，可以有效防止承包商在收到预付款后或施工过程中，将合同款项挪作他用或宣布破产等。履约担保一般应当自提供担保之日起至颁发工程接收证书之日止，因此承包人应保证履约担保在颁发工程接收证书前一直有效。预付款担保有效期自预付款支付给承包人起生效，至进度款支付证书说明已完全扣清为止。

4. 工料机调价方式

依据 2013 版施工合同示范文本中第 11 条，采用投标价或以合同约定的价格月份对应造价管理部门发布的价格为基准，与施工期造价管理部门每月发布的价格相比（加权平均法或算术平均法），人工、钢材、其他主材价格的变化幅度原则上大于 ±3%（含 3% 下同）、±5%、±8% 应调整其超过幅度部分要素价格。在实际操作中一般采用以合同约定的价格对应造价管理部分发布的价格为基准，这样操作简便，且无论投标报价是否低于或高于基准价。

其中基准价和涨跌幅比例可在专业条款中约定。从建设方角度出发，建议采用 2013 版施工合同比较有利，也就是调价基础采用"涨幅就高、跌幅就低"原则，节约建造成本。另外关于可调差的主要材料名称应予以明确，不能含糊概念，不能有"等"字眼，这些都可能是引起纠纷的根源。

5. 保险

建设工程资金投入高、施工周期长、涉及技术领域广泛、施工安全性要求高、还存在很多不可预见的风险因素，这些因素决定了建设工程领域是个高风险的行业，工程保险就是把工程项目中的重大风险转移到保险公司。建筑工程一切险或安装工程一切险应由建设方投保并出资，建设方和承包方分别为其时施工现场的全部员工办理意外工伤保险。

6. 争议解决

合同双方发生争议是谁也不愿看到的，也是不可避免的，如争议不能达成一致的情况下，解决方式就显得至关重要，一般合同约定有两种方式解决，一是向约定的仲裁委员会申请仲裁，二是向有管辖权的人民法院起诉。在合同中此项条款多数未被重视，想当然的认为并不会出现如此恶劣的情况，未曾想可能在工程结算时双方存在差异较大相持不下的情况下，只能诉诸法律手段予以裁决。

在此并不建议建设项目争议选用仲裁方式解决，因为建设项目涉及资金额比较庞大，而仲裁实行一裁终局制，仲裁裁决一经仲裁庭作出即发生法律效力，如由一方当事人对裁决存有异议也无法再行起诉，对于国有投资项目容易造成国有资产的流失。

11.5　合同履约阶段的管理重点

合同管理不是简单的要约、承诺、签约等内容，而是一种全过程、全方位、科学的管理。作为全过程工程咨询单位，不仅要重视签订前的管理，更要重视签订后的管理。只有依法规范的合同履行管理，全面履行合同，注重履约全过程的情况变化，特别要掌握对建设单位方不利的变化，及时对合同进行修改、变更、补充或中止和终止，才可以维护建设单位权益、合理规避市场风险。

11.5.1　合同履约

合同的履约就是交易的双方全面地、适当地完成合同的义务，实现合同的权利。作为项目管理单位将做好以下工作，以达到合同全面、合理履约的标。

1. 组织与制度管理

（1）健全合同跟踪管理机构。项目部将设专职的合同履约人员，负责各种合同资料和相关的资料的收集、整理和保存，建立报告和行文制度。

（2）完善合同履约管理制度。不断地修订、补充、健全合同履约制度可使其涵盖合同履行的全过程，减少死角，在客观上为顺利履行合同提供安全保障。

（3）建立合同实施的保证体系。在合同实施过程中，要协调好各方面关系，使合同的实施工作程序化、规范化，按质量保证体系进行工作。

（4）加强合同履行的监管。全面推行合同跟踪管理手册制度，及时、全面地掌握合同履约情况。

（5）提高各参建单位的法制观念。做好合同履行管理工作，还需要各参建单位对合同履约工作的重视程度。通过合同跟踪、会议宣传等方式提高参建单位的现代法制观念。

2. 安排专人管理

实行交易的全过程负责制。在交易过程中，从交易对象的考察、评定，到交易的商谈、合同书的签订等一系列过程，合同履行情况（供货、付款、争议的处理），合同履行情况的总结，实行全过程责任制，项目部的合同管理工程师也作为责任人之一。

责任人不仅限于对合同谈判记录，往来电传，涉及价格、数量、质量等重大事项变更做好文字记录，更应监督整个合同的履行情况，直到合同所有的权利和义务都履行完毕，写出对此情况的小结，整理建立完整的客户交易信息档案。

3. 合同交底管理

（1）合同管理工程师协助建设单位的合同管理人员向参建单位进行合同交底，全面陈述合同背景、合同工作范围、合同目标、合同执行要点及特殊情况处理。

（2）要求参建单位向其所属执行人员进行合同交底，陈述合同基本情况、本部门的合同责任及执行要点、合同风险防范措施等，并解答所属人员提出的问题。

（3）合同管理工程师必须积极主动地学习合同条款，熟悉合同的主要内容、双方的权利和义务，分析各种违约的法律后果，有效利用合同保护建设单位的利益、限制和制约对方的违约行为，按照合同约定全面履行。

4. 培训管理

项目部合同管理工程师定期对参建单位的合同管理人员进行法律法规知识培训。通过培训来提高各参建单位的自我约束能力，使合同履行监督网络健康有序地运作，让合同责任追究率降至最低。抓好参建单位的合同管理管理人员知识培训，有利于建设单位方的合同管理工作不断深入。

5. 信息和档案管理

（1）建立合同管理台账。对本项目所签订的全部合同分类登记，及时记载合同订立和履行情况，以便随时掌握和了解合同履行中出现的问题，并进行信息反馈。合同台账可以根据实际需要来设置，有的可设综合台账，有的可设分类的台账。

（2）建立信息汇报反馈制度。项目部建立信息汇报和反馈的制度和流程，对合同对方的合同履行情况实施有效监控，一旦发现有违约可能或违约行为，应当及时提示风险。

6. 确定合理的合同款支付流程

（1）技术服务类合同款

根据本类合同的特点一般按照节点进行合同价款的支付，如合同签订后支付10%～20%的预付款，提交成果文件后拨付至85%～95%，工程竣工验收合格后支付全部技术服务费，或在收到技术文件后一次性支付，或根据技术服务项目的实际情况设定相应条款。

（2）供货类合同款

此类合同由于需要一定的生产周期，应在计划安装日期前，根据工程实际情况和供货厂家生产能力，提前下达供货通知，并在签订供货合同下达生产通知后预付一定的设备款。此时对于买方是有一定风险的，可以通过要求卖方提供履约保函和预付款保函来规避和缩小自身承担的风险。

电梯采购中，由于行业原因，通常在生产完毕具备发货条件时拨付部分货款。

货物运抵现场后，经开箱检验，外观完好，包装符合要求，数量准确应再次拨付部分货款（不应超过85%）。

货物安装完毕，调试验收合格后，证明设备质量合格，运转良好，此时可付至合同价款的95%，预留5%作为质量保证金，等质保期满后返还。

（3）工程施工类工程款

工程量计量：施工单位上报实际完成并经现场监理及甲方确认的工程量作为拨付工程进度款的依据，这里特指形象进度确认表。

工程款拨付：甲方应根据合同相关约定核实和确定工程价格，并按合同约定比例及时拨付工程进度款。

为保证工程进度款拨付的及时，建议工程进度款的拨付不作为工程结算的依据，在工程实施过程中无法及时核定、确认的设计变更、工程签证、新增综合单价等暂用项，待正式确定或工程结算时一同计入工程总价。

11.5.2　索赔管理

本工程体量较大、建筑功能较多、加上施工工期相对紧张，现在不可避免会产生各种索赔和反索赔。加强索赔管理，可以有效控制工程造价。

1. 项目中可能出现索赔、反索赔的几个方面包括：

（1）因地质原因（包括障碍物、地下文物。地下管线等）可能造成的索赔；

（2）因设计不完善、图纸提供不及时造成的工期索赔以及费用索赔；

（3）因工程需要建设单位单独分包由分包单位造成的工期拖延造成的索赔；

（4）由于材料、设备采购拖延不能及时提供造成的索赔；

（5）施工方拖延工期引起的反索赔；

（6）施工方施工质量问题导致的反索赔等。

2. 采取合同管理措施减少索赔

（1）合同交底

项目咨询部一方面要将合同分析和合同分析文件下达给具体的责任人，如招标及合同管理工程师，向整个项目管理班子宣讲合同精神，落实合同责任与合同规定；另一方面，要向参加项目实施的各方宣讲合同精神，落实合同责任与合同规定，使参加项目的各个实施者了解相关合同的内容，并能熟练掌握它。

（2）合同跟踪

在施工现场，招标及合同管理工程师将起着"漏洞工程师"的作用。他并不是寻求与其他各方面的对抗，而是以积极合作的精神，协助各个方面完成各个合同。项目施工前寻找合同和计划中的漏洞，以防造成对工程的干扰，对工程实施起预警作用，将计划、工作安全做得更完备。及时地寻找和发现项目监理部在合同执行中出现的漏洞、失误，以保证项目部在发出指令或决策时没有违反合同，不会因此产生索赔。及时地寻找承包单位合同执行中的漏洞，及时提出警告或索赔要求。

（3）合同监督

给施工单位项目经理、项目部各职能人员、所属承（分）包商在合同关系上予以帮助，解释合同，做工作指导，对来往信件、会谈纪要、指令等进行合同法律方面的审查。协助项目经理正确行使合同规定的各项权利，防止产生违约行为。对工程项目的各个合同执行进行协调。

做好合同实施档案管理：记录工程范围变更、商务及法律条款变更和因此导致的成本、进度计划的变更；记录对合同的修改，收集、记录和保存建设单位的批准、通知等文件、谈判纪要和来往信件。

（4）对合同实施过程进行监督，对照合同监督承包单位的施工，做好协调和管理工作，以确保其工作满足合同要求。

及时向各层次管理人员提供合同实施情况的报告，并对合同的实施提出建议、意见甚至警告。

调解合同争执，包括各个合同争执以及合同之间界面的争执。

3. 合同争议的解决

由于建设工程合同履行周期较长，涉及法律关系多，很容易造成各种各样的合同争议。对于建设工程合同来说，合同争议的标的往往金额巨大。因此合同争议是否能及时和恰当地解决，直接关系到合同双方的经济利益，决定着建设工程合同目的能否最终实现。

工程建设过程中常见的争议包括：

（1）实际完成工程量：在实际施工中由于设计变更、现场条件变化以及计量方法等引起的工程数量的增减每天每月都会发生，日积月累可能增大到一个很大的数字，因此在工程实施过程中，应对工程变更严格控制，制定相关的变更制度，明确责任人，同时在总量上控制工程造价的变动。

（2）工程质量：工程材料不符合合同约定的技术标准要求，施工和安装有缺陷等。

（3）工程工期：一些大型的工程工期延误往往是由于错综复杂的原因造成的，通过合同条款的设定罚则来避免工期纠纷，但实际要分清各方的责任往往十分困难。

（4）工程款支付：由于工程量、工期、质量的纠纷都会导致或直接表现为付款纠纷。工程实际进展时也可能出现新的综合单价，对新发生的综合单价原投标报价没有相应的依据和参考标准时也有可能引发争议。

（5）中止合同：主要指工程停工、停建，合同履约中断停止的赔偿。

（6）终止合同：由于不可调节的矛盾造成合同履行终止。

合同双方应通过友好协商，解决在合同执行中所发生的或合同有关的一切争端。若协商不成，一方可向合同履行地人民法院提起诉讼。

协商主要包括和解和调解，即在合同当事人发生争议后，自愿或在第三人主持下，根据事实和法律，互谅互让，自愿达成协议，从而公平、合理地解决纠纷的一种方式。

另一种争议解决方式就是合同当事人通过向合同履行地人民法院提起民事诉讼，依据民事诉讼法进行各种诉讼活动，以及由此产生的各种诉讼关系的总和。

4. 合同违约的处理

对于合同当事人的违约行为，当事人的另一方应及时主张合同条款赋予的主张赔偿的权益，依据对合同违约条款的相应约定提出索赔要求并正式递交书面索赔通知书。

索赔时应熟悉合同条件掌握大量有说服力的证据，编好索赔文件，使索赔建立在证据充分、翔实、合情合理难以反驳的基础上，依据合同文件解释顺序和相关法律法规的适用，合同条款的约定，和双方各自的权利和义务等进行。

11.5.3　合同履约评价

项目管理单位协助建设单位开展合同履约评价工作，建议以实体检查与行为监督并重、诚信激励与失信惩戒并行的原则，对参建单位进行动态评价。

1. 项目管理单位开展合同履约评价工作重点

协助建设单位负责制定履约评价管理办法；

制定实施细则，并向参建单位宣传和贯彻合同履约评价制度；

定期组织对各参建单位的履约评价工作，并汇总分析履约评价得分，上报建设单位；

协助建设单位完成合同履约评价结果；

妥善使用履约评价结果，提升履约评价工作的效果。

2. 针对施工单位的考评重点

项目管理单位以深圳工务署现行的履约评价办法为基础，制定履约评价细则，主要对以下几方面进行考评：

安全生产管理和施工质量管理。

组织机构及人员的评价，主要包括并不限于：项目经理、项目总工、主管副经理、部门负责人、主要管理人员的资格资历、进场更换、月度考勤、工作水平等。

风险监控管理的评价，主要包括并不限于：环境调查及评估、监测及巡视、视频监控、信息平台、预警及响应组织机构等。

施工进度管理的评价，主要包括并不限于：施工资源配置情况、进度管理体系运行情况和形象进度完成情况等。

文明环保管理的评价，主要包括并不限于：现场总体封闭管理、生活区部分（生活设施、职工宿舍、食堂、厕所、淋浴间、开水房和盥洗设施）、生产区部分（施工场地、材料堆放、现场防火、保健急救）、周边环境保护等。

工程费用管理的评价，主要包括并不限于：工程量清单管理、计量支付、变更洽商、工程资金管理等。

合同履约管理的评价，主要包括并不限于：施工单位承诺内容、合同约定内容、违约情况、索赔情况等。

总包管理的评价，主要包括并不限于：对各专业分包的管理情况、总包服务情况、前期工作配合情况。

3. 针对咨询单位的考评重点

工作质量，主要包括但不限于：咨询成果质量、工作时效、对建设单位要求的响应速度、向建设单位提出的合理化建议的数量及质量、市场数据的分析等。

人员专业素质，主要包括但不限于：项目负责人的专业知识掌握情况及资质水平、项目其他人员的专业知识掌握情况、项目成员的职业道德情况。

协助与配合主要包括但不限于：对各相关单位诉求的响应情况、总公司对派驻项目组的支持情况。

11.6　合同后评价阶段的管理重点

按照合同全生命期控制要求，在合同执行后必须进行合同实施后评价，将合同签订和执行过程中的利弊得失、经验教训总结出来，作为以后工程合同管理的借鉴，从而提高合同管理水平。由于合同管理工作比较偏重于经验，只有不断总结经验，才能不断提高管理水平，才能通过工程建设不断培养出高水平的合同管理者。合同后评价的重点在于：

1. 合同签订情况评价

预定的合同战略和策划是否正确？是否已经顺利实现？

招标文件分析和风险分析的准确程度。

该合同环境调查、实施方案、工程预算以及报价方面的问题及经验教训。

合同洽商中的问题和经验教训，以后签订同类合同的注意点。

各个相关合同之间的协调问题等。

2. 合同执行情况评价

合同执行战略是否正确？是否符合实际？是否达到预想的结果？

合同执行中出现了哪些特殊情况？应采取什么措施防止、避免或减少损失？

合同风险控制的利弊得失。

各个相关合同在执行中协调的问题等。

3. 合同条款分析

合同具体条款，特别是对工程有重大影响的合同条款的调大和执行的利弊得失。

合同签订和执行过程中所遇到的特殊问题的分析结果。

对具体的合同条款如何表达更为有利。

对合同风险预测是否全面充分，预防措施是否有效。

11.7 合同管理存在的风险分析

合同风险是指合同中的不确定性因素可能导致合同一方在履约过程中遭受预期利益受损的情况，合同风险事件可能发生，也可能不发生，如果风险成为现实，则主要由承担者负责风险控制，并承担相应损失、责任。

对于风险的定义属于双方责任划分问题，不同的表达，就有不同的风险，就有不同的风险承担者。作为项目管理单位，应在遵循现行法律法规的前提下，围绕项目特定环境、特定背景、建设单位有关设想等，对每个合同可能存在的风险作准确、全面预测，并在招标文件合同文件明确责任方，避免后期履约争议，确保项目效益最大化。

11.7.1 技术服务类合同的合同风险

在技术服务类合同中,乙方完成技术服务内容,提供技术成果性文件（如勘察报告、施工图设计文件、检验试验报告等），而合同甲方则履行支付服务费的义务。对于建设单位而言，该类合同风险主要存在于以下几个方面：

（1）乙方提供的技术成果性文件及相关服务是否符合甲方及国家相关标准的要求。

（2）乙方提供的技术成果性文件及相关服务是否能满足工程建设的需要。

（3）技术成果（含过程成果文件）提交的时间，份数是否满足项目实施需要。

（4）技术服务成果文件质量，权威性和真实性。

（5）技术服务单位的服务意识、服务态度能否满足项目实施需要。

（6）技术服务内容、深度、广度是否满足项目实际需要。

（7）新政策法规出台及规范修编修订可能导致与合同约定不符。

（8）地方及行业规定、标准可能高于国标要求。

（9）项目实际进度与项目原计划可能存在差异导致需发生的延期服务、临时服务、增加服务内容等。

（10）合同约定付款进度是否合理，既能保证技术服务工作进展又有一定约束力。

（11）项目可能存在的因规模调整、工期改变、标准提高等因素导致影响技术服务成果文件提交时间、成果文件深度及质量要求、技术服务深度及广度改变。

11.7.2　工程施工类合同的合同风险

工程施工类合同风险主要存在于工程质量、工期、安全、造价等方面，对于建设单位而言，该类合同风险主要存在于以下几个方面：

1. 费用超支风险：在施工过程中，由于通货膨胀、环境、新的规定等原因，致使工程施工的实际费用超出原来的预算。

2. 工期拖延风险：由于设计错误、施工能力差、自然灾害等原因致使项目不能按期建成。

（1）质量风险：由于原材料、构配件质量不符合要求，技术人员或操作人员水平不高，违反操作规程等原因而产生质量问题。

（2）技术风险：在施工项目中采用的技术方案不成熟，或采用新技术、新设备、新工艺时未掌握要点致使项目出现质量、工期、成本等问题。

（3）资源风险：在项目实施中因人力资源不能按计划调遣而影响项目顺利进行时造成的损失。

（4）自然灾害和意外事故风险：由火灾、雷电、龙卷风、洪水、暴风雨、地震、雪灾、地陷等一系列自然灾害和由人们的过失行为或侵权行为等意外事故给施工项目带来的损失。

（5）财务风险：由于建设单位经济状况不佳而拖欠工程款致使工程无法顺利进行，或由于意外使项目取得外部贷款发生困难，或已接受的贷款因利率过高而无法偿还。

11.7.3　货物采购类

货物采购类合同的风险主要在于采购货物的供货质量、供货进度、保修、现场服务几个方面，具体包括以下几点：

（1）供货商是否能按期排产按期交货。

（2）供货商提供的货物质量和性能是否满足要求。

（3）货物技术参数、品牌、零配件等约定是否清晰。

（4）货物验收标准及规范、验收流程是否明确。

（5）货物自加工制作、出场检验、包装、装车、运输、装卸、入库存放、移交安装单位等所有环节针对性要求及费用分担是否明确。

（6）货物到场后的堆放场地、配合装卸要求及安装前的储藏保管责任是否明确。

（7）货物安装期间技术指导服务要求是否明确。

（8）货物需附带的备品备件、检查检修工具是否明确。

（9）货物进场后的复试检测及报验要求是否明确。

（10）货物质保期及有关保修约定是否明确。

（11）货款支付约定是否合理，是否存在超付风险等。

项目管理单位围绕各类合同风险拟定招标文件及合同初稿，据此进行合同谈判，避免风险转嫁，同时在项目实施阶段据此监督合同履约情况，便于及时发现承包人是否全面履约，防范上述的履约风险，保证项目实施。

第12章 BIM技术管理

12.1 BIM应用功能定位与范围

12.1.1 需求分析

在目前BIM技术全面推广的形势下，要将BIM技术与工程实际密切结合，实现BIM技术落地应用，承担从规划设计、施工建造到运营管理全过程BIM应用的示范和验证作用，体现BIM技术在项目全生命周期中工程实践的应用价值。

设计阶段：利用BIM技术的特点，对设计中存在的问题尽早发现，通过3D协调的方式，进行设计优化。在施工前期，对部分关键节点进行设计优化、施工组织方案优化，以满足建设单位要求的项目定位和使用功能的基础上，提高设计要求，尽可能地降低变更。

施工阶段需求：利用BIM技术对整体施工方案和关键节点的方案进行模拟和优化，并将BIM技术应用于施工管理中，逐渐形成以BIM为基础的施工管理关键技术和关键流程。过程中逐步进行模型审核及控制并汇总成综合模型。配合建设单位进行工程BIM算量及材料统计工作。在满足工程整体实施进度的基础上，有效协调施工范围内的进度安排，尽可能减少项目单体之间的施工影响，保证项目按进度要求实施。

以上建设、设计等方面需求，作为BIM技术应用的基本条件，需要结合项目实际工程管理中对建筑品质、建设进度、质量、投资，以及物业管理、各类设备系统的安装、维护进行分阶段分析，落实为BIM技术应用的具体目标，指导本工程BIM技术的具体应用。

1.总目标

通过项目BIM实施规划的制定保证项目实施过程中BIM应用的延续性，可用性，管理性。采用统一软件、统一版本，保证协同操作。

实现建设工程项目全生命周期BIM的3D/4D/BIM工程量应用为目标，协助进行项目成本、进度的控制与管理，提升项目效益。

基于BIM模型向建设方、设计方、施工方、设备供应方、运营方提供信息对称的可视化设计沟通工具。

通过基本模型、综合模型为设计、施工管理人员提供设计协同工具、通过碰撞检测、空间分析、入口分析、性能分析等提供设计成果的校核工具，进行方案比选和设计优化，提高设计质量及效率。

通过 BIM 技术提供信息载体，运用数据管理平台，为高效、便捷、及时决策提供所需信息。在 BIM 数据支持下，提高工程建设质量和项目综合管理水平，实现项目全面管控（进度、质量、投资、安全等）。

2. 子目标

为了实现总目标，通过项目的 BIM 技术实施，BIM 技术应用的目标可分解为以下子目标：

优化设计，减少设计变更：

利用 BIM 模型进行单专业三维设计和多专业综合协调，实现高效地多专业整合协调，减少各专业之间的冲突及其带来的设计变更，通过设计图纸完成前、施工开始前的综合协调，可以减少二维图纸不能发现的功能布局、建筑空间碰撞等引起的变更，进而节约项目工期和成本。通过 BIM 技术应用，努力实现项目设计零变更的目标。

提高工程进度控制效率：

通过 BIM 模型与时间变量的结合，实现 4D 施工进度模拟，实现不同范围的施工进度的精确控制，为整体施工方案比选和关键工艺节点优化提供依据，强化对施工过程的管控能力，减少甚至避免工期延误和人机物料浪费。BIM 模型与工程量（价）变量的结合，并进行 BIM 工程量（价）计算模拟，BIM 模型与工程量导出、工程款支付相结合，并将成果应用于本项目的预结算工作中。

加强协同工作，避免不必要的信息传递延迟与失误：

BIM 技术不但可以实现设计阶段各专业之间的协同，而且可以实现建筑全生命期各阶段各参与方之间的协同。利用 BIM 技术的 3D 交底应用，实现各阶段各参与方信息共享、对称一致，避免信息沟通不畅带来的变更或返工；同时，通过虚拟建造、施工方案模拟等技术和方法，提前进行方案论证，实现"后续工作前置化"，使各参与方关键节点的施工难点和重点，提高各参与方工作效率和质量。

便于协同、分析、展示：

BIM 模型不仅记载了建筑三维几何信息，而且可以附带非几何信息。通过不断地加载模型信息，逐渐形成一个与实体交付信息量对等的记录模型。结合项目特点，在运管管理的应用重点包括设备维护保修、结构检测、样板房展示、日常运营、配建市政设施使用和办公租户的管理。

通过 BIM 技术应用的实践工作，将本项目打造成为深圳工务署的代表性示范项目，形成同类型项目的 BIM 应用体系，供行业内兄弟单位参观学习，并由此推动后续各类项目的 BIM 化改造，培养基于 BIM 技术应用的管理人才。

3. 任务及对应内容

根据本项目特点及目标，对 BIM 任务及对应内容如表 12.1-1 所示。

BIM 目标任务分解表　　　　　　　　　　　　　　　　　表 12.1-1

任务	对应内容
BIM 实施规划	BIM 整体策划、BIM 技术应用的组织体系、项目总体 BIM 实施流程、各阶段模型制作及审核责任分配、技术环境及软件平台、数据交换的技术标准、各阶段 BIM 模型精度标准；综合模型的控制
设计协同	三维辅助设计、可视化研究、基于同一工作平台的设计信息交互、管线综合、设备参数复核计算、净高控制
动画与模拟	漫游动画、4D 模拟、工程算量、材料统计与模拟、与造价咨询顾问配合的相关 BIM 应用
施工协同	总包方模型控制、综合模型控制、竣工模型
精装修协同	协同室内设计、精装修深化；建立精装修模型，包括办公楼的主入口大堂、客梯电梯厅、标准层电梯厅、标准层卫生间等
成果交付	综合模型、专项应用模型
运维辅助	识别需求、传递信息、按 BIM 规划形成运维模型

12.1.2　应用要求

1. 设计阶段

BIM 设计阶段与说明如表 12.1-2 所示。

BIM 设计阶段任务与说明　　　　　　　　　　　　　　　表 12.1-2

阶段	任务	说明
初步设计阶段	收集设计单位初步设计计划表	
	收集设计单位的相关设计资料	
	递交 BIM 工作计划进度表	
	建立各专业模型（围护、结构、建筑、幕墙、机电）模型及更新	
	向建设单位提交模型（初步设计阶段模型）	提交模型的同时将图纸问题汇总一并提交
施工图设计阶段	收集建设单位方的施工计划进度表，施工图等资料	
	建立模型库	后期将会用到的钢构、结构、机电设备、管道配件、阀门仪表等文件
	建立各专业模型（结构、建筑、幕墙、机电、市政、绿化、道路等）	
	向建设单位提交模型（施工图设计、深化阶段模型）	提交模型的同时将图纸问题汇总一并提交

　　BIM 模型中的信息分为几何信息和非几何信息。在综合模型中按照需求进行表达，与图纸设计保持对应。

2. 施工阶段

BIM 施工阶段任务与说明如表 12.1-3 所示。

BIM 施工阶段任务与说明　　　　　　　　　　　　　　表 12.1-3

阶段	任务	说明
施工准备阶段	移交设计模型给施工总承包单位	
	对总承包及材料供应商指定 BIM 实施要求	包括招标内容与合约要求配合
	复核施工图与施工图模型	再次检查模型
	要求施工单位建立场地布置模型	场地模型由施工单位实施,并得到建设单位及管理公司认可
	虚拟建造	
	收集精装建模相关资料	
	向建设单位提交精装建模计划表	
	精装修建模	
	虚拟建造	
施工实施阶段	向建设单位提交模型更新形象进度表	设立表单,跟踪施工单位模型更新进度
	施工单位移交的模型	
	提交模型审查报告	
	模拟施工进度	
	管线碰撞检查	
	三维可视化施工交底	
	漫游动画	
	管线综合与优化	
	提交与进度相符的工程量清单	
竣工验收阶段	提交施工单位的模型清单	
	向建设单位提交模型工程量清单	
	检查模型信息	
	提交模型检查报告	
	合模	
	漫游动画	
	制作模型清单	
	向建设单位移交模型	

　　不同的施工内容和 BIM 在施工中的应用内容,会涉及不同的模型要求,模型也应满足相应的要求。

　　总承包商进场后将接收与施工图对应的施工图设计 BIM 模型,该模型的内容在本规划约定的范围内与施工图相一致,并进行分层建模。在此基础上,总承包商和专业承包商依据本规划的统一要求负责施工阶段模型的建立,并据此进行过程中 BIM 综合模型分模型的建立。

　　总承包商和专业承包商负责的 BIM 工作范围,与承包合同规定的实体工作范围对应一致。总承包商同时作为是本项目 BIM 施工模型的提供者和汇总者，其职责与总承包商管理职责相一致。

12.2　BIM 应用点的实施方案

全过程工程咨询作为现代建筑咨询管理企业，BIM 技术的运用将覆盖本工程项目管理的各个环节，包括模型移交、深化设计管理、施工组织管理、进度管理、成本管理、质量监控等。从建筑的全生命周期管理角度出发，借助于 BIM 技术在图纸会审、设计变更、方案论证、管线碰撞、施工模拟等方面的作用，辅助项目成功实施，并为建设单位和运营方提供更好的售后服务，实现项目全生命周期内的技术和经济指标最优化。

根据类似工程管理经验，针对以下方面着重分析 BIM 技术在此项目全过程管理中的价值应用点，以明确 BIM 模型使用的工作目的、达到的效果、运用的情境，保证项目的顺利实施。

12.2.1　基于 BIM 应用的技术管理

中山大学工程项目管理（含工程监理）实施最主要的目的，为了保证项目建设的设计、施工能满足建筑功能要求，从这个角度，BIM 模型主要存在以下方面的应用：

（1）基于 BIM 应用的图纸会审；

（2）基于 BIM 技术的设计变更管理。

12.2.2　基于 BIM 技术应用的质量管理

本项目结构工程、机电安装工程都比较复杂，BIM 实施阶段，应格外重视项目的复杂性。项目管理将充分发挥 BIM 技术对项目施工现场的支持作用，如借助于 BIM 技术进行方案审核、方案论证、管线综合、专业之间碰撞检查、材料管控，以及进度、质量、投资、安全方面的管控，辅助建设单位确保施工在可控范围之内。

（1）施工方案的审核及施工模拟；

（2）综合支吊架优化排布模拟；

（3）土方开挖、回填方案模拟；

（4）二次结构施工方案模拟；

（5）机电各专业管线的施工工序模拟；

（6）虚拟施工交底指导；

（7）基于 BIM 应用的各专业深化设计管理。

12.2.3　基于 BIM 技术应用的进度管理

本工程项目在进度要求上相当紧张，而大型公建项目本身所特有的特点（如多工种，多专业施工，以及与质量、投资目标的对立与统一关系，以及项目综合调试时间长等）

都是可能造成进度延误的不利因素，整体的进度要求相当高。全过程工程咨询将重视 BIM 管理工作在本项目进度控制中的应用，根据工程的进度节点要求，提前策划，预控在先，辅助建设单位按照工期要求顺利完成。

通过将 BIM 模型与施工进度计划相关联，将空间信息与时间信息整合在一个可视的 4D（三维模型＋时间维度）模型中，直观、精确地反映整个建筑的施工过程。同时还可以将项目的计划进度与实际进度进行关联，通过 BIM 技术实时展现项目计划进度与实际进度的模型对比，随时随地三维可视化监控进度进展，对于施工进度提前或者延误的地方用不同颜色高亮显示，做到及时提醒预警，并结合项目造价就可以快速获得每个月甚至每天的项目造价情况。

12.2.4　基于 BIM 应用的质量安全协同管理

（1）预留洞：在结构施工前利用 BIM 技术准确定位混凝土的预留空洞位置，方便对班组进行可视化交底，避免二次打洞，破坏结构，提高结构施工质量。

（2）管线综合：集成各专业的 BIM 模型进行碰撞检查，发现碰撞点后，在安装模型中，通过三维模型调整，再次综合模型，并可导出二维平面图，生成剖面图，指导现场施工。

（3）二次碰撞：根据重点部位的结构标高，结合深化后的机电综合排布方案，完成项目建造阶段的各专业碰撞检查，发现影响实际施工的碰撞点。

（4）方案模拟：利用 BIM 多维度可视化的特点，对重要施工方案进行模拟。项目各方可利用 BIM 模型进行讨论，调整方案，BIM 模型快读相应调整，最终确定最优的施工方案。

（5）基于 BIM 应用的现场安全管理

传统的安全管理、危险源的判断和防护设施的布置都需要依靠管理人员的经验来进行，特别是个别分包方对于各自施工区域的危险源辨识比较模糊。基于 BIM 应用的现场安全管理实施过程中应该注意以下方面：

通过建立的三维模型让各个分包管理人员提前对施工面的危险源进行判断，并通过建立防护设施模型内容库，在危险源附近快速地进行防护设施模型的布置，比较直观地将安全死角进行提前排查。

第13章 建筑工业化应用

深圳地区为全国首个"住宅产业化综合试点"城市，经过几年的发展，深圳住宅产业化已经初具规模。根据《关于加快推进深圳住宅产业化的指导意见（试行）》《深圳市住房和建设局转发广东省住房和城乡建设厅关于开展建筑信息模型 BIM 技术推广应用工作的通知》等相关文件精神，本着"政府引导、企建设单位体、市场运作、全民运作"的深圳地区独具特色的建筑产业化的方针，中山大学·深圳建设工程项目工程部分功能单体采用产业化方式建造。

13.1 建筑工业化应用管理特点

（1）中山大学·深圳建设工程项目工程学生宿舍、辅导员宿舍项目要求采用产业化方式建造，推行建筑设计标准化、部品生产工业化、现场施工装配化、土建装修一体化、过程管理信息化。预制率不低于 15%，装配率不低于 30%。

（2）中山大学·深圳建设工程项目工程学生、辅导员宿舍采用多功能的建筑布局，包括宿舍、各类师生活动用房等，涉及实施建筑工业化方式建造的工程量约 35 万平方米。

由上可知，采用产业化方式建造工程体量超过总建筑面积四分之一，主要形态相对规整，结构相对单一的宿舍区域，预制率相对较高，产业化优势较为明显的区块实施，作为政策推行的产业化建造，从设计到建造的各个环节，都对从业人员提出了更高的专业技术要求，需要投入更多的管理与监控措施，是项目管理工作的重点。

13.2 建筑工业化应用管理难点

（1）中山大学·深圳建设工程项目工程在校园规划详图确定后，首先建设学生宿舍、医学组团的普通教室等，首批校舍规划于 2020 年交付使用，就目前的工程进展，工程体量大、进度要求高，项目管理工作任务重。

（2）中山大学·深圳建设工程项目工程校舍用房是按照"百年校园的标准规划建设校舍"，遵循"校园建设遵循整体规划、分步实施、与办学规模相匹配并适当超前的原则"。学生宿舍和辅导员宿舍建设标准较高，尤其是宿舍卫生间，按照国际标准设计。采用产业化方式建造，生产工厂化、施工装配化质量控制是项目管理工作的一大难点。

13.3　工业化应用主要风险

深圳地区为全国首个住宅产业化综合试点城市，住宅产业化走在全国前列。目前已成功培育出万科集团、嘉达高科、中建国际投资、华阳国际 4 个国家级产业化示范基地及 35 个市级示范基地，实现了开发、设计、施工、生成、运营等产业链全覆盖，住宅产业化进入深度布局阶段。深圳地区产业化建造产业规模效应虽初步显现，但要得到普及和推广，还需要一个发展过程，首先是建筑部品的发展，然后才会发展到系统的集成。

根据公司对工业化的研究，结合深圳地区、中山大学·深圳建设工程项目工程建设特点和建设标准。分析本工程工业化应用存在的一些主要工程风险。

1. 设计单位及专业设计技术人员风险

采用产业化方式建造，建筑设计人员对建筑工业化理念体系和专业技术知识理解认识不足，将会影响中山大学·深圳建设工程项目工程整体的设计任务及设计标准化的形成。

2. 标准体系的缺失可能造成设计施工一体化达不到预期要求

设计标准是实现建筑工业化的前提，但是目前我国在设计、制造和技术方面的标准都不完备，而且没有相关强制性准则。而且整个建筑产业链标准体系规范不完善，要实现设计标准化、部品生产工业化、现场施工装配化等要求存在一定的风险。

3. 工业化技术不成熟造成工程质量安全风险

目前，深圳地区产业化只是在部分企业中应用试点，并未得到普遍推广，整体的工业化技术水平不够完善，无相关的材料、设备和机械来支持设计和研发，构件重复利用率低，结构、装饰和保温还是无法达到同步作业；同时，建筑工业化产品还存在稳定性和牢固性方面的问题，尤其是构件连接处，浆锚连接的施工方法整体性还不强，很多产品还禁不住地震的考验。工业化技术的不成熟对本工程项目的质量安全造成一定的风险。

4. 组织管理风险

中山大学·深圳建设工程项目工程仅部分建筑功能单体采用产业化方式建造，工程整体建设需要单独考虑工业化建设的管理组织模式，如不能够从工业化建设全局考虑，根据工业化特点将项目建设不同阶段不同地点的管理进行系统的规划，管理组织的设置对于工业化项目没有针对性，且不能全面覆盖工业化建设的全部流程，会造成管理质量低、功能差、效果不明显的结果。

5. 造价控制风险

中山大学·深圳建设工程项目工程学生宿舍和辅导员宿舍项目采用产业化建造方式，建筑面积 30 多万平方米，体量较大。理论上来讲，采用工业化批量生产的混凝土构配件其成本应比施工现场浇筑的混凝土构配件低，但建筑工业化需要构件厂规模化、集约化方能达到降低成本的目的，前期固定资产投入高，如不能落实相匹配的厂家，将会出现建设成本高于传统建筑成本的风险。

13.4 工作目标

1. 进度目标

2020 年 6 月，首批校舍完成施工及装修施工，验收后交付使用；

2021 年 6 月，全部校舍完成施工、装修及室外工程，验收后交付使用。

2. 质量目标

中山大学·深圳建设工程项目工程学生宿舍和辅导员宿舍项目采用产业化方式建造，预制率不低于 15%，装配率不低于 30%。

13.5 建筑工业化实施设想

中山大学·深圳建设工程项目建筑工业化管理，我们将结合类似项目的工程管理经验，结合建筑工业化的生产体系的特点开展管理工作，建筑工业化特点主要包括建筑设计标准化、部品生产工厂化、现场施工装配化、土建装修一体化、过程管理信息化等特点，实施过程中对应的管理重点也是集中在设计、厂家招标、现场施工、信息管理等要素。

从设计开始，从结构入手，建立预制装配式结构体系，要让大部分的建筑构件，包括成品、半成品，实行工厂化作业。

1. 结构体系选择

目前装配式混凝土结构体系主要分为两大类，第一大类为竖向构件（剪力墙、框架柱）现浇、水平构件预制，第二大类为全部构件预制。全预制结构体系仅梁、柱、剪力墙连接节点及叠合楼板上层混凝土为现浇，预制率可达到 75% 以上。

一般来说，房屋建筑只要主要技术指标已经确定，项目的材料用量就已经基本确定，因此技术方案尤为重要，根据装配整体式结构和现浇式结构各自的技术特点，我们提出不可将两种技术盲目"杂交"，尤其是预制率较低时，应该首先考虑水平构件采用预制技术（预制叠合梁、板、楼梯、阳台），避免楼面施工时的满堂模板和脚手架搭设，可节省造价，其次应考虑外墙保温装饰一体的预制外墙，减少外脚手架使用，再次考虑承重和非承重内墙的预制（预制双叠合式剪力墙、全预制圆孔板承重或非承重墙）。

目前全预制结构体系尚不成熟，在施工人员素质、相关机械设备、施工经验方面均有不足，采取此种方式施工存在工期拖延，工程质量达不到要求的风险。结合以全过程工程咨询单位对装配整体式工法的理解、深圳本地所具备的生产、安装条件及目前国内装配式结构体系的发展现状，全过程工程咨询单位推荐中山大学·深圳建设工程项目采用竖向构件现浇、水平构件预制的装配整体式混凝土框架—剪力墙结构方式进行施工。

2. 设计重点把握

在预制式装配式结构系统设计过程中，最重要的工作是将施工阶段的问题提前至设计阶段解决，将设计模式由"设计—现场施工—提出更改—设计变更—现场施工"这种往复的模式，转变为"设计—工厂加工—现场施工"的新型模式，根据功能要求、专业特点、结合后续施工，进行设计重点管控：

（1）土建结构设计管理重点

①预制墙板功能设计，包括墙板的围护和防雨功能、隔声功能及保温隔热功能等是否能达到相关要求。对预制混凝土墙板的围护功能、防护功能、隔声功能和保温隔热功能等进行系统考虑，结合外墙的热惰性和构件制作、运输及吊装的可靠性，采用适当的设计形式及参数。如图 13.5-1 所示。

图 13.5-1　外饰面与结构和保温一次性成型

②预制外墙墙板与主体结构的连接采用的形式，主要有柔性连接与刚性连接两种形式。柔性连接对施工精度、施工水平有较高的要求；刚性连接对施工水平要求相对不高，相对柔性连接可节省使用空间，建议采用刚性连接。

③节点防水，主要采用材料密封防水、空腔构造防水、空腔内排水，空心橡胶密封防水、混凝土自防水等措施，应重点保证水平拼缝防水、垂直拼缝防水、预制墙板窗框处防水。如采用铝合金窗框与预制混凝土墙板整浇的方法，一次将铝合金窗框与混凝土墙体制作成一个整体，可以有效地减少施工现场工程量，并可以大大提高防水性能。

④预制墙板在各种工况的受力分析及配筋设计。

⑤预制叠合楼板和阳台板的设计。综合考虑，保证上部现浇混凝土内钢筋位置的准确，提高预制与现浇部分结合面的强度和楼板刚度。

（2）安装设计管理重点

结合预制构件的特点，钢筋及金属件较多，因此，安装专业的预埋套管、预留孔洞、预埋管件包括管卡、管道支架吊架等均需在工厂加工完毕，电气、暖通、给水排水专业需在施工图设计中完成预留部分细部设计。

同时，应尽量将结构构件生产与设备安装和装修工程分开，以减少预制构件中的预埋件和预留孔，简化节点，减少构件规格。所以，在安装设计中应尽量减少管道穿梁、穿楼板留洞，减少预埋件，如给水排水专业可采用同层排水、减少支管长度等措施。如图 13.5-2 所示。

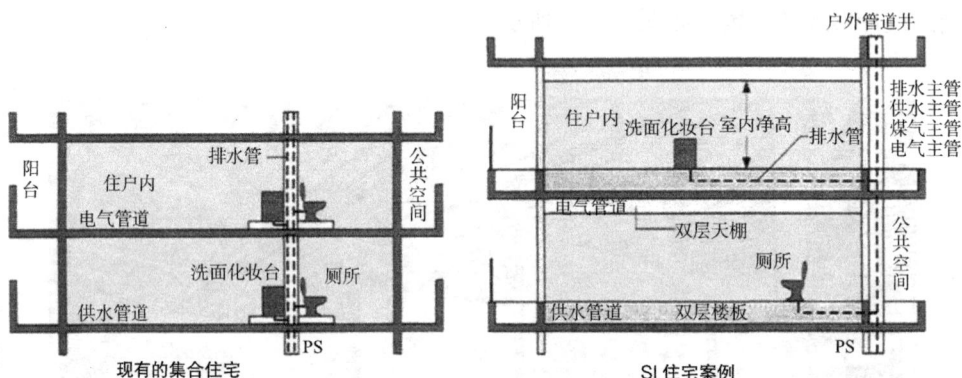

图 13.5-2 预留部分细部设计

①预留洞和预埋套管：

管道预留洞和预埋套管做法应根据室内或工艺要求及管道材质的不同确定，一般原则如下：

a. 管道穿越承重墙或基础时，应预留洞口，管顶上部净空高度不得小于建筑物的沉降量，一般不小于 0.1m；

b. 穿越地下室外墙处应预埋刚性或柔性防水套应按照《防水套管》（02S404）相关规定选型；

c. 穿越楼板、屋面时应预留套管，一般孔洞或套管大于管外径 50～100mm；

d. 垂直穿越梁、板、墙（内墙）、柱时应加套管，一般孔洞或套管大于管外径 50～100mm。消防管道预留孔洞和预埋套管做法同上，热水管道除应满足上述要求外，其预留孔洞和预埋套管应考虑保温层厚度。若管材采用 PF—X 管时，还应考虑其管套厚度。如图 13.5-3 所示。

②排水管道：

预装配式住宅的排水系统设计应尽量采用同层排水，减少排水管道穿楼板，立管应尽量设置在管井、管窿内，以减少预制构件的预留、预埋管件。排水管道预留洞和预埋套管的做法，塑料管参见96S406；铸铁管可参见04S409。一般可遵循以下原则：

图 13.5-3　预留洞

a.排水管道穿越承重墙或基础时，应预留洞口，管顶上部净空高度不得小于建筑物的沉降量，一般不小于 0.15m；

b.穿越地下室外墙处应预埋刚性或柔性防水套管，应按照《防水套管》（02S404）相关规定选型；

c.管道穿越楼板或墙时，须预留孔洞，孔洞直径一般比管道外径大 50mm。

③当一些预埋管道附件预留洞不易安装时，可采取直接预埋的办法。如常需预埋的给排水构件常设于屋面、空调板、阳台板上，包括地漏、排水栓、雨水斗、局部预埋管道等，预埋有管道附件的预制构件在工厂加工时，应做好保洁工作，避免附件被混凝土等材料堵塞。

④管道支吊架管道支吊架应根据管道材质的不同确定，优先选用生产厂家配套供应的成品管卡，管道支吊架的间距和设置要求可参见厂家样本，或参见相关管道安装图集和室内管道支架及吊架（03S402）。设置的一般原则如下：

a.管道的起端和终端需设置固定支架；

b.横管任何两个接头之间应有支撑；

c.不得支撑在接头上。

⑤立管底部弯管处应设承重支吊架；横管转弯时应增设支架；管道穿梁安装时，穿梁处可视作一个支架；卫生器具排水管穿越楼板时，穿楼板处可视作一个支架。

⑥热水管道固定支架的间距应满足管道伸缩补偿的要求。

由于预制混凝土构件是在工厂生产后，运至施工现场组装的，和主体结构间靠金属件和现浇处理连接，因此，所有预埋件的定位除了要满足距墙面的要求，穿楼板穿梁的结构要求外，还要给金属件和现浇混凝土留有安装空间，一般取距构件边内侧大于 40mm。

13.6 构件预制管理

构件制作是建筑工业化的重要环节，直接影响到预制装配式建筑的施工质量及后期使用功能，因此，构件预制过程是中山大学·深圳建设工程项目工程建筑工业化管理的重点。

1. 厂家选择

通过调研，确定中山大学·深圳建设工程项目工程合格预制构件供应商的基本条件是：供方提供的产品通过质量认证组织的质量认证，确认符合使用要求；确认供方的质量保证能力；价格合理，服务良好。

首先，项目部对供方的产品质量进行认定。具体事项包括5个方面：标准（规格）对比确认；理化分析、检测对比确认；产品试验确认；小批量试投确认；中、大批量试投确认。最后，由建设单位其授权人批准。

其次，项目部对供方的质量体系和质量保证能力进行调查、审核和选择价格。填写"供应商质量体系审核检查表"，主要内容包括：管理职责：总则、用户需求、法规要求、质量方针、质量目标与计划、质量管理体系、管理评审。资源管理：总则、人力资源、其他资源、信息、基础设施、工作环境。过程管理：总则、与用户相关的过程、统计、采购、配送与服务运作、不合格产品的控制、售后服务。检测、分析与改进：总则、监测、数据分析、改进。在了解审核检查表的基础上，到现场实地考察。

最后，进行综合评审，确定合格供应商。加强对合格供应商的考评与管理，其指标主要包括年内合同执行情况，如供货质量、履行合同次数、准时交货率、交货批次合格率、价格水平、合作态度、售后服务等。通过考评对供应商进行等级划分，确保选择了的供应商有质量保证能力，从而为避免采购质量风险奠定基础。

2. 构件制作管理

在装配式构件生产制作过程中，全过程工程咨询方与参与方的责任主体共同按照质量管理体系、设计图纸、国家规范等要求，对构件生产制作完成等全程进行质量监督与控制。

构件制作过程中的质量控制主要包括：模具的检查与验收、钢筋笼的检查与验收、混凝土浇筑过程中的检查、混凝土浇筑完成后达到拆模条件后的表面观感质量检查与验收等几大环节。其中，模具的检查与验收，分为模具自身材料质量检查与验收与模具制作完成后的尺寸检查与验收。模具自身用材料的质量检查与验收包括：材质与规格的确定，材料的截面尺寸是否符合要求，能否满足一定的使用频率与周期要求等；模具制作完成后的尺寸检查与验收主要包括以下两道程序，一是模具在出厂前的检查与核验，主要是确认所产模具是否满本项目的需求。二是模具进入预制构件厂进行投入使用前的检查与验收，主要是确认模具在投入使用前是否完好，细部尺寸等是否与构件图纸所要求的尺寸吻合。

　　钢筋笼的检查与验收，按照建筑构件使用功能的不同，又分为不同部位的钢筋笼检查与验收，值得关注的就是梁与板的检查与验收。钢筋笼的检查与验收与传统项目类似，也为钢筋笼的加工制作检查与验收和钢筋笼入模时的隐蔽检查与验收；需要关注的是，由于构件是预制加工完成后运至施工现场进行拼装，所以对构件中钢筋布置的精度要求较高，此为监控中的重点。否则直接造成的后果将是整块构件的报废甚至造成整体项目工期进度的影响。

第14章　工程监理

全过程工程咨询模式下的监理不同于传统模式的工程监理，传统模式的工程监理多数仅限于工程施工阶段，偏重于工程现场的质量、进度、投资、安全文明施工、信息档案和项目协调管理。全过程工程咨询模式下的工程监理需要转变思路，工程监理工作同样贯穿于项目实施的全过程。基于此，在本项目实施过程中工程监理的工作内容包括除传统模式下的监理工作（限于篇幅因素，具体监理工作内容、监理方法、对重点难点和各类风险的控制与措施本书略）之外，还要做好以下几个方面。

（1）监理工作延伸。从项目前期组织策划阶段即融入监理工作，从整体项目管理的角度全方位的了解和认识项目情况，参与到项目组织策划、建筑的功能定位、设计管理、招采管理等工作中，与建设单位、设计单位、咨询单位、承包单位等管理团队整合形成全过程的大团队一体化管理模式。

（2）建立协调决策机制。本项目参建单位和参建人数众多，在项目实施过程中将会面临很多问题和矛盾,建立大团队的协调决策机制是一项核心工作，除日常沟通协调、工程例会、专题例会、专家会议等协调机制外，还应该建立高层沟通决策机制、现场联合检查机制，便于及时发现问题、及时决策处置问题，提高管理效率。

（3）采取创新管理措施。监理团队与各参建单位项目管理团队共同组成创新管理研究中心,与专家团队形成沟通交流机制,研讨和明确学校各工作内容的建造工艺要求。建立学习型组织，通过全员参与学习，不断提高参建人员的知识和能力，以适应复杂、专业的项目管理需求。

（4）运用信息技术实施管理工作。通过运用 BIM 技术、图文和视频处理技术、大数据、网络平台等现代信息技术实施项目管理工作，提高管理效率，科学、高效的开展项目管理。

第 15 章　工程创优策划

15.1　创优目标策划

将中山大学深圳建设工程打造百年世界一流大学，质量必须过硬。除达到工程全部单体子项质量必须达到国家标准合格基准线外，结合工程特点、国家地方有关评优条件规定等实际情况，我们拟将本项目中具有标志性或特色的单体子项列为创优工程：图书馆确保鲁班奖，国际学术交流中心确保国家优质工程奖，其余建筑确保省级优质工程。

15.2　创优实施策划

15.2.1　掌握工程申报省优、国优工程的要求

依据深圳市、广东省、国家有关评优文件，参评工程应具有以下参评基本条件（具体要求可见广东金匠奖、鲁班奖申报相关文件）：

（1）工程设计合理、先进，符合国家和行业设计标准、规范，符合城市规划；

（2）工程施工符合国家和行业施工技术规范及有关技术标准要求，质量优良，达到国内同类型工程先进水平；

（3）工程竣工验收符合要求，并经过一年以下的使用检验，无质量问题和隐患发生；

（4）各项技术和经济效益指标达到同类型国内先进水平。

为确保工程项目建设符合上述目标，我们将努力通过项目管理的组织管理措施、技术管理措施、工程质量管理措施、产业保护措施、细部特色等方面入手，做好全方位的工程咨询服务。

15.2.2　创优实施部署和基本要求

1. 确保工程质量达到结构优质→优良工程→深圳市优工程→广东省优质工程→国家优质工程。即本工程所含分部达到优良，单位工程综合观感评价好。

2. 工程创优工作要求

（1）建立有效的工程质量保证体系。本工程项目监理部根据本企业质量体系文件建立以项目总监理工程师为首的质量保证体系，严格按照本企业质量手册以及相应的

程序文件进行全过程质量控制，落实各专业监理工程师、监理员的质量责任制，形成目标任务明确、职责权利清晰。同时要求所有参建施工队伍都建立以项目经理为首的质量保证体系，落实各级管理人员的质量责任制，使各级管理人员，直至作业班组，均有明确的岗位职责。

（2）实行工程质量的目标管理。确保国优工程的质量目标自进场之日起就开始宣传、教育和灌输，使之深入人心，为创优夺杯打下良好的思想基础。根据总目标制定分阶段的工程质量目标，目标逐级分解。要求所有参建施工队伍，从项目经理到各级管理人员，直至作业班组，均有创优的目标和计划，做到措施落实，责任到人，齐心协力确保工程目标的实现。

（3）突出事前控制、强化过程管理。过程控制是实现工程质量目标的关键，在过程控制中突出四项内容：

①坚持以预防为主，预防与检验相结合的方针，开展一次成优活动。

②围绕工序质量，落实质量职能，进行动态控制。

③抓关键促一般，对关键工序建立质量管理点，实行重点控制和特殊管理，如桩基工程、混凝土主体结构、预应力工程、钢结构、设备安装、装修等主要分部分项。

④开展质量管理活动，持续不断提高工程质量。

15.2.3　组织及制度策划

1. 明确创优管理架构及成员

（1）制定创优管理组织机构，组成由建设单位、工程咨询单位、勘察设计、施工总承包为主体的创优管理委员会，负责本工程创优目标制定和各单位创优关系协调等。总承包应设立从策划、实施、监督检查及资料管理的完整架构，明确负责人，保证创优人员从计划到实施及申报的全过程参与，将创优管理融入日常工作中，做到创优的连贯性和协调性，为顺利完成创优目标奠定坚实的基础。

（2）在明确创优目标及组织的基础上，明确各参建单位创优职责，如表15.2-1所示：

各参建单位创优职责　　　　　　　　　　　　　　　　表 15.2-1

组成	创优职责
建设单位	制定总目标，负责提供建设合法性资料，部署各单位创优分管内容，协调处理创优过程中各单位间的问题，督促创优目标完成
勘察设计单位	全面负责勘察设计类奖项申报工作。对勘察设计方案的创新点进行挖掘，配合主申报单位完成其他奖项的争创，为创"国优"等提供设计方面资料
工程咨询单位	配合主申报单位完成奖项争创，协助建设单位监督创优落实情况
总承包单位	管理及指导分包单位创优工作，督促检查分包创优实施情况。全面负责"鲁班奖"申报，积极配合其他奖项的申报及迎检工作
分包单位	积极参与创优工作，服从总包创优管理，对自己所管理创优内容负全责

（3）要求参建单位创优小组，并进行职能分解

1）创优领导小组（如表 15.2-2 所示）。

创优领导小组职责　　　　　　　　　　　　　表 15.2-2

小组组成	成员	小组职责
组长		1. 负责本工程创优目标制定。
副组长		2. 确保本工程创优工作所需要的人力、物力、财力等资源的配备，满足工程创优的需要。 3. 对接上级有关单位以及地方主管部门的关系，为工程项目的创优申报工作提供良好的社会环境。
组员		4. 密切关注工程创优进展情况，及时与上级部门或者地方主管部门进行联络，根据所了解的情况做出相应的决策

2）创优策划管理小组（如表 15.2-3 所示）。

创优策划管理小组职责　　　　　　　　　　表 15.2-3

小组组成	成员	小组职责
组长		1. 明确工程各项施工方法和质量标准，安全、绿色施工等相关要求。
副组长		2. 负责本项目的创优策划和目标分解，每月进行创优实际与创优计划的分析，落实创优策划动态调整。 3. 负责策划交底，负责项目奖项的申报。
组员		4. 组织项目开展创优工作经验总结，对在项目施工全过程中得到的经验进行全面的总结和推广

3）创优实施小组（如表 15.2-4 所示）。

创优实施小组职责　　　　　　　　　　　　表 15.2-4

小组组成	成员	小组职责
组长		1. 按照施工工艺标准、设计图纸、施工方案和创优策划的分项要求，开展具体活动。 2. 组织开展 QC 小组活动，促进工程创优质量的不断提高。 3. 强化现场施工管理，努力消除质量、安全、绿色环保等问题存在的根源。
副组长		4. 对于施工现场影响创优的通病类问题，要及时进行整改，并制定纠正措施，防止再次发生。 5. 负责创优过程中的人、机、料等因素的配备。
组员		6. 负责分包创优工作的安排、指导。 7. 负责创优过程的自纠自查

4）创优资料管理小组（如表 15.2-5 所示）。

创优资料管理小组职责　　　　　　　　　　　　　　　表 15.2-5

小组组成	成员	小组职责
组长		1. 负责编制、收集、整理工程创优过程的相关资料。 2. 负责对收集的全部资料进行检查，确保准确性和完整性。
副组长		3. 负责工程资料的组卷、编目及装订。
组员		4. 负责工程施工过程的影像资料的拍摄工作，确保工程项目施工各个主要阶段的影像资料齐全，并能正确反映工程的创优内容

5）创优监督检查小组（如表 15.2-6 所示）。

创优监督检查小组　　　　　　　　　　　　　　　表 15.2-6

小组组成	成员	小组职责
组长		1. 工程创优过程进行定期和不定期的检查，对于存在的问题，及时提出整改的要求。 2. 按照创优相关标准要求对项目创优控制项进行监督核查，参与重要的隐蔽内容的验收。
副组长		3. 负责项目创优工作推进及创优监督项的量化评比，奖罚等。 4. 对于项目存在的影响创优的各种因素进行统计汇总分析，提出改进措施和手段。 5. 监督检查项目资料的收集整理工作。
组员		6. 负责工程竣工后创优整改过程的检查、指导与监督。 7. 负责分包单位创优工作内容监督检查，协调各分包间创优工作

（4）创优过程专家指导。在工程的每一施工阶段，邀请有关建筑业的专家。广东省、深圳市建设工程质量监督站，省、市优质工程创优小组，中国建筑业协会等专家学者来现场具体把关指导。另外将不定期的组织项目的管理人员参观学习其他省市单位"鲁班奖"的工程，取人之长补己之短，力求以最先进的技术，最高的质量向建设单位交出一个优质精品工程。

2. 工程创优管理制度建设

为完善质量保证体系，保证质量控制流程标准化、制度化，提高工程质量的管理效率，建立和不断完善各项质量管理制度，将质量责任分解到人，注重预控管理、过程管理及成品保护，确保工程质量达到创优目标。如表 15.2-7 所示。

工程创优管理制度　　　　　　　　　　　　　　　表 15.2-7

序号	质量管理制度	内容
1	质量管理目标分解制度	1. 将工程质量管理总目标逐层分解至各工程施工单位、各职能部门及管理人员，并明确质量控制流程中责任的细分及归属，同时，统一制定各分部分项工程质量目标的细分及完成标准。 2. 进场材料 100% 按规范要求进行检查、验收及复检，投入工程使用的材料 100% 合格，各分部分项工程完工后 100% 按规范要求进行检试验，依据标准验收程序进行验收。 3. 各分部分项工程依据验收规范主控项目全部合格，一般项目达到合格，观感质量达到优良标准，工程资料整理满足国优创优要求。 4. 易损坏成品 100% 设置保护措施，严防成品损坏

续表

序号	质量管理制度	内容
2	QC 小组制度	为提高施工质量，积极开展全面质量管理活动及 QC 小组活动，参与 QC 成果奖的评比。本项目施工过程中根据施工进度，分阶段成立 QC 小组，各 QC 小组由项目经理、技术负责人、质量员、施工员、班组长组成，按"PDCA 的四个阶段、八个步骤"开展活动，针对每次 QC 活动的分部工程，在每次 PDCA 循环对人、材料、机械设备、工艺方法、环境五个方面进行分析、总结、稳定和提高
3	样板引路制度	1. 本项目所有分部分项工程的主要材料均须报审材料样品，所有分部分项工程均应制作工程样板，材料样品和工程样板均应得到审批后，方可正式施工。总承包单位负责自行发包和施工范围内的所有材料样品报审和工程样板施工，各专业承包方负责其分包合同范围内所有材料样品报审和工程样板施工，总承包单位组织有关专业承包方申报材料样品和工程样板施工。 2. 材料样品报审和样板施工应与深化设计并行进行，在正式大面积施工前完成确认。任何审批不符合样板标准的材料和工程实物须拆掉返工重做，由相关承包单位自行负责损失。 3. 样板经评审后，建设单位及总承包单位负责收集整理改进意见，进行综合后，对样板的形式、工艺、材料进行改进，并形成综合性的改进方案，再次实施。改进一般经过多轮评审→改进→再评审→再改进，以达到最优的结果。 4. 样板设计由建设单位牵头，根据设计单位或设计顾问的图纸通过初步深化设计审核，确定样板形式和材料品种。在确定样板设计后，总承包单位组织样板施工的各单位，确定样板施工方案。多家单位共同施工的样板，如样板房、样板楼层等，则组织编制综合样板施工方案，经建设单位和相关单位批准后实施。 5. 分部分项工程开工前，由项目副经理（生产协调）根据专项方案、措施交底及现行的国家规范、标准，组织进行样板分项（工序样板、分项工程样板、样板墙、样板间、样板段等）施工，样板工程经监理及建设单位评审合格后才能大面积进行专项工程的施工。同时组织作业队伍进行技术标准、质量标准的培训，做到统一操作程序，统一施工做法，统一质量验收标准。 6. 工程现场设置封样间，材料样板在通过材料样品封样程序后进入样板间保存。材料样板要分专业排放、排列整齐。未经项目总工办批准不得随意对样板进行更换。 7. 样板间封存的样板作为建筑安装及装饰材料的标准样板与施工过程中所采购材料进行核对。所采购的材料必须与封存样板一致，以确保工程实际使用材料与设计要求一致，从而保证整体的设计效果
4	工程质量三检、多检及联检制度	1. 分项工程施工完后均需由施工班组对所施工产品进行自检，如符合质量验收标准要求，由班组长填写自检记录表。 2. 经自检合格的分项工程，施工员组织施工班组进行互检，及时解决下工序班组间的交接问题。 3. 自检、互检合格后，报送专职质量工程师检查。 4. 质量工程师检查合格后，报送监理工程师验收，重要工序需同时报建设单位工程师参与验收
5	施工工艺交底制度	各分部分项工程均就质量控制要点及关键工序实行质量技术三级交底，第一级为项目总工程师给工程部、质量部、技术部和深化设计部交底。第二级为质量部、技术部和工程部给各自所辖技术质量专业组交底。第三级为技术质量专业组各专业施工队交底
6	质量控制点策划制度	针对分项工程的关键工序及质量控制重难点进行提前分析与策划，提出相关的质量控制措施，并落实质量技术交底，在施工过程中依据质量控制点的控制措施组织施工，确保工程质量
7	质量通病防治专项制度	质量部与技术部提前熟悉施工图纸及深化设计图纸，分析易出现质量通病的工程部位，同时提出相关的质量控制措施，并在分部分项工程实施前落实三级质量技术交底

序号	质量管理制度	内容
8	工程例会制度	1. 总承包单位项目经理部每周召开生产例会,项目经理将质量讲评放在例会的重要议事议程上,除布置生产任务外,还要对上周工地质量动态作全面的总结,指出施工中存在的质量问题以及解决这些问题的措施,并形成会议纪要,以便在召开下周例会时逐项检查执行情况。对执行好的分包单位进行口头表彰,对执行不力者提出警告,并限期整改。 2. 每周组织开展质量例会,由质量总监主持,现场各专业工程师、质量工程师以及各专业分包现场负责人、质量及技术负责人参加。首先由分包单位汇报上周施工项目的质量情况,质量体系运行情况,质量上存在问题及解决问题的办法,以及需要项目经理部协助配合事宜。工程质量部与与会者共同商讨解决质量问题所应采取的措施,会后予以贯彻执行。每次会议都要作好例会纪要,作为下周例会检查执行情况的依据,并报质量总监。 3. 在每周的质量例会中质量部门经理通过图表形式对工程质量情况进行详细阐述和分析,结合质量总监的意见,使各个分包单位全面了解各自工程中出现的质量问题及隐患,以及解决措施等,通过建立该制度,全过程工程咨询能全面了解工程质量情况,确保工程质量保持在受控状态。
9	创优检查制度	1. 每半年组织创优检查,并聘请国内知名协会、专家(结构、机电、装修等专业)进行指导。 2. 未完成创优阶段目标的处于一定的经济处罚,并提交整改措施。 3. 创优工作达到创优亮点要求的给予一定的奖励措施
10	质量回访保修制度	1. 提前使用区域在交付之日起每两个星期组织总承包单位回访小组对提前使用区域进行回访,小组由项目经理、生产、技术等有关业务部门负责人组成。实现和物业管理人员的定期对接,在回访中,建设单位提出的任何质量问题和意见,应虚心听取,认真对待,做好回访记录,认真提出解决办法并及时组织保修。 2. 在工程保修阶段,按合同约定定期对本工程进行回访和维修,跟踪及了解竣工后的工程使用的质量情况,一旦出现问题立即采取纠正措施,及时处理,保证维修质量,确保不影响使用功能

3. 创"鲁班奖"分阶段实施计划

根据国家优质工程审定评审办法,申报"鲁班奖"需先行参加市、省级建筑工程的评奖并获得一定荣誉后,经"审定委员会"参加"鲁班奖"的评选。据以往获奖项目的评选经验,拟逐级参评获奖计划如表15.2-8所示。

创"鲁班奖"分阶段实施计划　　　　　　　　　　　表 15.2-8

项目		工作内容	申报负责单位	主要配合单位	预计时间
创奖条件准备	外部环境	1. 市安全文明工地申报			
		2. 省安全文明双优工地申报			
		3. 结构施工阶段省协会专家不少于2次检查			
		4. 竣工备案办理(市优申报前必须完成)			
		5. 市优申报(竣工验收后一年)			
		6. 市优复查、申报成功			
		7. 省优申报(竣工验收后一年)			
		8. 省优复查、申报成功			
		9. 省优秀设计奖			

项　目		工作内容	申报负责单位	主要配合单位	预计时间
创奖条件准备	外部环境	10. 绿色施工评价			
		11. 省科技示范工程			
	技术、管理方面攻关	1. 专利			
		2. 论文			
		3. 工法			
		4.QC 成果			
		5.BIM 技术			
创奖实施	第一阶段：策划阶段	编制创优策划书和工程技术资料策划书，策划按本细则编制。策划重在组织管理，在技术方面应突出亮点和特色，明确原则，简洁明了			
	第二阶段：实施阶段	落实创优策划书具体的实施措施			
	第三阶段：中间验收、验评资料汇编、竣工验收、回访保修阶段	（1）资料的收集、整理必须严格按照工程技术资料策划书即"鲁班奖"的资料整理要求进行			
		（2）竣工验收、备案			
		（3）复查前所有收尾工程必须全部完成			
		（4）按规定进行回访、保修，做好维修工作			
	第四阶段：申报阶段	根据通知按要求准确、及时提交评优申报资料			
	第五阶段：复查阶段	制定详细的"鲁班奖"迎检工作计划			
		复查前的质量缺陷的修补			
		"鲁班奖"复查迎检			
总结		创奖总结			

第16章 安全文明施工管理

16.1 安全文明迎检管理方案

16.1.1 管理目标

中山大学深圳建设工程项目，项目体量大、知名度大，广为社会各界关注，作为重点项目，各级部门检查较多。

为向社会展示项目井然有序、高标准建设形象，顺利迎接各项检查、参观、指导活动，并最终实现建设总体目标，制定本方案。

16.1.2 项目部迎检组织机构

组长：项目经理；副组长：总监、项目副经理；组员：根据现场实际情况由综合部协助项目经理确定。

项目部指定综合管理部负责协调相关参建单位对口部门工作的安排和管理，拟定迎检计划，协调相关部门落实接待任务，提供后勤保障工作。

项目部在接到检查通知后，综合管理部填写《检查通知单》报项目经理审批，综合管理部协助拟定接待计划，需公司领导参加的重要检查，应提前报批。

16.1.3 迎检管理策划

1. 督促并审查施工单位编制施工组织设计，重点审查总平布置，安全文明管理体系及保证措施、安全文明施工标准化建设部署，抓好事前总体策划工作。

2. 实施过程中督促施工单位严格执行经批准的施工组织设计和专项方案，高标准、严要求，抓好制度落实和安全文明日常管理工作，发现问题及时督促整改，使得作业现场整洁、施工安全有序成为常态。

3. 在检查前督促施工单位制定迎检工作计划，建立健全迎检制度和对口部门。

4. 落实自查自纠工作。重点检查：

（1）文明施工检查

①封闭施工。沿工程四周采用硬质材料连续设置围挡与外界隔离，围挡要坚固、稳定、整洁、美观、无间断，围挡空白区域应书写安全标语或城市公益宣传标语；不得靠近围挡内外墙边堆放建筑机械、材料或垃圾。设置五牌一图：应在施工现场大门左（右）侧设置统一规格样："五牌一图"。

②材料堆码。现场各种建筑材料、周转料、机具等应按施工总平面布置图有序分类、分品种、分规格进行材料堆码，确保堆码整齐、标识齐全并设置明显的标识标牌。

③三区分离。办公区、生活区、作业区严格分离，不得在未竣工工程内兼作办公及食宿。食堂操作间、售卖间、储藏间应分设，墙面贴砖高度不得低于 1.8m，地面硬化，设置机械排风措施；宿舍搭设材质符合要求，墙面设置可开启式窗户，配备生活柜；工地应设简易浴室，水冲式厕所，且由专人负责管理。

④消防器材布置到位。应在有火灾隐患部位配置充足消防器材。包括防架、灭火器、消防锹、消防池（备用水、砂）。

⑤扬尘管理。对施工道路硬化到位，坑洼处进行修补，及时清扫做到无泥泞、积水现象；易扬尘地段做好洒水降尘工作。办公区、生活区及各作业现场务必做好环境卫生清理工作。

⑥道路管理。现场工程车辆要文明行车，出入口清洗槽布置到位，安排专人清洗。

⑦工程亮点部位。

（2）实体防护检查

①施工用电。施工现场临时用电应采用 TN-S 系统的三相五线制，实行三级配电两级保护，做到一机一闸一漏一箱；箱体必须采用金属绝缘标准箱，进入箱内的线路必须是下进下出且有防雨设施，高压线与施工现场安全距离必须满足要求，施工现场用电线路布设应符合规范要求。

②脚手架。落地架：基础必须平整夯实硬化，高出自然地坪 50mm，应有排水措施，采用统一木垫板，底座、扫地杆、底排小横杆设置齐全，立杆间距、横杆步距设置应符合要求；

③起重设备。（a）塔式起重机、龙门架、施工升降机安装前必须有产权单位在县级以上建设行政主管部门进行登记备案，安装验收符合要求后应委托有检测资质的检测机构检测合格出具合格报告，在一个月内到监督部门进行使用登记备案。司机、指挥、司索等特种人员必须持证上岗，定员定岗指挥到位。（b）土方机械应严格按照检修制度进行保养修理；作业时，任何人不得进入作业范围内，铲斗不准在运土车辆驾驶室上方越过，并应随时注意挖掘面有无崩坍危险；如长距离搬运，工作装置不得悬置，回转机构不得转动，整机必须牢固固定；一切土方机械在夜间施工时，必须有良好的照明。（c）钢筋加工设备。（d）压力容器。

④临边、洞口、梯间、主要通道、主要机具防护。（a）临边、梯间栏杆底部应设挡脚板，中间不超过 500mm 设置一道挡杆，高度不得低于 1.1m，应有密目式安全网封闭。（b）洞口应用 50mm 厚木板遮盖严密；电梯井口应有定型钢质材料封闭，高度不低于 1.2m，电梯井内用 50mm 厚木板铺设严密。（c）主要通道、主要机具及操作工棚等防护应用 50mm 厚木板双层设置，周边设置吊檐并作防腐处理，配有相应警示标志。

⑤登高作业。凡进入施工现场人员必须戴安全帽，凡登高 2m 以上作业人员必须

系安全带，安全带应高挂低用。

（3）环境保护检查

①工程施工过程中，按照临时设施规划、措施、方案，切实做好生活区、施工工点、取弃土场及其他施工活动区域范围内的环保及生态环境保护工作，并进行经常性的检查、监督，使该项工作落到实处。工程竣工的同时，严格按照环保及生态环境保护的要求，对生活区、临时设施、施工工点、取弃土场及其他施工区域范围做好环保及生态环境的恢复工作。

②环保教育。加强组织管理，层层强化环境保护意识，印制相应的环境保护宣传资料，开展环境保护宣传，张贴标语和设立标语牌。

（4）其他现场准备检查

①督促检查施工单位提前准备劳保。安全帽、根据检查的规格、级别、天气或特殊要求，考虑发放雨伞、雨鞋、交通背心。所有陪检人员必须全部带电筒，小钢尺。工地设值班室，平时保管在值班室内。

②督促检查施工单位根据检查要点提前准备置展板：汇报板、提示板、欢迎板。展板样式按企业标准化或定型化要求制定。

③给出现场检查路线建议图（根据现场进度及项目实际情况制定详细的参观路线图，包括进入现场大门选择、进场后指导检查方向及内容）。

④所有陪检人员必须着统一工作服，挂胸牌，安全帽。

⑤综合管理部联合相关部门负责准备安排会场、音响设备、投影设备、领导席签、横幅、电子屏、制作欢迎牌、指示牌、施工工艺展板、摄影摄像人员；必要时可邀请新闻媒体和草拟新闻通稿。

⑥根据接待要求，综合管理部安排接待所需车辆，保证车辆清洁，安全性能良好，司机车辆听从综合管理部协调安排，统一调度。

⑦项目管理部要做好与上级、友邻单位、建设单位、监理、施工单位的信息沟通，检查准确时间，检查的准确地点、检查人员名单及职务。并及时与下属单位保持信息畅通。

⑧要迎检前，负责生产和安全质量的领导和专业人员要提前1小时以上到现场监督，确保现场安全文明施工情况按要求落实。

⑨观时项目经理等主要领导人员陪同，如有需要各部门负责人对口专业检查人员应陪同，现场值班技术人员或专业工程师专业对口人员跟随待命。被检查单位安排专人跟进记录检查组指出的问题，并就问题拍摄相应的影响资料，及时组织整改。

⑩在检查组检查或开会期间，车辆指挥人员指挥车辆停车位置和顺序，计划好进退线路和领导车辆摆放位置及局指挥部带队车和收尾车。

⑪现场当班领工员或值班领导，要提前做好迎检现场准备及检查过程的暂停和恢复的指令。

⑫安全人员戴"安全员"红袖章、青安岗员、群安员戴臂章；陪检人员带小钢尺。

⑬宣传人员找好照相和摄像位置，如实记录检查过程。

⑭按专业口事先搞清检查行程和准确时间，迎检工点提前做好工序调整，做检查环境好、噪声小，热闹而又不冷清，各工序展开又不磨洋工。作业人员迎检意识要强，主动停止等待检查。

5.其他要求

（1）检查结束后，所有陪检人员应礼送检查人员上车。

（2）接待中涉及机要事务、重要会议，要特别注意保密要求。

（3）检查结束后，综合管理部负责整理相关领导专家名单、领导检查意见、相关图片、影像等活动成果文件，并将整理好的成果文件反馈给检查方及项目各参建方。

16.1.4　迎检准备及问题整改奖罚措施

为了做好施工现场迎检准备，提高工作效率、树立良好形象，使各项工作有章可循、规范运作，结合深圳市中山大学项目部实际情况，拟制定现场迎检工作考核奖惩办法，在合同条件设置时，建议将迎检管理要求纳入其中。通过奖优罚劣进一步调动参建员工的工作的积极性，营造创先争优的良好工作氛围。

（1）考评组织：工程咨询单位组织，根据在安全、质量、文明施工及迎检准备四方面问题多少、严重程度进行考评。

（2）奖励：各标段如在检查中上述四个方面均受到表扬的，对各级负责人及员工单位进行通报表扬，在履约考评时加分。

（3）罚则：各标段如在检查中上述四个方面有一项受到通报批评的，对各级负责人及责任人单位进行通报批评，在履约考评时加分。

（4）问题整改：对检查指出的问题相应责任单位逐一整改按时书面回复，必须附相关整改影像资料。未按要求整改的按深圳工务署相关规章、合同要求上限或顶格考核。除整改外，应做好举一反三工作，防止类似问题的再发生。

上述方案根据项目部实际情况制定，项目主管领导进行经常性的检查、监督，确保各项迎接准备工作保质、保量、优质、高效、圆满完成。

16.2　安全生产应急管理方案

16.2.1　总则

（1）根据本工程具体情况及以往工程经验，工程咨询项目部应针对本项目建设过程中可能遇到的各类应急事件，编制突发事故应急预案，明确拟采取的预控措施和处置流程。

（2）建设工程项目的安全、质量控制的第一负责人与突发事件、事故应急处置责任人是施工单位的项目经理，工程咨询项目部不能替代施工单位的应急救援责任、行为，在应急救援中，做到项目管理责任到位。

（3）建设工程实施过程中，对施工单位的安全状态进行安全管理的同时，还高度重视质量控制中隐含、潜在的安全隐患（如：坍塌、大量水土流失导致本工程事故、周边的各类管线、建筑物、建构物、构筑物、城市道路、交通设施、地下工程设施、环境破坏等）引发的事故。

16.2.2　工作原则

坚持"以人为本，预防为主"的原则，在项目管理单位的统一组织下，分级管理，一旦发生抢险事件，需启动本应急预案时，能够做到通信联络及时畅通，指挥调动灵活，运转高效，救援有力，信息及时发布，公开透明。

16.2.3　编制依据

1.《中华人民共和国建筑法》

2.《中华人民共和国安全生产法》

3.《中华人民共和国消防法》

4.《生产安全事故报告和调查处理条例》（国务院令第493号）

5.《建筑工程安全生产管理条例》

6.《深圳市建筑工务署突发事件应急预案》（2016修订版）

7.《深圳市突发事件总体应急预案》（2013年修订版）

8.《工程建设重大事故报告和调查程序规定》

9.《国务院关于进一步加强安全生产工作的决定》国发（2004）2号

10.其他相关法律、法规及要求

16.2.4　应急事件类型及分级方法

1.应急事件类型分类

（1）根据本工程特点、规模、地区气候、场地情况、周边环境、地质条件等因素，结合全过程工程咨询通过以往工程经验积累的风险清单，主要辨识出本工程主要存在：触电应与响应、防火防爆应急、防汛抗台应急、滑坡和泥石流应急、高处坠落应急与响应、化学品爆炸急救援、特大急性中毒和传染病应急救援、环境污染应急救援、坍塌倒塌应急救援、油品和泄露应急救援、中暑事故应急救援、社会公共安全突发事件等可能发生的突发事件。

（2）建设工程实施过程中，对施工作业的安全状态进行安全管理的同时，还高度重视质量控制中隐含、潜在的安全隐患（如：坍塌、大量水土流失导致本工程事故、周边的各类管线、建筑物、建构物、构筑物、城市道路、交通设施、地下工程设施、环境破坏等）引发的事故。

（3）由上述所引发的次生事故和伤害。

2. 应急事件分级

针对突发事件的性质、社会危害度、可控性和影响范围等因素，由高到低分为四个等级：特别重大（Ⅰ级）、重大（Ⅱ级）、较大（Ⅲ级）、一般（Ⅳ级）。

（1）一般（Ⅳ级）

略，（见深圳工务署《工程与廉政建设管理制度汇编——安全生产应急预案》）；

（2）较大（Ⅲ级）

略，（见深圳工务署《工程与廉政建设管理制度汇编——安全生产应急预案》）；

（3）重大（Ⅱ级）

略，（见深圳工务署《工程与廉政建设管理制度汇编——安全生产应急预案》）；

（4）特别重大（Ⅰ级）

略，（见深圳工务署《工程与廉政建设管理制度汇编——安全生产应急预案》）。

16.2.5　应急预案组织机构、职责及流程

1. 成立中山大学深圳建设工程项目应急领导小组

由建设单位组织成立整个项目的应急领导小组，企业分管领导、项目经理、总监作为咨询单位组员参加，协助建设单位做好应急预案的实施工作。应急领导小组主要职责是负责中山大学深圳校区项目发生应急事件后，开展应急救援和项管应急措施的指挥、布置、实施和监督；贯彻执行国家、省、市和工务署应急领导小组的指示精神，及时向上级汇报事件情况；根据事件级别组织成立应急指挥部并开展相关应急工作，协调外部相关部门（如：市政、电力、消防、公安等）配合项目现场开展应急救援和处置。

2. 现场应急指挥部

特别重大（Ⅰ级）、重大（Ⅱ级）、较大（Ⅲ级）事件发生后，由应急领导小组牵头现场施工各方应急主管负责人、各相关企业负责人共同组成应急指挥部，指挥部职责是协调各方共同制定最优应急处置方案，组织指挥和协调相关单位和应急抢险队伍进行抢险救援活动。

3. 建立项目部的应急工作领导小组

组织网络如图 16.2-1 所示。

4. 明确应急组织人员及联系方式

应急组织人员及联系方式如表 16.2-1 所示。

5. 咨询公司在应急处置中的职责

（1）监理部施工前根据应急事件分类制定应急预案实施细则。

（2）督促并审查承包单位编制应急预案，并按经审批的应急预案检查执行情况，对存在问题督促其整改。

（3）在项目实施过程中，建设工程施工现场一旦发生突发事件、事故预兆及险情时，及时告知施工单位在有效时间内采取切实有效的措施进行整改或准备启动应急救援预案，情况严重时要求施工单位暂停施工，投入人力、物质、设备、器材全抑制事故发

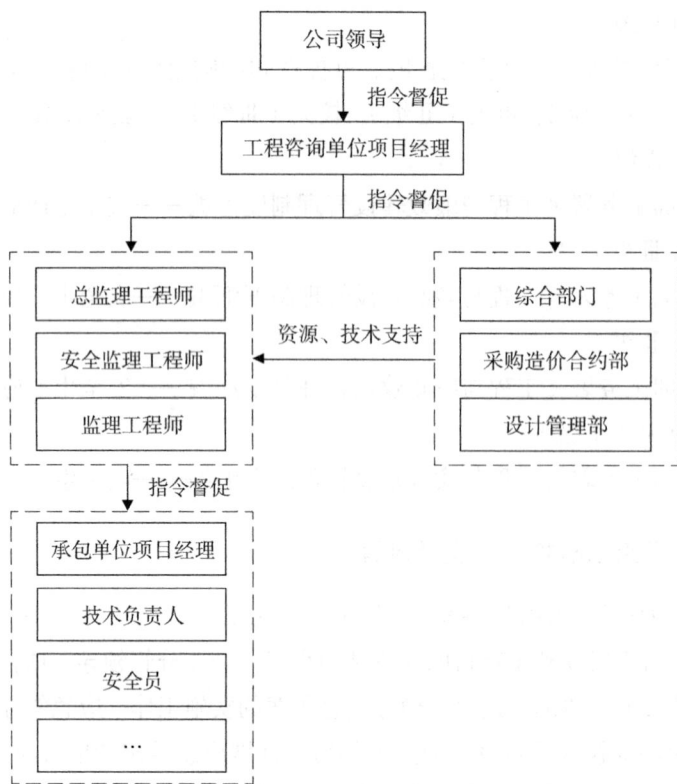

图 16.2-1 组织网络图

应急组织人员及联系方式表 表 16.2-1

单位	名称	职务	姓名	联系电话
建设单位	深圳建筑工务署住宅管理站	项目代表	（略，下同）	
工程咨询公司（项目管理、监理一体化）	浙江江南工程管理股份有限公司	项目经理		
		采购合约部		
		总监		
		安全监理师		
		总监代表		
施工单位	中标单位	项目经理		
		项目技术负责人		
		安全员		

生和扩大。监理部就现场状况及时向项目经理报告，项目经理复核后向建设单位现场代表、公司总部报告有关情况，同时督促施工总承包单位按建设工程施工现场各类事故规定的程序和时限及时进行报告。现场成立抢险指挥部，确定下一步应急措施和应急方案。根据应急预案和抢险指挥部确定的应急措施和应急方案，展开应急处置。

（4）公司生产管理部门接到事故报告后，在报告企业负责人及分管安全的主管领导的同时应立即赶赴事故现场了解事故情况，督促施工单位将事故程序逐级上报。

（5）预案启动后，项目部的当班、值班人员应坚守岗位，不离开现场，自始至终应该了解现场情况，起始过程和发展，并保持信息畅通。

（6）工程咨询项目部应对建设工程施工现场的突发事件、事故处置必需积极、慎重、冷静、规范地处置，在任何情况下坚守岗位，配合建设单位，督促施工总承包单位正确、果断地启动紧急状态下各项针对的应急救援预案、组织力量、落实措施、努力把事件和事故造成的人员伤亡、危害和损失及对社会环境的影响降到最低限度，有效地控制事态发展。

（7）对建设工程施工现场引起的社会投诉，应督促施工单位做好接待、安抚工作，积极地缩小事态及其影响和危害，并对施工引发的因素立即进行整改和采取补救措施，尽最大可能做到不扰民、不侵害社会公众利益。如发生重大社会投诉应报告建设单位驻工地代表，并配合建设单位做好各级应诉工作，避免不必要的媒体报道。

（8）在参与控制事态发展的抢险同时应配合建设单位利用一切先进的、可行的技术手段获取现场的第一手资料包括影视、声像、文字、语言、实物证据，应对事件、事故的调查，取证和索赔。

（9）应急事件处置完毕后，终止应急状态，应急领导小组组织撰写事件报告，并提交工务署及上级主管单位，开展相关总结汇报汇报工作。

（10）应急响应流程（如图 16.2-2 所示）

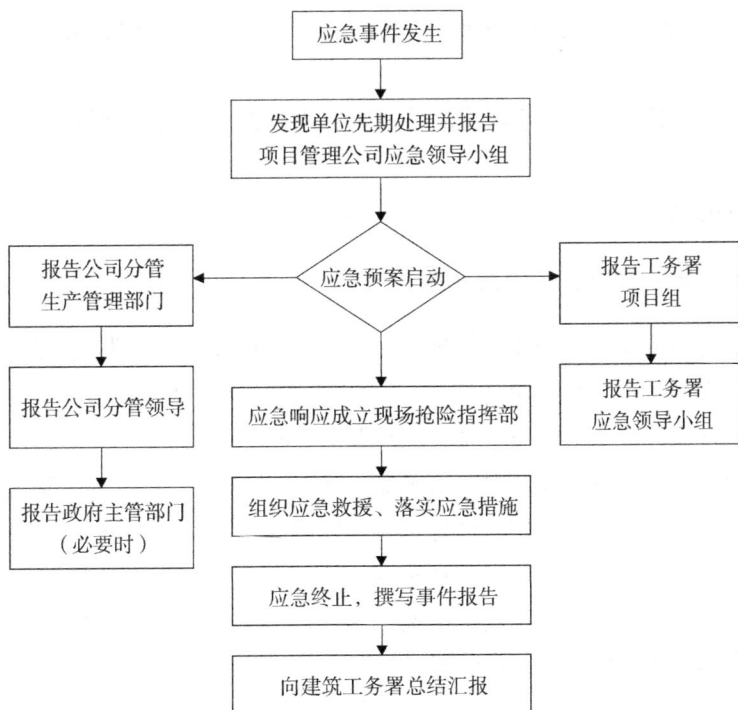

图 16.2-2　应急响应流程

6. 报告时限要求

现场发生一般事故 6 小时内，重大事故半小时内完成报告工作，咨询部接到重大事故报告后应立即向公司生产管理部门报告，与此同时项目经理或其代表应向建设单位驻地代表报告。

16.2.6 应急设施的配置管理

（1）项目部配备应急照明、消防设备、通信设备和抢（险）救器具、应急用品等。对应急设备应进行维护检查和测试，确保应急设备的有效性。现场醒目处设置应急处理所需的相关资料：工地道路图、相关设备资料、消防设施分布图等；相关部门和项目部组织人员加强应急设施的维护，当发生火灾、台风等紧急情况时，及时疏导人员撤离现场。

（2）定时对项目现场参建单位的应急预案进行审查，包括：方案的可行性、方案的完善性等，并要求应急预案根据外部环境变化进行持续修正和完善。

（3）定时对参建单位的应急救援设备和器械进行检查，对已过期或失效的设备，要求施工单位及时进行更换，确保在紧急时候，救援设备和器械能有效防止及控制安全事件的扩大。督促施工单位准备应急物资包括：

①救火物资：灭火器材（二氧化碳灭火器、1211 干粉灭火器等）、储水池、高压水管、铁锹、洋镐、黄沙等。

②爆破应急物资：口哨、警铃、安全隔离绳、电话机、消防沙、灭火器、运输车、急救箱、灭火器等。

③防台、防洪备用材料：抢救用麻袋、水泵、泥浆泵、沙袋、水鞋、雨衣、雨伞、铁锹、车辆、木材、应急照明灯等。

④常备药品：消毒用品、急救物品（绷带、无菌敷料）及各种常用小夹板、担架、止血袋、氧气袋等。

⑤备用发电机等。

16.2.7 安全事件应急预案的完善和修正

为了规范安全事件应急预案的管理，完善应急救援体系，增强应急预案的科学性、针对性、实效性，依据《突发事件应急预案管理办法》（国办发〔2013〕101 号）等相关文件，要做好工程安全事故应急预案的编制、修订、完善。

做好应急救援预案的管理工作，是提高应对突发事件的处置能力及实效的有效手段和方法，应急救援预案的编制、修订和完善应当符合下列基本条件：

（1）符合有关法律、法规、规章和标准的规定；

（2）结合本工程的安全生产实际情况；

（3）结合本工程的危险性分析情况；

（4）应急组织和人员的职责分工明确，并有具体的落实措施；

（5）有明确、具体的事故预防措施和应急程序，并与其应急能力相适应；

（6）有明确的应急保障措施，并能满足本工程的应急工作要求；

（7）预案基本要素齐全、完整，预案附件提供的信息准确。

强化应急预案的宣传教育培训。工程各参建单位应当采取多种形式开展应急预案的宣传教育培训，普及生产安全事故预防、避险、自救和互救知识，使相关从业人员了解应急预案内容，熟悉应急职责、应急程序和岗位应急处置方案，从而提高安全意识和应急处置技能。

积极组织开展应急预案的演练。项目部应根据本工程的事故预防重点，制定应急预案演练计划，组织综合应急预案演练、专项应急预案演练、现场处置方案演练等。提高生产安全事故应急处置能力。

16.2.8　安全培训与应急演练

1. 对人员进行安全教育及培训

目的是帮助施工人员学习防火、灭火、避难、危险品转移等各种安全疏散知识和应对方法，学习消防设施及灭火装置使用方法，进行消防培训及演练，提高人员对火灾、爆炸发生时的心理承受能力和应变力。一旦发生突发事件，人员不仅可以沉稳地自救，还可以冷静地配合外界消防员做好灭火工作，把火灾事故损失降低到最低水平。

2. 培训内容

（1）各种急救器材的使用方法，如个人防护用品、灭火器材、消防水源、担架、急救箱等。

（2）现场医疗救护的基本常识，如人工呼吸、胸腔挤压、伤口包扎、临时止血、担架使用等。

（3）现场危险源的分布及可能造成的危害，现场常见化学品的特性及处置方法。

（4）在突发事件发生后的逃生方法及逃生路线等。

（5）社会支援的联络方法：火警、公安、交通事故、急救等。

社会支援的联络方法：

应急电话：火警 119；匪警 110；交通事故 122；急救 120。

管理人员应掌握当地主管部门的联络方法，在发生伤亡事故时，应及时准确地向上级汇报。

（6）应急救援信号（如表 16.2-2 所示）。

应急救援信号表　　　　　　　　　　　　　　　　　　　表 16.2-2

序号	事件类型	哨声类型	
1	着火信号	数短哨声	
2	触电信号	长鸣哨声	
3	应急撤离信号	紧急撤离与救援无关人员信号	一长二短哨声
		各救援人员撤离现场人员信号	一长三短哨声

续表

序号	事件类型	哨声类型
4	应急救援小组进入	一长一短哨声
5	事故排除安全信号	短哨一声
6	接触信号	短哨二声

3. 会同参建单位组织定期进行演习

项目部针对危险源可能造成的事故，每年组织参建单位开展一次模拟演习。演戏内容计划：消防演习、伤员救助演习。

一旦发生事故，应急领导小组能够正确指挥，应急队员能够及时排除险情，控制并消灭事故、抢救伤员，做好应急救援工作。

应急救援工作需要各级各部门的领导和管理人员的共同努力，需要落实责任制，加强认识、培训、教育，在事故发生时能够各负其责，排险救人，将事故损失降至最低，保障员工的生命安全和企业的最大效益。

工程管理部应针对现场不同的施工阶段、不同的危险源，在施工之前进行有针对性的安全培训与安全教育。工程管理部每年应策划、举行事故应急演习，以评审应急方案的可行性。演习结束后应进行总结（包括对应急预案的可行性作出结论），必要时对应急预案进行必要的修订，当得到外部事故经验和教训时，及时对预案进行完善。

第17章 档案信息管理

17.1 档案与信息管理特点与难点分析

17.1.1 档案与信息管理难点

（1）中山大学·深圳建设工程项目工程建设范围大，建设单体多，现场地形复杂，现场质量、安全、文明施工管控难度高；

（2）中山大学·深圳建设工程项目工程总建筑面积约 127 万 m^2，由多个公共建筑和四大学科组团建筑组成，建设过程中将涉及诸多专业施工单位进场施工，对其产生的巨量工程信息如何有效的分类、检索，管理难度高；

（3）中山大学·深圳建设工程项目工程涉及建筑类型种类多：各类体育场馆建筑、学术交流中心、医疗功能建筑、网络数据中心、实验室、学生宿舍、行政服务型建筑和危化品仓库等，涉及工程资料内容多，内容复杂，竣工移交难度高；

（4）中山大学·深圳建设工程项目工程作为深圳市对高等教育进行供给侧改革的重要举措，实现深圳市共建 10 所世界一流大学目标的重点项目，其社会影响力巨大，建设期间必将成为社会各界关注的焦点，所以，工程建设中，如何防止各类非官方信息、对工程建设的误解信息和谣传信息等传播而对工程建设产生巨大负面影响，影响工程进展，是本项目的一项难点；

（5）中山大学·深圳建设工程项目工程项目管理工作量大，参与人员多，做好内部管理工作，实现高标准项目管理是本项目一项难点。

17.2 信息管理及归档资料管理的计划

建设工程信息管理贯穿建设工程全过程，衔接建设工程各个阶段、各个参建单位和各个方面，其基本环节包括：信息的收集、传递、加工、整理、检索、分发、存储。根据中山大学·深圳建设工程项目工程全过程项目管理的各阶段信息特点，本项目部在项目各阶段的信息整理内容包括：

17.2.1 项目前期的信息整理

因项目决策对建设工程的效益影响最大，项目部应重视前期的技术服务，在信息收集方面应包括外部宏观信息，要收集历史、时代、和未来三个时态的信息，具有较多的不确定性。该阶段信息收集主要如表 17.2-1 所示。

信息收集表　　　　　　　　　　　　　　　表 17.2-1

序号	内容
1	项目相关市场方面的信息：如项目投入使用后的市场运营预测、社会需求等
2	项目资源方面的信息：如资金、劳动力、水、电、气供应等
3	自然环境相关方面的信息：如城市交通、运输、气象、地质等
4	新技术、新设备、新工艺、新材料，专业配套能力方面的信息等
5	政治环境，社会治安状况，深圳当地法律、政策、教育等

上述信息的收集是为了帮助避免决策失误，以进一步开展调查和投资机会研究，进行投资估算和工程建设经济评价。

17.2.2　设计阶段的信息管理

设计阶段是工程建设的重要阶段，在设计阶段决定了工程规模、建筑形式、工程的概算、技术先进性、适用性、标准化程度等一系列具体的要素，该阶段信息收集主要如表 17.2-2 所示。

信息收集表　　　　　　　　　　　　　　　表 17.2-2

序号	内容
1	可行性研究报告，前期相关文件资料，存在的疑点和建设单位的意图，建设单位前期准备和项目审批完成的情况
2	同类工程相关信息
3	工程所在地相关水文地质、交通等信息
4	勘察、测量、设计单位相关信息
5	工程所在地政府政策、法律、法规、规范、环保政策、政府服务和限制等
6	设计中的设计进度计划，设计质量保证体系，设计合同执行情况等

设计阶段信息的收集范围广泛，来源较多，不确定因素较多，外部信息较多，难度较大，本项目部配备具有较高的技术水平和较广的知识面的信息管理工程师，并设置具有一定设计相关经验、投资管理能力和信息综合处理能力的专家作为技术支持，以完成该阶段的信息管理。

17.2.3　施工招投标阶段的信息管理

在施工招投标阶段的信息收集，有助于编写好招标书，有助于选择好施工单位和项目经理、项目班子，有利于签订好施工合同，为保证施工阶段管理目标的实现打下良好基础。该阶段信息收集主要如表 17.2-3 所示。

信息收集表 表 17.2-3

序号	内容
1	工程地质、水文地质勘察报告,施工图设计及施工图预算、设计概算,设计、地质勘察、测绘的审批报告等方面的信息,特别是该建设工程有别于其他同类工程的技术要求、材料、设备、工艺、质量要求有关信息
2	建设单位建设前期报审文件:立项文件,建设用地、征地、拆迁文件
3	工程造价的市场变化规律及所在地区的材料、构件、设备、劳动力差异
4	当地施工单位管理水平,质量保证体系、施工质量、设备、机具能力
5	本工程适用的规范、规程、标准,特别是强制性规范
6	所在地关于招投标有关法规、规定,国际招标、国际贷款指定适用的范本,本工程适用的建筑施工合同范本及特殊条款精髓所在
7	所在地招投标代理机构能力、特点,所在地招投标管理机构及管理程序
8	该建设工程采用的新技术、新设备、新材料、新工艺,投标单位对"四新"的处理能力和了解程度、经验、措施

在施工招投标阶段,信息管理工程师将充分了解施工设计和施工图预算,熟悉法律法规,熟悉当地招、投标程序,合同范本,重点了解工程特点,对工程量进行合理的分解。

17.2.4　施工阶段的信息收集

施工阶段信息管理相关规范比较成熟,但因为现场施工管理水平参差不齐,项目部对施工信息实施标准化和规范化管理。

1. 施工准备期的信息收集

在施工准备期,信息的来源较多、较杂,由于参建各方的关系正处于协调、磨合期,信息渠道还未正式建立,因此,项目部将组建工程信息合理的流程,确定合理的信息源,规范各方的信息行为,建立必要的信息秩序。该阶段信息收集主要如表 17.2-4 所示。

信息收集表 表 17.2-4

序号	内容
1	项目管理大纲;施工图设计及施工图预算,特别要掌握结构特点,掌握工程难点、要点、特点,掌握工程的工艺流程特点、设备特点,了解工程预算体系(按单位工程、分部工程、分项工程分解);了解施工合同
2	工程咨询单位监理部组成,进场人员资质;监理规划及监理细则
3	施工单位项目部组成,进场人员资质;进场设备的规格型号、保修记录;施工场地的准备情况;施工单位质量保证体系及施工单位的施工组织设计,特殊工程的技术方案,施工进度网络计划图表;进场材料、构件管理制度;安全保安措施;数据和信息管理制度;检测和检验、试验程序和设备;承包单位和分包单位的资质等施工单位信息

续表

序号	内容
4	建设工程场地的地质、水文、测量、气象数据；地上、地下管线，地下洞室，地上原有建筑物及周围建筑物、树木、道路；建筑红线，标高、坐标；水、电、气管道的标志；地质勘察报告、地形测量图及标桩等环境信息
5	施工图的会审和交底记录；开工前的管理交底记录；对施工单位提交的施工组织设计按照工程监理部要求进行修改的情况；施工单位提交的开工报告及实际准备情况
6	本工程需遵循的相关建筑法律、法规和规范、规程，有关质量检验、控制的技术法规和质量验收标准

2. 施工实施期的信息收集

这一阶段信息来源相对比较稳定，收集的关键是施工单位、工程咨询单位、建设单位在信息形式上和汇总上的统一。因此，统一建设各方的信息格式，实现标准化、代码化、规范化是本阶段必须解决的问题。该阶段信息收集主要如表 17.2-5 所示。

信息收集表 表 17.2-5

序号	内容
1	工程咨询单位监理部、施工单位人员、设备、水、电、气等能源的动态信息
2	施工期气象的中长期趋势及同期历史数据，每天不同时段动态信息，特别在气候对施工质量影响较大的情况下，更要加强收集气象数据
3	建筑原材料、半成品、成品、构配件等工程物资的进场、加工、保管、使用等信息
4	项目部管理程序；质量、进度、投资的事前、事中、事后控制措施；数据采集来源及采集、处理、存储、传递方式；工序间交接制度；事故处理制度；施工组织设计及技术方案执行的情况；工地文明施工及安全措施等
5	施工需要执行的国家和地方规范、规程、标准；施工合同执行情况
6	施工中发生的工程数据，如地基验槽及处理记录，工序间交接记录，隐蔽工程检查记录等
7	建筑材料必试项目有关信息：如水泥、砖、砂石、钢筋、外加剂、混凝土、防水材料、回填土、饰面板、玻璃幕墙等
8	设备安装的试运行和测试项目有关信息：如电气接地电阻、绝缘电阻测试，管道通水、通气、通风试验，电梯施工试验，消防报警、自动喷淋系统联动试验等
9	施工索赔相关信息：索赔程序，索赔依据，索赔证据，索赔处理意见等

3. 竣工保修期的信息收集

竣工保修期的信息是建立在施工期日常信息积累基础上，要求数据实时记录，真实反映施工过程，真正做到积累在平时，该阶段只是建设各方资料信息最后的汇总和总结。该阶段信息收集主要如表 17.2-6 所示。

在竣工保修期，项目部按照现行《建设工程文件归档整理规范》GB/T 50328—2001 收集项目管理文件并督促施工单位完善资料的收集、汇总和归类整理。

信息收集表　　　　　　　　　　　表 17.2-6

序号		内容	
1	准备阶段文件	立项文件；建设用地、征地、拆迁文件；开工审批文件等；勘察、测绘、设计文件招投标及合同文件；财务文件；建设、施工、管理机构及负责人	
2	监理文件	监理规划、监理实施细则、有关质量问题和质量事故的相关记录、监理工作总结以及监理过程中各种控制和审批文件等	
3	施工资料	建筑与结构工程	施工技术准备文件
			施工现场准备
			地基处理记录
			工程图纸变更记录
			施工材料预制构件质量证明文件及复试试验报告
			施工试验记录
			隐蔽工程检查记录
			施工记录
			工程质量事故处理记录
			工程质量检验记录
		机电工程（包括电气、给排水、消防、采暖、通风、空调、燃气、建筑智能化、电梯工程）	一般施工记录
			图纸变更记录
			设备、产品质量检查、安装记录；设备、产品质量合格证、质量保证书、设备装箱单、商检证明和说明书、开箱报告，设备安装记录，设备试运行记录，设备明细表
			预检记录
			隐蔽工程检查记录
			施工试验记录
			质量事故处理记录
			工程质量检验记录
		室外工程	室外安装（给水、雨水、污水、热力、燃气、电讯、电力、照明、电视、消防等）施工文件
			室外建筑环境（建筑小品、水景、道路、园林绿化等）施工文件
4	竣工图	包括综合竣工图和专业竣工图两大类	
5	竣工验收资料	包括工程竣工总结，竣工验收记录，财务文件，声像、缩微、电子档案	

17.2.5　信息的分发、检索和存储

1. 信息分发主要应明确

（1）使用部门（人）的使用目的、使用周期、使用频率、得到时间、数据的安全要求；

（2）决定分发的项目、内容、分发量、范围、数据来源；

（3）决定分发信息和数据的数据结构、类型、数据来源；

（4）决定提供的信息和数据介质（纸张、显示器显示、磁盘或其他形式）。

2.检索设计时则要考虑

（1）允许检索的范围、检索的密级划分、密码的管理；

（2）检索的信息和数据能否及时、快速地提供，采用什么手段实现（网络、通信、计算机系统）；

（3）提供检索需要的数据和信息输出形式、能否根据关键字实现智能检索。

3.信息的存储

（1）按照工程进行组织，同一工程按照投资、进度、质量、合同的角度组织，各类进一步按照具体情况细化；

（2）文件名规范化，以定长的字符串作为文件名；

（3）各建设方协调统一存储方式，尽量采用统一代码；

（4）通过网络数据库形式存储数据，达到建设各方数据共享，减少数据冗余，保证数据的唯一性。

17.3　信息分类管理

中山大学深圳校区建设项目在实施的过程中产生的信息丰富而又多样，因而工程文档信息有多种形式。工程文档分类的目的在于能够运用计算机及其网络技术等工具，适时地描述工程进展的状况，为中山大学深圳校区建设项目管理者提供服务。中山大学深圳校区建设项目文档分类的要求所提供的信息能够反映出时间段、信息的内容、信息的载体文件的类型，属于哪个子项目，以及参与该子项目建设的单位。

把各个层面的文档分类编码，对文档的编码集成，确定各个层面编码之间的关系，这样就形成了工程文档信息编码的目录层次结构。查找文件时，从文档目录的上层开始，顺序为项目分解结构、项目的实施阶段、文档内容、文档文件分类型、文档顺序。

根据时间、内容、文件类型对文档进行分类、编码，形成集成的文档目录。在计算机网络中形成统一管理的文件清单，该方法具有层次清楚、逻辑性强和结构稳定、便于操作等特点，也便于中山大学深圳校区工程项目统一编码和管理。

17.4　信息编码

1.介绍

本工程项目庞大、周期较长、工程复杂、参与管理和建设的公司众多，因此严密而实用的编码系统是此项目管理成功的关键要素之一。

根据本工程情况，项目部设计了文件管理编码系统，该编码系统适用于建设单位、管理公司以及设计单位编写的文件，包括图纸和信函等各类项目文件。

2.文件编码系统

（1）与政府管理部门的往来文件编码格式

卷宗分类代码　　　　　　收到或发出代码　　　　　文件接受或发送日期

SU×—JM××—×××—IN（或OUT）—××××（××××××）

建筑物代码　　　　政府部门代码　　　　　　文件序列号期

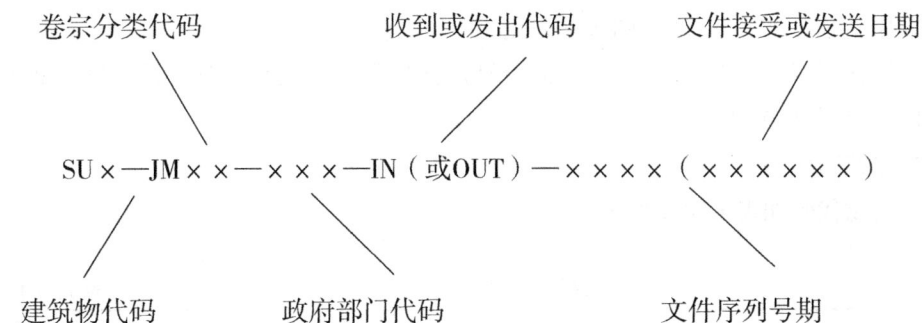

（2）设计文件（包括图纸的编码格式）

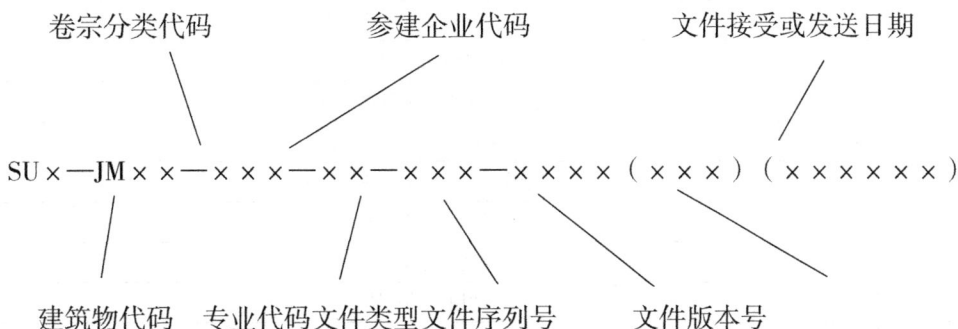

卷宗分类代码　　　　　　参建企业代码　　　　　文件接受或发送日期

SU×—JM××—×××—×××—×××—×××（×××）（××××××）

建筑物代码　专业代码文件类型文件序列号　　　文件版本号

（3）除上述两类文件以外的其他所有文件的编码格式

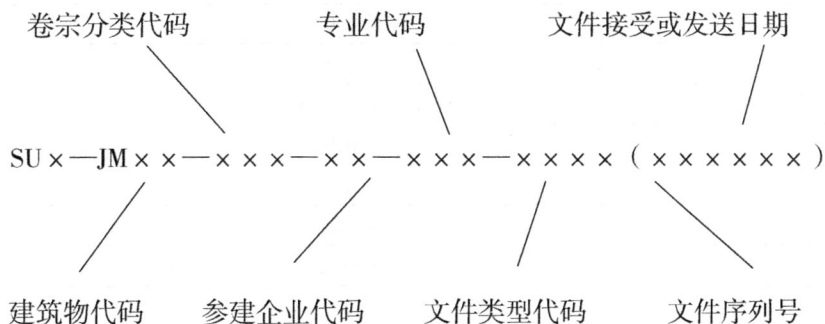

卷宗分类代码　　　　　　专业代码　　　　　　文件接受或发送日期

SU×—JM××—×××—××—×××—××××（××××××）

建筑物代码　　参建企业代码　　文件类型代码　　　文件序列号

（4）编码格式中各字段说明

建筑物代码 SU×：SU 表式深圳的大学项目，既中山大学深圳校区；×：为建筑物代码数字，详见本节第 3 条。

卷宗分类代码 JM××：JM 表示卷宗目录；×× 为数字，代表不同的卷宗分类，详见本节第 4 条。

政府部门代码：详见本节第 5 条。

参建企业代码：代表文件的发出方或编制方，详见本节第 6 条。

专业代码：详见本节第 7 条。

文件类型代码：详见本节第 8 条。

文件序列号：按文件类型，从 0001 起始，顺序增加，数字编号长度为 4 位。

版本号：方案设计版本采用 S01.S02 等；初步设计版本采用 C01.C02 等；施工图设

计版本采用 S01.S02 等；竣工图版本采用 J01.J02 等。

文件接受或发出日期：×××××× 分别用两位数字表式年、月、日，例如 2016 年 9 月 18 日表式 160918。

3. 建筑物代码

建筑物代码如表 17.4-1 所示。

	建筑物代码表	表 17.4-1

代码	中文描述
0	适用所有建筑，指整个工程
1	适用公共建筑（多建筑群）
2	适用医科组团（多建筑群）
3	适用工科组团（多建筑群）
4	适用文科组团（多建筑群）
5	适用理科组团（多建筑群）
6	适用架空及连廊
7	适用地下室
8	适用室外总体
9	公共教学楼
10	公共实验室楼
11	危险品仓库
12	图书馆
13	校行政与公共服务中心
14	大礼堂
15	综合体育馆
16	篮球馆
17	网球馆
18	游泳馆
19	国际学术交流中心
20	学生宿舍
21	辅导员宿舍
22	师生活动用房
23	学生食堂
24	网络数据中心
25	校门诊部
26	学生综合服务中心
27	教工综合服务中心
28	邮局、银行

此表根据项目实际情况更新，如相同类型建筑，则在建筑代码后增加"（ ）"并顺序编列阿拉伯数字。举例：学生宿舍 1 号楼：20（1）。

4. 卷宗分类代码

卷宗分类代码如表 17.4-2 所示。

卷宗分类代码表　　　　　　　　　　　　　　　　表 17.4-2

代码	中文描述	说明
JM01	与政府部门的往来文件	项目咨询部与深圳市相关政府部门的各种往来文件，包括各类批文、证书等
JM02	设计文件	包括项目规范、图纸、材料清单等
JM03	招投标文件（包括合同）	包括招投标文件、资格预审文件和投标书、合同等
JM04	成本及财务文件	包括项目预算、成本报告、付款申请、结算、决算等
JM05	项目指令	建设单位及江南公司（现场管理部）发给各承包单位的工作指令
JM06	项目变更	设计、施工及费用变更的文件
JM07	往来信函	江南公司（现场管理部）与项目建设各参与单位的往来信函、包括传真、信件、电子邮件等
JM08	会议纪要	各类会议邀请、签到表、会议纪要等
JM09	报告	项目策划文件、计划、各类项目管理报告、照片视频影像资料等
JM10	其他	以上九卷以外的其他项目文件

此表根据项目实际情况对需单独进行卷宗分类的文件进行更新。

5. 政府部门代码

政府代码如表 17.4-3 所示。

政府部门代码表　　　　　　　　　　　　　　　　表 17.4-3

代码	中文描述
GWS	住宅工程管理站
JYJ	教育局
SYU	中山大学
GHJ	规划局
ZJJ	质监局
HBJ	环保局
GAJ	公安局
AJJ	安监局
GDG	供电公司
DXG	电信公司
YDG	移动公司
LTG	联通公司
GSG	供水公司
RQG	燃气公司
QTB	其他政府部门

此表根据项目实际情况更新。

6. 参建企业代码

参建企业代码如表 17.4-4 所示。

参建企业代码表　　　　　　　　　　　　　　　　表 17.4-4

代码	中文描述
JNPM	浙江江南工程管理股份有限公司
QZEC	深圳市全至工程咨询有限公司
……	……

此表根据项目实际情况更新。

7. 专业代码

专业代码如表 17.4-5 所示。

专业代码表　　　　　　　　　　　　　　　　　表 17.4-5

代码	中文描述
GN	通用，适用于各专业
ZT	总图
JZ	建筑
JG	结构
RF	人防
TJ	土建
ZS	装饰
DQ	电气
MQ	幕墙
XF	消防
RQ	燃气
WH	危化（危险化学品）
NT	暖通
YB	仪表
SW	室外工程
LH	园林绿化
TG	体育工艺
TX	通信
GP	给水排水
LJ	绿色建筑
ZN	智能化

此表根据项目实际情况更新。

8. 文件类型代码

文件类型代码如表 17.4-6 所示。

文件类型代码表

表 17.4-6

代码	中文描述
TZ	图纸
SBQD	设备清单
CLQD	材料清单
MX	模型
GF	规范
BWL	项目重要事项备忘录
ZXJH	项目执行计划
GLCX	项目管理程序
XMYB	项目月报
ZLJH	项目质量计划
ZJJH	资金使用计划
GLZL	项目管理指令
XMZB	项目周报
JDJH	进度计划
JSD	技术联系单
PBJL	评标记录
HPG	供应商事后评估
HT	合同
ZBTZ	中标通知书
CLCG	材料采购单
CLGG	材料采购规格书
FKSQ	付款申请
FKPZ	付款批准书
ZGYS	承包商 / 供应商资格预审
ZBWJ	招标文件（投标邀请）
TBWJ	投标文件
WXD	供应商问询单
FYBG	费用报告
FFPG	费用及方案评估
YSWJ	预算文件（工程）
SGB G	事故报告
XCJC	现场检查报告
BHG	不合格项报告

续表

代码	中文描述
ZGTZ	整改通知单
YZHY	建设单位会议纪要
GLHY	项目管理会议纪要
SJHY	设计会议纪要
CCHY	采购及成本会议纪要
SGHY	施工管理会议纪要
ZTHY	专题会议纪要
QTHY	其他会议纪要
SEQD	收文清单
FWQD	发文清单
SGZL	施工指令
SGB G	施工报告
SJBG	设计变更单
ZFWJ	政府文件
QTWJ	其他文件

此表根据项目实际情况更新。

17.5　资料归档管理标准

17.5.1　项目文件的整理与归档标准

1. 项目文件的整理

（1）建设项目所形成的全部项目文件在归档前应根据国家有关规定，并按档案管理的要求，由文件形成单位进行整理。

（2）项目管理单位各机构形成或收到的有关建设项目的前期文件、设备技术文件、竣工试运行文件及验收文件，应根据文件的性质、内容分别按年度、项目的单项或单位工程整理。

（3）勘查、设计单位形成的基础材料和项目设计文件，应按项目或专业整理。

（4）施工技术文件应按单项工程的专业，阶段整理；检查验收记录、质量评定及监理文件按单位工程整理。

（5）设备、技术、工艺、专利及商检索赔文件应由承办单位整理；现场使用的译文及安装调试形成的非标准图、竣工图、设计变更、试运行及维护中形成的文件，工程事故处理文件由施工单位整理。

2. 项目文件的组卷

（1）组卷要遵循项目文件的形成规律和成套性特点，保持卷内文件的有机联系；

分类科学，组卷合理；法律性文件手续齐备，符合档案管理要求。

（2）项目施工文件按单项工程、单位工程或装置、阶段、结构、专业组卷；项目竣工图按建筑、结构、水电、暖通、电梯、消防、环保等顺序组卷；设备文件按专业、台件等组卷；管理性文件按问题、时间或项目依据性、基础性、竣工验收文件组卷；监理文件按文种组卷；原材料试验按单项工程、单位工程组卷。

（3）案卷及卷内文件不重份；同一卷内有不同保管期限的文件。该卷保管期限从长。

3. 案卷与卷内文件的排列

（1）管理性文件按问题、时间或重要程度排列。

（2）施工文件按管理、依据、建筑、安装、检测试验记录、评定、验收排列。

（3）设备文件按依据性、开箱验收、随机图样、安装调试和运行维修等顺序排列。

（4）竣工图按专业、图号排列。

（5）卷内文件一般文字在前，图样在后；译文在前，原文在后；正件在前，附件在后；印件在前，定（草）稿在后。

4. 卷内编目

装订必须符合规定要求。

5. 声像材料整理

声像材料整理时应附文字说明。对事由、时间、地点、人物、作者等内容进行著录。

6. 项目文件的归档

（1）项目管理单位各机构、各施工承包单位、工程咨询单位监理部应在建设项目完成后，将经整理，编目后所形成的项目文件按合同协议规定的要求，向项目管理单位档案管理机构归档。

（2）根据基本建设程序和项目特点，归档可按阶段分期进行，也可在单项工程或单位工程完成并通过竣工验收后于竣工验收文件一并归档。

（3）归档文件应完整、成套、系统。应记述和反应建设项目的规划、设计、施工及竣工验收的全过程；真实记录和准确反应项目建设过程和竣工的实际情况，图物相符，技术数据可靠、签字手续完备；文件质量应符合项目文件质量要求的规定。

（4）勘查、设计、施工及建立单位需向本矿归档的文件，应按国家有关档案管理的规定和附表 1 的要求单独立卷归档。

（5）外文资料应将题名、卷内章节目录译成中文，经翻译人、审校人签署的译文稿与原文一起归档。

7. 项目文件的归档审查施工单位在项目竣工文件收集，编制和整理后，应依次由竣工文件的编制方、质监部门、监理部门对文件的完整、准确情况和案卷质量进行审查或三方会审，经建设单位确认并办理交接手续后连同审查记录全部交建设单位档案管理机构。

17.5.2　项目档案的整理与移交标准

1. 项目档案的整理

全部项目档案的汇总整理应由项目管理单位负责进行或组织，其内容包括：

（1）根据专建设单位管部门的建设项目档案分类编号规则以及项目的实际情况，设计、制定统一的项目档案分类编号体系。小型项目直接按项目、结构或专业分类；大中型项目按工程或专业分类，下设属类。

（2）依据项目档案分类编号体系对全部项目档案进行统一的分类和编号；生产使用单位需要按企业档案统一进行分类和编号的，项目管理单位（并责成设计、施工及建立单位）可用铅笔临时填写档案号。

（3）对全部项目档案进行清点、编目，并编制项目档案案卷目录及档案整理情况说明。

（4）负责贯彻实行国家及本行业的技术规范及各种技术文件表格。

2. 项目档案的移交

（1）项目档案验收合格后，建设单位应按合同及规定的要求，在项目正式通过竣工验收后三个月内，向生产使用单位及其他有关单位办理档案移交。凡是分期或分机组的项目，应在每期或每机组正是通过竣工验收后办理档案移交。

（2）建设单位与建设单位单位、生产使用单位及其他有关单位应办理项目档案移交手续，明确档案移交的内容、案卷数、图纸张数等，并有完备的清点、签字等交接手续：建设单位转为生产单位的，按企业档案管理要求办理。

（3）竣工验收以后，建设单位应在 6 个月内向城市建设档案接收单位报送与城市规划、建设及其管理有关的项目档案。

第18章 竣工验收及移交

18.1 项目竣工验收及移交管理工作重点与难点分析

本项目属大型校园建设项目，存在建筑大体众多，建设工作内容涉及建筑工程、大型土石方、综合管廊、绿色建筑、室外景观、建筑小品、市政道路且建筑使用功能复杂，专业配套齐全，还有特殊的实验室，体育工艺设施、舞台工艺设备等，验收涉及的规范很多，有的可能尚没有验收规范、标准；根据项目的特点及后期实际建设标段划分情况，以及使用时间要求，具体的工作内容制定不同的验收工作计划。

18.2 项目竣工验收及移交主要工作策划

当项目进行到一定阶段，如土建、装修、设备安装工作基本完成后，项目负责人就应该组织各参建单位相关人员编制剩余工作完成计划表，设备安装调试、各专项验收计划，并落实相关的责任人，对剩余工作量进行现场核实，进行销项处理等工作。使各项计划有序进行。

同时，可以着手处理竣工验收资料整理归档移交计划，要明确移交的对象、部门，如城建档案馆、质监站、建设单位、建设单位物业管理部门等，同时，应根据各部门要求进行整理，做好资产移交工作。

18.2.1 专项验收、竣工验收计划

在专项验收之前，对现场工作进行检查，将剩余工作和质量缺陷进行统计，列表落实责任人，同时编制项目竣工验收方案和专项工程验收计划等。

项目专项验收工作一般包含电梯、消防、人防、节能、环保、气象防雷、规划、卫生防疫、交通组织、市政绿化、档案预验收、竣工验收（根据本项目功能不同还有如舞台、灯光、音响专业设备验收以及体育场馆工程的体育设施、专业实验室验收等）。

项目综合验收根据可行性研究报告中项目实施进度计划分为两个阶段，及两个时间节点 2020 年 6 月和 2021 年 6 月，待后期项目进场实施后与建设单位商定后确定每次验收移交范围，根据后面表格制定专门计划。

移交原则：验收完成一项，移交一项；分期分批进行移交工作。

移交工作参照表 18.2-1、表 18.2-2、表 18.2-3 的要求进行。

项目管理收尾计划表　　　　　　　　　　　　　　　　　　表 18.2-1

序号	收尾项目类别	责任部门或人员	计划完成时间	备注
1	工程竣工收尾、初验	工程监理部		
2	工程竣工验收	项目部		
3	工程结算	造价合约部		
4	工程档案移交	综合管理部		
5	工程决算	造价合约部		
6	工程移交	项目部		
7	回访保修	项目监理部		
8	管理考核评价	综合管理部		
9	办公设施清理	综合管理部		
10	人员撤离	综合管理部		
11	其他	综合管理部		

编制：　　　　　　　　　　　　　　　　　审批：

项目剩余工作统计表　　　　　　　　　　　　　　　　　　表 18.2-2

序号	项目名称	施工单位	合同工期	未完工程	计划工期	责任人	备注（协调解决事项）
1	土建总承包工程						
2	机电安装工程						
3	幕墙工程						
3	内装修工程						
4	电梯工程						
5	舞台机械、灯光、音响工程						
6	智能化工程						
7	体育工艺工程						
8	专业实验室						
9	标志标识工程						
10	综合管廊						
11	室外管网工程						
12	园林、绿化						
13	市政道路						

专项验收工作计划表　　　　　　　　　　　　　　　表 18.2-3

工程项目名称：

序号	检测项目名称	计划完成时限	是否完成	质量要求	责任方	备注
1	舞台机械工程验收		是□ 否□	是□ 否□	监理部	
2	舞台灯光工程验收		是□ 否□	是□ 否□	监理部	
3	舞台音响工程验收		是□ 否□	是□ 否□	监理部	
4	体育工艺设备验收		是□ 否□	是□ 否□	监理部	
5	专门实验室验收		是□ 否□	是□ 否□	监理部	
6	节能验收		是□ 否□	优□ 合格□	监理部	
7	电梯验收		是□ 否□	是□ 否□	监理部	
8	绿色建筑验收		是□ 否□	是□ 否□	监理部	
9	燃气工程验收		是□ 否□	是□ 否□	管理部	
10	卫生防疫验收		是□ 否□	优□ 合格□	管理部	
11	消防工程验收		是□ 否□	是□ 否□	监理部	
12	人防工程验收		是□ 否□	是□ 否□	监理部	
13	林相改造工程		是□ 否□	是□ 否□	监理部	
14	环保验收		是□ 否□	是□ 否□	管理部	
15	水土保持		是□ 否□	是□ 否□	管理部	
16	规划验收		是□ 否□	优□ 合格□	管理部	
17	土地复核验收		是□ 否□	是□ 否□	监理部	
18	竣工档案验收		是□ 否□	是□ 否□	监理部	
19	竣工备案		是□ 否□	是□ 否□	监理部	
20	房产面积实测		是□ 否□	优□ 合格□	管理部	
21	产权证办理		是□ 否□	优□ 合格□	管理部	

18.2.2　竣工资料归档移交计划

根据项目所在地城建档案馆和建设单位以及项目标段划分情况具体的工作内容、项目建设情况和要求，编制工程竣工资料验收和移交计划（如表 18.2-4 所示）。

项目部资料归档计划表（附表）　　　　　　　　　　表 18.2-4

序号	资料归档类目	计划完成时间	责任部门	责任人	备注
1	项目管理（代建）委托合同	第一批 ×年×月 第二批 ×年×月	综合办公室		
	项目管理实施建议				
	项目管理工作联系单				
	项目管理工程师通知				
	项目管理手册				

续表

序号	资料归档类目	计划完成时间	责任部门	责任人	备注
1	项目管理规划细则 项目管理月报 项目管理会议纪要 进度管理 阶段（小）总结 项目管理工作总结 项目管理日记 前期手续办理一览表及附件 办公设备清单	第一批 ×年×月 第二批 ×年×月	综合办公室		
2	可行性研究 施工图纸及竣工图 设计任务书 工程洽商记录（技术核定单） 图纸会审记录	第一批 ×年×月 第二批 ×年×月	设计管理部		
3	招投标情况统计一览表 招标文件 投标文件	第一批 ×年×月 第二批 ×年×月	招标合约部		
4	合同台账及文本 工程延期报告及审批 费用索赔报告及审批 合同争议、违约报告及处理意见 履约保函退还 合同变更材料	第一批 ×年×月 第二批 ×年×月	招标合约部		
5	进度款支付台账及文件 新增单价 现场签证 资金使用计划（年、季、月） 工程结算及结算审核意见	第一批 ×年×月 第二批 ×年×月	招标合约部		

18.2.3 资产移交

资料移交完成后，按要求向使用单位进行资产移交。移交内容按合同要求，给使用单位进行培训，提供使用手册。培训工作可以提前在项目设备调试阶段进行，以减少缩短项目移交周期。项目移交工作应成立工作领导小组负责协调整体工程移交期间的问题，根据本工程特点可按以下几个小组进行：

第一小组：建筑、结构、装饰、市政组

组长：×××；副组长：×××；成员组成可由与之相关标段的人员参加。

移交内容：主要负责地基与基础、主体结构、建筑室内外装饰装修（含标志标识）、室外景观照明、道路、市政绿化。

移交要求：交接双方对各部位进行实地检查，双方在交接单上签字。

第一小组移交工作时间表（如表 18.2-5 所示）。

第一小组移交工作时间表　　　　　　　　　　　　　　　　表 18.2-5

移交时间	移交内容	移交人员安排
×月×日 09：30 ~ 11：00	地基与基础、主体结构（含钢结构）	专业监理工程师、施工承包商技术负责人、使用单位代表
×月×日 13：30 ~ 17：00	幕墙	专业监理工程师、施工承包商技术负责人、使用单位代表
×月×日 09：30 ~ 11：00	室外道路、石材铺装、室外景观照明、建筑小品、综合管廊	专业监理工程师、施工承包商技术负责人、使用单位代表
×月×日 ~ ×月×日 09：30 ~ 11：00 13：30 ~ 17：00	装饰装修（含标识）	专业监理工程师、施工承包商技术负责人、使用单位代表

第二组：机电组

组长：×××；副组长：×××。

内容：电气、给排水、采暖、通风空调、智能化、电梯、消防系统等。

移交要求：各系统设备编制设备移交清单，各相关专业移交完毕后需填写移交单，于当天 17：30 前报移交成果。

第二组移交工作时间表（如表 18.2-6 所示）。

第二小组移交工作时间表　　　　　　　　　　　　　　　　表 18.2-6

移交时间	移交内容	移交人员安排
×月×日 09：30 ~ 11：00	电梯	专业监理工程师、施工承包商技术负责人、使用单位代表
×月×日 09：30 ~ 11：00	给排水、消火栓、喷淋、水幕、水炮系统	专业监理工程师、施工承包商技术负责人、使用单位代表
×月×日 09：30 ~ 11：00	消防报警联动系统	专业监理工程师、施工承包商技术负责人、使用单位代表
×月×日 09：30 ~ 11：00	采暖通风空调及防排烟系统	专业监理工程师、施工承包商技术负责人、使用单位代表
×月×日 09：30 ~ 11：00	电气照明及动力系统	专业监理工程师、施工承包商技术负责人、使用单位代表
×月×日 09：30 ~ 11：00	智能化	专业监理工程师、施工承包商技术负责人、使用单位代表

第三组：专业设备组

组长：×××；副组长：×××。

内容：舞台工艺设备、体育工艺设备、专门实验室设备等。

移交要求：各系统设备编制设备移交清单，各相关专业移交完毕后需填写移交单，于当天 17：30 前报移交成果。

第三组移交工作时间表（如表 18.2-7 所示）。

第三小组移交工作时间表　　　　　　　　　　　表 18.2-7

移交时间	移交内容	移交人员安排
× 月 × 日 09：30 ~ 11：00	舞台工艺设备	专业监理工程师、供货商、使用单位代表
× 月 × 日 09：30 ~ 11：00	体育工艺设备	专业监理工程师、供货商、使用单位代表
× 月 × 日 09：30 ~ 11：00	专门实验室	专业监理工程师、供货商、使用单位代表

第四组：档案资料组

组长：×××；副组长：×××；成员：各单位资料员。

内容：图纸及档案资料

× 月 × 日：13：30 ~ 17：00，整体资料移交；

× 月 × 日：13：30 ~ 17：00，交换意见；

× 月 × 日 ~ 2 月 25 日，资料调整；

× 月 × 日：08：30 ~ 11：00，调整资料后移交。

第四小组移交工作时间表（如表 18.2-8 所示）。

第四小组移交工作时间表　　　　　　　　　　　表 18.2-8

移交时间	移交内容	移交人员安排
× 月 × 日 09：30 ~ 11：00	竣工图纸	专业监理工程师、施工承包商技术负责人、使用单位代表
× 月 × 日 09：30 ~ 11：00	档案资料	专业监理工程师、施工承包商技术负责人、使用单位代表

18.2.4　移交方法

（1）由第四移交组进行竣工图及内业资料（含工程使用说明书及产品说明书，工程建设相关资料等）的移交，移交完成后填写《中山大学·深圳校区—×××标段竣工图纸移交单》（详见附件1）《中山大学·深圳校区—×××标段竣工资料移交单》（详见附件2）；

（2）由第一移交组、第二移交组、第三移交组进行工程实物移交。

工程移交以现状实物移交为主。各移交小组成员分别接收人员进行现场实物检查验收，检查验收后填写《中山大学·深圳校区—×××标段子分部工程移交单》（见附件3），分组验收结束后，填写《中山大学·深圳校区—×××标段移交单》（见附件4）。

对在检查过程中存在的质量瑕疵，由施工单位填写《中山大学·深圳校区—×××标段回访单》（见附件7），由全过程工程咨询单位督促限期整改完毕，不影响工程移交。

如接收人员要求启动设备试运行，移交人员应派专业人员负责设备开启工作。

18.2.5 移交工作时间安排

（1）移交工作：××年××月××日开始，至××年××月××日结束，计划移交周期6天。

（2）培训时间：××年××月××日～××年××月××日（每天上午：8:30～11:00，下午：13:30～17:00）。

培训安排如表18.2-9所示。

培训安排表   表18.2-9

培训内容	培训人员安排
给水、排水系统	承包单位技术负责人、使用方管理人员
采暖系统	承包单位技术负责人、使用方管理人员
空调与通风系统、防排烟系统	承包单位技术负责人、使用方管理人员
照明系统、动力系统	承包单位技术负责人、使用方管理人员
消火栓系统、喷淋系统、消防水炮系统、消防水幕系统、雨淋系统、气体灭火	承包单位技术负责人、使用方管理人员
消防报警及联动系统	承包单位技术负责人、使用方管理人员
电梯	承包单位技术负责人、使用方管理人员
智能化	承包单位技术负责人、使用方管理人员
舞台机械、灯光、音响	承包单位技术负责人、使用方管理人员
体育工艺设备	承包单位技术负责人、使用方管理人员
地基与基础、主体结构、装饰装修、室外工程等	承包单位技术负责人、使用方管理人员
...	

18.2.6 其他相关工作

（1）交接界面：公司负责将工程运行至××年××月××日××时；自××年××月××日××时起，由运行管理单位负责工程运行的全部工作。

（2）于××年××月××日××时，水、电进行抄表移交工作，由××组织，交接双方实地抄表，并填写《中山大学·深圳校区—×××标段水、电抄表移交记录单》（见附件6）。

（3）钥匙移交：分两次移交。第一次普通房间移交：×× 年 ×× 月 ×× 日 12 时 13：30 ～ 17：00 移交；第二次机房、专业实验室等房间钥匙移交：×× 年 ×× 月 ×× 日 12 时 13：30 ～ 17：00 移交。

（4）移交单填写说明

移交单类型：001 竣工图纸、002 竣工资料、003 分部工程、004 工程整体移交单、005 培训记录、006 水、电抄表移交单、007 回访单、008 设备移交清单、009 备品备件移交单、010 钥匙移交单。

移交单编号：各专业根据各自情况自行编号

（5）顾问工作：为保证及其委托的运行管理单位各专业运行人员熟练进行设备的操作，公司组织相关施工单位技术人员现场进行顾问工作。顾问工作自 ×× 年 ×× 月 ×× 日开始，至 ×× 年 ×× 月 ×× 日结束。

18.2.7　移交资料附件

（1）中山大学·深圳校区—××× 标段竣工图纸移交单；

（2）中山大学·深圳校区—××× 标段竣工资料移交单；

（3）中山大学·深圳校区—××× 标段子分部工程移交单；

（4）中山大学·深圳校区—××× 标段移交单；

（5）中山大学·深圳校区—××× 标段培训记录单；

（6）中山大学·深圳校区—××× 标段水、电抄表移交记录单；

（7）中山大学·深圳校区—××× 标段回访单；

（8）中山大学·深圳校区—××× 标段设备移交清单；

（9）中山大学·深圳校区—××× 标段备品备件移交清单；

（10）中山大学·深圳校区—××× 标段钥匙移交清单；

（11）中山大学·深圳校区—××× 标段移交人员通信录。

部分附表附后。

附件一
中山大学·深圳校区—×××标段

竣工图纸移交单　　　　　　　　　　　　编号：

工程名称	中山大学·深圳校区—×××标段	移交日期	
移交单位		接收单位	
承包单位			

移交内容：
现将　工程完整竣工图纸一套（含竣工图目录 1 份）移交给贵局，总共册。

备注	

移交单位：	接收单位：	工程咨询单位：	承包单位：
签字：	签字：	签字：	签字：
年　月　日	年　月　日	年　月　日	年　月　日

附件二

中山大学·深圳校区—×××标段

竣工资料移交单　　　　　　　　　　　　　　　　　　编号：

工程名称	中山大学·深圳校区—×××标段	移交日期	
移交单位		接收单位	

移交内容：

现将　工程完整竣工资料一套（含竣工资料目录1份）移交给贵局，共卷、共册。

备注	

移交单位：	接收单位：	工程咨询单位：	承包单位：
签字：	签字：	签字：	签字：
年　月　日	年　月　日	年　月　日	年　月　日

附件三
中山大学·深圳校区—×××标段

分部工程移交单　　　　　　　　　　　　　　　　　　编号：

工程名称	中山大学·深圳校区—×××标段	移交日期	
移交单位		接收单位	
承包单位			

移交内容：

备注	

移交单位：	接收单位：	工程咨询单位：	承包单位：
签字：	签字：	签字：	签字：
年　月　日	年　月　日	年　月　日	年　月　日

附件四
中山大学·深圳校区—×××标段

子分部工程移交单　　　　　　　　　　　　　　　　　　编号：

工程名称	中山大学·深圳校区—×××标段	移交日期	
移交单位		接收单位	
承包单位			

移交内容：

建筑装饰装修分部工程实体移交给贵单位。

包括： 室内装饰装修的地面、墙柱面、天棚、抹灰、门窗、吊顶、轻质隔墙、饰面板（砖）涂饰、裱糊子分部工程；

具体部位：

备注	

移交单位：	接收单位：	工程咨询单位：	承包单位：
签字：	签字：	签字：	签字：
年　月　日	年　月　日	年　月　日	年　月　日

附件五

中山大学·深圳校区—×××标段

子分部工程移交单　　　　　　　　　　　　编号：

工程名称	中山大学·深圳校区—×××标段	移交日期	
移交单位		接收单位	
承包单位			

移交内容：
×× 组团：电气系统工程、给排水系统工程、具体包括：
电气照明配电系统运行正常。自来水、热水、排水、卫生器具完好，系统运行正常。具体部位包括
附件：1
×× 组团 开关、插座、卫生洁具移交清单（共　　页）

备注	

移交单位：	接收单位：	工程咨询单位：	承包单位：
签字： 　　　年　月　日	签字： 　　　年　月　日	签字： 　　　年　月　日	签字： 　　　年　月　日

附件六

中山大学·深圳校区—×××标段

<table>
<tr><td colspan="5" align="center">子分部工程移交单</td><td align="right">编号：</td></tr>
<tr><td>工程名称</td><td colspan="2">中山大学·深圳校区—×××标段</td><td>移交日期</td><td colspan="2"></td></tr>
<tr><td>移交单位</td><td colspan="2"></td><td>接收单位</td><td colspan="2"></td></tr>
<tr><td>承包单位</td><td colspan="5"></td></tr>
<tr><td colspan="6">移交内容：

</td></tr>
<tr><td>备注</td><td colspan="5">

</td></tr>
<tr>
<td colspan="2">移交单位：

签字：

　　年　月　日</td>
<td colspan="1">接收单位：

签字：

　　年　月　日</td>
<td colspan="1">工程咨询单位：

签字：

　　年　月　日</td>
<td colspan="2">承包单位：

签字：

　　年　月　日</td>
</tr>
</table>

18.3　中山大学·深圳建设工程

为更好地总结中山大学·深圳建设项目的管理经验，提高政府投资项目的决策水平、合理控制投资规模、为高效运行提供理论支撑，需要一份完善、健全的指标体系和评价方法对中山大学·深圳建设项目进行项目后评价。本项目后评价工作方案及措施如下。

18.3.1　确定后评价编制组织机构及责任分工

后评价报告最终编制成稿是在项目建成运营 1 年后，但编制所需资料贯穿项目建设全过程。因此，从项目建设伊始成立后评价编制组织机构，明确分工、有序推进、定期讨论是有利于项目后评价编制的。本项目后评价组织机构及责任分工按表 18.3-1 设置：

组织机构及责任分工表

表 18.3-1

单位名称	工作职责
建设单位	1. 确定后评价编制内容和范围； 2. 负责项目前期决策水平后评价； 3. 负责项目开工准备工作后评价； 4. 负责资金筹措及支付管理后评价； 5. 负责项目社会效益后评价； 6. 负责项目经济效益后评价； 7. 负责项目法人制后评价； 8. 审查设计院等其他参编单位编写内容并提出修改意见； 9. 定期组织后评价编制专题会议，协调解决编制过程问题； 10. 最终审定后评价报告
设计院	1. 负责设计方案质量后评价； 2. 负责初步设计及概算编制水平后评价； 3. 负责施工图质量后评价； 4. 对工程管理水平等各方面提出评估意见并反馈给建设单位
全过程工程咨询单位	1. 负责工程建设管理模式后评价； 2. 负责工程质量管理水平后评价； 3. 负责工程进度控制水平后评价； 4. 负责工程安全管理水平后评价； 5. 负责工程信息管理水平后评价； 6. 负责各参建单位合同履约水平后评价； 7. 负责工程验收管理水平后评价； 8. 负责项目监理制后评价； 9. 负责项目合同制后评价； 10. 对各阶段设计水平提出评估意见并反馈给设计院、建设单位； 11. 对工程招标水平提出评估意见并反馈给招标公司、建设单位
全过程工程咨询单位	1. 负责项目招投标制后评价； 2. 负责招标组织策划及成效后评价

单位名称	工作职责
造价咨询公司	负责工程全过程投资控制水平后评价； 对设计水平提出评估意见并反馈给设计院和建设单位
总承包单位	负责工程发承包模式后评价； 对现场质量、进度、安全等方面管理提出评估意见并反馈给工程咨询单位监理部
运营单位	对场馆设施运营效果后评估，包括从建筑功能及流线、机电工程使用、体育工艺设施使用、节能管理等方面进行评估； 对场馆运营情况后评估，包括使用率、成效、收益、可持续发展等

18.3.2 编制后评价大纲

根据已经确定的工作职责，编制后评价大纲，如表 18.3-2 所示。

后评价大纲表
表 18.3-2

后评价大纲内容
第 1 章 项目基本概况
1.1 项目建设目的
1.2 项目规模及主要功能
1.3 项目主要建设成效（包括工期、质量、投资、获奖等简要陈述）
1.4 项目运营现状
第 2 章 项目前期决策后评价
2.1 项目的提出及确定
2.2 项目建议书及可行性研究报告编报和批复后评价
第 3 章 项目四制执行情况后评价
3.1 项目法人制执行情况后评价
3.2 项目合同管理制执行情况后评价
3.3 项目招投标制执行情况后评价
3.4 项目监理制执行情况后评价
第 4 章 项目准备工作后评价
4.1 履行基本建设程序后评价
4.2 资金筹措后评价
4.3 招标准备后评价
4.4 勘察设计准备后评价
4.5 开工准备后评价
第 5 章 工程设计后评价
5.1 方案设计后评价
5.2 初步设计后评价
5.3 施工图设计后评价
第 6 章 财务管理后评价
6.1 财务管理制度后评价

续表

6.2 资金筹措后评价
6.3 资金拨付后评价
6.4 资金保障后评价
6.5 投资回收期后评价
第 7 章　投资控制后评价
7.1 投资估算、设计概算、施工图预算及工程结算编制水平后评价
7.2 不同阶段投资控制成效后评价
7.3 投资控制措施及方法后评价
7.4 投资控制管理模式后评价
第 8 章　工程实施管理后评价
8.1 工程质量管理后评价
8.2 工程进度量管理后评价
8.3 工程安全管理后评价
8.4 工程信息管理后评价
8.5 工程组织管理后评价
8.6 工程验收管理后评价
8.7 工程发承包模式后评价
8.8 工程项目管理模式后评价
第 9 章　项目运营后评价
9.1 场馆设施后评价
9.2 运营成效后评价
第 10 章　效益后评价
10.1 建设成效后评价
10.2 社会效益后评价
10.3 经济效益后评价

18.3.3　编制后评价进度计划

为加强后评价管理工作，拟采用关键节点法推进编制工作，具体节点如表 18.3-3 所示。

关键节点工作内容表　　　　　　　　　　　　　　　　　表 18.3-3

时间节点	工作内容
初步设计及概算批复完成	1.1、1.2、2.1、2.2、5.1、5.2、7.1 部分内容
施工许可证办理完成	3.1、4.1 ~ 4.5、5.3
主体结构封顶	3.2、3.3、3.4、6.1 ~ 6.4、7.1、8.1 ~ 8.5、8.7、8.8
工程竣工验收	1.3、7.2、7.3、7.4、8.6
竣工结算完成	1.3、7.1、7.2、7.3、7.4、10.1
运营后一年	1.3、1.4、6.5、9.1、9.2、10.1 ~ 10.3

备注：

（1）自第二节点开始，除评估当前节点内容外，可持续对前述节点评价内容进行补充完善。

（2）通过节点评价，可以及时就执行过程中不利于工程推进的制度适时调整，以加强工程管理。

（3）各阶段编制文件由建设单位落实专人汇总整理、归档。

（4）各参编单位成立以项目负责人为组长的编制机构，明确对应章节具体编写人、内部审核人，以确保编制质量。

第19章 工程廉政及涉密管理方案

本项目属大型政府投资校园建设项目，存在建筑大体众多，建设工作内容多，参建单位多，为保证项目总体建设目标的实现，我们设定"工程优良、干部优秀、工程经得起历史的检验"的廉政管理目标，对此必须有严格廉政管理和保密管理作为基础保障。

19.1 工程廉政管理策划

19.1.1 总则

（1）为确保项目人员高效廉洁履行职责，项目"依法、规范、高效"建设，特制定本方案。

（2）项目部人员必须认真学习建设单位《深圳市建筑工务署关于建立健全党风廉政建设工作机制的实施方案》《廉政建设工作的实施方案》等文件，严格遵守廉洁保密自律的有关规定，自觉接受各方的监督。

（3）廉政监督遵循用权受监督、违纪要追究的原则，立足关口前移、超前防范，重点强化事前监督和事中监督，把廉政监督始终贯穿到项目建设各个环节中，防止和杜绝腐败现象的发生。

（4）项目负责人及各主要负责人要以身作则，认真履行"一岗双责"，坚持工程建设与廉洁监督同时抓，对所属人员强化教育，加强管理，严格监督，确保在工作中不发生违法违纪行为。

19.1.2 工程咨询单位廉政组织管理

（1）建立廉政建设领导责任制，工程咨询单位项目负责人对项目部的廉政建设负领导责任。项目部各部门负责人根据分工，对职责范围内的廉政建设负直接领导责任。

（2）廉政工作日常管理由综合管理部负责，开展廉政教育参观活动、定期召开廉政教育警示会议、组织签订廉政承诺书、监督日常廉政制度执行、对举报问题初步复核、执行内部行政处理决定。

（3）在项目部组建后，签订《项目部廉洁保密自律责任书》《项目部员工廉洁保密自律责任书》（详见附件1、附件2）。

（4）坚持民主集中制，实行集体领导，分工合作。杜绝各行其是，各自为政。

（5）在项目部选拔任用各部门负责人的问题上，坚持任人唯贤，反对任人唯亲；坚持集体讨论，反对个人说了算。

（6）抓好廉政教育。管理好班子，带好队伍。管好家庭成员及身边的员工。

19.1.3　工程咨询单位廉政管理内容

（1）严格执行建设项目前期工作程序。在办理项目立项、可研工作中，严格按照项目的建设规模、建设内容和建设标准，向有关部门申请批复，不得与其他参建单位里外勾结，收受贿赂。

（2）图纸设计应按相关政策规定和程序进行招投标确定设计单位，不得收受回扣等。

（3）工程招投标工作的廉政建设

①严格实行招投标制度，遵循公开、公平、公正和诚实信用的原则，落实廉政建设的有关规定。

②建立招标、评标监督机制。邀请深圳市纪委等有关部门对资格预审、评标、定标实行全方位监督，增加招投标的透明度，保证招投标工作的严肃性。

③在评标过程中，严格审查投标人投标资格，严格执行评标条款，不搞"关系标""人情标""形式标"。

④参加评标人员，要坚持"客观、公正、科学"的原则，不得私下接触投标人，收受投标人的财物或其他好处，或利用评标工作的权力，提出有失公允的评审意见。

（4）工程建设中的廉政管理

①严格按照批准的设计和合同要求，组织工程施工，任何个人不得违反规定程序，随意修改设计、改变标准或调整工程规模。

②项目实施过程中由于不可预见因素造成的重大设计变更，应按相关程序报审，经批准后实施。未经批准而变更实施的，一律按有关规定追究相关责任人责任。

③不得利用职权向工程承包单位承揽工程、推销材料或设备，或由其子女、配偶、亲属、身边工作人员供应材料和设备。

④在项目部组建后，按公司规定签订《项目总监质量终身责任书》《项目部员工质量终身责任书》。

⑤认真履行工程检查制度，严把工程质量关，不得利用工程质量等级、技术标准、施工工艺、操作规程、检测试验等手段损害国家和单位利益。

⑥加强对建设资金管理力度，确保建设资金的安全和有效运行，坚持项目资金专款专用，不得截留、挤占和挪用。

⑦严格执行财务管理的有关规定，建设资金严格按合同规定实行计量支付。不得以资金拨付为手段谋取私利。

⑧工程竣工验收要按照国家有关规定和程序进行，不得利用工程质量等级评定、工程决算、竣工资料编制、工程遗留问题处理等搞弄虚作假、谋取私利。

⑨认真执行建设项目使用效能后评价制度，严格按照国家有关文件规定及建设项目各阶段的正式文件和建成投产后的实际情况为依据。分析建设规模、建设方案、工程概算、建设工期、工程质量、经济效益、财务效益等各项技术经济指标的变化及其原因，以检验项目决策及设计、施工的科学合理。

19.1.4　工程咨询单位职工队伍廉政建设十不准制度

（1）不准违反中央、省、市有关反腐保廉工作的一系列规定；

（2）不准经办与建筑工程有关的企业及中介机构；

（3）不准收受与工程建设有关的单位和个人赠送的现金、油价证券、支付凭证和高级娱乐、健身场所的门票；

（4）不准到企业和相关单位报销应有本人及其配偶、子女支付的个人费用；

（5）不准违反国家及《深圳经济特区建设工程施工招标投标条例》等招投标方面的相关规定；

（6）不准参加有工程建设有关单位出资的宴请、娱乐、健身、赴港澳及出国旅游等活动；

（7）不准与工程建设有关的企业或个人一起进行赌钱性质的娱乐活动，包括打麻将、玩纸牌等；

（8）不准以任何理由、任何方式向中标单位推荐队伍或建筑材料；

（9）不准违反规定进行现场变更和签证；

（10）不准违反程序支付工程款。

19.1.5　廉政监督管理形式

（1）综合部设立廉政监督员和各方公共监督渠道，廉政监督员要严格执行廉政监督制度，定期反馈汇报廉政监督情况。

（2）以召开座谈会、受理举报投诉等形式，了解掌握项目廉政建设情况，对发现的苗头性、倾向性问题，单独或会同分管负责人对有关当事人进行廉政谈话，提出改正要求，并督促整改落实。

（3）实行廉政监督检查制度，每季度对项目建设进行一次廉洁工作检查，分析存在的问题和原因，制定改进措施，推进项目廉洁工作。

19.1.6　查处问责

在项目建设中如有违反下列行为之一的，将严肃查处：

（1）违反有关建设法规，不执行建设程序、未按规定办理相关建设手续的；

（2）违反招投标管理规定，规避招标，未按规定实行公开招标的；

（3）违反招投标管理制度，造成重大影响或损失的；

（4）不履行法律规定的职责，对工程现场管理不力，发生严重安全质量事故的；

（5）在工程建设中管理人员收受贿赂或接受施工方、设备料供应方财物或有价证券的；

（6）对工程管理不力，渎职失职，造成浪费或损失的；

（7）其他违反有关法律法规或制度规定的行为。

19.1.7　其他建设参与方廉政建设规定

（1）凡参与中山大学深圳校区工程项目建设的全体人员要认真学习深圳市委、市政府关于实行党风廉政建设责任制的有关规定，切实把中山大学深圳校区工程项目建设的廉政工作落到实处。

（2）各参建单位各级领导干部不准以私人名义承揽工程建设、设计等项目，从中牟取私利；不准家属、子女和其他亲属在自己管辖范围内分包项目活动、承揽工程及劳务承包。

（3）各级管理人员在工程建设、工程发包及其他采购中，必须遵守公开、公平、公正的原则，不得以任何形式收受对方回扣、佣金和其他好处费。

（4）各级管理人员应保持积极的生活态度，严禁参与黄、赌、毒等非法和不健康的活动；建设、施工、监理单位的工作人员在上班时间严禁喝酒。

（5）建设、施工、监理单位在工程建设中必须严格执行合同文件，自觉按合同办事；增强服务意识，不断改进工作作风，不得故意刁难所管辖单位或劳务承包人的正常业务工作。

（6）各级组织要建立健全廉政制度，开展廉政教育，设立工程建设廉政告示牌，公布举报电话，监督并认真查处违法违纪行为。

19.1.8　附则

本方案与国家、地方，尤其是深圳建筑工务署有关廉政方面管理规定（章）配套执行。

19.2　工程保密管理策划

19.2.1　建立工程咨询单位保密管理制度

（1）为加强中山大学深圳校区工程项目建设在实施过程中的严密、有序进行，切实维护好各方利益，根据《中华人民共和国商业秘密保护法》和深圳市建筑工务署有关工程建设项目保密要求，建立本制度。

（2）保密工作由本项目咨询方领导小组（由项目经理、各部门负责人、总监组成）统一负责，建设项目内容未经领导小组或主管领导批准，不得向无关人员透露或对外发布。

（3）从本项目利益大局出发，高度重视建设项目需保密的工作，切实加强领导，按照谁主管、谁负责的原则，建立逐级责任制。项目主要负责人是建设项目保密工作的第一责任人，要加强对参与工程人员保密纪律和保密意识的教育，确保建设方利益得到有效保护。

（4）建设项目的文件、资料、图纸、胶片、录像带、磁带等在拟制、印刷、拷贝、复制、传递、承办、归档、移交、销毁等各个环节，都要责任明确、落实到人，要专人承办、专人传递、造册登记、特殊安全存放，并严格审批、登记、签字、清点等手续。

（5）接触建设项目，必须以工作需要为前提，从严控制知悉人员范围。无关人员不得了解建设项目内容，不得接触建设项目的文件和资料等。建设项目人员只能了解本岗位工作相关内容。

（6）因工作需要复制建设项目信息资料时，必须经本项目经理同意，严格审批手续，从严控制复制数量。

（7）组织召开建设项目会议，参会人员要严格控制，无关人员不得进入会场。会议文件、资料在会后要收回，严禁个人携带。

（8）建设项目未经领导小组允许，不得宣传、报道。任何单位和个人不得发表、发布涉及建设项目的文章和消息，不得接受新闻媒体的采访，随意扩大知悉范围。

（9）建设项目招标时，对潜在投标人状况及标底具有保密义务。不得向他人透露已获取招标文件的潜在投标人的名称、数量以及可能影响公平竞争的有关招标投标的其他情况，标底编制过程和标底必须保密。考察期间不得泄露相关评价指标及报告等涉及招标结果评定的信息。

（10）建设过程中涉及商业秘密信息的造价清单或指标资料、合同书、设计文件及技术经济指标概预算等均不得外泄、外传。

（11）项目工作人员发现项目秘密已经泄露或者可能泄露时，应立即采取补救措施并及时上报项目部领导小组，项目部领导小组接到报告后，应立即做出处理。

19.2.2　工程咨询单位保密管理责任追究

有下列违反建设项目保密行为之一，给本项目相关方造成重大损失的，将根据情节，对本项目责任人、当事人给予警告、记过以上直至清退的行政处分，并处以经济处罚。涉嫌犯罪的，将移送司法机关处理：

（1）以窃取、利诱或其他不正当手段获取建设项目秘密事项的；

（2）披露、使用或允许他人使用以第十二条（一）手段获取的建设项目秘密事项的；

（3）违反约定或违反建设项目有关保密管理规定，披露、使用或允许他人使用其所掌握的建设项目秘密事项的；

（4）违反建设项目其他内容保密管理规定的。

19.2.3　附则

本方案与国家、地方，尤其是深圳建筑工务署有关保密方面管理规定（章）配套执行。

附件 1　《项目部廉洁保密自律责任书》

根据公司廉洁保密自律管理办法规定，项目经理或总监或项目部部门负责人，负责带领项目团队，服从公司、建设单位有关廉洁保密自律管理办法或文件规章的规定，项目经理或总监代表项目部与公司项目管理事业部或分公司签订《项目部廉洁保密自律责任书》，并对项目部所有成员的廉洁保密自律行为承担管理职责。同时由项目经理按照本责任书的要求，代表项目部与项目部员工及时签订《廉洁保密自律责任书》。

一、项目部成员廉洁保密自律的基本规定

1. 自觉遵守国家、省、市有关廉洁建设的各项规定；弘扬职业道德，强化自律意识，做到警钟长鸣；

2. 不准用合同赋予的权利和工作之便吃、拿、卡、要；

3. 不得在所在项目有关的施工、材料设备供应单位兼职或拥有股份；参与工程施工招标、评标时应严格遵守招投标纪律；

4. 项目部员工不得以任何形式向被监理或管理的项目相关的施工、安装、材料设备供应商等单位索要和收受回扣等好处费；

5. 不得参加施工单位、材料设备供应单位等邀请的宴请、旅游和娱乐活动；

6. 在与施工、安装、材料设备供应商等单位的业务交往中，不得接受任何与业务有关的单位馈赠的礼金、有价证券和礼品，并不得报销应由个人支付的费用；

7. 不得借个人和家庭喜庆之事，宴请施工单位、材料设备供应单位等并收受礼金；

8. 不得与施工单位或其他业务单位串通、弄虚作假，收受好处，损害工程质量或其他单位的合法权利；

9. 自觉遵守法律、法规和公司各项规章制度，忠于职守，不徇私舞弊。

10. 对于工程中涉密信息，做到话不乱说不乱问，文件不拷不泄，严格遵守公司和建设单位有关涉密管理制度。

二、工作职责

1. 工程管理部、项目管理事业部、分公司在项目部组建后，要求总监或项目经理组织项目部成员进行学习，签订《项目部廉洁保密自律责任书》，并对项目部成员进行交底；

2. 总监或项目经理对本项目部人员的廉洁保密自律行为负管理、监督、报告的责任，并不定期组织专题学习；

3. 项目部各级成员相互间有学习、监督、提醒、报告的责任。

三、奖惩规定

1.公司有关职能部门定期组织廉洁保密自律工作检查,特殊情况随时检查、调查。

2.对违反公司廉洁保密自律规定行为的人和事,一经查实,从严从重处罚,情节严重触犯法律的追究其法律责任,并注销其执业资格。

3.纪律处分包括:通报批评、辞退。

4.经济处罚包括:

(1)违反基本要求条款规定获取钱物的全额退赔,并视情节给予3～5倍罚款;

(2)违反第一条第2、3、4款行为之一的,除相应经济处罚外,给予通报批评或辞退;

(3)对主动明示或暗示要吃要喝、参加娱乐活动并被约请的,发现一次罚款1000元,并视情节给予纪律处分。

5.发生违反廉洁保密自律规定行为的处理实行责任连带制:

(1)项目部成员发生违反规定行为,总监或项目经理监督失察的,视情节轻重给予一定经济处罚;故意隐瞒不报的,从重处罚;

(2)总监或项目经理发生违反规定行为的,除扣罚本人工资、奖金外,应承担公司所有损失的赔偿责任。

6.严重经济犯罪或涉及黄、赌、毒等违法行为的,交司法部门处理。

7.奖励:对主动进行监督管理,并及时报告(举报)的,公司对报告人进行保密并经核实后实行专项奖励,奖励金额500～10000元。

四、其他

1.项目部员工发现公司员工存在廉洁保密自律问题时,可以通过邮件、电话等方式直接向职能部门或廉洁保密自律管理机构进行举报。

2.本责任书一式二份,项目部、公司主管部门各留一份。

附件 2　《项目部员工廉洁保密自律责任书》

加强廉洁保密自律建设,是公司对员工的基本素质要求,更是公司持续发展的基础。所有员工都应与公司签订《员工廉洁保密自律责任书》,作为劳动合同关系的基本条件,并承担相应的职责。

一、基本要求

1. 自觉遵守国家、省、市有关廉洁建设的各项规定,弘扬职业道德,强化自律意识,做到警钟长鸣。

2. 不准利用合同赋予的权利和工作之便吃、拿、卡、要。

3. 不得在所在项目有关的施工、材料设备供应单位兼职或拥有股份,参与工程施工招标、评标应严格遵守招投标纪律。

4. 项目部员工不得以任何形式向被监理或管理项目的施工、安装、材料设备供应商等单位索要和收受回扣等好处费。

5. 不得参加施工单位、材料设备供应单位等邀请的宴请、旅游和娱乐活动。

6. 在与施工、安装、材料设备供应商等单位的业务交往中,不得接受任何与业务有关的单位馈赠的礼金、有价证券和礼品,并不得报销应由个人支付的费用。

7. 不得借个人和家庭喜庆之事,宴请施工单位、材料设备供应单位等并收受礼金。

8. 对于工程中涉密信息,做到话不乱说不乱问,文件不拷不泄,严格遵守公司和建设单位有关涉密管理制度。

9. 自觉遵守法律、法规和公司各项规章制度,忠于职守,不徇私舞弊。

二、监督管理

1. 个人自查,项目部的定期报告应述及廉洁保密自律执行情况,员工年终工作总结应包含个人廉洁保密自律行为内容。

2. 总监或项目经理对本项目部人员的廉洁保密自律行为负管理、监督、报告的责任。

3. 公司主管职能部门、分公司不定期对项目部廉洁保密自律工作情况进行巡检,必要时听取建设单位、承包商的意见,并对存在的问题根据需要在一定范围内予以通报。

4. 项目部员工违反廉洁保密自律责任书规定,总监或项目经理应及时向分公司或公司主管的职能部门报告。

5. 公司主管的职能部门应定期就廉洁保密自律情况与各项目部负责人谈话,发现员工在政治思想、履行职责、工作作风、道德品质、廉洁保密自律等方面的不良苗头,主管的职能部门领导应对其进行诫勉谈话,并做好谈话记录。

6. 公司有关部门定期组织廉洁保密自律工作检查,特殊情况随时跟踪、调查。

三、奖罚规定

1. 对违反公司廉洁保密自律规定行为的人和事,一经查实,从严从重处罚,触犯法律的追究其法律责任。

2. 纪律处分包括：通报批评、辞退。

3. 经济处罚包括：

（1）违反基本要求条款规定获取钱物的全额退赔，并视情节给予 2~5 倍罚款；

（2）违反第一条第 2.3.4 款行为之一的，除相应经济处罚外，给予通报批评或辞退处理；

（3）对主动明示或暗示要吃要喝、参加娱乐活动并被约请的，发现一次罚款 1000 元，并视情节给予纪律处分。

4. 项目经理或总监应以身作则，带头做好廉洁保密自律的管理，并对其管辖范围内发生的违反廉洁保密自律规定行为负连带责任：

（1）项目部成员发生违反规定行为，项目经理或总监监督失察的，视情节轻重给予一定经济处罚；故意隐瞒不报的从重处罚。对接到请示、报告，不及时答复或对报告中反映的问题不及时处置造成严重后果的，追究有关责任人的责任；

（2）项目经理或总监发生违反规定行为的，除扣罚本人工资、奖金外，并承担所有公司损失的赔偿责任。

5. 严重经济犯罪或涉及黄、赌、毒等违法行为的，交司法部门处理。

6. 奖励：对主动进行监督管理，并及时报告（举报）的，公司对举报人进行保密并经核实后实行专项奖励。奖励金额 500~10000 元。

四、其他

本责任书一式二份，公司、员工本人各留一份。

第 20 章　管理成效

本项目作为住房城乡建设部全过程工程咨询试点政策后第一个落地项目，也是房屋建筑领域一次性建设规模最大的项目，全过程工程咨询服务机构（简称"项目咨询部"）进场后制定了全过程咨询管理增值服务方案，增值方案主要围绕设计管理精细、招标管理择优、投资控制精准、合同管理落地、结算工作同步，现场管理标准、打造持续学习组织、党建工作＋等方面落实，通过全方位管理手段落地，为项目实现增值服务，实现投资控制合理、品质提升显著、工期有效控制、使用功能得以实现、项目美誉度良好等增值成效。具体管理成效如下：

1. 咨询策划方案开创工务署建设管理新模式

项目咨询部在深入掌握项目情况后，对项目进行了全面、深入、细致的策划工作。总体策划共分为项目管理模式策划、建设目标策划、进度策划、招标策划、先进建造体系策划、投资控制策划、需求管理策划、资源管理策划、新型学习组织策划、风险识别及应对策划、移交策划、后评价策划、宣传策划等共 13 章，作为项目实施全过程的纲领性文件。该策划方案作为工务署项目策划方案标准模板予以推广。

2. 招标管理择优理念落实到位，初步实现全链条择优目标

通过精心策划、合理组织、快速实施，项目咨询部已组织完成招标工作三十余项，在招标方式选择、招标模式创新等方面成效显著。一是采取 EPC 模式完成设计施工总承包（Ⅰ标）招标，针对场地土地整备条件不成熟现状，优化招标方案，组织生活区工程约 36 万平方米采取 EPC 模式招标，实现条件成熟一块、先行开工一块，为按期交付多争取 6 个月有效施工时间；二是真正做到公开、公平、公正，施工总承包（Ⅱ、Ⅲ标）在招标阶段将招标敏感信息评分细则完全公开，打破评定分离招标模式下评分细则不完全公开的传统，最大限度吸引国内最优秀企业参与竞争；三是快速完成边坡绿化生态修复招标，本项目依山而建，需要削山坡后建设，为积极响应绿色发展理念，项目咨询部在部分边坡完成后积极开展边坡生态修复工作，自生态修复设计方案确定到最终定标仅用时 40 天，创下单项招标新纪录。

3. 分阶段结算模式

本工程实行分阶段结算的模式，根据工程实际情况和特点，进行分合同、分单体、分专业、分部位编制阶段验收、结算计划，制定分阶段结算实施方案，督促各单位按计划实施，大大提升了工程结算效率和质量，有利于投资控制的提前部署和预警，减少偏差，增加动态投资控制的精度。

例如设计施工总承包（Ⅰ标）在桩基础工程完工后即开展了阶段结算，在审查施

工图、预应力管桩施工记录时发现存在断桩、废桩和因此产生的补桩情况，涉及造价约 120 万元，施工单位主张断桩、废桩属于地勘报告与实际不符造成，要求按实结算。对此，项目咨询部要求施工单位按要求补充上报各基础部位断桩、废桩原因分析报告，并经监理工程师确认以明确责任，否则断桩、废桩、补桩费用不予结算。最终桩基阶段结算按计划完成。

本项目截至 2019 年底，已完成 23 项合同或分部工程结算工作，完成结算金额 8.5 亿元。

4. 主动变更

主动变更，精准施策，这一原则是在进入施工阶段后投资控制的又一有力举措，进一步完善设计阶段可能存在的不合理、设计不周全现象。

例如室外雨污水管材变更，施工图设计雨污水管道采用 HDPE 缠绕结构壁管 B 型管，压力等级 SN8 ~ SN12.5，管径 $DN200$ ~ $DN1350$，管沟回填砂砾石或中粗砂，雨污水管道安装工程总造价约 6100 万元。根据当地材料市场情况并充分调研后，项目咨询部提出将 $DN300 ≤ 管径 ≤ DN1350$ 的 HDEP 管变更为Ⅲ级承插式钢筋混凝土排水管，管沟回填砂砾石或中粗砂改为回填土。具体分析如下：一是工期方面，HDPE 管工期短、施工便捷度优于混凝土管，但改为混凝土管不影响关键线路和总工期。二是使用维护方面，经咨询深圳市水务局意见，从长期维护经验来看，混凝土管优于 HDPE 管。三是造价方面，HDPE 管在深圳地区生产厂家少，市场需求饱和，价格偏高，竞争力不足，混凝土管产能充足，市场价格合理；HDPE 管采用压力等级较高，单价高于混凝土管，由于工艺调整混凝土管的人工、机械费和同位置管径虽大于 HDPE 管，但整体造价比 HDEP 管节约约 10%；深圳属于严重缺少天然砂砾石或中粗砂地区，砂石价格居高不下，采用回填土就地取材，不产生材料费，减少土方外运，可节约造价约 45%；大于 $DN700$ 的 HDPE 管和管沟回填砂砾石或中粗砂投标报价存在明显不平衡报价，变更后可降低造价约 10%。最终确定执行变更，节约工程造价约 3500 万元，节约造价可保证后续专业工程的功能实现和弥补调差、政策调整、签证等不可预见的造价增加。

5. 优化水泥搅拌桩设计

根据详勘报告显示，项目场地内分布有 10 多处池塘、水田、沼泽地等不良地质，地面下卧 5 ~ 15m 淤泥层，需要地基处理才能达到使用需求。设计院采用水泥搅拌桩方案进行处理，水泥土搅拌桩的复合地基共七个区域，均为梅花形布置，桩径 0.6m、间距 1m 或 1.2m、平均桩长约 10m。经组织对水泥搅拌桩分布位置实地踏勘，发现水泥搅拌桩分布区域存在进一步优化空间，结合勘察报告、主体基础设计等信息，并组织专题会议审议，提出具体优化措施：

（1）取消原搅拌桩处理分区内地下室基坑区域搅拌桩。

（2）取消原搅拌桩处理分区内景观绿化区域、田径场、球场等无承载力要求区域搅拌桩，以压实度系数等技术指标控制施工质量（如图 20-1 所示）。

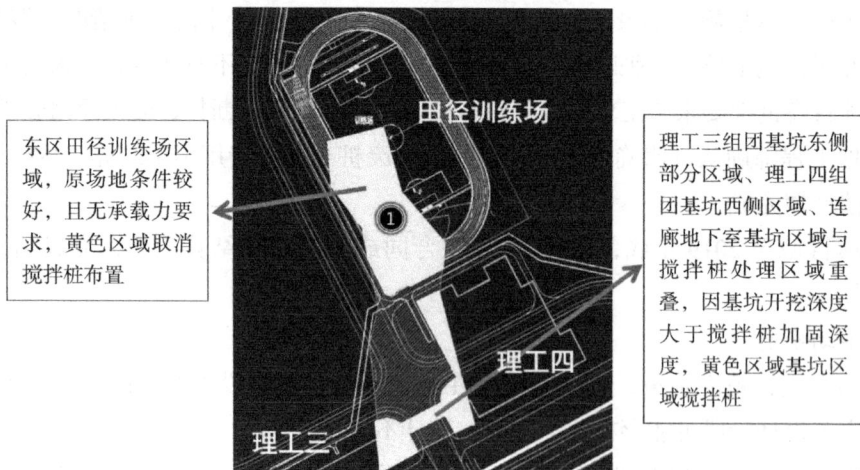

图 20-1 局部区域水泥搅拌桩优化示意图

经过优化，各项技术指标可满足使用功能，减少搅拌桩约 50%，节约建设投资约 1800 万元，缩短了建设工期。

6. 水泥搅拌桩检测方案优化

依据深圳市标准《深圳市地基处理技术规范》SJG 04—2015 规定及设计图纸要求，检测机构编制了本项目水泥搅拌桩检测方案，主要检测内容为：（1）复合地基静载荷试验，单位工程抽检试验点为总桩数的 0.5% ~ 1%，且不得少于 3 点。经测算，实际检测 160 点。（2）钻芯法检测，单位工程抽检数量为总桩数的 0.5% ~ 1%，且不得少于 3 根。实际检测 160 点。

按照实际测算检测数量，一是成本高，二是周期长。经进一步解读国家及地方规范，并组织地基处理行业专家召开评审会，评审专家认为可按照广东省《建筑地基基础检测规范》DBJ15-60—2008 3.1.6 条规定"对地基处理面积超过 20000m² 或工程桩总数超过 2000 根的大型单位工程，超过部分的抽检数量可适当减少，但不应少于相应规定抽检数量的 50%"，按此意见，实际复合地基静载荷试验和钻芯检测数量均大大降低。优化后的检测方案，在满足规范前提下，检测费用减少约 200 万，同时缩短了检测周期，为项目按期完工打下基础。

7. 管廊设计优化

本项目为大型园区工程，规划设计方案中所有室外管线均纳入综合管廊，设计综合管廊 5 公里，总投资约 5 亿元。设计管理团队综合分析设置管廊的目的性和必要性，从大学项目的使用性质来看设置管廊可行，但设置大市政级别的管廊（如图 20-2 所示）实属浪费投资，经过调研青海师范、浙江大学等同类项目，结合本项目室外管网设计情况，组织行业专家进行论证，将制约管廊截面的重力流管道移出管廊，又因项目用气单体仅为学生食堂和国际学术交流中心，均位于项目红线附近，不考虑燃气管线入廊。最后确定采用集约型（单仓）管廊的方式如图 20-3 所示。

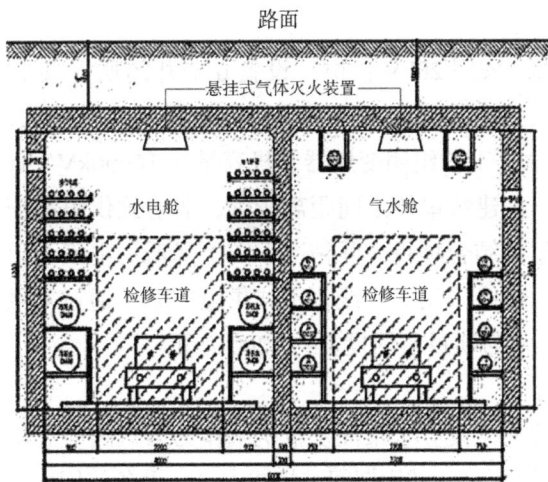

图 20-2　原管廊方案截面

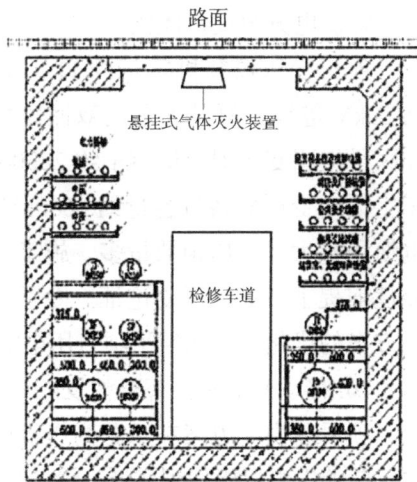

图 20-3　优化后管廊方案截面

优化后的集约型管廊全长 7.5 公里，投资约 3000 万元 / 公里，大大节约了投资，除管廊本身节约投资外，也减少了土方开挖及外运成本约 4000 万元，同时也缩短了室外工程工期。

8. 避免过度设计，气体灭火系统设计优化

在初步设计启动阶段，设计师在确定气体灭火保护范围时，除按照规范对用电设备房间及其他特别重要设备用房设置气灭系统外，在所有强弱电间（竖井）均设有气灭系统。经确认，强弱电间（竖井）不属于规范规定应采用气体灭火保护范围，且根据过往项目经验也没有对以上房间设置气体灭火系统。经与设计院充分沟通并征求消防主管部门意见，一致同意配备干粉灭火器即可。上述举措避免了过度设计，优化了项目投资，经测算仅此一项节约投资 580 余万元。优化前后示意如图 20-4 所示。

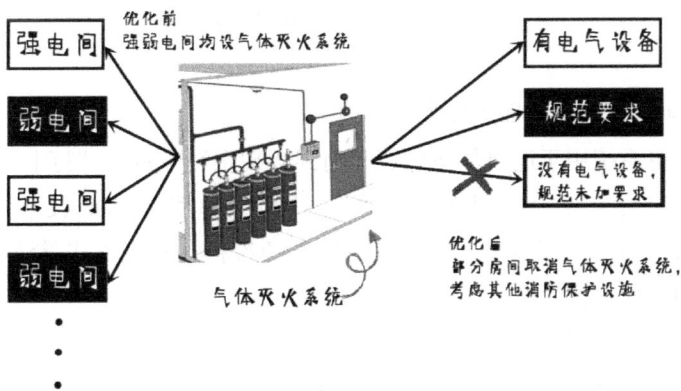

图 20-4　优化前后示意

9. 供电方案设计优化

项目变压器装机容量约 11 万 kV·A，采用 20kV 供电，设置 6 个开闭所，共 12 路 20kV 进线。原设计采用双回路放射式供电方案，由于本项目各组团用电负荷大，如医科组团变压器装机容量约 28800kV·A、工科组团变压器装机容量约 16000kV·A、东生活区变压器装机容量约 9600kV·A，且建筑单体之间距离较远，放射式供电高压电缆用量大、高压柜数量多、施工周期长。结合项目实际情况，在不降低用电安全可靠性前提下，通过反复论证、专题研究，最终采用双干线树干式供电方案。通过对供电方案的优化，既满足了项目用电需求，又为项目节约投资约 1200 万元。

10. 移动变电站代替柴油发电机

项目原供电方案在双路高压供电基础上又设置了柴油发电机组作为第三路应急电源。柴油发电机组使用率低，设备用房占用面积，试用期间维护成本高，设备使用寿命有限。很多项目往往因为试用期间保养维护不到位导致其寿命大大降低，甚至成为一堆昂贵的"废铁"。鉴于此，根据同类项目经验，对方案进行了优化，除实验动物中心、国际学术交流中心因为功能特殊和使用需求确需配备柴油发电机组外，其他建筑单体均取消柴发机组，在建筑单体预留移动发电车接线箱，由校方在使用期间根据需要购置移动发电车。经测算此项优化为项目节约 2000 余万投资。优化过程示意如图 20-5 所示。

图 20-5 优化过程示意

11. 拥抱信息变革，推进技术更新

电子巡更系统用于巡更员在规定时间到达规定巡更点位"打卡"，该系统需要采购一套巡更设备并在施工期间现场安装。经调研，采用二维码技术代替传统电子巡更系统，二维码成本可以忽略不计、使用期间免维护、布点方式灵活可变，经过评估后被采纳应用，此项优化节约投资约 300 万元。

12. 技术创新引领，推动项目高质量发展

高质量发展离不开技术创新，项目自启动阶段就部署技术创新工作要求并分解落地，根据项目实际推进，有针对性地开展技术创新研究，起到良好成效，如在宿舍卫生间降板内增设地漏及有组织排水，防止降板内长期微渗造成积水并最终渗漏到下一层导致不可修复，成功解决了卫生间渗漏大难题，该创新经广东省建筑业协会组织鉴定达到了国内领先水平。卫生间双层排水示意如图 20-6 所示。

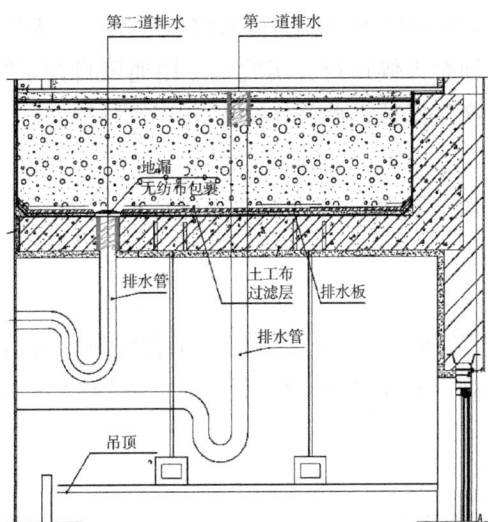

图 20-6　卫生间双层排水示意图

13. 装配式预制构件技术优化

针对预制构件使用部位的合理性，咨询工程师积极研究应对措施，原设计空调室外机安装通过在预制竖板侧壁安装支架，存在一定安全隐患。如采用混凝土结构板，因板块尺寸小，施工工序多且难以保证成型质量及观感。为保证空调板一次成型质量，避免空调板二次现浇结构施工，组织 EPC 单位研发形成"十字"板，在构件厂一次成型，保证质量。本技术可广泛应用于各种装配式建筑工程，特别是内浇外挂结构体系装配式建筑。广东省建筑业协会鉴定委员会认为该成果达到国际先进水平。预制空调板优化前后对比如图 20-7 所示。

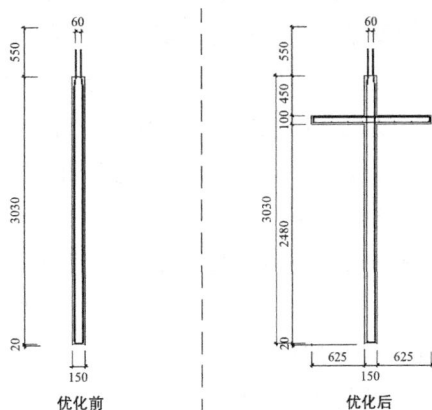

图 20-7　预制空调板优化前后对比

239

14. 优化实验室通风系统，减少工程投资

本项目医科组团药物化学类、仪器教学类、科研类、分子生物学等实验室，原设计暖通专业包括平时通风空调系统和实验室专用通风空调系统，各系统独立使用。

经过调研得知，实验室通风柜内长期存放化学挥发物，为保证实验室内空气质量，实验室专用通风系统必须全天候运行，实验室专用通风自控系统可在无人状态下保持低能耗运行，保证最低换气次数，确保实验室内空气质量。经了解，国内同类项目实验室区域也是仅设有一套实验室专用通风空调系统。经评估，从优化系统、节约建设成本、降低后期维护成本等角度考虑，取消原设计相关区域平时用新风和排风系统，此项节约投资约 500 万元。

15. 项目大讲堂

本项目 2019 年进入全面实施的关键阶段，结合项目推进情况，从 2019 年 4 月份开展"项目大讲堂"系列活动（如图 20-8 所示），邀请项目各参建单位管理人员及业内专家前来讲学。

中山大学·深圳建设工程项目 2019 年上半年大讲堂课题安排

序号	培训课题	培训对象	培训时间	主讲人	备注
1	内训师成长之路	全体咨询管理人员、各单位主要管理人员及有学习愿望的员工	4月3日	李冬	16:30，125 会议室
2	边坡工程施工	监理工程师、监理员、施工单位技术负责人、质量负责人、班组长、施工员	4月12日	王志盛	1.5 小时讲授，30 分钟问答，1 个现场讲解
3	锚索施工及张拉技术	监理工程师、监理员、施工单位技术负责人、质量负责人、班组长、施工员	4月19日	姚辉宇	1 小时讲授，30 分钟问答，1 个现场培训课
4	第三方工程质量评估实施方案	监理工程师、监理员、施工单位技术负责人、质量负责人、班组长、施工员	4月26日	张必明	1.5 小时讲授，30 分钟问答，1 个现场模拟第三方检查
5	安全生产标准化（结合第三方安全检查方案）	安全监理工程师、监理员、施工单位安全负责人、安全员	5月3日	方元辉	1.5 小时讲授，30 分钟问答，1 个现场模拟第三方检查
6	施工用电安全管理	电气监理工程师、监理员、施工单位技术负责人、质量负责人、电气检查员及施工员	5月10日	严小明	1 小时讲授，30 分钟问答，1 个现场讲解
7	防台防汛及应急预案	监理工程师、监理员、施工单位技术负责人、质量负责人、班组长、施工员	5月17日	周磊晶	1 小时讲授，30 分钟问答，1 个现场演练
8	基坑工程施工	监理工程师、监理员、施工单位技术负责人、质量负责人、班组长、施工员	5月24日	贾剛枫	1.5 小时讲授，30 分钟问答，1 个现场讲解
9	地下室防水施工与治理	监理工程师、监理员、施工单位技术负责人、质量负责人、班组长、施工员、防水施工	5月31日	熊利治邱	1.5 小时讲授，30 分钟问答，1 个现场讲解

图 20-8　项目大讲堂

在项目总咨询师的第一讲《内训师成长之路》拉开序幕后，坚持"每周一讲"常态化培训模式，以预控质量安全风险、指导现场精准作业、提升精细化管理、推动标准化建设等为主题，开展"问题导向式"培训，进一步发挥"工务署＋江南管理双平台"及众多参建单位资源力量，实现标准制定、经验推广、技术积累、人才培养、品质提升的目的。如《第三方工程质量评估实施方案》《施工用电安全管理》等，主讲课题内容切合工程实际，项目部人员学习氛围浓厚。

通过项目大讲堂的专题学习，一方面加强了各参建单位之间的沟通交流，另一方面也塑造了一个良好的学习氛围，获得了各参建单位的一致好评，各单位参与热情强烈，现场的工程管理水平得到进一步的提升。

16. 微讲堂——开启最接地气的专业培训学习模式

在项目"大讲堂"的影响下，为进一步快速提升年轻队伍的专业技能，一标段总监代表张启明致力于创新管理方法，结合工程实际，组织开展了独具特色的"微讲堂"内部学习活动。

2019 年 7 月 3 日第一期"微课堂"开课至今，已开展了 30 余次学习与研讨，课题大多由培训导师根据工程进展需要拟定，课件由监理组成员轮流编制和讲解，过程中全员互动、积极探讨。至今已累计完成课件 200 余页，培训时长超过 40 个小时。

关于课题的内容，既有与工程同步的技术类知识，例如地下室防水工程、后浇带施工、爬架、铝模、PC 构件吊装等内容；也有管理方面相关文件的学习和探讨，例如《建设工程项目管理规范》《深圳市建筑工务署不良行为记录处理办法》等；还包括对图纸及图集的学习讨论等内容。并结合现场巡视及实测实量等方式，做到"带着技术去管理，带着问题来学习"。

行始于知，知成于行，"微讲堂"不仅为现场工作提供了理论指导，更是为员工提供了一条成长的高速通道！

17. 现场管控 - 联合巡检制度

本着全过程咨询服务的宗旨，监理部一标段率先尝试现场实施联合巡检制度。总监代表张启明身先士卒，制定出每周一次的联合巡检机制，由监理部牵头、组织承包单位参加、邀请建设单位工程师参与的方式，现场进行联合巡检，深挖和暴露现场存在的安全文明、质量、技术、进度、协调等问题，创建了一个现场负责人到施工班组共同参与的平台。针对重点控制内容进行现场协调，确保问题得到明确的责任划分和有效的处理措施。先后在防水工作面移交、施工成品保护、质量缺陷修复、场地规划布置及 6S 管理等各项工作上取得成效，如图 20-9 所示。

图 20-9　现场联合巡视

2019 年度，现场联合巡视累计 46 次，发出书面整改单及联系单 40 余份，解决质量安全问题达 200 多项，各方工作开展速度和问题处理效率均有明显提升。

联合巡检的常态化和坚持，给现场营造了非常强烈的氛围，使所有参建单位都达成共识：中山大学项目建设百年校园，始于当下、始于自我，有了这样的正能量，现场的施工质量、安全文明得到不断提升。

一分耕耘一分收获，在各方积极响应下，一标段质量和安全两项评比均获得 2019 年度工务署评比第二名，江南管理也获得了"质量管理优秀项目奖"和"安全管理优秀项目奖"荣誉，如图 20-10 所示。

18. 推行举牌验收制度

验收工作是现场监理工作最重要的一环，在本项目主要环节如原材料进厂验收、隐蔽工程验收、危险性较大的分部分项工程验收等环节均实行举牌验收制度。举牌验收制度受到各方认可，一是增加验收环节透明度，二是提高了参加验收人员的责任心，三是提高了自检环节质量，四是提高了监理最终验收效率。

图 20-10　项目获奖

19. 进度管理——穿插施工

为保证工程按期完工，项目管理团队通过运用合理可行的项目管理方法及施工组织措施，加快施工进度，在主体结构施工的同时，穿插进行砌体、装饰、安装工程的施工，从而高效推动工程建设进程。

通过运用穿插施工方法，西生活区 7 栋学生宿舍楼主体结构于 12 月底全部封顶，但同步已经完成了整个室内装饰工程量的 40%。如图 20-11 所示。

图 20-11　进度管理——穿插施工

穿插施工需要具备一定的前提条件，除了科学的管理手段和周密施工计划，还需要参建各方密切配合，比如：主体结构分阶段验收，需要征得建设行政主管部门的同意，这其中需要进行诸多的前期和过程准备工作。

同时，楼层及外立面均需采取一定的截水措施，确保下部楼层施工不受天气及雨水影响。

科学安排、精心组织、通力合作，穿插施工作为先进施工理念的代表作，在中山大学项目体现得淋漓尽致，有效缩短了工期、保证了安全、提高了品质。

20. 推行劳动竞赛，驱动竞争

为推动全体参建单位树立争创一流、建设精品工程的思想，自 2019 年建立劳动竞赛机制，分别从质量、进度、安全文明、党建宣传、技术创新、优秀匠人六个方面进行全方位竞赛，在参建单位中形成良好竞争氛围，效果初显。本年度连续三个季度，三家施工总承包单位在第三方质量、安全巡查中成绩稳步持续提升。劳动竞赛机制对施工单位争先创优驱动明显。如图 20-12、图 20-13 所示。

图 20-12　劳动竞赛

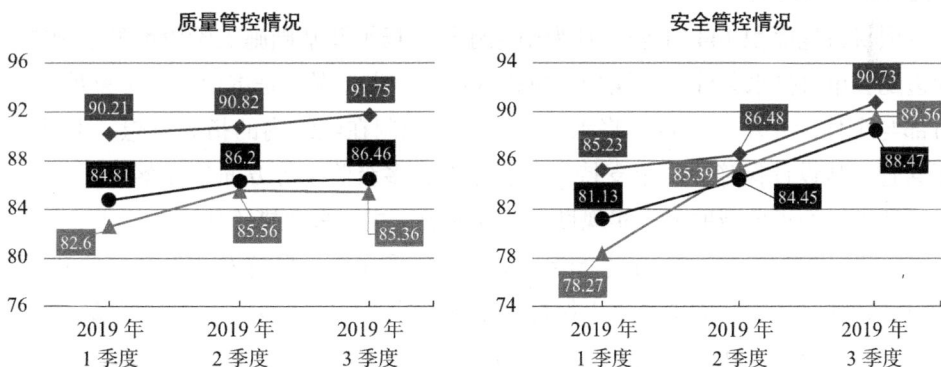

图 20-13　劳动竞赛

21. 党建引领示范

本项目积极响应将支部建在项目上要求，快速行动，稳步推进，目前建成了"2+2"临时党支部，即以项目指挥部为临时党支部组织中心，在总承包Ⅱ标设置党群服务中心总部（如图 20-13 所示），在总承包 I 标、III 标分别设置党群服务分中心的组织架构。临时支部整合新湖街道办、中山大学附七医院、市水务局、区环水局等单位共建结对，剖析项目重难点、共商以党建促业务，实现成果共享、发展共赢的鲜明特色，在项目水土保持治理、解决务工人员就诊、治安联防等方面做出突出成绩。党群服务中心总部成立以来，本着凝聚青年、服务群众为宗旨，成立党员之家、工会工作站、青年活动中心、"党建＋"工作室、党群服务中心办公室、阅览室、爱心驿站、法律及心理咨询室、亲子活动室、文体活动室、医疗室、理发室及手机维修站、红色记忆厅、文化广场（小剧场）等功能室，适时组织义演、义卖、义剪，为现场工作人员及务工人员提供贴心、可心、放心服务，受到广泛好评。如图 20-14 所示。

图 20-14　党群服务中心

22. 水土保持示范

本项目占地面积 144.71 公顷且为山地建筑，场平及基础施工阶段恰处于雨季，项目周边配套市政排水条件差，缺少有效排水通道，水土保持是本项目实施重难点之一。项目部与全体参建单位立足于将水土流失工作控制在红线内的指导思想，上下齐心、同抓共管，从设计保障、资金支持、实施创新、多级监管等方面狠抓落实。在市水务局及区环水局的指导帮助下，实现良好管控成效。主要采取措施如下：

（1）设计保障，本项目由设计牵头单位专项委托水土保持专业设计单位开展水体保持设计，在开工前完成全套水土保持施工图设计工作，可以有效指导现场实施。

（2）资金支持，市发改委在批复项目可行性研究报告时，对水土保持专项资金予以批复，在施工总承包招标时将水土保持专项内容予以落实。

（3）强化监管，项目委托专业咨询公司进行水土保持监管，监理单位派出专人进行水土保持监理，同时邀请市水务局、区环水局定期来现场指导，形成多级监管，齐抓共管局面。

（4）实施创新,实施落地是水土保持关键一环，项目上采取了一系列行之有效措施：

①裸土全覆盖，全域采用密度不小于 $200g/m^2$ 的土工布进行覆盖，源头控制水土流失。

②临时草籽绿化，边坡施工周期长，土工布寿命短，项目上通过撒草籽覆绿方式提升固土效果；如图 20-15 所示。

③场内排水沟联网，场地内根据地形特点形成区域性排水系统，防止雨水散排。

④沉砂池多级过滤，根据设计要求，设置五级、七级沉砂池若干，进一步降低黄泥水含量。

⑤设置临时集水坑，针对雨大坡陡特点，沉砂池无法及时沉淀，场地内临时建设若干配套大集水坑，延缓雨水外排期限；如图 20-16 所示。

⑥购置雨水分离装置，通过层层覆盖、过滤、沉淀、拦截，黄泥水得以大大缓解，但并未能完全治理，施工总承包单位以高度责任感及坚定的治水决心，采购治水终极大杀器雨水分离装置，水土保持工作得以圆满。如图 20-17、图 20-18 所示。

图 20-15 草籽覆绿

图 20-16 集水坑

图 20-17 雨水分离装置

图 20-18 雨水分离装置

23. 边坡生态修复示范

本项目依山而建，地形高差大，建设期间需要削除部分山体边坡以满足工程建设及永久安全需要，边坡面积约 11.3 万平方米，最高达 57 米，边坡削除后的生态性大大降低。为保证边坡生态效果，项目就边坡生态修复进行专题研究，确定修复方案。

（1）边坡现状分析，从边坡坡度、土质情况、是否有格构梁支护三个维度分析，本项目存在八个类型边坡形态。

（2）确定修复目标，综合考虑边坡形态、山体现状、边坡周边建筑功能及经济性，确定可持续生态发展目标，一个月草籽发芽见绿，三个月灌木发芽，一年草种完全生长，灌木、矮乔木初步成型，三年恢复原生态，植被自由生长，无须人工养护。

（3）确定修复思路，本项目摒弃以简单覆绿为目标的传统边坡治理 1.0 模式，采用边坡神态修复 2.0 模式，即模拟山体植被自然混交肌理，修复边坡创伤面，实现四季景观此起彼伏，特色花坡应接不暇的原生态边坡。

（4）苗木选择原则，乡土为主、季相变化、品种多样性、统筹近中远规划、丰富视线焦点、兼顾观赏价值，经过专家评审，选择金鸡菊、狗尾草、勒杜鹃等三十余种植物种类。

（5）固土方式，根据边坡坡度及是否设置格构梁，固土方式分为植生袋＋镀锌铁丝网＋生态帮＋客土喷播＋柔性防护网（适用于 60° 以上格构梁）、植生袋＋生态帮＋客土喷播＋柔性防护网（适用于 60° 以下格构梁）、植生袋＋客土喷播＋柔性防护网（适用于 45° 以下格构梁）、锚杆＋镀锌铁丝网＋客土喷播（适用于 60° 以下无格构梁土质边坡）、长袋锚固法（适用于 60° 以上无格构梁土质边坡）。

（6）实施成效，本项目东生活区边坡结构于 2019 年 5 月通过结构验收，同步开始实施边坡生态修复，6 月底该边坡生态修复实施完毕，实施效果与设计预期基本匹配。

第3篇

其他案例

房屋建筑工程包括了不同使用功能要求的建筑工程，为使案例覆盖面更广更完善，本篇另外选取了一些企业有代表性的其他类型项目全过程工程咨询案例，包括医院工程、文化场馆工程、综合体（含超高层、办公楼、商业、酒店）工程、体育场馆工程等。通过不同全过程工程咨询项目工作方法、管理成效和经验教训的总结，使读者更加深入了解不同类型项目全过程工程咨询的实施方法、工作重点及改进方向，更加能够在实际运用的过程中发挥全过程工程咨询的成效。

第21章 医院工程项目案例

21.1 衢州某医院

近年来，在经济全球化的背景下，工程咨询服务行业逐渐突破传统理念，在变革中求创新，在创新中谋发展。因此，实施全过程工程咨询是顺应时代发展的必然结果。全过程工程咨询是涉及建设工程全生命周期内的策划咨询、前期可研、工程设计、招标代理、造价咨询、工程监理、施工前期准备、施工过程管理、竣工验收及运营保修等各个阶段的管理服务模式。实行全过程工程咨询，在节约投资成本的同时有助于缩短项目工期，提高服务质量，发挥各类决策的统领作用。另外，全过程工程咨询服务内容高度整合，投资效益、运营效率全面提升，有效地规避了风险，从真正意义上做到了工程咨询服务集成化管理，解决了当前传统工程咨询服务分散化、碎片化的问题。

本章结合衢州某医院项目的全过程工程咨询实践，对项目进行了总体介绍，总结了实施全过程工程咨询的成效、项目实施过程中存在的难点及其解决措施、全过程工程咨询模式的实施体会以及项目实施的改进建议，为其他全过程工程咨询项目开展咨询工作提供有效的参考信息。

21.1.1 项目简介

1. 项目名称：衢州某医院项目。

2. 项目类型：综合性医院工程。

3. 项目规模：总用地面积 139169m²，规划建设 2000 床的三级甲等综合性医院，总建筑面积 357800m²（其中地上建筑面积 222646m²，地下建筑面积 135154m²）。

4. 建设内容：主要包括门诊医技综合楼、住院楼、肿瘤中心、感染楼、公寓宿舍、行政科研楼、试验动物饲养室、液氧站、污水处理站及医用垃圾处理站、地下车库等及市政景观绿化、室外综合管线工程、供电工程等附属配套设施，如图 21.1-1 所示。

5. 投资规模：投资概算为 28.97 亿元。

6. 全过程工程咨询单位：浙江江南工程管理股份有限公司。

7. 项目建设期：施工总工期为三年（即 1095 日历天），正式开工日期 2018 年 6 月 30 日，计划竣工日期 2021 年 6 月 30 日。

8. 项目特点、重点及难点：因医院工程不同于普通房建项目，其特殊功能需求，以及信息化、智能化的发展，对功能、工艺以及用户体验更为专业。

图 21.1-1　衢州某医院效果图

（1）项目建设规模大、建造标准高，项目要求确保"钱江杯"，争创"鲁班奖"。

（2）项目采用的是 EPC 工程总承包模式（费率招标），项目各项工作时间紧，要求效率高，大量的工作并联进行。本项目招标、开工及施工与前期报批、方案设计、初步设计、施工图设计基本是并联进行，无法按常规的建设流程实施。

（3）项目功能、技术及质量要求高且复杂。医院项目是公建项目中涉及专业及功能最多的，尤其是医用专项工程，在施工图设计过程中不能一蹴而就，需后期大量的专项深化设计完成后再回头系统地调整完善主体施工图中的装修及水电暖等施工图。

（4）项目投资控制难度大：功能反复引起的设计变更，设备及材料价格的不确定性等在实施过程中存在投资控制风险。

（5）建设及协调管理的工作量大，涉及专业、部门多，施工过程各专业交叉配合复杂。

21.1.2　全过程工程咨询服务内容

基于本项目的需求分析，全过程工程咨询服务需要组织运用系统工程的观点、理论和方法对建设工程项目周期内的所有工作（包括项目建议书、可行性研究、评估论证、设计、采购、施工、验收、后评价等）进行计划、组织、指挥、协调和控制。

依据全过程工程咨询服务策略，围绕合同约定确定实施内容如下：

（1）项目管理内容：在委托人的授权范围内，履行工程项目建设管理的义务（不包括与土地费有关的工作）。包括项目策划、工程建设手续办理、设计管理（含优化）、施工图审查、造价管理、招标管理、施工管理、医用设施工程管理、竣工验收、决算及移交管理、工程保修咨询管理。对整个工程建设的质量、进度、投资、安全、合同、信息及组织协调所有方面进行全面控制和管理等方面工作。

（2）施工监理内容：主要包括施工准备阶段、施工阶段各工序、各部位的监理以及工程备案验收证书取得至签发缺陷责任终止证书和工程结算、审计的监理、服务工作。对该工程投资控制、进度控制、质量控制、建设安全监管及文明施工的有效管理、组织协调，并进行工程合同管理和信息管理等方面工作。

（3）造价咨询工作内容：主要包括本项目可研估算审核、概算审核、预算编制、建设工程进度款审核、结算审核、决算审核等相关工作。与本项目相关的工程洽商、变更及合同争议、索赔等事项的处置，提出具体的解决措施及方案；制定概算控制方案并实施；编制工程造价计价依据及对工程造价进行控制和提供有关工程造价信息资料等方面工作。

（4）招标代理工作内容：工程建设全过程的招标代理工作，含办理招标工程的报建、发包申请、编写资格预审公告（如有）、招标公告、资格预审文件（如有）、招标文件、答疑文件，发放招标文件及图纸、答疑，组织开标、评标、定标，相关招标资料整理和备案，协助建设单位签发中标通知书，办理交易单。提供招标前期咨询、协调合同签订等业务，包括招标文件等所有资料的复印、装订等一切所发生的内容。

21.1.3 项目建设及管理目标

依据合同和建设方的要求，结合项目特点，确定了项目建设及管理的各项总体目标。

（1）质量目标：①设计要求的质量标准：满足现行的国家、地方、行业技术标准、设计规范；②施工要求的质量标准：符合现行建设工程施工质量验收规范和标准及施工图纸要求，一次性验收合格，确保"钱江杯"，确保"鲁班奖"。

（2）进度目标：施工总工期为三年（即 1095 日历天）。具体开工日期以开工报告为准，竣工日期以项目全部完成竣工验收合格为准（含消防、医用专项、环保等所有专项验收）。

（3）投资目标：确保项目实际投资不得超过最后经批准的项目概算总费用。

（4）安全目标：施工现场按照《建筑施工安全检查标准》JGJ 59—2013 评定达到"浙江省安全文明标化工地"标准，以及达到智慧工地和地方行建设单位管部门的要求。确保获得衢州市安全生产与文明施工样板工地。

21.1.4 项目组织结构

1. 项目组织结构及工作职责

（1）项目组织结构图，如图 21.1-2 所示。

（2）建设单位、全过程工程咨询单位及各参建单位工作职责划分，如表 21.1-1 所示。

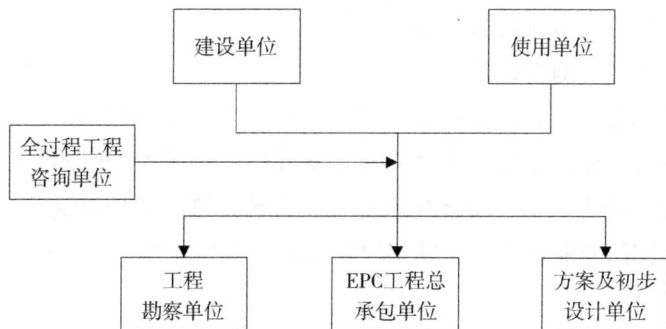

图 21.1-2　衢州某医院项目组织结构图

建设单位、全过程工程咨询单位及参建单位工作职责划分　　　　表 21.1-1

单位职能	主要职责
建设单位	负责按政府相关会议精神组织项目全部建设工作，对项目建设质量、进度、投资全面负责，为本项目建设过程中的最高决策单位，负责项目建设用地及资金筹措，负责合同签署等
使用单位	负责项目建成后的接收及使用，负责提出项目使用功能需求，配合提交设计人设计过程中需要的各类基于使用功能要求的设计参数、设计条件等，对各设计院提交的阶段设计成果从是否满足其使用功能要求角度及时进行审查、确认，协助建设单位合理确定项目功能定位等
全过程工程咨询单位	依据本项目全过程工程咨询合同约定，全过程工程咨询单位主要职责围绕合同约定的四大职能确定（具体内容见全过程工程咨询内容）
工程勘察单位	负责按合同及规范约定，全面承担本项目初勘、详勘工作，负责及时提交勘察成果
方案及初步设计单位	负责按合同及规范约定，全面承担本项目全部方案及初步设计（包含绿色建筑设计，标识评价咨询服务、全过程 BIM 技术应用、医院智能化和能效管理系统等）。 （1）方案及初步设计阶段：对投标的设计方案，根据各方审核意见进行完善，在保证设计质量的前提下按期完成方案设计及初步设计并移交建设单位。本项目的初步设计深度应满足《建设工程设计文件编制深度规定》（2016 版）及《衢州某医院 - 方案和初步设计项目竞争性磋商文件》要求。 （2）项目实施阶段：施工图设计至项目竣工，负责配合 EPC 工程总承包单位开展施工图设计，负责配合项目施工期间有关构造节点确定及材料样板确定及选型等。做好中心医院项目的系统、整体技术、功能分区、交通组织、医用专项、设备材料、设计变更等施工图设计把控等相关设计咨询服务工作。安排主要设计人员参与施工图设计及施工过程中的主要技术评审会、技术交底会及阶段性验收
EPC 工程总承包单位	项目 EPC 工程总承包包括施工图设计、施工、材料设备及医用设施工程采购与安装、竣工验收、移交、备案和工程缺陷责任期缺陷修复、保修服务等。具体为： 1. 工程设计：建设内容的所有施工图设计和涉及本项目所有的专项设计、BIM 技术应用，要求进行限额设计、设计总协调工作等。 2. 设备采购：包括施工图纸所含的所有构成建安工程不可分割的设施设备的采购。 3. 建筑安装工程施工：包括但不限于施工图纸包含的所有内容及各类专项工程、附属工程的施工、三通一平、BIM 技术应用等工作。 4. 项目管理服务：（1）配合完成尚未完成的所有前期报批报建工作；（2）做好工程所需的各类检测；（3）做好工程竣工验收及各类专项验收、移交；（4）竣工资料城建归档；（5）配合完成工程备案及产权办理；（6）人员培训及运维阶段 BIM 技术应用
专业分包单位	是指受建设单位委托或经建设单位审查同意，承担本工程诸如供配电、供水、燃气等施工的专业分包单位

2. 全过程工程咨询组织架构及部门职责

（1）全过程工程咨询组织架构

基于本项目的需求分析，依据本项目全过程工程咨询合同约定确定了工程咨询组织架构，成立项目管理部（公司技术部门及公司专家组提供后台支持），由项目负责人具体负责，下设工程咨询部、设计技术部、工程监理部、造价咨询部、招标采购部以及综合部，由各部门专业负责人领导部门内专业工程师开展工作，如图21.1-3所示。

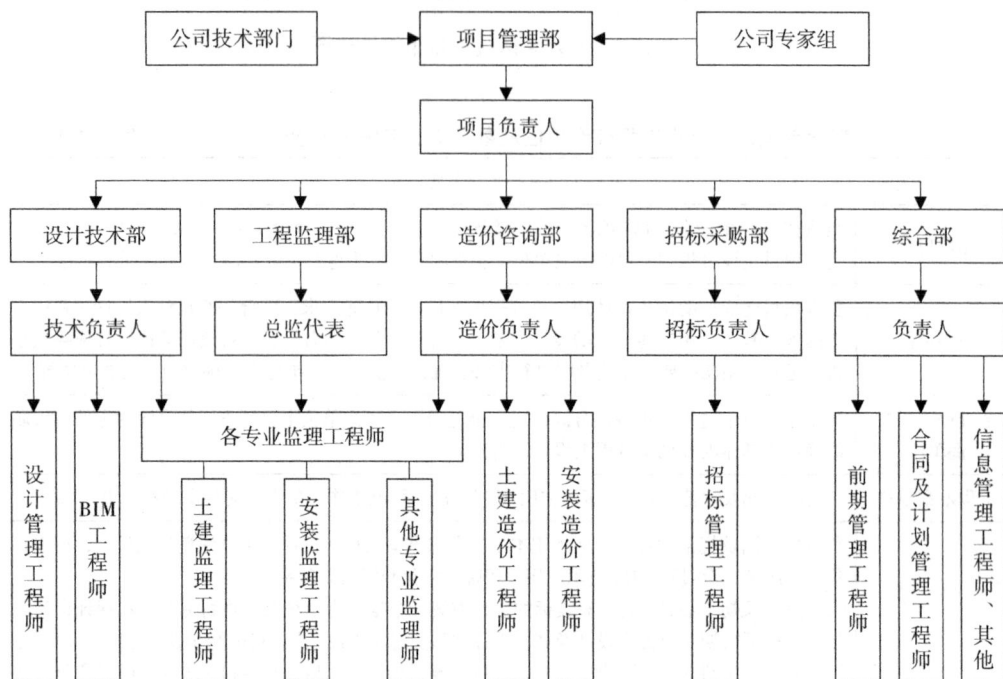

图 21.1-3　衢州某医院项目全过程工程咨询组织架构

（2）全过程咨询单位内部各部门工作职责划分，如表21.1-2所示。

全过程咨询单位内部各部门工作职责划分　　　　　　　　　　表 21.1-2

部门名称	主要工作职责
项目负责人	组建项目管理组织机构，项目人力资源配备，明确管理人员岗位职责，确定项目管理总目标，组织编制项目管理规划，及时并适时做出项目管理或辅助决策，审批各部门项目管理实施细则等
设计技术部	负责设计管理制度及流程的监理并控制执行，落实各项设计过程进度、质量、投资控制，组织设计文件审核、优化；负责协调设计配合现场或采购需要出图或出具设计变更，负责组织图纸会审和设计交底工作，负责协调建设单位及设计单位落实工程变更及各项专项设计的审批，负责设计图纸及资料的日常保管及最终归档管理等
工程监理部	具体负责项目工程监理及工程管理职能，主要负责项目实施及保修期间的各项监理审查、审核、巡视、旁站及验收工作；负责落实工程管理的各项计划，建设单位指令的细化和落实、负责具体工程管理制度的监理并控制执行；负责现场各参建单位的关系协调；负责施工组织设计及专项施工方案的备案审查等

续表

部门名称	主要工作职责
造价咨询部	负责造价咨询管理制度的建立并控制执行，落实对项目造价咨询工作单位的日常管理，组织造价咨询单位跟随项目进展同步落实相关造价工作，针对造价咨询单位提交的各项造价成果文件欧式审查审核，负责项目资金计划的编制，负责协助建设单位组织、审核办理工程竣工结算等
招标采购部	负责项目招标代理及合同管理工作，负责招标方案、招标计划、招标文件及招标公告的编制；负责草拟合同及进行合同谈判和修订，组织签订合同；负责合约管理制度的建立并控制执行，协调相关管理部门落实参建单位合同履约检查及处罚建议等
综合部	具体负责针对项目部内部诸如人力资源、制度及形象建设、办公纪律、成本控制等各项综合事务的管理；负责围绕项目建设需要落实的项目报批报建手续办理；负责实施项目参建单位关系协调、注册办公参建单位办公纪律；综合管理重点以组织协调，贯彻落实为主，有效衔接其他各项专项管理工作，促进项目各项管理工作有序进行；负责落实项目信息档案的收集整理及归档等

21.1.5　主要工作方法或措施

项目部以全生命周期服务为出发点，预见性地对项目进行总体策划，以系统性、整体性、集中性的原则，为建设单位提供无缝隙且非分离的整体服务。同时，坚持高标准高要求，积极落实"绿色建造、快速建造、优质建造、智慧建造"体系。总体管理思路概括来说，就是"充分了解并掌握项目建设及管理目标、针对性做好项目前期策划、重点抓好实施阶段各项管理策划方案的落实"。

（1）前期准备阶段：应就"项目建设标准、档次定位、功能定位、建设目标、管理目标"等与项目建设单位、使用单位作充分的沟通及交流并理解、掌握；充分了解并掌握建设单位既定的各项管理制度、流程以及当地建设法规规定等，熟悉项目周围的环境特点、充分掌握项目的特点、重点及难点。

本项目于 2017 年 12 月中标并签订合同后立即成立了全过程工程咨询服务组织并组织人员了解项目的基本情况及全过程工程咨询的服务范围。完成了组织机构图、职能分工、拟派本项目人员配备情况、工作职责、工作依据和工作原则、分阶段工作部署等工作。快速完成与建设单位进行资料及工作交接。

（2）项目策划阶段：在充分的前期调研基础上，围绕项目各项建设及管理目标，充分理解项目功能及项目各项建设标准，针对性做好项目建设及管理的系统策划工作。项目整体策划工作主要包括四个方面：

①目标策划：依据合同和建设方的要求，结合项目特点，确定项目建设各项总体目标。分析项目的需求与风险，拟定应对措施。围绕总体目标，按专业按阶段落实目标分解，形成过程管理分项目标，针对各项目标全面梳理、分析风险点，针对性落实风险防范措施、管理手段、管理方法等。

②管理组织结构策划：包括项目部内部组织架构及全体参建单位的构架搭设，以目标为导向，责任为主体，明确各部门的职责、人员的分工，建立与项目建设要求相适应的专业化的项目管理团队及管理机制。明确项目参建单位的构成、各方职责、管理层次、管理关系及管理界面等，保证参建单位之间管理层次清晰合理。

③管理制度及工作流程策划：充分应用系统管理的思想，把握全局，制定完善的管理制度和工作流程，指导与规范全体参与者为共同的目标开展工作，保证项目各级管理统一思想、统一认识、步调一致、决策高效。

④系列计划的制定策划：包括项目建设总控计划，设计、报批报建、招采、施工、运维等分项控制计划、资金使用计划、年度计划等。围绕总控计划，进一步分解落实配套的各项资源保障计划，阶段性计划及专业计划等，确保过程管理及过程检查有的放矢。

项目部编制项目管理手册，为明确全体参建单位职能分工，促进全体参建单位高度紧密配合，提高参建单位的责任意识，约束参建单位全面履行合同约定的各项义务，确保工程建设期间本工程的各项管理工作规范、有序，真正实现通过对项目建设全过程、一体化、专业化的管理，达到项目资源最佳配置和优化，最终确保项目投资效益最大化，全面实现项目预定目标的根本目的，依据国家、省及市现行的有关建设行业法律、行政法规及项目管理规范的相关要求，以现代项目管理理论为指导、本着责权对应的基本原则，针对工程实际，编制《项目管理手册》，作为本项目建设期间指导、规范全体参建单位、参建人员日常建设行为的纲领性文件。

项目部编制整体工作计划，编制并适时调整项目实施阶段工程建设进度总控制计划并上报委托人审定贯彻执行。根据整体工作计划可以督促、协助参加项目建设的各方按照上述总控制计划的要求，编制各自的工作计划，使之相互协调，构成二级计划系统，应检查各方计划的执行情况，通知有关单位采取措施赶上计划进度要求。

（3）项目实施阶段：重点是围绕前期策划，从综合管理、设计管理、工程管理、招采合约管理四条主线抓好各项工作的落实，保障最终建设目标的实现：

①综合管理工作重点是掌握当地报批报建工作流程及规定，同步推进各项手续办理，确保建设程序合法合规，同时做好项目建设内外协调工作，为项目创造和谐有序的内外环境，保障项目顺利推进，针对性编制项目各项总控计划，指导项目各项工作有序开展。

根据项目前期工作计划，编制了前期报批工作指导书、前期报批人员工作量化管理细则。前期报批工作以周计划、周总结的方式动态管控。在报批报建过程中，项目部要积极与规划、发改、国土、住建、人防等重要审批部门进行事前沟通，协调设计工作。为项目按计划实施，创造条件，为项目有序推进，提供保障。

②设计管理工作重点是在充分调研的基础上稳定项目功能需求，围绕项目档次定位及投资控制要求，开展优化设计与限额设计，加强设计文件审核，控制主要材料、设备、系统的选型工作，控制实施阶段的设计变更，做好专业设计、深化设计与主设计的协调，做到造价最省、设计最优，最大限度满足项目功能及建设标准要求。

通过组织召开内部联席评审会议，在方案设计完成后并充分征求医院使用科室意见的前提下，提前邀请规划、消防、交通、发改等相关审批部门及相关医院专家、相关参建单位的有关专家、医院各使用科室等进行内部评审并形成会议纪要，在评审意见的基础上进行修改后再报批，这样可有利于报批通过及减少在施工过程中的变更。

优化组织架构，严控"习惯性"的需求变更。要求使用单位参与项目管理的成员均由部门负责人担当，所有需求调研资料均须参与负责人签字确认且不得随意修改；项目开工后，凡涉及费用的需求、变更均须经上会讨论确认才可实施。

充分发挥 EPC 工程总承包的模式优势，凸显设计在整个工程建设过程中的主导作用。在全过程工程咨询单位强有力的设计咨询支持下，推进工程项目建设整体方案的不断优化；有效克服设计、采购、施工相互制约和相互脱节的矛盾，实现设计、采购、施工各阶段工作的合理衔接，实现建设项目的进度、成本和质量控制符合建设工程承包合同约定，确保获得较好的投资效益。

③招采合约管理工作重点是充分梳理项目风险，做好招标方案策划，包括标段划分、界面划分、合同条款设置、风险预控等。详细落实招标文件编制，合理设定符合本项目的招标条件、合同条件以及可能存在的风险应对措施，尽量避免实施过程中的争议及索赔、降低项目风险，同时利用合同条款，例如履约评价等方式，对合同各方进行有效管控。加强招采过程的动态管理、风险管控和清单预算审核。及时办理进度款支付，保障项目推进。

严格合同履行与合同管理。由全过程工程咨询公司和建设单位负责招标工程类及相关合同的签订，签订之后，全过程工程咨询公司和建设单位向合同执行单位进行交底，说明工期、质量、工程范围、工程界面划分、付款方式、发包单位职责（即甲供材料设备、建设单位限价、建设单位分包等范围）总分包的关系等需要在合同实际执行过程中需要特别注意的问题，以便各岗位人员协调、配合。其他类合同由执行部门根据合同实际情况安排交底。任何部门在落实业务、开展工作时，都必须严格按照合同约定进行，严厉禁止实际管理操作与合同约定脱节的情况产生。在合同已发生或可能发生违约，或者发生与合同有关的争议时，合同执行部门的经办人员须及时向部门负责人报告，并采取预防措施，较大情况可请示主管高层领导。合同在执行过程中，当出现合同约定的情况，需要对合同进行变更、解除时，必须由合同执行部门经办人发起，由合同执行部门负责人审核，相关部门参与会签、审批。通过后，通知合同对方解除合同。

④工程管理重点是做好现场实施的组织协调工作，重在落实。三位一体加强过程控制，加强工程质量、进度、安全、成本、管理五项目标的过程检查及动态纠偏工作。积极落实先进建造体系，利用信息化、BIM 技术、无人机、物联网等先进技术落实现场管理。做好项目收尾竣工验收及结算审计配合工作。做好运维阶段的资产移交，决算和后评估工作。

狠抓生产资源投入，加强目标计划实施全过程的动态检查、动态纠偏。针对投入不足的施工单位及时采取约谈企业负责人、立足施工承包合同中对建设目标约定专项条款等措施落实项目建设目标。

深入应用 BIM 技术，利用 BIM 技术的可视化及协调性等特点提高全过程工程咨询组织协调工作效率和决策效率。

21.1.6　工作成效

项目实施进度目前处于主体施工阶段（主体结构工程总体完成95%以上，幕墙工程、室内安装及装修工程同步进行中）。到目前为止，项目部主要开展了项目前期报批报建、方案及初步设计管理及审查、EPC工程总承包等招标代理、前期的造价咨询、EPC工程总承包单位的施工图设计管理及现场施工管理工作。在质量及进度总控目标下，项目部通过项目实施的总体策划，协助建设单位快速地梳理各类事项，提供专业化、科学化的管理，运用系统科学的观点、理论和方法对项目实施进行计划、组织、指挥、协调和控制，已经发挥出较好的作用。主要的工作成效有：

1. 项目设计优化方面

项目部组织公司技术专家组，对项目设计的平面布置、功能布局，医疗工艺等方面进行了仔细审核，提出大量专业的、合理的优化设计建议，同时收集建设单位及相关职能部门的审核意见，督促设计单位修改完善。项目设计工作，在紧促的时间内取得了有效的成果，为后续其他工作提供了保障。主要包括：

（1）针对设计优化，对方案、初步设计、主体施工图进行审查，相继提出超过1500条以上设计优化及审核建议，其中绝大部分得到了采纳。

（2）项目部前后组织设计管理人员会同设计单位与院方各个科室，针对功能布局、使用需求，医用专项等，进行了设计方面的协调与沟通。

（3）项目部同时对各阶段的设计进度及限额设计方面进行全过程的动态控制，确保了项目施工与设计的衔接及做到不因设计原因而影响到施工进度，确保在满足使用需求的前提下使设计阶段的投资概预算控制在批复的投资总额内。通过设计优化及审核至少节省了超过5000万以上的投资额。

2. 项目进度控制方面

（1）编制的各类工作计划及项目管理手册、作业指导书等，很好的指导了项目实施工作；EPC招标方案的策划，为该项目总承包的招标指明了方向，也为后续管理工作奠定了基础。目前为止，项目实施进度基本是按计划完成，并取得了一系列阶段性成果。

（2）为加快项目进度，对设计、采购、施工各阶段工作的进行合理衔接，根据项目各类资源情况边设计边施工，实现进度、成本和质量有效地控制。全过程工程咨询项目部积极与省市住建部门进行协调沟通，并结合国内及省内相关规定及先例，成功达成施工许可证分三阶段进行办理申领的工作成果，即：①在方案设计及基坑围护设计施工图完成后即先行申请办理"基坑支护、边坡、土石方"施工许可证；②在地下工程施工图设计完成后先行申请图审并办理"地下工程"施工许可证；③在所有施工图完成并图审后再办理本项目总的施工许可证。

通过完成施工许可证分阶段申领工作，前期报批报建工作与常规情况相比至少节约了6个月以上的时间，与常规情况相比，项目开工时间至少提前了10个月以上。大大节约了项目的时间成本。

（3）结合项目实际情况及建设"2018 年 3 月开工，3 年完工"的两个三目标，项目部编制招标策划方案，明确了招标模式、招标范围、招标计划。对采用 EPC 工程总承包模式，项目部提交了《关于项目选择 EPC 工程总承包模式的分析和建议》，阐述了 EPC 工程总承包优缺点、招标范围、具体计价模式及最高限价、评分标准、合同条款等内容。在招标文件编制时，项目部选用合适的合同文本，设置了完整的合同条款，明晰了责权利关系，减少了合同谈判时间，加快合同签订工作。

（4）项目部对 EPC 工程总承包单位的施工图设计及施工管理主要是采用动态控制，及时对比目标计划和实际实施情况，分析偏差原因及当前对各类目标的影响，提出调整的措施和方案。事前协调好各单位、各部门之间的矛盾，使之能顺利地开展工作。定期或根据实际需要召开各类协调会。到目前为止，本项目的各项工作进度是按计划完成。

3. 项目投资控制

在项目实施过程中，项目管理严格执行省市区政府的相关文件，严格招投标、合同签订中的投资控制工作，严格按合同进行计量、计价、变更确认及决算的审核，投资控制在预算范围内。加强施工过程中各环节的控制，节约投资，控制成本，提高效益。到目前为止，项目没有发生超概算现象。

（1）初步设计概算审核：全过程工程咨询单位审核工程概算，独立出具概算成果。初步设计单位送审概算价为 2995740300 元，审定概算价为 2897821200 元，核增 923871889 元，核减 1021790989 元，净核减 97919100 元。

（2）地下室结构及安装预埋工程施工图预算编制及审核：全过程工程咨询单位对地下室结构及安装预埋工程施工图预算进行编制及审核，独立出具预算成果。EPC 工程总承包单位送审地下室结构及安装预埋工程预算价为 532943499 元，全过程工程咨询单位核定预算价为 405454083 元，核减 127489416 元。

（3）地上结构工程施工图预算编制及审核：全过程工程咨询单位对地上结构工程预算价进行编制及审核，独立出具预算成果。EPC 工程总承包单位送审地上结构工程预算价为 301421933 元，全过程工程咨询单位核定预算价为 253207204 元，核减 48214729 元。

4. 工程质量管理

项目部对工程质量进行全面的控制，消除质量隐患，杜绝重大质量事故，确保工程质量全部达到国家施工验收规范合格的规定，到目前为止项目已完工程合格率达到 100%。

5. 安全生产管理

本项目是按确保"钱江杯"及"鲁班奖"的具体要求进行临时设施的方案设计及实施。到目前为止，本项目无安全生产事故发生且是衢州市安全文明做得最好的工地且多次获得省市电视台及相关新闻媒体报道。

6.科研成果及课题研究

根据本项目的特点及在实施过程中碰到的问题进行了以下课题研究并编写了相关论文及办法：

《关于衢州某医院项目选择 EPC 工程总承包模式的分析和建议》；

《衢州某医院项目工程材料、设备选型询价工作细则》；

《衢州某医院项目工程变更操作办法》；

《关于医院项目选择 EPC 工程总承包固定下浮率模式的应用分析及建议》；

《全过程工程咨询服务的工程造价管理》。

7.项目实施过程中的难点处理

（1）本项目采用的是 EPC 工程总承包模式（费率招标），而项目医用工程、精装修工程及各类安装工程等涉及无信息价的材料、设备种类多，投资占比高。而这部分材料、设备当前又是新技术应用特别多、新工艺变化特别快，市场价格变动频繁及幅度大。装修工程及医用相关专项工程基本是在一年半以后实施。所以询价、定价超大的工作量及时点的准确性对项目实施的进度及投资控制都有较大的风险。

处理方法：根据项目特点制定了询价及变更管理办法并得到相关职能部门批准，本项目的询价、定价在政府相关部门联办并有严格监督的前提下依据询价办法中规定程序公平公开进行，以规避相关影响项目实施的进度、投资风险及产生腐败的制度风险。已和建设单位、各相关职能部门制定了本项目的询价、定价的管理办法。

（2）项目采用的是 EPC 工程总承包模式（费率招标），本项目土石方工程的工程量计量是按实计量，需对地形地貌标高、地下各类别的土石方进行分层计量和计算，比传统的清单招标的计量方式复杂得多。且项目场内面积较大、地形起伏大、地下土石方分层类别多。

处理方法：①采用方格法进行土石方工程量计算（方格网边长设置为 10m）。②土石方类别划分采用现场结合地勘资料的方法。根据地勘报告中勘探点岩土分层类别，采用取平均值的方法确认各层岩土工程量。

21.1.7 工作体会及建议

（1）通过全过程工程咨询能够充分发挥出专业化团队的优势，通过进行项目建设实施策划方案，组织运用系统工程的观点、理论和方法对建设工程项目周期内的所有工作（包括项目建议书、可行性研究、评估论证、设计、采购、施工、验收等）进行策划、计划、组织、指挥、协调和控制。

（2）全过程工程咨询单位作为多项管理功能合一的责任人，与建设单位、各参建单位一道为项目命运共同体，全过程工程咨询单位的咨询服务由被动服务变为主动咨询，能够站在建设单位的角度积极主动做好服务工作，同时也给咨询企业对复合型人才、精细化管理上提出更高的要求。

（3）全过程工程咨询不仅在时间跨度上、专业融合上、咨询内容上、服务手段上、咨询收费上得到集中统一，而且有更多职权、手段，便于进度、质量、安全文明、造价控制，为真正做到事前、事中控制提供可能。解决了传统的碎片化管理多方担责实为互不担责、管理效率低下的问题，减少了工作对接、提高了工作效率、减轻建设单位工作协调负担，提高规避风险的意识、提高管理水平、提升了服务质量。

（4）能够统一资料管理，提高资料的信息化管理水平、注重资料关联性、真实性、及时性、全面性、有效性、合法性。加快前期报建、验收备案等工作。

（5）加快全过程咨询合同范本完善，尤其在咨询介入阶段、咨询内容，设计优化、投资节约激励、BIM 技术应用、咨询收费标准、项目经理（总咨询师）的法律地位与担责等应有较快的推进。

（6）全过程咨询单位缺乏法律定位，社会认知信任度不高，项目管理协调工作难度大。报批报建表格只有监理单位栏、没有全过程工程咨询单位栏等问题，一旦各种许可证无须监理单位的情况下，存在全过程咨询单位法定地位如何确立的问题。

（7）咨询企业人才结构与全过程工程咨询高要求有一定差距，尤其是高素质项目管理、设计管理人才缺乏，从业队伍的专业知识、综合管理水平有待强化培训，紧跟时代、满足社会需求。

（8）根据医疗项目的特点及项目推进的实际情况，如采用固定下浮率方式，建议采用固定下浮率部分 + 暂定价部分（以后在实施过程中再进行专业分包招标并纳入总承包管理）的形式。固定下浮率部分主要为在实施过程中好计价及好控制的部分（如：设计费、场地土石方平整、结构及建筑、门窗及幕墙、水电、消防水电及消防通风、室外市政景观绿化等）；其他的精装修、净化、弱电、空调、电梯、医气及物流、供配电、自来水、天然气等涉及医用专业性强、以后不好定价的或垄断部门实施的进行专业分包采购招标，采用招标方式为施工图工程量清单招标，招标主体可以是建设单位与 EPC 单位一起联合招标或建设单位单独招标。

21.2　深圳市某医院

21.2.1　项目概况及特点

1. 项目概况

深圳市某医院项目建设用地规模为 57743.65m²，总建筑面积 509614m²，按三级甲等医院及教学医院规划设计，规划床位为 2500 床，如图 21.2-1 所示。本工程主要建（构）筑物包括 1 栋医疗综合楼（22F）、2 栋液氧站（1F）、1 栋污水站（1F）。医疗综合楼地下室共四层，主要功能为设备用房、人防、核医学科、食堂、美食广场及汽车库，建筑面积为 130000m²，建筑耐火等级为一级；地上建筑最高为 22 层，建筑总高度为99.90m，主要功能为门诊、医技、住院、办公、实验室等，建筑面积为 379614m²，为一类高层公共建筑，耐火等级为一级。项目投资总概算 430528.00 万元，资金来源为市政府投资。项目于 2019 年 9 月 22 日举行开工仪式，计划于 2023 年 12 月竣工。

图 21.2-1　深圳市某医院项目效果图

2. 项目特点

项目特点主要表现为以下几个方面：

（1）项目建设规模大、建设目标要求高；

（2）容积率高，地下室挖深大；

（3）医疗工艺流线复杂，医疗专项系统较多，医疗设备多，智能化复杂；

（4）设计以"医疗综合体"理念之一，打破建筑与城市的边界，让医院和周围的城市交通、商场融为一体；

（5）以建筑语言区分医院模块的功能，以中央办理大厅为核心，缩短门诊路径，采用回字形围合式的风道设计，优化内部微气候。

3. 项目实施重难点

项目实施过程中的重难点主要表现为以下几个方面：

（1）因医疗工艺流线复杂，医疗专项系统较多，一、二、三级医疗流程及医疗专项的设计质量控制较难；

（2）基坑挖深达 20 米，基坑安全为控制重点，土方量高达 100 万 m^3，外运周期长，影响工期；

（3）地下室、屋面、幕墙、卫生间等防渗漏及防开裂为质量控制要点；

（4）净化系统的质量控制；

（5）装修工程质量控制；

（6）中央大厅高支模、大跨度支撑体系、群塔作业的安全管理；

（7）新材料、新设备、新工艺、新技术的应用要求较高；

（8）项目管理涉及单位多，报批报建环节多，管理协调量大。

21.2.2 本项目全过程工程咨询服务范围及内容

根据建设单位要求及项目实际需求，本项目采用项目咨询与工程监理一体化的全过程工程咨询，主要包括项目咨询、工程监理与创新技术应用、智慧工地建设策划方案等内容。

（1）项目咨询：项目计划统筹及总体管理、前期工作管理、设计管理、技术管理、进度管理、投资管理、质量安全管理、医疗工艺咨询管理（包含实验室工艺）、项目组织协调管理、招标采购管理、合同管理、BIM 管理、档案信息管理、报批报建管理、竣工验收及移交管理、工程结算管理以及与项目建设管理相关的其他工作。

（2）工程监理：施工准备阶段监理、施工阶段监理、保修监理及后续服务管理以及与工程监理相关的其他工作。

（3）提出创新技术应用、智慧工地建设等策划方案，并监督相关单位实施。

21.2.3 项目组织模式及全过程工程咨询组织架构

1. 参建单位组织协同关系

项目建设单位通过组建项目组履行建设单位职责，根据建设单位要求，全过程工程咨询应与项目组工作相互融合，共同开展项目实施过程中的管理工作；勘察设计、施工总承包单位等负责具体事项的执行。项目参建单位的组织架构如图 21.2-2 所示。

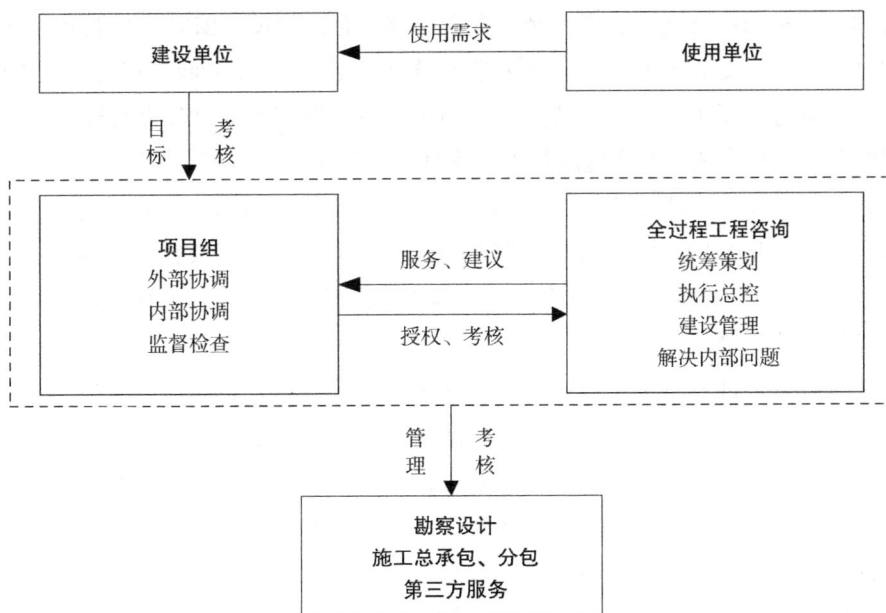

图 21.2-2　项目参建单位的组织架构图

2. 全过程工程咨询组织机构

全过程工程咨询根据项目服务范围及内容组建项目咨询部，下设综合管理部、设计管理部、招采合约造价管理部及工程监理部，由项目总咨询工程师统筹负责，全面主持项目全过程工程咨询管理工作。全过程工程咨询组织机构如图 21.2-3 所示。

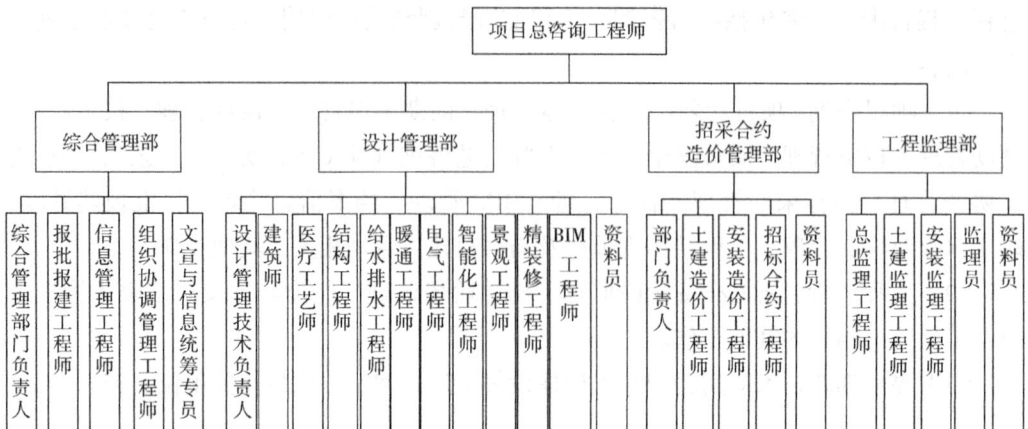

图 21.2-3　全过程工程咨询组织机构图

21.2.4　全过程工程咨询管理成效

1. 总体策划管理

针对项目特点及实施重难点，编制了全过程工程咨询规划大纲及实施方案策划，作为项目总体管理指导纲要。规划大纲主要包括医疗工艺咨询管理策划、报批报建管理、设计管理、招标采购管理、进度控制、投资控制、合同管理、BIM 实施管理、工程施工监理、创优策划、安全文明生产应急管理、档案信息管理、竣工验收及移交管理等内容。实施方案策划分析了项目定位、特点、实施重难点，制定了项目建设目标，并对医院项目组织管理、拟在项目上实施的技术及管理创新等主要内容进行了策划。

各管理部门根据规划大纲及实施方案策划编制了包括设计管理实施细则、招采管理实施细则、报批报建工作指引、BIM 管理实施细则、监理规划等文件，分别用于指导各部门开展各项管理工作。此外，在全过程工程咨询进场后，制定了本项目里程碑计划。

2. 投资管理成效

在项目投资管理过程中，管理造价咨询单位组织概算全面审查工作，组织专家评审会议，根据项目特点并参考同类工程经济指标。开展设计概算的审核工作，配合发展改革委、评审中心概算评审，以批复的可行性研究报告中建安工程投资为依据，严格控制设计单位限额设计。项目于 2019 年 7 月取得概算批复。

为配合项目招标工作，审核并确认造价咨询单位编制的工程量清单、标底、控制价的准确性；在项目施工过程中，审批工程进度款支付，审核工程变更及签证，做好年度、季度、月度资金使用计划，对项目投资进行动态控制；建立项目合同、支付、变更等台账。

此外，定期组织召开造价专题会议，建立投资控制台账，督促完善设计变更程序。

招采合约主要完成项目基础、土方与基坑支护工程、施工总承包公开招标，以及防水工程、电梯工程、人防工程等战略合作。2019 年本项目累计完成投资 2 亿元，项目设计严格按照限额设计进行。

3. 设计管理成效

设计是工程建设的龙头，对于全过程咨询来说尤为重要。根据本医院项目的工程进展情况，我们将管理的重点放在设计管理上。通过一系列措施我们优化了设计成果，取得了明显的成效如下：

（1）精细复核，优化设计

设计管理的目标除了正常的进度目标、质量目标、投资目标之外，还进行了精细化复核，以查缺补漏，优化设计。在项目的图纸复核中，优化修正了 +0.00 的标高。本项目移交深圳市工务署前已参照初勘，确定正负零相当于绝对标高为 85.9m，且根据初勘报告，场地基本为平地。在项目移交建设单位后，即开展了初步设计和详细勘察工作，且在设计深化过程中，并据详勘报告反映出项目东西两侧呈坡地，高差达到约 4.5m，发现此前竖向设计不成立，且项目西侧路面绝对标高已达约 86.5m，存在雨水倒灌隐患。因此参照详勘报告并结合周边的道路标高情况，把项目的正负零绝对标高由 85.9m 抬高至 87.5m（如图 21.2-4、图 21.2-5 所示），此调整优化不但消除的雨水倒灌的风险，还减少出土约 10 万方，降低工程投资约 2500 万元，缩短工期约 60 天。

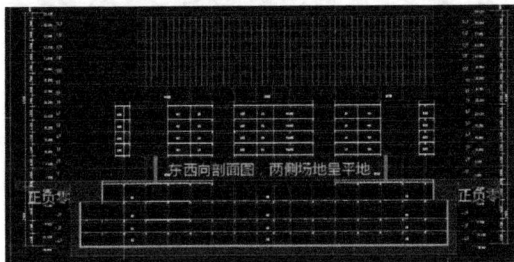

图 21.2-4　标高调整之前　　　　　　图 21.2-5　标高调整之后

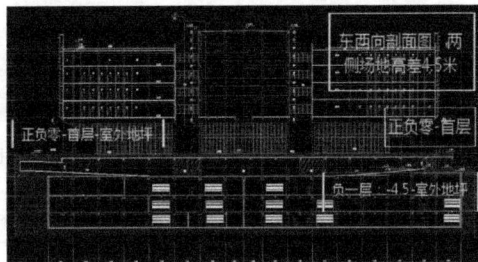

（2）优化适用，提升品质

适用是建筑物的基本要求，位居"适用、经济、绿色、美观"的建筑方针之首，通过仔细研究、深入分析，多方探讨，也提出了不少意见，使建筑更加适用，提升了品质。如图 21.2-6、图 21.2-7、图 21.2-8 所示。

本项目的规划总建筑面积为 509614m²，但总用地面积仅为 57743.65m²，容积率高达 5.8，在如此有限的空间内，如何获得更加优质的治疗环境是设计的核心问题。作为全过程咨询单位，我们从人性化和病人的体验感出发，建议在 7 层设置约 6000m² 的休闲绿化架空区，并获得了发改委批复，提升了治愈环境。治愈环境的提升，也有利于病患稳定病情，减轻病痛，加快康复。

图 21.2-6 批复文件

图 21.2-7 层休闲绿化架空区效果

图 21.2-8 优化后的中央办理大厅

再如本项目的 3 ~ 6 层中央办理大厅为架空层，原设计采用钢筋混凝土结构，梁高柱密，施工风险大，且空间形态呈宽矮压抑的效果，动线设计也不尽合理，扶梯布置较为分散，给就医人员带来了不便。后经建议改为了钢结构屋面，将扶梯分两组分别设置在办理大厅两侧，这不仅优化了空间，提升了交通流线，营造了浓厚的大厅氛围，还节省投资约 600 万元。

据不完全统计，目前本项目已经提出设计复核意见与建议 1149 条，这些意见与建议综合采纳率均在 88% 以上，共节约资金近亿元。

（3）方案比选，节省投资

项目 B 区临新区大道，地基基础原采用"桩基础 + 承台"的方式，在充分分析该区域基岩、土的工程性质后，将地基基础形式优化为"独立基础 + 锚杆"，较原方案较少了 73 根桩，并节省投资约 301.49 万元。

（4）设计优化，品质提升

医疗类及文化类项目均为公共建筑，使用率较高。作为设计管理人员，应从绿色、人文、现代、智能等多角度出发，对设计进行优化，以提高项目品质，提升项目使用价值。通过分析本项目钢结构的结构布置与力学结构体系，提出了优化意见。

例如，项目 B 区地上 6 层，其建筑面积为 5.5 万 m^2；用钢量由 7100 吨优化为 6600 吨，节约投资 550 万元，优化过程如下：

从选材方面优化，在满足结构安全性的基础上，通过计算优化钢构件选材，提升了材料的品质，同时也可达到节省用钢量的目的，如表 21.2-1 所示。

钢构件优化前后对比表　　　　　　　　　　　　　　　　表 21.2-1

钢构件		材质（优化前）	材质（优化后）
钢柱		Q345GJ	Q345GJ
钢梁		Q345GJ	Q355B
钢桁架	上弦杆	Q345GJ	Q355B
	斜腹杆	Q345GJ	Q355B
	下弦杆	Q345GJ	Q390B

为更好地满足底部大空间的使用功能要求，将 3 层原来采用的钢筋混凝土结构优化为钢结构，设置了 28 榀转换桁架（高度 2.4m，跨度 21.6m）支承上层钢柱。通过分析转换桁架的受力情况，在平面开洞口位置的转换桁架下弦所受拉力相较于无开洞区域的转换桁架较大；因此将转换桁架由原设计 1 种类型（GHJ）优化为 4 种类型（GHJ1.GHJ2.GHJ3.GHJ4），如表 21.2-2 所示。

钢板厚度优化前后对比表　　　　　　　　　　　　　　　　表 21.2-2

钢构件		优化前	优化后	备注
次梁		H550 × 250 × 11 × 22（Q345GJ）	HN550 × 200 × 10 × 16（Q355B）	跨度 10800
次梁		H550 × 250 × 11 × 22（Q345GJ）	HN400 × 200 × 8 × 13（Q355B）	跨度 8100
主梁		H600 × 300 × 14 × 24（Q345GJ）	H600 × 300 × 12 × 20（Q355B）	跨度 8100
钢桁架以 GHJ3 为例	上弦杆	H600 × 600 × 40 × 35（Q345GJ）	H600 × 600 × 35 × 35（Q355B）	跨度 21600
	斜腹杆	H600 × 600 × 40 × 40（Q345GJ）	H600 × 600 × 35 × 35 H600 × 600 × 35 × 40（Q355B）	
	下弦杆	H700 × 600 × 40 × 45 H700 × 600 × 50 × 60（Q345GJ）	H700 × 600 × 35 × 40 H700 × 600 × 35 × 50（Q390B）	

从用材轻量化角度进行优化。通过工字型钢梁腹板厚度按高厚比 1/60 控制，减小钢板厚度；钢构件按重要性分别进行应力比控制，减小钢板厚度，如表 21.2-3 所示。

钢构件应力比优化前后对比表

表 21.2-3

构件	优化前应力比范围	优化后应力比
桁架	0.5 ~ 0.85	0.8
柱	0.4 ~ 0.85	0.8
主梁	0.6 ~ 0.85	0.85
次梁	0.5 ~ 0.8	0.9

4. 报批报建管理成效

自全过程工程咨询单位进场后，全面梳理项目报批报建申报事项共 54 项。通过协调各参建单位、相关行政审批及公共服务部门，已顺利完成建设用地规划许可证、工程规划许可证、桩基工程施工许可证等 31 项报建事项。

5. BIM 管理成效

BIM 技术是应用于建筑工程项目全生命周期的一项新型的数字化技术及管理模式，项目从前期的设计阶段就采用该模式，极大地提高了管理成效。

项目 BIM 管理分别编制出版了 BIM 管理方案与实施细则，各参建方在日常工作中严格贯彻落实，积极配合，保障了 BIM 工作的标准化运行。同时，在管理过程中开展相关会议十余次，并形成会议纪要，及时有效地解决过程中的重难点问题，且可追溯。

在设计阶段，基于 BIM 模型的可视化及模拟性优势，先后出版各类动画及分析报告，包括重要楼层管综漫游动画、建筑性能分析报告等，并通过多次 BIM 专项分析讨论会，为建筑设计提供专业、完善的数据支持。

21.2.5　项目实践总结与反思

对于政府投资项目建设，引进全过程工程咨询单位，不仅可以弥补建设单位管理人员的不足，而且可以充分发挥全过程工程咨询单位丰富的同类项目管理经验，从而达到提高项目品质与管理效率的效果。通过对本项目已开展的全过程工程咨询工作实践的总结与反思，重点总结为以下几点经验：

（1）项目策划既是工程建设管理的重要组成部分，也是项目优质建设的前提，尤其对大型项目而言。

（2）应全面发挥全过程工程咨询设计管理在项目前期及设计阶段的作用，加强使用单位、建设单位、全过程工程咨询单位及设计单位的相互沟通，一方面在引导使用单位提出合理需求的同时，要充分理解其需求并转化为设计语言，做好限额设计管理；

另一方面，建议设计管理分专业进行管控，全面落实设计进度管理，做好方案论证、图纸精细化审核、设计优化等工作，便于逐项落实设计中需要解决的问题。

（3）综合型医院类项目医疗专项多、医疗工艺复杂，应对各级医疗流程进行充分论证与确认后，开展后续各项工作。

（4）应建立一系列与本项目全过程工程咨询管理相适应的制度与实施细则，指导各部门相关工作的落地实施。

第22章 学校工程项目案例

22.1 深圳某大学建设工程（二期）

本节结合深圳某大学建设工程（二期）项目的全过程咨询工作实践，剖析全过程工程咨询业务开展的方法和效果、实施全过程工程咨询的亮点、项目实施过程中存在的难点及其解决措施、项目实施的改进建议以及全过程工程咨询模式的实施体会，为其他全过程工程咨询项目开展咨询工作提供借鉴。

22.1.1 项目简介

（1）项目名称：深圳某大学建设工程（二期）项目。

（2）项目类型：公共教育类。

（3）项目规模：总用地面积为 195562m²，总建筑面积 439877m²。

（4）建设内容：主要建设内容包括学生宿舍、食堂、留学生活动用房、中央图书馆综合楼、公共教学楼、法商学部及行政办公与专职科研用房，共计 16 栋建筑单体，如图 22.1-1 所示。

图 22.1-1 深圳某大学建设工程（二期）项目鸟瞰图

（5）投资规模：项目批复概算投资 319111 万元。

（6）全过程工程咨询单位：浙江江南工程管理股份有限公司。

（7）项目建设期：施工总工期为 1126 日历天，2018 年 12 月 1 日开工建设，计划 2021 年 12 月 30 日全面竣工。

22.1.2 全过程咨询服务内容

（1）项目咨询：项目计划统筹及总体管理、前期工作管理（含报批报建等）、设计管理、技术管理、进度管理、投资管理、质量安全管理、咨询管理、项目组织协调管理、招标采购管理、成本管理、合同管理、BIM 管理、档案管理（项目档案、归档等所有工作）、竣工验收及移交管理、工程结算管理、维保管理以及与项目建设管理相关的其他工作。

（2）工程监理：施工准备阶段监理、施工阶段监理、保修阶段监理以及与工程监理相关的其他工作。

（3）提出创新技术应用、智慧工地、绿色施工建设等策划方案，并监督相关单位实施。

22.1.3 项目咨询目标

（1）投资目标：项目管理工程师和监理工程师必须实现投资控制目标，项目实际结算总造价应控制在批复概算内。本项目总投资不超批复的设计概算总投资 319111 万元。

（2）进度目标：项目管理工程师和监理工程师必须实现进度控制目标，工程建设进度必须符合深圳市政府的相关进度要求以及合同约定的进度目标。

①宿舍楼、食堂、留学生生活用房 2020 年 12 月 30 日前实现竣工。

②公共教学楼、法商学部、行政办公楼 2021 年 6 月 30 日前实现竣工（消防验收通过）。

③图书馆综合楼 2021 年 12 月 30 日前实现竣工（消防验收通过）。

（3）质量目标：项目管理工程师和监理工程师必须实现质量控制目标，工程质量必须符合国家验收合格标准及合同约定的质量目标。所有单体确保省优质工程奖，图书馆综合楼争创鲁班奖。

（4）安全文明施工目标：确保省级安全文明标化工地，国家 AAA 级安全文明标化工地，杜绝伤亡事故。

（5）管理目标：廉政高效务实、理念创新、手段创新。

22.1.4 项目组织结构

1. 项目组织结构与工作职责

项目组织结构与工作职责如表 22.1-1 所示。

2. 全过程工程咨询组织结构

（1）参建单位组织结构（如图 22.1-2 所示）。

项目组织结构与工作职责　　　　　　　　　　　　　　　　　表 22.1-1

单位职能	主要职责
建设单位	负责按政府相关会议精神组织项目全部建设工作，对项目建设质量、进度、投资全面负责，为本项目建设过程中的最高决策单位，负责项目建设用地及资金筹措，负责合同签署等
使用单位	负责项目建成后的接收及使用，负责提出项目使用功能需求等
全过程工程咨询单位	依据本项目全过程工程咨询合同约定，全过程工程咨询单位主要职责围绕合同约定的四大职能确定（具体内容见全过程工程咨询内容）
工程勘察单位	负责按合同及规范约定，全面承担本项目初勘、详勘工作，负责及时提交勘察成果，为设计提供地质勘查资料
设计单位	负责按合同及规范约定，全面承担本项目全部方案设计、初步设计、施工图设计
施工总承包单位	负责工程的施工，包括土石方工程、基坑支护工程、地基基础工程、主体工程、装修工程（地下室、管道井、电梯井、强弱电井、设备房等装饰）、给排水工程、电气工程、消防工程、通风空调工程、室外道路及管网工程、钢结构工程、防治白蚁工程、施工阶段 BIM 技术应用等
装修装饰工程专业承包单位	是指受建设单位委托，承担本工程装修装饰工程的深化设计及施工
战略合作单位	电缆供货工程、防火门供货及安装、卫浴产品供货、电梯供货及安装、防水工程、钢质门供货及安装、防雷接地检测、第三方检测及检测

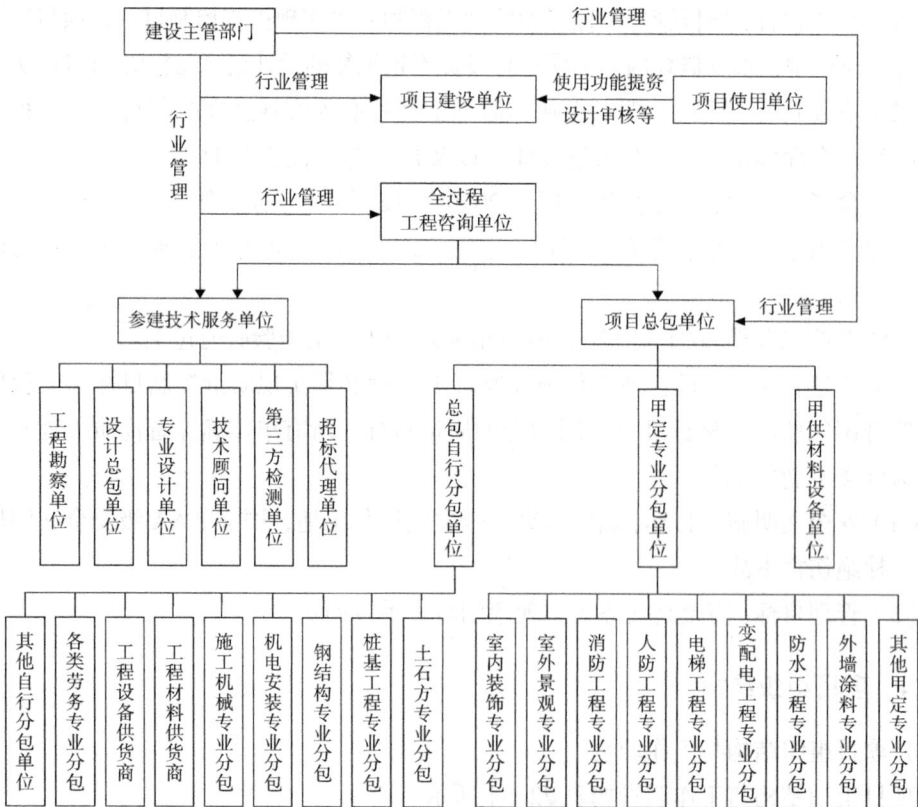

图 22.1-2　全体参建单位组织结构图

（2）全过程咨询单位组织结构（如图 22.1-3 所示）。

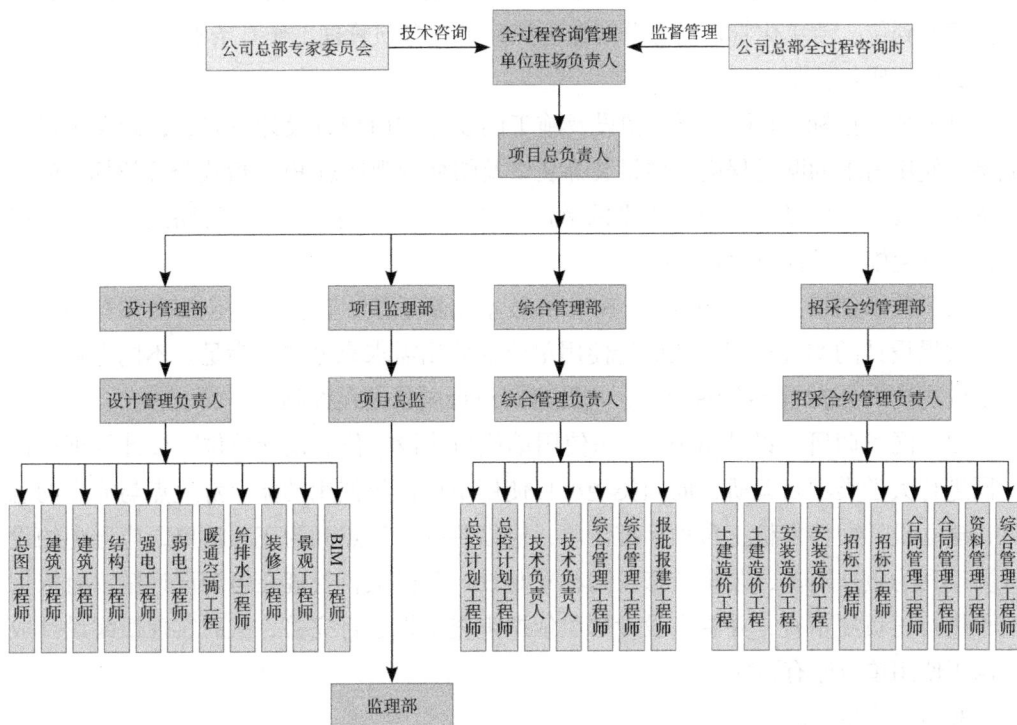

图 22.1-3　全过程咨询单位组织结构图

22.1.5　全过程工程咨询招标与评价

（1）招标方式：公开招标。

（2）评价标准：主要评价内容包括四个方面：①投标企业资信实力（企业规模及实力、企业 5 年内参与学校项目的经验、企业标准化管理、企业或项目信息化管理）；②拟派项目主要管理人员资历（项目总负责人、设计管理负责人、总监理工程师、造价管理负责人等）；③技术服务方案（项目管理总策划方案、设计管理方案、造价管理方案、投资控制方案、工程监理服务方案、合同、档案管理方案等）；④服务费用（主要对项目管理费报价分析）。

22.1.6　主要工作方法或措施

1. 全过程咨询管理工作总体思路

鉴于项目三层超大规模地下室，周边环境制约因素众多，目标工期对比定额工期压缩近 1/3，显然建设难度巨大，公司上下高度重视，围绕项目建设特点及难点，针对全过程咨询管理工作的核心要素，董事长亲自组织公司专家技术委员会及项目管理团队落实项目策划，确立"全方位、全要素、全维度、全过程"的咨询管理工作总体宗旨，以"目标控制、计划控制、过程控制"为基本工作原则，以"技术保障、制度保障、资源保障"为管理根基，为项目团队的日常咨询管理工作指明了方向。在公司专家组的大力支持下，项目策划质量上乘，各项计划系统内在逻辑关系清晰，项目风险分析预控精准到位，清单化管理任务分解梳理保障了各专项管理工作有条不紊。

2. 设计质量控制

（1）公开招标：项目方案、初设及施工图设计均由校方设计院完成，确保了设计成果与使用需求的贴近程度。项目装饰装修及园林景观通过 EPC 模式公开招标，鼓励具备丰富设计经验及优质建造水平的承包商参与投标，确保了设计思路最大程度得以贯彻，避免施工过程中频繁变更。

（2）技术创新：依托 VR 结合 BIM 的技术创新手段，让使用单位深度参与功能设计与效果设计的实现过程，从而让使用单位的使用需求充分得到满足。不同专业、参与单位均纳入 BIM 平台管理范畴，借此进行设计质量内在控制。

（3）同类调研 + 设计审查：组织使用单位与建设单位、设计单位、设计管理单位一同进行大学类项目调研，向同类型项目使用单位征集使用功能上舒适点与痛点的意见，建立设计文件审核正负项标准清单，应借鉴的设计点列为正项清单，应避免的设计弊端列为负项清单，装饰装修及园林景观设计阶段项目管理在组织设计精审时依据清单进行正负项审查，并要求设计单位依据审查结果进行完善，从而实现最终设计成果高于使用单位原有预期。

3. 施工质量控制

（1）以装配式技术实现"优质""快速"与"绿色"。

①预制混凝土装配式技术：学生宿舍区可参照同类校区宿舍楼，运用预制混凝土装配式建筑技术，有效提高现场施工质量与安全文明面貌。同时，借鉴原有经验教训及实施痛点（例如铝膜墙面不适合抹灰、通过腻子冲筋找平）进行优化，使预制混凝土装配式技术在本项目宿舍区实现适配性更高的优化升级。

②机电装配式技术：制冷机房、水泵房等设备房采用装配式安装，设备、管线在工厂完成优化布置及自动化加工后预拼装出厂，部件分批次到场后进行精准、环保、有序的零焊接拼装，实现机电安装的质量提升、管线优化、工期缩短、作业环境改善等目的。

（2）进一步挖掘 BIM 技术在质量创优方面的创新举措。

①对于非装配式区域，既要求施工时使用木模及限制周转次数控制主体结构质量，也通过 BIM 进行木模板预排版、优化支撑、螺杆布设及模板排布，保障主体结构实测实量及观感尽可能达到最佳效果；

②通过 BIM 在部分区域、部位建立高精度、全参数的虚拟样板模型，实现数字样板先行，既能起到帮助进行样板确认的功能，又能够省工省材省时间。

4. 快速建造体系应用

技术保障措施：高质量计划、方案、高质量施工、一次成优、新工艺、新材料新技术应用。

组织措施：组织架构清晰、资源保障、分工明确、责任明确。

资金保障措施：提前落实预案、快速支付。

组织协调措施：和谐有序的建设氛围、发挥参建单位及人员主观能动性，及时消除制约。

5. 绿色建造体系应用

（1）高等级绿色建筑：为契合项目资源共享、边界开放的特质，项目设计及实施过程中将在减少资源浪费、节水节能、场内合理规划、室内环境优化等绿色建筑方面进行提升，力求与周边环境尤其是北侧生态保护区相融合，创建环境友好型校区。

取得高等级绿色建筑认证。

（2）被动式建筑：为契合项目绿色建筑理念，探索尝试在个别区域运用被动式建筑技术进行设计，极大降低建筑使用能耗，以建筑全生命周期思维减少后期运维费用。在园林景观设计方面力求依原状地形地貌进行设计，最大限度减小对原始地貌的影响。如图 22.1-4 所示。

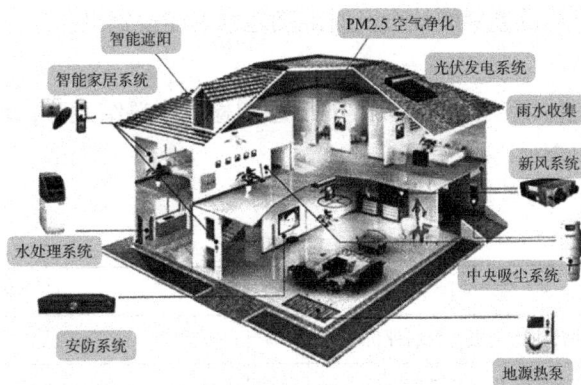

图 22.1-4　被动式建筑

（3）深度实现海绵城市设计理念。

（4）海绵城市：从方案设计起深度结合景观设计考虑海绵城市设计理念，并贯穿始终，既要求达到较高的海绵城市相关指标要求，也要通过各种技术措施在不同部位的合理运用将项目打造为海绵城市示范项目。

6. 智慧建造体系应用

（1）信息化集成：自方案阶段开始严格落实建设单位 BIM 相关实施要求，同时在过程中对 BIM 的创新应用点进行进一步探索。例如，尝试通过 VR 等创新的信息化手段，让项目建设过程中方案确定、宣传等工作的开展更加便利。

（2）依托 BIM 技术实现"智慧"管理进一步创新。

（3）打造智慧校园：智慧校园，指的是以物联网为基础的智慧化的校园工作、学习和生活一体化环境，这个一体化环境以各种应用服务系统为载体，将教学、科研、管理和校园生活进行充分融合。无处不在的网络学习、融合创新的网络科研、透明高效的校务治理、丰富多彩的校园文化、方便周到的校园生活。"要做一个安全、稳定、环保、节能的校园"。

（4）打造智慧工地：

①信息化创新手段：二期项目南侧为一期项目，北侧毗邻生态保护区及文化遗产保护区，东侧与南科大隔路相望，西侧靠近高尔夫球场。场地内施工对周边环境造成不同程度的不利影响，同时该项目在建设进度、绿色施工等方面也会聚焦全社会的关注，为了贯彻建设单位"绿色建造"的理念，应于招标文件中要求施工单位通过信息化手段进行安全文明动态管理，在已有使用的无人机定期航拍、RFID工人实名制等措施的基础上，进一步挖掘技术创新，探索未来与我署驾驶舱全署安全文明动态管理实现对接，落实我署先进建造体系"智慧"体系中关于信息化管理的要求。

②二维码应用技术：随着智能手机的应用普及，二维码使用突破资金支付、登录平台及在线联系等局限。智慧工地的创新之一就是二维码应用，诸如原材进场、见证取样、隐蔽验收、实体检测、交底培训、质量安全检查等均可通过二维码技术向外界通报，确保关心项目建设进展的社会及时准确地掌握建设资讯。

7. 后评价管理

项目后评价，是体现项目完成成效的反思和检验，总结经验，为后续类似项目实施提供经验，评价内容如表22.1-2所示。

项目后评价工作表

表22.1-2

序号	评价阶段	评价内容
1	设计工作完成交付后评价	设计工作
2	招标工作完成后评价	招标工作
3	精装修实施完成后评价	精装修成效
4	园林景观实施完成后评价	园林景观成效
5	项目交工后评价	项目整体
6	全项目实施完成功能后评价	功能运营

8. 廉政建设管理

（1）建立健全廉政机制：企业签署廉政合同、参建人员签署廉政责任状、日常工作细则、工作守则保障凡事有章可循；

（2）细则及流程设计避免决策权力过度集中；

（3）常态化廉政教育廉政学习、廉政讲座；

（4）常态化廉政监督检查回访机制；

（5）针对性奖惩机制，保持违法违规必究的高压态势。

22.1.7　工作成效

1. 团队建设

在团队建设上，针对项目管理部关键岗位均抽调有过类似项目经验且有过合作经历的团队成员参与，最大限度缩短团队成员的磨合时间。在日常管理上确立"定岗定责＋党建引领＋廉政保障＋创学习型组织"的团队建设方向，针对每个管理岗位每个建设阶段均分工明确，岗位责任清晰，定期开展内部学习培训，跟随项目进展开展分岗位分专业"应知应会"系列知识竞赛，定期组织廉政教育及党建活动，促进团队和谐有序齐心协力的工作氛围，发挥党员模范的先锋作用，定期组织召开民主生活会，开展批评与自我批评，正衣冠，照镜子，互帮互助，持续改进，共同提高，保证项目团队具有持续高昂的激情和战斗力。

2. 报建管理

项目报批报建管理重点围绕"充分熟悉当地报建规则流程，制定详细工作计划，建立几方协同机制，及时沟通协调，快速推进工作"几个方面开展，保证了项目报批报建工作快速高效推进，在项目组临建设施用地需占用农业用地的情况下，因充分熟悉程序要求，保证各项工作推进有条不紊，在进场短短三个月时间内完成图审、消防报批、规划、土地、项目组临设用地审批手续及项目施工许可证办理，保证了项目基建程序合法合规。

3. 招采合约管理

招采管理紧紧围绕该项工作的本质内涵"公开性、公平性、公正性、逻辑性、严谨性、连续性、机械性、不可逆、一次性、保密性"，重点落实日常各级招标管理严格遵循招标管理制度流程规定，落实招标前潜在市场调研充分有效，清单化梳理招标项目履约风险并提出应对措施，落实招标进度控制三级计划，招标文件三级校审，招标协作工作定界面定单位定时间定责任人。确保了招标目标清晰，招标项目风险分析预测及应对措施充分有效，招标进度按时完成，无一起流标无一起投诉发生，为项目顺利推进提供了强力保障。

合约管理围绕"以合同为保障机制，保障己方达到最佳利益，服务整个项目管理目标"的基本管理宗旨，重点围绕"充分分析合同义务及履约风险、合同实施全过程监督、严格管理合同变更、及时落实合同支付、公正及时处理合同索赔、严格执行履约评价机制，及时做好合同收尾"几个方面开展。截至目前，项目合约管理有理有据，井然有序，无一起争议纠纷。

4. 投资控制

通过把握项目建设标准及档次定位、限额设计及过程控制、投资合理分配、设备材料及系统选型、招标文件合同文件中计价规则约定、招标文件合同文件中支付约定及风险预控、签证索赔管理、变更洽商管理、资金支付管理、深化设计管理、专项设计管理、材料定样选样把控、结算管理等手段，投资控制从源头抓起，围绕批复概算，按招标标段划分，精确分解到每个招标项目，按设计专业划分，分解明确各专业工程设计限额，以概算控制预算，预算控制招标控制价，中标价控制结算价，严格过程变更索赔管理，遵循建设单位变更审查程序，做到变更无论大小均严格执行"先审批后实施的基本原则"，全过程落实投资控制，截至目前，项目已完成设计及招标的项目，投资均处于受控状态。

5. 设计管理

设计管理以"充分保障项目使用功能，严格控制项目投资，确保设计出图进度，最大限度提升设计质量及设计品质"为宗旨，重点落实"项目使用功能充分调研及论证，全过程全方位推行限额设计，分专业分阶段落实设计出图三级计划，全面落实设计文件三级校审，资源共享，技术保障，主动创新，深度优化"工作，把握项目各单体功能需求确定、深基坑、防水工程、大体积混凝土、新技术新材料新工艺应用、施工界面划分、深化设计管理、收边收口深化设计等设计管理过程中的重难点，在总公司及分公司设计中心的大力支持下，进场至今，提出有效设计审核意见654条，初步估算共节约造价4430万元，节约工期3个月以上；通过BIM校核技术应用，共修正设计细部错误及优化建议382条，初步测算节约造价1000万元以上，通过BIM技术优化总进度计划，加快工期约11个月左右，保障计划总工期对比定额总工期压缩近1/3变为可能。

6. 工程管理

工程管理以"确保项目质量安全为前提，以保障工程施工顺利推进为各级管理基本任务"的管理宗旨，以"精细化、清单化、制度化、规范化、常态化"为管理主线，坚持高标准，严要求，不搞形式主义，不折不扣全面贯彻落实国家、行业、规范及建设单位各项工程管理规定，对违规行为严管重罚，举一反三。重点控制防台风措施、深基坑、支护及降水工程、场地排水、桩基工程、承重支模架、脚手架、起重吊装及起重机械安装拆卸、钢结构、幕墙工程、大跨度结构、悬挑结构、新技术新材料新工艺应用、各类应急预案等。项目总体质量在建设单位举办的月、季、年度安全文明及质量评比中屡次获得较高评价，2019年度项目安全文明得到深圳市住建局红榜表扬。

7. 组织协调管理

充分梳理项目组织协调管理中的重难点，在项目日常组织协调管理上，充分响应建设单位"共享共建高度融合"的全过程咨询理念，勇于担当，摒弃传统全过程咨询"顾问型""协助型""支持型"的服务模式，坚持"主导型"全过程咨询服务模式，针对项目建设过程中碰到的各类制约问题，不等不靠，积极开展协调，真正站在建设单位的角度，放眼全局，提前谋划，全面落实目标管理、计划管理，以推动问题快速解决为己任，主动承担项目建设期间发生的与市水务局、公路局等外部单位的协调，组织项目参建单位针对建设期间被多次投诉等难题，讨论应对措施并第一时间处理；对内，加强与使用单位的对接，及时处理使用单位提出的需求。项目建设期间，通过有序、积极、主动协调管理，成立高层协调决策机制，使得整个项目在建设期间做到内部同意、外围和谐的良好建设环境,保障了项目顺利推进。

8. 管理理念及措施

(1)明确目标、统一思想,引导齐心协力和谐有序的建设氛围;

(2)明确分工、明确职责、促进各司其职、各负其责;

(3)明确流程、复杂问题简单化、简单问题程序化;

(4)明确计划、过程控制、动态纠偏、风险预控。

22.1.8 工作体会与建议

全过程工程咨询是指涉及建设工程全生命周期内的策划咨询、前期可研、工程设计、招标代理、造价咨询、工程监理、施工前期准备、施工过程管理、竣工验收及运营保修等各个阶段的管理服务。高度整合的服务内容可助力项目实现更快的工期、更小的风险、更省的投资和更高的品质等目标,同时也是政策导向和行业进步的体现。

1. 节省投资

承包商单次招标的优势,可使其合同成本大大低于传统模式下设计、造价、监理等参建单位多次发包的合同成本,实现"1+1>2"的效益。由于咨询服务覆盖全过程,整合了各阶段工作服务内容,更有利于实现全过程投资控制,通过限额设计、优化设计和精细化管理等措施降低"三超"风险,提高投资收益,保证了项目的投资控制目标。

2. 加快工期

由一家单位提供全过程工程咨询服务的情况下,一方面,承包单位可最大限度处理内部关系,大幅度减少建设单位日常管理工作和人力资源投入,有效减少信息漏斗,优化管理界面;另一方面,模式不同于传统模式冗长繁多的招标次数和期限,可有效优化项目组织和简化合同关系,并克服设计、造价、招标、监理等相关单位责任分离、相互脱节的矛盾,缩短项目建设周期。

3. 提高品质

各专业过程的衔接和互补,可提前规避和弥补原有单一服务模式下可能出现的管理疏漏和缺陷,承包商既注重项目的微观质量,更重视建设品质、使用功能等宏观质量。模式还可以充分调动承包商的主动性、积极性和创造性,促进新技术、新工艺、新方法的应用。

4. 减小风险

新的规章制度的实行,建设单位的责任风险加大,全过程工程咨询单位作为项目的主要参与方和负责方,势必发挥全过程管理优势,通过强化管控减少甚至杜绝生产安全事故,从而较大程度降低或规避建设单位主体责任风险。同时,可有效避免因众多管理关系伴生的廉洁风险,有利于规范建筑市场秩序,减少违法违规的行为。

5. 建议

(1)项目实施过程中,全过程工程咨询单位与建设单位工作界面无法完美界定,工作难免重复或者遗漏。建议建设单位与全过程工程咨询单位在进行必要的工作界面界定的同时充分融合，不仅可以明确合同权责，也可以缩短指令传达路径，提高指令传达和实施效率，提高工作开展效率。

（2）全过程工程咨询单位的加入，引入一种全新的管理模式，虽然从专业化的角度提高的整个项目管理团队的整体管理水平，但参建单位在原来的五方主体责任的基础上加入项目管理的流程，难免造成指令传达路径、审批流程等的增加，本项目即遇见设计变更指令、工程款支付指令等审批流程延长，效率降低的情况。对此，建议建设单位与项目管理单位的审批流程合并，或项目管理与监理审批流程合并，集中审批或监理高层决策机制等方式，在充分发挥全过程工程咨询专业化管理的优势的基础上，尽可能提高因增加项目管理单位造成的降效。

（3）团队协作始终存在弊端。传统的监理加项目管理模式中，监理独立行使监理权利和义务，项目管理单位在合同授权范围内行使其权责，同时，由于监理与项目管理的主要工作目标和内容有较多相似或重复的内容，难免造成监理与项目管理的矛盾与冲突，一旦矛盾激化，对工程实施将造成不可避免的印象。对此，建议全过程咨询应将监理单位纳入全过程工程咨询单位的管理架构，在维持监理单位五方责任主体单位之一的法律法规及规范赋予的权利职责之外，充分发挥监理单位作为全过程工程咨询单位工程管理的职能，在降低管理成本的同时，最大限度发挥监理部的能力，提高工程管理的质量和效率。

（4）建立大团队管理模式，充分激发参建各单位的潜力，利用参建单位强大的后台资源为项目所用，资源倾斜、资源整合、集思广益，共同为实现项目的大目标努力。因此，建议项目重视团队建设、重视团队作用，协同作战。

（5）建议建立协同管理体系、协同工作群组、协同制度体系、协同服务体系、设计伴随服务、监理伴随服务、协同支持环境、协同推进机制、协同约束体系，实现项目管理的三维度策划。

（6）建议建立学习型管理团队。随着日新月异的新技术、新工艺和信息化技术在工程建设领域的应用，啃老一族将无法适应新的建筑领域的需求，最终会被淘汰，建议全过程咨询单位在不断提升自身管理水平的同时，应该整理整合各单位类似项目的经验和教训，定期或不定期组织新技术、新制度、新体系的学习，加强整个建设大团队的综合实力。

（7）建议建立资源共享机制。

总之，全过程工程咨询服务符合供给侧改革指导思想，有利于革除影响行业前进的深层次结构性矛盾，提升行业集中度，是国家宏观政策的价值导向，更是行业发展不可阻挡的趋势；全过程工程咨询服务方式的推广，有利于集聚和培育出适应新形势的新型建筑服务企业，加快我国建设模式与国际建设管理服务方式接轨；同时对于提升建设管理行业的服务价值，重塑原有行业企业形象有着重要意义。

第23章 文化场馆工程案例

23.1 浙江省某文化中心

文化场馆是传承人类文明、传播先进文化、弘扬民族精神的重要载体。在国家建设文化强国、坚定文化自信的背景下，大批文化场馆项目投入建设。文化场馆因体量庞大、功能复杂、品质要求高等特点，历来都是建设工程的重点难点，传统的建设模式已很难适应目前的建设项目。全过程工程咨询是对工程建设项目前期决策、工程实施、运营维护的全生命周期提供工程咨询服务，其咨询服务范围广、管理集成化，有效解决了传统工程咨询碎片化的服务方式。本文将结合浙江省某文化中心项目全过程咨询的实践，重点介绍项目重难点及应对措施、全过程工程咨询内容及方法、取得的成果及亮点，以期为文化场馆类项目全过程工程咨询提供思路。

23.1.1 项目简介

（1）工程名称：浙江省某文化中心建设工程。

（2）建设单位：浙江省文化和旅游厅。

（3）项目地址：杭州市之江度假区单元 XH1710-A2 地块，南临碧波路，北靠文景路，东接江涵路，西至枫华路。

（4）建设规模：建设用地面积 258 亩，其中一期用地 250 亩，总建筑面积约 32 万平方米，二期建设用地面积 8 亩，主要用于绿化工程。

（5）建设内容及功能分区（如表 23.1-1）。

浙江省某文化中心功能分区表   表 23.1-1

序号	建筑名称	总建筑面积（m²）	其中：地下面积（m²）
1	浙江图书馆新馆	85000	26000
2	浙江省博物馆新馆	100000	29550
3	浙江省非物质文化遗产馆	35000	15000
4	浙江省文学馆	20000	5000
5	地下公共服务中心	80000	80000

项目总投资：323665 万元，工程建设费用 229064 万元，工程建设其他费 65177 万元（包括征地拆迁费用 47000 万元），预备费 29424 万元。

项目计划立项批文号：浙发改函〔2016〕80号。

项目建设期：总工期为三年，正式开工日期2019年2月28日，计划竣工日期2022年2月22日。

（6）项目效果图，如图23.1-1所示。

图 23.1-1 项目效果图

23.1.2 本项目全过程工程咨询服务范围及内容

1. 全过程工程咨询内容

全过程项目管理的工作内容包括（不限于）：

（1）项目实施策划，包括目标策划、管理组织结构策划、项目建设管理制度及管理流程策划、技术策划等；

（2）报批报建报验管理，具体协助办理项目立项直至施工许可期间的所有报批报建手续，以及协助办理合同、质量监督、安全监督手续等相关审批或备案工作、协助办理竣工验收手续、协助办理竣工档案向相关部门移交手续；

（3）设计与技术管理，包括设计需求管理、设计进度管理、设计质量管理、限额设计管理、设计优化、BIM技术管理、控制及管理设计变更等；

（4）造价管理，包括审查工程概算，审查工程预算书，进行无价材料的询价工作，按流程严格对工程变更、签证管理，严格把关工程进度款支付，协助处理相关索赔事宜等；

（5）合同管理，包括合同策划、合同签订、合同履约管理、合同风险管理、合同资料保存等；

（6）验收移交项目后评价，包括组织项目专项验收、竣工预验收、竣工收尾整改工作，完成竣工资料验收及档案，组织项目回访保修，完成项目后评估工作。

2. 工程监理

工程监理的工作内容包括（不限于）：

（1）接收工程设计文件后编制监理规划，并在第一次工地会议7天前报委托人。

根据有关规定和监理工作需要，编制监理实施细则；

（2）熟悉工程设计文件，参加由委托人主持的图纸会审和设计交底会议；

（3）参加由委托人主持的第一次工地会议，主持监理例会并根据工程需要主持或参加专题会议；

（4）审查施工承包人提交的施工组织设计，重点审查其中的质量安全技术措施、专项施工方案及是否符合工程建设强制性标准；

（5）检查施工承包人工程质量、安全生产管理制度及组织机构和人员资格；

（6）检查施工承包人专职安全生产管理人员的配备情况；

（7）审查施工承包人提交的施工进度计划，若承包人进度计划调整，需核查；

（8）检查施工承包人的试验室；

（9）审核施工分包人资质条件；

（10）查验施工承包人的施工测量放线成果；

（11）审查工程开工条件，条件具备的签发开工令；

（12）审查施工承包人报送的工程材料、构配件、设备质量证明文件的有效性和符合性，并按规定对用于工程的材料采取平行检验或见证取样方式进行抽检；

（13）审核施工承包人提交的工程款支付申请，签发或出具工程款支付证书，并报委托人审核、批准；

（14）在巡视、旁站和检验过程中，发现工程质量、施工安全存在事故隐患的，要求施工承包人整改并报委托人；

（15）经委托人同意，签发工程暂停令和复工令；

（16）审查施工承包人提交的采用新材料、新工艺、新技术、新设备的论证材料及相关验收标准；

（17）验收隐蔽工程、分部分项工程；

（18）审查施工承包人提交的工程变更申请，协调处理施工进度调整、费用索赔、合同争议等事项；

（19）审查施工承包人提交的竣工验收申请，编写工程质量评估报告；

（20）参加工程竣工验收，签署竣工验收意见；

（21）审查施工承包人提交的竣工结算申请并报委托人；

（22）编制、整理工程监理归档文件并报委托人。

3. 全过程造价控制

对项目从单项工程施工招投标开始至施工全部结束、完成各单项工程竣工结算资料的整理工作，对项目内所有的招标文件、合同、变更工程联系单、工程款（含设备材料采购款和服务类）支付等造价有关的重要文件或事项进行事前审核，实施施工阶段全过程的造价控制。具体内容包括（不限于）：

（1）制定造价控制的实施流程，对承包人报送的工程预算进行审核并书面确认，确定造价控制目标；

（2）根据 EPC 总承包合同、进度计划，编制用款计划书；

（3）参与设计交底、定期监理例会和造价控制有关的工程会议，做好相关记录；

（4）审核并监督委托人按承包人完成的进度和合同（协议）支付工程进度款，负责对承包人（或供应商、服务单位）报送的每季度（期）完成进度款季度报表进行审核，并提出当季度（期）付款建议书并签署书面意见；

（5）审核主要经济合同的执行情况，当承发包方提出索赔时，依据合同和有关法律、法规，提出审计意见、建议并在相关表格上签署意见；

（6）实际需要发生工程变更时，事前对变更涉及内容进行工程计价并提供咨询意见，事后参加工程变更的现场签证，及时审核费用，相应调整造价控制目标，并向委托人提供造价控制动态分析报告，审核工程变更和现场签证；

（7）核定分阶段完工的分部工程结算，督促委托人及时办理单项工程竣工结算，整理完整的单项工程竣工结算资料，会同委托人办理工程竣工结算，提供完整的结算报告及各项费用汇总表；

（8）提供与造价控制相关的人工、材料、设备等造价信息和政策方面的服务，会同委托人进行市场询价并签署意见；

（9）协助委托人造价控制目标确定，审核初步设计概算，监督项目概算执行情况；

（10）按照项目 EPC 招标内容的招投标规定，对委托人提供的招标文件进行审核，在规定时间内提出修改意见和建议，落实程序监督，对委托人提供的各类合同、补充协议草稿的合法、全面、有效性进行审核，在规定时间内向项目委托人提出意见和建议；

（11）对本项目有可能中标的投标文件进行全面分析，拟定询标提纲，协助委托人询标和合同洽谈，帮助补充协议完成；

（12）积极配合委托人的法定审计（含委托人上级各部门的审计）工作，及时参加会议并提交各项所需资料；

（13）参与隐蔽工程勘察、留证，主要材料样品封存及记录；

（14）协助委托人进行工程财务管理，帮助处理工程款审批、拨付、建账、存档及审计等相关事宜；

（15）委托人要求的其他与工程建设相关的咨询服务。

23.1.3　全过程工程咨询策划

1.项目目标策划

（1）工程质量目标

①设计成果符合国家、省、市现行规范及项目行政审批主管部门要求；工程设计质量达到《建筑工程设计文件编制深度规定（2016版）》及其他国家现行规范的要求；限额设计的同时不得降低建设单位要求的使用功能和建筑标准。

②符合国家及地方验收标准要求达到合格，确保工程一次性验收合格。

③确保"钱江杯"，争创"鲁班奖"。

（2）建设工期目标

① 2019 年 8 月 27 日前完成 ±0.000 地下室结构的施工图设计并报审通过，完成办理正式的施工许可证。

② 2020 年 12 月 31 日前完成主体竣工。

③ 2022 年 2 月 22 日前完成室外配套所有工作内容、完成项目五方主体验收且完成环保、规划、消防等职能部门的验收、完成城建档案馆档案移交，完成建委备案并交付使用。

（3）投资控制目标

①总投资控制目标：323665 万元（以批准的概算为准）。

②各单体的投资不突破已批复的概算。

（4）安全文明生产目标

①施工现场按照《建筑施工安全检查标准》JGJ 59—2011 评定达到"合格"标准。

②安全文明施工必须达到浙江省、杭州市建设工程安全生产、文明施工标准化工地的要求。

（5）其他目标

①绿色建筑：达到绿色建筑三星级要求，住房城乡建设部绿色施工示范工地。

②海绵城市：满足杭州市的海绵城市建设要求。

2. 项目组织架构

（1）建设单位、全过程咨询单位及参建单位工作界面划分

各单位界面划分如表 23.1-2 所示。

各参建单位及主要职责　　　　　　　　　　　　　　　表 23.1-2

单位职能	单位名称	主要职责
建设单位	浙江省文化和旅游厅	负责按政府相关会议精神组织项目全部建设工作，为本项目建设过程中的最高决策单位，负责项目建设用地及资金筹措，负责合同签署等
全过程工程咨询单位	浙江江南工程管理股份有限公司（牵头人）/ 浙江江南正信工程造价咨询有限公司	1.项目实施策划；2.协助报批报建；3.设计管理；4.技术管理；5.造价管理；6.合同管理；7.施工阶段工程管理（含施工监理）；8.验收与移交；9.项目后评价
EPC 总承包单位	浙江省建筑设计研究院（牵头人）/ 浙江省建工集团有限责任公司	1.工程总承包管理；2.工程勘察；3.方案设计、初步设计（含概算编制）、施工图设计、全部专项设计；4.前期报批报建；5.工程施工；6.设备及材料的采购；7.工程检测；8.相关专家论证
工程勘察单位	浙江中材工程勘测设计有限公司	负责工程规划红线范围内的地质勘察（含初勘、详勘和补勘），纳入 EPC 工程总承包管理范围
桩基工程分包单位	浙江益坚基础设施建设有限公司	负责桩基工程的施工，纳入 EPC 工程总承包管理范围
基坑围护工程分包	浙江益坚基础设施建设有限公司	负责基坑围护工程的施工，纳入 EPC 工程总承包管理范围
土方工程分包	浙江益坚基础设施建设有限公司	负责土方工程的施工，纳入 EPC 工程总承包管理范围

（2）全过程工程咨询组织架构

全过程工程咨询组织架构如图 23.1-2 所示。

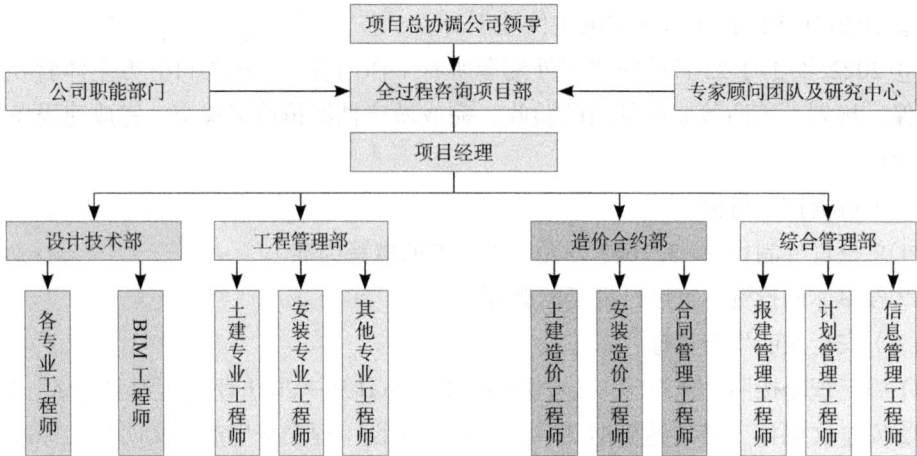

图 23.1-2　全过程工程咨询组织架构

3. 全过程工程咨询发包方式

（1）招标方式：公开招标。

（2）评价标准：

①投标企业综合实力（资信、诚信和拟派项目负责人业绩）；

②技术服务方案；

③投标报价。

4. 咨询业务的管理方法

（1）以合同管理为主线

本项目采用 EPC 工程总承包 + 全过程工程咨询的建设模式，合同形式包括全过程工程咨询合同和 EPC 总承包合同，两份合同相辅相成，相互促进。EPC 工程总承包单位与建设单位签订承包合同，有效地利用其在多领域技术上的专业优势和管理上的丰富经验，使项目按时、保质、保量地完成；全过程工程咨询单位在建设单位的委托下，利用自身在管理、技术、法律等方面的专业知识，通过对总承包商的监督、管理和咨询服务，使项目高效运转，达到三大建设目标。

（2）以设计管理为重点

由于设计的龙头作用，项目品质及工程造价主要取决于设计阶段，因此，设计管理是全过程工程咨询的重点。本项目由于带方案招标及未参与前期的方案阶段，管理重点主要放在投标方案的审核、设计任务书比对、扩初阶段图纸审核、设计变更审核等，具体详见设计管理成果。

（3）以项目管理手册为依托

为明确全体参建单位职能分工，促进全体参建单位高度紧密配合，提高参建单位的责任意识，约束参建单位全面履行合同约定的各项义务，确保工程建设期间本工程的各项管理工作规范、有序，制定了《浙江省某文化中心建设工程全过程咨询策划方案》《浙江省某文化中心建设工程项目部内部管理方案》《浙江省某文化中心建设工程项目管理手册》等项目管理文件，并在内部及参建单位交底学习。

（4）以 BIM 技术为创新

BIM 技术是目前建筑业重要的创新手段，对于本项目而言，除了以可视化、空间信息为基础的管线综合、净高分析等传统的应用点外，文化场馆类项目有其特有的应用点。由于本项目前期未参与方案设计，因此对 BIM 技术在扩初设计阶段进行了重点应用，主要包括场馆布局与流线模拟、外立面随机开窗分析、展厅消防疏散模拟、舞台气流组织模拟等应用，验证了设计方案，提高了设计品质。此外，考虑到项目施工中将会遇到的重难点，策划了在施工阶段的应用点。

（5）确保投资效益控制为目的

严格控制项目按已批准的 323665 万元（其中建安工程费约 246718.4 万元，不含布展费用和藏品征集费用、办公家具等开办费、建设期贷款利息，若建筑面积发生调整，控制总额以调整后总概算为准）概算指标进行建设，严格按合同进行计量、计价、变更确认及竣工决算的审核，确保投资控制在概算范围内。

5. 咨询取费方式

（1）按照项目管理费、造价咨询费、施工监理费、其他费用累加计算总额作为全过程工程咨询费用。

（2）项目施工建设期因委托方原因延长，6 个月内不增加费用，超过 6 个月双方另行协商。

23.1.4 全过程工程咨询成效

项目处于桩基收尾阶段，全过程工程咨询主要开展了项目总体策划、协助报批报建、初步设计审查及优化、施工图设计审查及优化、EPC 合同管理、概算审核、工程款支付、无价材料询价、桩基工程及土方工程的招标管理、桩基工程的现场监理等工作。主要的工作亮点总结如下：

1. 项目重难点分析及应对措施

本项目在项目自身概况、实施模式等均有其特色，合理分析重难点，提前做好应对措施，是项目顺利实施的重要保障，项目重难点及应对措施如表 23.1-3 所示。

2. 设计管理成效

本项目设计管理难度大，咨询团队的现场设计管理人员及公司后台专家，以审核图纸为重点，对设计文件的合规性、可实施性，是否满足设计任务书的需求，是否方便建设单位后期运营维护等方面进行了重点审核，得到了建设单位的认可，成果如下：

（1）完成初步设计优化，对建筑、结构、暖通、装修、电气、给水排水、幕墙等专业提供初步设计优化建议 247 条；

（2）参与桩基优化，工程桩从 5372 根优化至 4689 根，初步估算节约造价约 2600 万元；

（3）限额设计的同时不得降低建设单位要求的使用功能和建筑标准，以建设单位的需求为依据，严控设计质量；

（4）完成对施工图的审查，对建筑、结构、给水排水、暖通、电气等专业提供施工图审查意见 210 条；

（5）针对 BIM、海绵城市、绿建专业与 EPC 总承包单位进行沟通协调，确保设计具有针对性并满足相关标准；

（6）严格对比设计任务书、投标文件与初步设计、施工图设计，防止降低设计质量标准，为建设单位严格把关；

（7）设计进度满足进度要求。

项目重难点及应对措施　　　　　　　　　　　　　　　　表 23.1-3

序号	项目重难点	具体表现	主要应对措施
1	文化场馆类项目自身特点	体量庞大、功能复杂、建设工期短、质量要求高	（1）加强前期策划； （2）加强安全文明施工管理； （3）建立项目进度预警机制； （4）引入 BIM 等新技术
2	EPC 总承包方案招标	设计任务书对部分功能及设备选型未明确，导致设计变更多	严格执行设计变更程序，并由造价管理人员对设计变更进行控制，确保总投资不突破已批复的概算
3	设计牵头的固定总价 EPC 总承包管理模式	设计富裕系数小，固定总价合同下，限额设计容易导致建设标准或装修标准下降	组织现场设计管理人员及公司后台技术支持对图纸进行审查，并加强现场管理，确保严格按照图纸及相关规范要求进行施工
4	专项设计要求高	项目涉及舞台、展陈、夜景照明等专项设计	（1）强化需求管理，组织设计与使用单位对接，对照标准重点检查； （2）施工图开始前二次征求使用部门意见； （3）提前确定工艺设计分包
5	固定总价合同	涉及的无价材料较多	成立询价小组，根据已确定的材料设备选型表、品牌范围进行询价
6	博物馆设计年限长	100 年	（1）由设计管理人员对博物馆图纸进行重点审查，尤其是结构专业； （2）现场严格按照图纸进行混凝土配合比试配、原材料检测、三家混凝土厂家择优选其一
7	地下室面积大、基坑维护形式复杂	地下室总建筑面积 15.5 万平方米，基坑围护形式排桩＋混凝土支撑支护、排桩＋预应力锚杆等支护方式，施工难度高、质量要求高、现场管理难度大	加强基坑支护等技术内外部专家论证，严格监理检查验收程序，落实质量考核奖罚机制，分级管理、责任到人

3. 项目进度控制成效

项目从方案设计中标到交付使用，建设总工期仅三年，进度控制难度巨大。咨询团队建立了项目负责人为牵头人，综合管理部为核心的进度动态跟踪制度，围绕总进度计划，以日报、周报、月报的形式，反馈设计和施工进度。同时，建立进度预警机制，形成黄色、橙色、红色三级预警机制。在各方努力下取得以下成效：

（1）截至 2020 年 1 月，完成工程桩的 94.7%，施工进度较快。

（2）从方案设计开始后的 5 个月内，先后完成方案审批、初步设计批复、概算审批、取得规划许可证、取得底板以下的施工许可证等手续，极大地节约前期工作时间。

4. 项目投资控制成效

本项目建设单位是浙江省文化和旅游厅，无专职的造价管理人员，全过程咨询团队专门设立了造价合约部，常驻现场并与建设单位同台办公，随时解决建设单位提出的工程造价问题，取得以下成效：

（1）为尽早取得概算批复，加快项目实施进度，在收到 EPC 单位的概算后，仅用 10 天时间完成概算报告审核工作，为快速取得概算批复作出贡献。工作效率高，超出建设单位的预期。

（2）概算审核报告达 52 页之多（不含核对表格及其他附件），包括总价对比、单体造价对比、漏项建议、市场价对比、主要材料设备价格审核、指导图纸调整等。概算审核成果丰硕，得到了建设单位的高度评价。

5. BIM 技术应用成效

由于未参与本项目的方案设计管理，因此在扩初设计阶段，对扩初设计方案进行了严格把控，BIM 技术是其中重要的保障手段。在前期方案设计中，通过与设计单位 BIM 团队合作，对场馆布局与流线模拟、外立面随机开窗分析、展厅消防疏散模拟、舞台气流组织模拟等应用，设计方案得到了对比及验证，提升了设计品质，部分成果如图 23.1-3 ~ 图 23.1-8 所示。

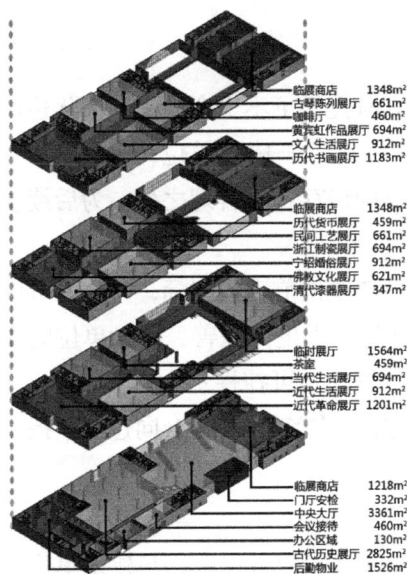

图 23.1-3　展馆功能布局分析

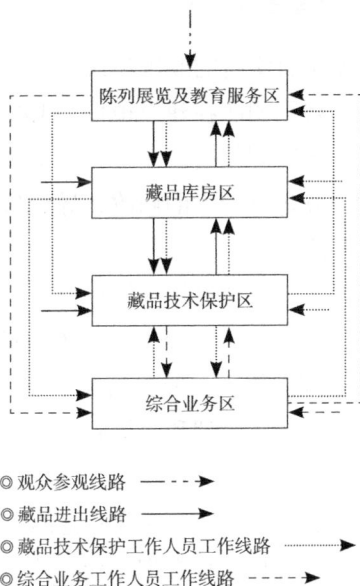

图 23.1-4　展馆流线分析

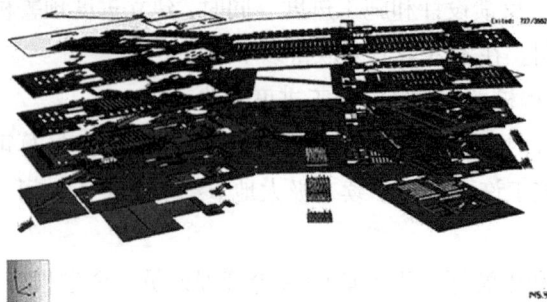

图 23.1-5　博物馆安全疏散模拟

图 23.1-6　楼梯安全疏散大样

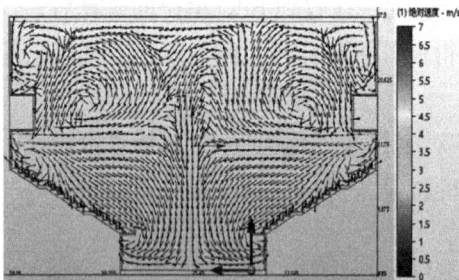

图 23.1-7　舞台气流组织模拟

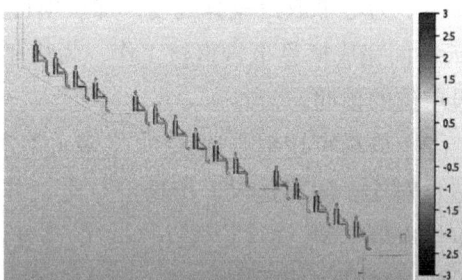

图 23.1-8　观众区人体舒适性仿真

此外，对于施工图阶段的 BIM 成果，主要解决了图纸问题、碰撞问题、净高问题等，全过程工程咨询单位对问题一一审核，均反馈设计并修改，提高了图纸质量，减少了后期设计变更。

23.1.5　经验教训

1. 本项目实施的改进建议

虽然咨询团队在建设单位与 EPC 合同签订时提供了不少合同管理优化建议，但由于项目介入时间较晚，全过程咨询单位的进场时间后于 EPC 单位，无法对招标文件中的合同条款进行较大的修改，导致目前 EPC 合同仍存在不合理之处，为后续项目实施埋下了隐患。

因此，建议全过程咨询单位应当在确定 EPC 单位前完成招标，一方面可以利用全过程咨询单位的工程经验和技术力量，使设计任务书更为完善，建设单位的使用需求能够更合理的体现，减少后期的设计变更和造价的不可控性；另一方面，全过程咨询单位较强的合同管理和招标管理能力，为建设单位在签订 EPC 合同过程中提供较多的有效建议，使项目实施更为有序、有规可循。

2. 全过程工程咨询模式实施体会

（1）全过程工程咨询单位作为多项管理功能合一的责任人，与建设单位、各参建单位一道为项目命运共同体，全过程工程咨询单位的咨询服务由被动服务变为主动咨询，能够主动站在建设单位的角度积极主动做好服务工作。同时也给咨询企业对复合型人才、精细化管理上提出更高的要求。

（2）全过程工程咨询不仅在时间跨度上、专业融合上、咨询内容上、服务手段上、咨询收费上得到集中统一。有更多职权、手段，便于进度、质量、安全文明、造价控制。为真正做到事前、事中控制提供可能。解决了传统的碎片化管理多方担责实为互不担责、管理效率低下的问题，减少了工作对接、提高了工作效率、减轻了建设单位工作协调负担，提高了规避风险的意识、提高了管理水平、提升了服务质量。

（3）全过程工程咨询能够充分发挥专业化团队优势，通过进行项目建设实施策划方案，组织运用系统工程的观点、理论和方法对建设工程项目周期内的所有工作（包括项目建议书、可行性研究、评估论证、设计、采购、施工、验收等）进行策划、计划、组织、指挥、协调和控制。

（4）加快全过程咨询合同范本完善，尤其在咨询介入阶段、咨询内容，设计优化、投资节约激励、BIM 技术应用、咨询收费标准、项目经理（总咨询师）的法律地位与担责等应有较快的推进。

（5）能够统一资料管理，提高资料的信息化管理水平、注重资料关联性、真实性、及时性、全面性、有效性、合法性。加快前期报建、验收备案等工作。

23.2　郑州大剧院

创新管理理念，延伸监理服务是企业一直秉承的管理文化。自 2016 年 10 月郑州大剧院项目监理部及项目管理部进场，面对工期紧、任务重的内部环境，以及扬尘治理严厉管控的外部环境，项目管理部及监理部积极开展现场全过程工程咨询管理工作，努力推进现场各项管理工作，在前期报建、招标管理、造价合约管理、工程管理及扬尘管控、报奖创优等各方面进行全过程工程咨询，取得了显著成效。

23.2.1　工程概况

郑州大剧院以"黄河帆影, 艺术之舟"为设计理念, 描绘一艘传递文明的古舟巨舰, 航行于黄河之上, 经天亘地, 扬帆破浪, 如同凝固一幕气吞山河的歌剧, 以一种气势磅礴的精神象征, 独具中原底蕴的建筑形象彰显郑州强烈的文化轴心地位。

郑州大剧院总投资约 21 亿元, 地上五层, 地下二层, 本工程总占地面积 50942m², 总建筑面积 125999.70m², 地上建筑面积 59760.62m²（5 层）地下建筑面积 66239.08m²（2 层）；建设内容包括：1687 座的歌舞剧场（A 区）、462 座的戏曲剧场（B 区）、892 座的音乐厅和 421 座的多功能厅（C 区）以及地下商业和停车场、配套的附属用房。如图 23.2-1 所示。

a)　　　　　　　　　　　　　　b)

图 23.2-1　郑州大剧院

23.2.2　全过程工程咨询服务内容

基于本项目的需求分析，建设工程项目管理需要组织运用系统工程的观点、理论和方法对建设工程项目周期内的所有工作（包括项目决策阶段的建议书、可行性研究，实施阶段的设计、招标、造价、合同、采购、施工、监理、竣工验收，对工程项目进行质量、进度、投资、合同、信息、安全、结算审计等）进行计划、组织、指挥、协调和控制。

依据全过程工程咨询服务策略，围绕合同约定确定实施内容如下：

项目管理内容：在委托人的授权范围内，履行工程项目建设管理的义务（不包括与土地费有关的工作）。包括协助委托人办理立项、规划、国土、环保、人防、消防、图审、供电、市政、施工等有关报批手续；按照批准的初步设计，协助委托方协调施工图限额设计；协助委托人组织本工程的招标活动；组织申报年度投资计划，年度用款计划；协助负责工程合同起草、洽谈工作；按月想委托人报送工程进度、资金使用情况和项目进度用款报告；对工程建设资金进行审核；负责编制项目管理方案，督促审核施工单位编制施工方案、项目进度计划和各项施工保障方案；负责组织项目开工各项准备和项目全过程建设与管理工作，按月向委托人报送工程质量、进度、安全、完成额度等情况报告；负责工程投资进度管理和控制，审查监理单位上报的工程进度报告，并按月向委托人报送；如则工程投资进度管理和控制向委托人报送项目资使用情况，提出项目拨款申请；负责工程质量额管理和控制，包括工程签证和设计变更，协助办理工程质量监督申报等手续；负责工程安全的监督管理，协助办理工程安全监督申报等手续；负责对项目监理单位的全程监督管理工作；负责监督项目建设全过程的安全文明生产管理工作；协助委托方编制工程竣工结算报告；协助委托方组织项目竣工验收；负责将竣工资料及有关资料整理、汇编并移交给委托方；缺陷责任期内，对缺陷内容组织相关单位进行返修；负责对项目设计单位的全程监督管理工作，应对各类设计方案、图纸进行审核，并提出合理化建议；协调参建各方的关系；配合工程结算审计等方面进行全面控制和管理。

施工监理内容：主要包括施工准备阶段、施工阶段各工序、各部位的监理以及工程备案验收证书取得至签发缺陷责任终止证书和工程结算、审计的监理、服务工作。

对该工程投资控制、进度控制、质量控制、建设安全监管及文明施工的有效管理、组织协调，并进行工程合同管理和信息管理等方面工作。

1. 实施项目全过程工程咨询目标

（1）工程咨询总目标：项目管理方作为本工程的项目管理受托方，对其工作范围内的工作负责，对本工程科学合理的预测和规划，充分预计各种风险情况，确保实现本合同所有约定的项目管理各项控制目标。

（2）质量目标：①设计要求的质量标准：满足现行的国家、地方、行业技术标准、设计规范；②施工要求的质量标准：符合现行建设工程施工质量验收规范和标准及施工图纸要求，一次性验收合格，争创国优工程。

（3）进度目标：确保 2018 年 12 月底完工。

（4）投资目标：工程预算控制在工程概算范围内。

（5）安全目标：安全文明管理目标为达到河南省安全文明标准化工地标准，争创国优工程。

（6）扬尘治理控制目标：严格落实《城市房屋建筑和市政基础设施工程及道路扬尘污染防治标准》，达到 7 个"100%"要求。

2. 项目组织架构

（1）建设单位、全过程单位及参建单位工作界面划分如表 23.2-1 所示。

建设单位、全过程单位及参建单位工作界面划分　　　　　　　　　表 23.2-1

单位职能	单位名称	主要职责
建设单位	郑州城建集团投资有限公司	负责按政府相关会议精神组织项目全部建设工作，对项目建设质量、进度、投资全面负责，为本项目建设过程中的最高决策单位，负责项目建设用地及资金筹措，负责合同签署等
项目管理监理单位	浙江江南工程管理股份有限公司	依据本项目管理合同约定，项目管理单位主要职责围绕合同约定的内容确定（具体内容见项目管理内容）
工程勘察单位	河南省地矿建设工程有限公司	负责按合同及规范约定，全面承担本项目初勘、详勘工作，负责及时提交勘察成果，为设计提供地质勘查资料
方案及初步设计、施工图设计等设计总承包单位	哈尔滨工业大学建筑设计研究院	1. 负责按合同及规范约定，包括本项目建筑方案及优化、初步设计及优化、施工图设计及优化（其中包含按照发包人的要求提供施工图预算、工程量清单《建设工程工程量清单计价规范》GB 50500—2008、工程量计算式）、相关配套设计等发包人需要设计人提供的所有资料（出有明确规定外，合同设计费已包含了与合同要求相关的所有费用，包括但不限于园区道路、管网、出入口、环境景观、绿化、专业装饰工程、幕墙、钢结构、二次装饰装修、灯光、专项设计、灯光、专项设计（舞台机械、建筑声学、舞台灯光、剧场音视频）、安防、供电、供水、通信、供气、通信、供气、供暖等全部配套、配合设计）以及准备阶段、招标阶段、施工阶段、缺陷期提供相关技术跟踪服务。 2. 完成地勘方案的协作和基坑支护方案设计。 3. 完成建筑声学设计咨询。 4. 完成二星级绿色建筑评估咨询。 5. 完成风洞试验。 6. 设计人配合向规划、发改、审图、消防、节能、防雷等部门报送相关的设计审查材料并承担相应的出图及书面材料费用，直至审查通过

续表

单位职能	单位名称	主要职责
施工总承包单位	中国建筑第八工程局有限公司	项目 EPC 工程总承包包括施工图设计、施工、材料设郑州大剧院项目（同时包含专业歌舞剧场和专业音乐厅两大功能的专业大剧院工程），施工图纸范围内（包括材料供应、制作安装、运输、试验检测、竣工验收、保修、移交等）及工程量清单包含的所有内容具体为： 1.第二类工程——甲指乙供纳入施工总承包管理的专业工程：幕墙工程（含建筑夜景照明）；钢结构工程；电梯、扶梯；钢化地坪；厨房设备；充电桩；车库机械停车设备；智能化工程（通信工程）；人防设备由承包人依法依规进行招标，纳入承包人管理。其招标控制价须报发包人认可，发包人有权对此进行监督。招标时，承包人应事先将相关的招投标文件报发包人备案，发包人有权派人对开标、评标等过程进行监督。如发包人对承包人提出异议，双方协商处理。该类工程最终确定的专业分包商或设备、材料的采购及供应商须经发包人认可。该类费用由发包人与承包人签订补充协议予以明确。该补充协议为本合同的一部分，仅明确相关费用，其余条款仍按本合同执行。 2.第三类工程——由发包人直接发包纳入施工总承包管理的专业分包工程，如室内精装修工程；标识系统工程；特殊声学装修工程（剧场类）；舞台机械；舞台灯光、照明；舞台音响；声学座椅等由发包人进行招标，纳入承包人管理
专业分包	相关专业分包单位	是指受建设单位委托或经建设单位审查同意，承担本工程施工的专业分包单位

（2）全过程工程咨询组织架构如图 23.2-2 所示。

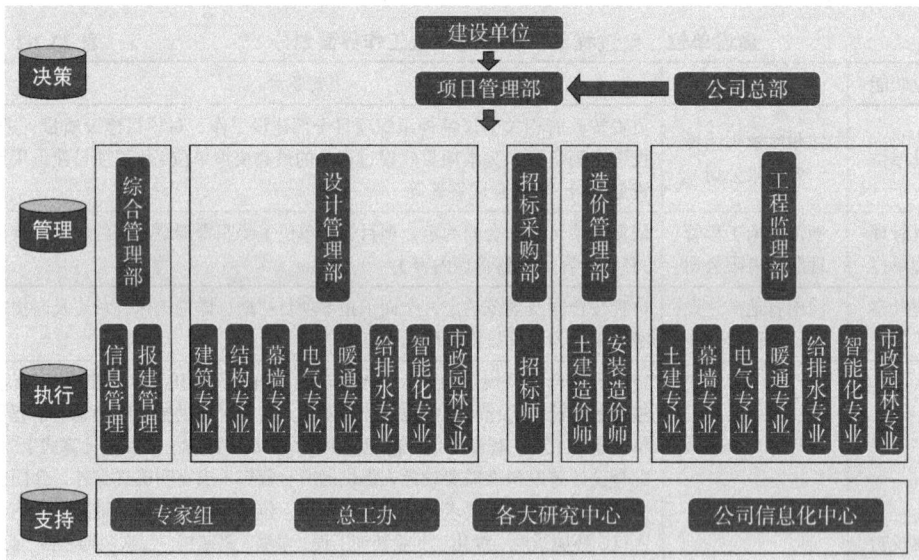

图 23.2-2　全过程工程咨询组织架构

3. 项目管理咨询发包方式

（1）招标方式：公开招标。

（2）评价标准：主要评价内容包括三个方面：①投标企业资信实力（企业资信和业绩、拟派团队资信和业绩等）；②技术服务方案；③服务费用。

4.项目全过程工程咨询业务的方法和效果

（1）编制项目管理手册：为明确全体参建单位职能分工，促进全体参建单位高度紧密配合，提高参建单位的责任意识，约束参建单位全面履行合同约定的各项义务，确保工程建设期间本工程的各项管理工作规范、有序，真正实现通过对项目建设全过程、一体化、专业化的管理，达到项目资源最佳配置和优化，最终确保项目投资效益最大化，全面实现项目预定目标的根本目的，依据国家、省及市现行的有关建设行业法律、行政法规及项目管理规范的相关要求，以现代项目管理理论为指导、本着责权对应的基本原则，针对工程实际，编制《项目管理手册》，作为本项目建设期间指导、规范全体参建单位、参建人员日常建设行为的纲领性文件。

（2）编制整体工作计划：编制并适时调整项目实施阶段工程建设进度总控制计划并上报委托人审定贯彻执行。根据整体工作计划可以督促、协助参加项目建设的各方按照上述总控制计划的要求，编制各自的工作计划，使之相互协调，构成二级计划系统，应检查各方计划的执行情况，通知有关单位采取措施赶上计划进度要求。

（3）组织召开内部联席评审会议：比如在方案设计完成后并充分征求医院使用科室意见的前提下，提前邀请规划、消防、交通、发改等相关审批部门及相关医院专家、相关参建单位的有关专家、医院各使用科室等进行内部评审并形成会议纪要，在评审意见的基础上进行修改后再报批，这样可有利于报批通过及减少在施工过程中的变更。

（4）充分发挥施工总承包的模式优势，凸显施工总承包模式在整个工程建设过程中的主导作用。在项目管理咨询单位强有力的设计咨询支持下，推进工程项目建设整体方案的不断优化；有效克服设计、施工相互制约和相互脱节的矛盾，实现设计、施工各阶段工作的合理衔接，实现建设项目的进度、成本和质量控制符合建设工程承包合同约定，确保获得较好的投资效益。

（5）严格合同履行与合同管理。由项目管理咨询公司和建设单位负责招标工程类及相关合同的签订，签订之后，项目管理咨询公司和建设单位向合同执行单位进行交底，说明工期、质量、工程范围、工程界面划分、付款方式、发包单位职责（即甲供材料设备、建设单位限价、建设单位分包等范围）总分包的关系等需要在合同实际执行过程中需要特别注意的问题，以便各岗位人员协调、配合。其他类合同由执行部门根据合同实际情况安排交底。任何部门在落实业务、开展工作时，都必须严格按照合同约定进行，严厉禁止实际管理操作与合同约定脱节的情况产生。

（6）深入应用 BIM 技术，凸显 BIM 在工程项目建设过程中应用与实践，提高项目管理咨询组织协调工作效率和决策效率。比如在施工阶段，根据设计图，BIM 单位管理人员对各专业施工图进行各专业建模、BIM 审图、碰撞检查、冲突检查等出具检查报告，提供优化建议，由项目管理公司将检查报告以及优化建议下发到设计院，由设计院进行核实、修改，达到在施工前将问题梳理出来进行修改解决，避免造成经济浪费。

23.2.3　实施项目管理咨询的亮点以及管理成效

项目实施进度目前处于精装修收尾阶段。到目前为止，由项目管理咨询单位开展了项目前期报批报建、方案及初步设计管理及审查、招标采购、造价、合同管理、信息管理、工程监理及现场施工管理等工作。通过科学的管理、精细化的组织，项目建设取得很好的成效，主要的工作成效有：

1. 功能优化成效

有项目管理咨询单位组织的管风琴方案进行专家论证过程中，由项目部申请，公司文化场馆研究中心选派了技术专家到场参加方案论证，在论证过程中对管风琴的投资额、管风琴音栓数量、演奏者的使用要求等方面进行了仔细审核，提出大量专业的、合理的优化设计建议并收集建设单位及相关职能部门的审核意见，督促设计单位修改完善管风琴方案本身以及相关配合条件。

原设计管风琴音栓数量为 55 个，经管理公司审核，功能缺失，无法满足演奏家使用要求，并组织多次专家论证，同时邀请国内知名管风琴演奏家研究，最终确定郑州大剧院管风琴音栓数量为 92 个，可满足国内外所有管风琴剧目的演出，为打造一流音乐厅所应有的功能奠定了良好的基础。

2. 项目进度控制成效

编制的各类工作计划及项目管理手册、作业指导书等，很好地指导了项目实施工作；倒排工期，制定切实可行的施工进度计划，同时根据现场施工进度，定期（每月、每周、每日）组织施工进度推进会，及时对工程进度采取纠偏。组织各参建单位，每周进行现场进度推进会，现场解决各专业间的交叉施工问题及其他影响施工进度的问题。

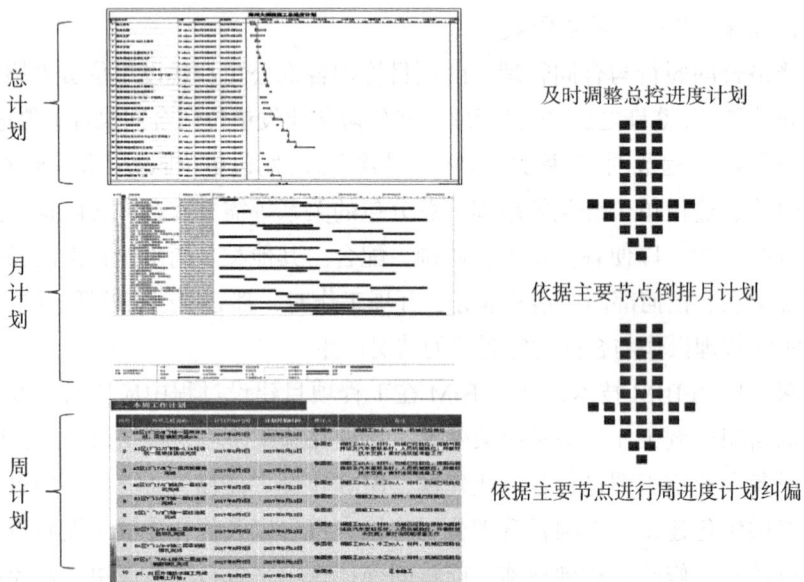

图 23.2-3　项目进度控制

目前为止，项目实施进度基本是按计划完成，并取得了一系列阶段性成果。

3. 项目投资控制成效

以本工程的概算（总投资约 208568 万元）作为造价控制的目标值，在项目实施过程中，项目管理严格执行省市区政府的相关文件，严格招投标、合同签订中的投资控制工作，严格按合同进行计量、计价、变更确认及决算的审核，加强施工过程中各环节的控制，节约投资，控制成本，提高效益。在保证质量、进度的前提下至少为建设单位节约投资 1 亿元，将工程总造价有效控制在预定概算之内。

投资控制的主要阶段有：招标采购阶段、施工准备阶段、施工阶段和竣工结算阶段。

（1）招标采购阶段

建设工程招投标制度是建设单位控制工程造价的有效手段。通过招投标可以提高建设工程的经济效益，保证建设工程的质量，缩短建设投资的回报周期，建设单位可以充分利用招投标这一有效手段进行工程造价控制。在招标文件中要包括通常的内容如招标须知前附表、招标须知、合同条件、合同协议条款、合同格式、技术规范、图纸、投标文件参考格式等，还必须提供工程的工程量清单，作为投标报价参考文件的重要组成部分；工程量清单和招标控制价综合误差率必须控制在 5% 以内。

选择适合于工程项目特点的工程承发包方式；针对工程项目特点对招标工程范围、内容以及总分包情况进行明确的界定；针对工程项目特点、工期要求等对标段进行合理划分、选择既有利于项目实施又有利于造价控制的合同价方式和计价方式；对投标报价进行约定；对招标控制价进行说明。

进行工程量清单审核和招标控制价审核，保证工程量清单和招标控制价编制质量。

①工程量清单

在收集齐全国家和地方的法律法规的基础上还要熟悉《建设工程工程量清单计价规范》、国家、省市相关计价计量规范和图纸，审查分部分项工程量清单中项目编码、项目特征、计量单位和工程量是否符合规定和计算正确。

检查清单描述是否清晰、详细、完整，投标人能根据清单描述进行准确报价；检查清单是否漏项等。措施项目清单是否根据相关现行国家计量规范的规定编制。

其他项目清单。

暂列金：根据工程特点和有关规定估算，一般情况工期比较短，图纸比较完备暂列金取值较低，反之较高。

暂估价（材料暂估单价、工程设备暂估单价、专业工程暂估价）：根据相关规定列明明细，其取值是否符合市场行情和专业工程特点及有关计价规定。

计日工：列出计日工名称、计量单位、暂估数量。

总承包服务费：列出的服务项目及内容需根据招标文件中规定的招标人拟分包项目进行列项。除此之外还需根据招标文件、图纸内容、项目特点及现场实际情况对其他项目清单进行补充。

审核工程量清单是否符合招标文件要求（如招标范围、内容、界面划分、标段划分等）。工程量清单编制完成后，与以往类似工程量清单、主要材料用量（含量）进行对比分析，找出其中差异，分析原因，对工程量清单进行修改完善，提高工程量清单编制质量。

②招标控制价

招标控制价计价依据符合相关规定。

材料设备价格计取合理，并符合市场行情。

各项目组价不能有重复计取费用情况，各项目组价符合清单特征描述。

措施项目组价，所采用的施工方案是否科学可行合理（如土方开挖、塔吊布置、大型机械进出场、预应力管桩配桩送桩、灌注桩的超灌、施工排水降水等），组价是否合理。其他项目清单项目中有关暂列金、暂估价、总承包服务费、计日工等计取是否符合招标文件规定。

规费和税金计取是否符合相关规定。

按招标文件和相关文件规定计取风险费用。

招标控制价编制完成后，与类似工程组价、造价指标进行对比分析，找出其中差异，分析原因，对招标控制价进行修改完善，使招标控制价更合理。将招标图纸、招投标答疑等进行保存（文本及电子光盘），为后期结算时提供充足依据。

在评标中，审查投标单位报价应该做到总报价和单项报价的综合评审。总价符合要求并不能说明单项报价符合要求，总报价最低并不能说明单项报价最低。投标人往往在保持总造价不变的情况下，采用不平衡报价，将工程量可能变化较小的项目的单价降低，将可能变化较大的项目单价增大，以期达到在竣工结算时追加工程款的目的。另外也要做到单价和相应工程数量的综合评审，工程数量大的单价要重点分析。还要做到单价与工作内容、施工方案、技术工艺的综合评审，从而择优选择合适的承包单位。

加强清标工作，在不改变实质性内容前提下，对投标文件中不符合招标文件要求内容、投标文件中比较含糊容易引起争议的内容等提出，在询标环节让投标单位进行澄清，规避风险。施工合同是施工阶段造价控制的依据。签订严密的施工承包合同，在施工中加强合同管理，才能保证合同造价的合理性、合法性，减少履行合同中甲、乙双方的纠纷，维护合同双方利益，有效地控制工程投资造价。在合同签订后，建立技术档案，对合同执行情况进行动态分析，根据分析结果采取积极主动措施。

③招标计划制订与落实（如图23.2-4所示）

（2）施工准备阶段

组织上，明确项目组织结构，明确项目投资控制者及其任务，以使项目投资控制由专人负责，明确管理职能分工。技术上，重视设计多方案选择，严格审查监督初步设计、技术设计、施工图设计、施工组织设计。经济上，动态比较项目投资的实际值和计划值，严格审核各项费用支出，采取节约投资的奖励措施等。技术与经济相结合是控制项目投资的有效手段。项目总投资目标的分析、论证（在可行性研究的基础上，

郑州大剧院招投标信息一览表

序号		招标项目名称	发布招标公告时间	现场踏勘（答疑）时间	开标时间	中标单位	备注
1	一类工程	施工总承包	2016.12.16	—	2017.02.21	中国建筑第八工程局有限公司	
2		钢结构施工	2017.06.08	2017.08.10	2017.08.25	中建八局第二建设有限公司	
3		幕墙施工	2017.06.08	2017.12.26	2018.01.03	金刚幕墙集团有限公司	
4	二类工程	电梯采购与安装	2018.01.11	2018.03.06	2018.04.02	河南奇盛科技有限公司（蒂森）	
5		密封固化地坪	2018.07.02	—	2018.08.03	郑州圣凯润安防工程有限公司	
6		机械停车设备	2018.08.06	—	2018.09.12	—	
7		充电桩设备	2018.09.04	—	2018.11.06	—	
8		机械停车设备	2018.11.05	—	2018.12.05	—	
9	三类工程	舞台机械、灯光、音响	2017.09.12	—	2018.02.02	—	
10		舞台机械、灯光、音响（第一标段）	2018.02.13	—	2018.03.19	浙江大丰实业股份有限公司	
11		舞台机械、灯光、音响（第二标段）	2018.02.13	—	2018.03.19	甘肃工大舞台技术工程有限公司	
12		舞台机械、灯光、音响（第三标段）	2018.02.13	—	2018.03.19	北京中鼎立天电子科技发展有限公司	
13		舞台机械、灯光、音响（第四标段）	2018.02.13	—	2018.03.19	郑州银丰电子科技有限公司	
14		管风琴采购与安装	定向采购	—	2018.03.16	品牌：奥地利	
15		精装修工程一标段	2018.03.08	—	2018.04.08	深圳中孚泰文化建筑建设股份有限公司	
16		精装修工程二标段	2018.03.08	—	2018.04.08	中建深圳装饰有限公司	
17		精装修工程三标段	2018.03.08	—	2018.04.08	深圳市奇信建设集团股份有限公司	
18		舞台声学座椅	2018.08.03	—	2018.08.31	佛山市丽江椅业有限公司	
19		室外工程	2018.12.18	—	2019.01.15	郑州鑫园林有限公司	

图 23.2-4 郑州大剧院工程招标信息一览表

再作详细的分析、论证）；编制项目总投资切块、分解规划，并在项目实施过程中控制其执行。在项目实施过程中，若有必要，及时提出调整总投资切块、分解规划的建议；编制项目实施各阶段、各年、季、月度资金使用计划，并控制其执行，必要时，对上述计划提出调整建议；审核工程概算、预算、标底和决算。

（3）施工阶段

①工程施工阶段造价控制的措施

严格审核工程变更及现场签证，将工程造价控制在投资范围内。工程变更及现场签证是影响项目造价的主要因素。在施工过程中，首先必须严把工程设计变更，实行"分级控制，限额签证"的制度，对拟发生的变更项目进行费用测算，决定是否需要变更，发生变更或增加项目是否需要通过另行招标选定队伍等。对必须发生的设计变更，必须经设计单位代表、建设单位现场代表、监理工程师共同签字确认，在施工前完成变更方案的确认工作。在施工现场还应设置专职工程造价管理人员随时掌握现场变化，特别是隐蔽工程的变化情况、材料代用、现场签证、额外用工及各种预算外费用，建设单位的现场代表要督促施工方做好各种记录和签证工作，减少结算时的扯皮现象。

把好材料质量、数量关，合理确定材料价格。材料价格控制是工程总造价控制的关键环节。在装饰工程中，装饰材料品种繁多，同种材料不同的进货渠道或品种不同，价格就会千差万别。在施工过程中，建设单位造价人员及现场管理人员应密切注意市场行情，随着工程进展情况深入市场，掌握第一手的施工情况及材料信息，并及时对需找差的材料进行价格确认，为竣工决算提供有力的依据。

引进竞争机制，通过竞标选用设计单位，提高设计质量。

②设计变更签发管理规定

设计变更出具应严谨、变更理由应合理且充分、变更范围应表达清晰、相关签署应齐全、签发应及时，设计变更份数应与施工图纸份数一致。

为便于参建单位设计变更管理，设计变更编码应连续、系统，日期准确，同时设计变更电子版也应同步以邮件形式发往项目管理公司，便于各单位落实计算机管理。

设计变更出具前应完成内部各专业会审、会签，会签不得流于形式，避免因考虑不周导致其他专业进一步变更或错误产生，禁止设计人员私自签发设计变更，针对未经会签及校审的设计变更，项目管理公司应拒绝接收及发放。

设计变更应做合理分项，同一项设计变更，原则上只能变更一次，无特殊理由不得进行多次变更。不得将一项设计变更不合理地拆分成多个细项变更。

补充、修改图纸属设计变更范畴，各单位针对设计出图可落实版次管理，亦可在对应图号后单独以"补""修"的形式清晰标注，同时在修改、补充的图纸中应有相关说明，应明确交代本次补充、修改的主要内容，对应应替换或作废的图纸。

各参建单位在收到设计变更时应组织专业人员就设计变更内容认真审阅，针对变更中有关说明不能理解或感觉有疑义时应及时联系设计人员获得正确理解，同时应就设计变更内容及时反馈到施工图中，避免具体实施时遗漏或错误。

设计变更项目实施完毕，如该变更非承包单位本身原因造成且涉及造价变化的，承包单位应按相关流程规定，办理本次设计变更的费用正式洽商，以完成变更价款的确定。

③现场签证的应遵循的基本原则

a. 完工确认原则：现场签证的正式签署必须待签证项目完工后，由监理单位组织建设单位、审计单位、承包单位共同到场复核后签字确认，如属隐蔽工程，必须在隐蔽前报监理单位同步组织各方复核签字确认。

b. 量价分离原则：基于签证项目往往有不少是新增项目，既涉及工程量又涉及新增单价，如待工程量及价格均商定完毕再行实施的话，则往往影响现场工程顺利开展，为此，现场签证实行量价分离，实施前主要完成拟实施方案及与该签证项目计量及计价有关的原始事实确认，具体签证工程量及价格待签证实施完毕后由承包单位另行申报办理。

c. 先估价后施工原则：施工前施工单位估算量、价，经监理造价工程师、总监理工程师签署意见，项目管理单位复核；项目管理单位组织施工单位、施工监理单位、造价咨询单位、建设指挥部相关部室对现场进行施工前勘测；并对现场做好全方位的摄像记录，并保留好相关影像资料，签证的实施由各单位、部门按权限审批执行。

d. 权力限制原则：鉴于现场签证是后期政府审计的重点，各单位应落实严格的权限管理规定，不在权限范围之内的签字及签署不全的签证单一律无效，各单位项目负责人为现场签证的第一责任人，未经项目负责人签署的签证类文件一律无效。

e.时间限制原则：因为签证项目往往均具有随机性和及时性，如不及时办理，相关签证事实将随工程进展无法准确核实和计量，导致无谓的争议和纠纷，因此，对现场原始事实签证及完工后正式签证单的办理均强调时效性，合同中明确约定办理时间的应严格遵守合同约定，合同未明确约定办理时间的遵守本制度规定：

《现场签证申请及完工确认表》应在签证项目实施方案确定后、现场实施前及时申报监理单位，由监理单位组织相关各方实施前确认。

签证项目实施完毕后，承包单位应在完工当日自检合格后再次申报监理单位，由监理单位组织相关各方进行签证项目完工确认。

签证项目涉及隐蔽工程的，完工确认应在隐蔽前及时申报。

签证项目涉及新增单价的，承包单位应在完工确认后在规定的时间内申报《新增单价洽商》办理新增单价确认。

增单价审批确认后规定的时间内申报，完成具体工程量及签证价款计算，逾期不办理的则不予办理。

签证项目申报需严格按上述时间要求及时办理，严禁事后补办签证的做法。

④新增单价确认的基本原则

a.由于非承包单位（供货单位）原因，发生设计变更或分部分项工程量清单漏项等，由此引起新增工程量清单项目（货物），其对应的单价确定原则按照合同约定执行。

b.将招投标工程量清单、招标图纸与实际施工图编制的工程量清单进行对比，剔除承包单位不合理变更、不合理计量计价内容（与招标图纸和招投标工程量清单相比），合理控制投资。

c.加强工程进度款支付审核，并与现场形象进度进行对比，做到不超付，控制投资。

（4）竣工结算阶段

①收集整理送审资料，保证结算资料的完整性。如对招标文件、施工合同、工程变更及现场签证等，避免边审核边补交结算相关资料，严重影响审核效率的情况发生。建立健全结算资料完整性及符合性的审查制度，是保证审核质量和效率的前提。

②严格按工程结算编制依据进行审查。要确保工程结算的审核质量，在审核前，必须要依据双方签订的施工合同，对施工合同条款要准确理解，明确工程项目的承包形式、计价方式、价差调整办法、工程变更及现场签证的结算方式、投标承诺及作为施工合同附件的澄清纪要，对工程结算的编制依据进行全面审查，做到审核有所遵循、思路清晰。

③对工程量及单价的审查

a.工程量的审核根据施工合同要求，在全面熟悉图纸，设计变更和现场签证等资料的基础上进行现场察看并实地测量，依据编制原则逐项进行细致的审核。

b.在结算审核中，应注意审核项目的单价，对工程量清单招标工程，投标人的综合单价为固定单价。

c.材料价格调差符合施工合同的约定。如：找差类别是否符合合同约定；可找差的材料价格是否按合同约定的原则进行找补；另外不同厂家、不同等级，不同材质是影响材料价格的主要因素，为防止材料质价不符，对主要材料价格进行实物审核也十分必要。

4. 工程质量管理成效

项目部对工程质量进行全面的控制，消除质量隐患，杜绝重大质量事故，确保工程质量全部达到国家施工验收规范合格的规定，到目前为止项目已完工程合格率达到100%。具体措施如下：

5. 安全管理及扬尘管控成效

本项目到目前为止，无安全生产事故发生以及扬尘管控通报，并获得郑州市中原区人民政府授予扬尘治理达标工地标识牌。扬尘治理卓有成效，在郑州市常西湖"四个中心"建设片区内八大项目、三年内12次扬尘治理专项检查中。郑州大剧院获得10次评为第一。

6. 创优、评奖成效

项目部全体员工在施工过程中本着"高标准，严要求"的管理思路，把争创鲁班奖的要求时刻牢记在心，并在项目实施过程中严格落实。在施工前准备、施工过程中检查、竣工验收、后期运营服务中一刻也不放松，为最终目标"鲁班奖"而奋斗。

（1）获得二星级绿色建筑设计标识证书。

（2）获得"第十三届第二批中国钢结构金奖"。

（3）获得主体结构省优质工程奖。

（4）获得主体结构市优质工程奖。

23.2.4　科研成果

根据本项目的特点及在实施过程中碰到的问题进行了课题研究，获得了很好成效：郑州大剧院 BIM 技术全过程应用研究项目，获得了全国级一等奖，河南省级一等奖。

23.2.5　项目实施过程中存在的难点及解决措施

（1）本项目为剧院项目，剧院项目集合了多专业、多工种，涉及声、光、电、舞美艺术、建筑声学、大体量、大跨度的钢结构、不规则的精装修造型、特殊材料等特点，质量把控也就成为难点，通过事前把控、过程管理等措施将质量问题消除。应对措施：

①建立健全质量质保体系；

②组织图纸会审工作；

③组织各专业设计交底工作；

④执行落实周例会制度及晨会制度；

⑤严格落实工程材料、设备进场验收制度；

⑥安排专人到厂家驻场监造；

⑦严格落实材料见证取样送检工作，保证材料符合相关规范要求及设计要求；

⑧日常巡检制度，现场划分管理区域，各管理有独立负责人，每天记录现场发现并解决的问题，并作相关台账，逐项督促整改销项；

⑨组织质量联合验收，建立联合验收制度，建设单位、设计单位、管理单位、监理单位、总包单位及施工单位共同参与，各抒己见，严格控制现场施工质量；

⑩严格落实样板引路制度。

（2）由于项目建设过程涉及的专业多，交叉作业不可避免并且项目的大空间施工作业多，安全管理就成了重点，结合项目的特点制定了管控的流程以及检查方法。

应对措施：

①建设项目中首次引进 VR 安全体验让工人身临其境地体验到每一种工程伤害带来的切身感受，达到深入骨髓的教育和警醒。

②监理部及管理部内部定期组织项目人员进行安全知识培训，加强现场管理力度。

③由管理部牵头，每周定期组织现场安全联合巡检制度。

④监督施工单位严格落实安全教育及安全交底制度。

⑤管理部及监理部督促，每日严格执行夜查制度。

⑥严格落实安全方案保障制度，方案现行。

23.2.6　全过程模式实施体会

（1）管理公司主导全过程工程咨询，如何更好地发挥设计管理价值，真正做好设计管理。

①剧院项目专业性非常强，传统监理、管理人员无法满足设计专业水平，不能仅仅依靠统筹协调与组织。建议与专业设计院、专家合作。

②建筑、结构、机电安装、钢结构、幕墙、舞台灯光音响、舞台机械、声学等各专业之间设计衔接不畅通。建议指定一家设计院牵头，与管理公司点对点对接。

③随着项目实施推进，设计方案不断优化，造成工期、投资不断增加。建议对设计阶段性成果进行权威性评估。

（2）在设计管理中，如何发挥价值工程的作用。功能满足合理化、人性化要求，更能够满足客户要求，体现客户利益最大化。

①充分发挥剧院研究中心大数据库，突出重点、难点。

②功能市场调研要深、要细，公司资深专家必须深入项目一线。

③图审、方案等设计成果审核关键阶段，审核意见征求公司意见。

④管理监理建议要明确，建设单位决策要果断。

（3）剧院项目建设模式的选择，如何有效地解决界面问题。

①设计模式，方案设计＋专业施工图设计、设计总承包。

②施工模式，施工大总承包＋特殊专业施工、施工总承包管理。

③管理模式，全过程工程咨询、监理＋顾问。

23.3　深圳某两文化馆

23.3.1　项目概况及特点

1. 项目概况

深圳某两文化馆项目总建筑面积 137611 平方米，地上六层，地下三层。地下室为地下车库、画库及设备房等配套用房，地下三层平时为车库和设备用房，战时局部设核 6 级、常时为 6 级人防，图书馆区域局部范围地下三层到一层通高设置智能立体书库，如图 23.3-1 所示。美术馆新馆建筑面积 68599 平方米（地上建筑面积 36851 平方米、地下建筑面积 31748 平方米），配置自走式停车位 490 个。图书馆建筑面积 69012 平方米（地上建筑面积 34101 平方米、地下建筑面积 34911 平方米），设置阅览座席 2210 个，配置自走式停车位 533 个。项目设计使用年限为 100 年，属一类高层建筑，建筑耐火等级为一级，抗震设防烈度为 7 度。

项目投资总概算 223238.00 万元，资金来源为市政府投资。

项目于 2019 年 12 月开工，计划于 2023 年 8 月竣工交付。

2. 项目特点

（1）深圳市新文化地标建筑，建设标准高；

（2）同一建筑基座连通美术馆与图书馆两个建筑，彼此可以独立使用；

（3）设计有巨大的遮阳屋顶及开敞的公共文化空间；

图 23.3-1　深圳某两文化馆效果图

（4）项目绿色建筑要求高，按照深圳市金级标准实施；

（5）结构体系复杂，大尺寸、大跨度、大悬挑构件多；

（6）外幕墙体系独特；

（7）建筑智能化程度高；

（8）建筑分区多。

3. 项目实施重难点

（1）项目使用单位为两家，需求管理工作开展较一般项目复杂；

（2）项目的专项设计较多，设计管理协调工作量大，需要的技术支持较多；

（3）结构设计需考虑屋顶大悬挑、大跨度，以及设计过程中出现的结构超限问题，为设计工作及设计管理工作带来挑战；

（4）外幕墙方案选型困难，施工工艺复杂、施工难度大；

（5）图书馆地下三层，美术馆地下三层、局部地下一层，这给整个项目基坑开挖与支护的施工组织与管理工作的有效开展带来难题。

23.3.2　项目全过程工程咨询管理内容及组织架构

根据项目实际需求，本项目全过程工程咨询主要提供包括全过程工程项目管理、工程监理在内的工作内容。其中，全过程工程项目管理包括：项目策划管理、报批报建管理、合同管理、进度管理、设计管理、投资管理、招标采购管理、组织协调管理、质量管理、安全生产管理、信息管理（含 BIM 管理及信息化应用管理）、风险管理、竣工验收收尾管理、后评价等工作；工程监理包括：施工准备阶段监理、施工阶段监理、保修监理及后续服务管理以及与工程监理相关的其他工作。

为此，项目全过程工程咨询管理部工作由项目总咨询工程师统筹负责，下设四大部门（如图 23.3-2 所示）：设计管理部、招采造价合约管理部、综合管理部、工程监理部，对应开展各项管理工作。

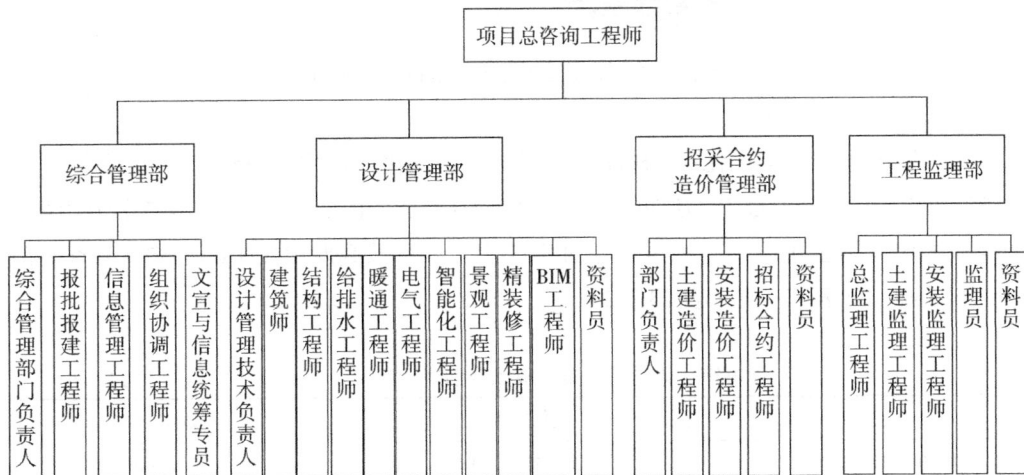

图 23.3-2　全过程工程咨询组织机构图

23.3.3　全过程工程咨询设计管理亮点

基于项目的工程实际进展情况，项目全过程工程咨询管理的重点工作及成效主要体现在设计管理上。全过程工程咨询模式下的设计管理涵盖项目建设全过程，因此，本项目的设计管理必须从项目全生命周期角度考虑。通过组织管理的方法与手段，建立起良好的沟通协作方式，协调各阶段使用方、建设方与设计单位、施工总承包、政府部门等其他相关单位之间的技术、经济及管理关系，从而使项目建设能够达到较高的社会效益、经济效益、环境效益。

基于以上管理思路与方法，本项目的设计管理取得了较为明显的成效。

1. 方案比选，节省投资

通过提高原有单桩竖向承载力 800kN 至 1200kN，在原方案的基础上减少了 100 根抗拔桩 ZH1（Φ1000），节约投资约 608.5 万元。

2. 设计优化，品质提升

本项目钢结构复杂、用量大，主要是因为美术馆新馆屋盖为横纵交错的大跨度、大悬挑桁架结构，图书馆存在桁架层及吊柱下挂的结构形式，如图 23.3-3 所示。在设计管理过程中，重点关注钢结构优化问题，对项目进行钢结构优化，达到减少用钢量 2900 吨，节省投资 3200 万元的效果。

图 23.3-3　深圳某两文化馆项目结构简图

（1）图书馆钢结构优化：选材优化，钢材材质优化前均为 Q345GJ，优化后调整为 Q355 为主，少量采用 Q390GJ；次梁应力比控制在 0.9，主梁、支撑应力比控制在 0.85，桁架应力比控制在 0.7，工字型箱型截面钢梁腹板厚度按高厚比按 1/60 控制；节省用钢量约 623 吨。如表 23.3-1、表 23.3-2 所示。

图书馆优化前后桁架、斜撑截面对比表		表 23.3-1
优化前截面	优化后截面	备注
H1000 × 500 × 50 × 50	H900 × 550 × 20 × 35	下弦杆调整截面

说明：表中仅列出了主要的变化，其他变化以具体图纸为准。

图书馆优化前后钢梁截面对比表　　　　表 23.3-2

优化前截面	优化后截面	备注
H500 × 300 × 14 × 25	H500 × 300 × 10 × 25	钢梁腹板优化
H600 × 200 × 14 × 28	H600 × 300 × 10 × 28	钢梁腹板优化
H600 × 250 × 16 × 30	H600 × 250 × 10 × 25	腹板和翼缘优化
H600 × 300 × 14 × 25	H600 × 300 × 10 × 25	钢梁腹板优化
H650 × 300 × 14 × 25	H650 × 300 × 12 × 25	钢梁腹板优化
H700 × 300 × 14 × 25	H700 × 300 × 12 × 25	钢梁腹板优化
H700 × 300 × 20 × 38	H700 × 300 × 14 × 38	钢梁腹板优化
H700 × 400 × 20 × 38	H700 × 400 × 14 × 38	钢梁腹板优化
H700 × 400 × 25 × 50	H700 × 400 × 18 × 50	钢梁腹板优化
H800 × 300 × 18 × 35	H800 × 300 × 14 × 35	钢梁腹板优化
H800 × 400 × 18 × 35	H800 × 400 × 14 × 35	钢梁腹板优化
H800 × 500 × 18 × 35	H800 × 500 × 14 × 35	钢梁腹板优化
H800 × 500 × 25 × 50	H800 × 500 × 18 × 50	钢梁腹板优化
H800 × 700 × 25 × 50	H800 × 700 × 18 × 50	钢梁腹板优化
H950 × 700 × 25 × 50	H950 × 700 × 18 × 50	钢梁腹板优化
H400 × 200 × 20 × 20	H400 × 200 × 10 × 10	腹板和翼缘优化
H800 × 500 × 25 × 45	H800 × 500 × 25 × 35	钢梁翼缘优化

说明：表中仅列出了主要的变化，其他变化以具体图纸为准。

（2）美术馆新馆钢结构优化：选材优化，钢材材质优化前均为 Q345GJ，优化后调整为 Q355 为主，少量采用 Q390GJ；次梁应力比控制在 0.9，主梁、支撑应力比控制在 0.85，桁架应力比控制在 0.7；工字型箱型截面钢梁腹板厚度按高厚比按 1/60 控制；节省用钢量约 2283 吨。如表 23.3-3 所示。

深圳美术馆新馆优化前后钢梁截面对比表　　　　表 23.3-3

优化前截面	优化后截面	备注
H500 × 200 × 14 × 25	H500 × 200 × 10 × 25	钢梁腹板优化
H500 × 300 × 14 × 25	H500 × 300 × 10 × 25	钢梁腹板优化
H500 × 400 × 14 × 25	H500 × 400 × 10 × 25	钢梁腹板优化
H500 × 400 × 18 × 38	H500 × 400 × 12 × 35	钢梁腹板优化
H500 × 400 × 14 × 25	H500 × 400 × 12 × 20	水平支撑优化
H600 × 300 × 14 × 25	H600 × 300 × 10 × 25	钢梁腹板优化
H600 × 400 × 16 × 30	H600 × 400 × 10 × 30	钢梁腹板优化
H800 × 250 × 16 × 35	H800 × 250 × 14 × 35	钢梁腹板优化
H800 × 300 × 16 × 30	H800 × 300 × 14 × 30	钢梁腹板优化

续表

优化前截面	优化后截面	备注
H800×400×18×38	H800×400×14×36	钢梁腹板优化
H800×400×25×50	H800×400×18×50	钢梁腹板优化
H800×500×25×50	H800×500×18×50	钢梁腹板优化
H1000×500×25×50	H1000×500×20×50	钢梁腹板优化
H1100×500×25×50	H1100×500×20×50	钢梁腹板优化
H400×200×20×20	H400×200×10×10	腹板和翼缘优化
H800×500×25×35	H800×500×16×30	腹板和翼缘优化
H1000×500×50×50	H1000×500×36×50	钢梁腹板优化
H1200×700×25×30	H1200×700×22×30	钢梁腹板优化

说明：表中仅列出了主要的变化，其他变化以具体图纸为准。

3. 优化设计，节约投资

目前，我国基坑工程越来越呈现出规模大、开挖深、施工难等特点，而支护设计方案的好坏可以对工程的工期、成本及质量都产生一定的影响，在整个工程中发挥巨大作用。因此，基坑支护设计应综合考虑，除了科学性、合理性，还应在保证安全性的基础上考虑经济性及施工便捷性。

在本项目基坑支护设计中，通过综合考虑，提出以下5点优化方案：

（1）优化内支撑立柱间距，将间距由15m调整到20m。设计通过计算发现优化建议可行，并对支护设计进行调整，新方案中立柱桩减少9根，节约投资约20.88万元；钢管立柱减少9根，节约投资约34.43万元；同时也减少了两道内支撑联系梁的长度约170m，节约投资约24.86万元；合计节省投资约100万元。

（2）优化放坡率，使坑顶放坡坡率由1∶1.5优化为1∶1.25，减少挖方及填方量，既减少了工期，又可实现节约投资的效果。

（3）基坑东侧支护形式原为"荤桩+素桩"咬合支护，现优化为"荤桩+水泥土旋喷桩"咬合支护。通过造价核算，此优化方案节约投资46.28万元。

（4）局部优化支护桩桩径。角撑区域，基坑中部沿民旺街一侧的咬合桩荤桩直径由1.4m调整为1.2m；设计方案由原来的"184根荤桩（1.4m）+184根素桩"优化为"203根荤桩（1.2m）+203根素桩（1.2m）"，通过造价核算对比，优化方案可节约投资约317.3万元。

23.3.4 项目实践总结与反思

通过对本项目已开展的全过程工程咨询工作实践的总结与反思，重点总结为以下几点经验：

（1）项目策划既是工程建设管理的重要组成部分，也是项目优质建设的前提。尤其对大型项目而言，制定项目总体策划，包括质量目标、工期、技术措施、建造体系、管控措施等，有利项目推进和高质量建设，并提高工作效率。

（2）做好需求管理，既有利于投资控制，又有利于提高项目建设品质。在需求管理过程中，严格把控使用单位需求的提出范围以及设计单位的反馈情况，应尽可能满足使用单位合理化需求，而对使用单位的个性化需求或重大需求调整应进行多番论证与确认。

（3）应建立一系列与本项目全过程工程咨询管理相适应的制度与实施细则，指导各部门相关工作的落地实施。

（4）应根据项目实际情况，做好招标方案策划，达到优选施工总承包单位的效果。

（5）充分发挥全过程工程咨询单位资源整合的能力，既要挖掘项目部内部管理人员的优势予以合理安排，也要能调动公司后台资源、社会资源，协助解决项目设计、施工等过程中遇到的例如方案比选与论证、技术创新应用等问题。

第24章 综合体工程项目案例

24.1 武汉某大厦

24.1.1 项目背景

武汉某大厦建设项目于 2013 年正式启动项目立项阶段前期工作,拟建成集写字楼、酒店及商业于一体的城市综合体。自 2013 年起,项目先后经历策划、建筑设计方案征集、开发模式探讨及确定,以及实质性推进四个阶段。

1.项目定位、建设方向研究

由于项目投资大、政府关注度高,商业综合体项目难度大,为降低开发风险,DF 地产公司前期做了大量的调研论证工作,委托 ZL 和 MC 两家知名策划机构为项目整体定位研究、策划与招商提供顾问服务。

2013 年 8 月,两家策划机构定位研究成果分别独立完成,研究结论基本趋同。将项目发展明确定位为:以高端企业总部办公功能为主,适当配套酒店及现代商业功能,打造区域性城市商业综合体,增强项目所在地区现代服务业功能。项目一旦建成,将会是项目所在地区的“地标性”建筑,是该地区企业总部经济集聚区引领型项目。

2.概念性方案征集

2013 年 11 月,项目概念性方案征集评选开标,共有 7 家设计单位参与投标设计,通过比选共 4 家知名设计单位的 4 个方案入围。

2013 年 12 月,各入围设计单位对第一轮入围方案进行了优化,形成第二轮方案,并于 2014 年 4 月上报当地规委会研究。

2014 年 10 月,各入围设计单位对第二轮优化方案进行再优化,11 月达成意向性方案(第三轮)。

4 家入围单位经过共计三轮概念性方案优化汇报研讨,于 2015 年 2 月确定中标方案(如图 24.1-1 所示),同时拟积极引进社会资本参与开发。

3.项目合作开发模式探索

按照项目合作开发模式,2015 年 3 月至 2016 年 4 月,DF 地产公司先后多次与五家国内大型国企进行了商谈。受诸多因素影响,合作开发模式搁置。2016 年 5 月确定由 DF 地产公司自主开发建设武汉某大厦建设项目,由此项目建设工作正式全面开展。

图 24.1-1　项目设计方案图

24.1.2　项目概况及特征

武汉某大厦建设项目总用地面积 21087.65m²，总建筑面积 182616.18m²：其中地下室面积 54539.38m²、商业建筑面积 45279.32m²（含地下商业 5292.9m²），办公建筑面积 60153.22m²，酒店建筑面积 20421.12m²，建筑高度 199.6m，裙楼为 3 ~ 6 层不等、塔楼 46 层、地下室 3 层。1 ~ 6 层为商业，5 ~ 37 层为写字楼，38 ~ 46 层为酒店。

武汉某大厦建设项目基底面积 9482m²、建筑密度 45%、容积率 6.0、绿地率 45%、地下停车位 1603 辆，其中人防及绿化不足部分拟采取异地建设，建安工程投资 10.79 亿元。项目发展定位为：以高端企业总部办公功能为主，适当配套 "餐饮、零售、休闲、娱乐" 等功能，工程建成后将打造成集商业、酒店、办公于一体的城市商业综合体，增强项目所在地区现代服务业功能。

项目特征如下：

1. 项目发展定位高

（1）高端企业总部办公功能为主，适当配套 "餐饮、零售、休闲、娱乐" 等功能；

（2）工程建成后将打造成集商业、酒店、办公于一体的城市综合体；

（3）助力地区产业结构完善、增强现代服务业。

2. 工程规模大

（1）建筑面积 182616m²、地下室面积 54539m²、商业面积 45278m²（含地下商业 5292m²）、办公面积 60153m²、酒店面积 20421m²；

（2）建筑高度 199.6m、地下 3 层、裙楼地上 6 层、塔楼地上 46 层。

3. 专业齐全

（1）建筑及结构方面包括：桩基、混凝土结构、钢结构、粗装修、防水工程、幕墙（含泛光照明及 LED 屏）、精装修等；

（2）安装工程方面包括：电气、暖通、给水排水、弱电、消防等；

（3）设备安装方面包括：电梯、变配电（发电机）、空调设备、弱电设备、给水设备等；

（4）室外工程包括：园林景观、室外配套市政、自来水、燃气工程。

4. 项目建设目标高

（1）质量目标：确保"楚天杯"、争创"鲁班奖"；

（2）进度目标：施工工期 3 年、2018 年 3 月 20 日开工建设、2021 年 3 月 20 竣工交付；

（3）安全文明目标：省安全文明标化工地；

（4）其他目标：创新技术、海绵城市、BIM 运用等均设有较高目标（具体详见后目标策划章节）。

5. 社会聚焦度高

（1）本工程地处市区核心区域，毗邻诸多高端住宅小区，市民对扬尘、噪声扰民维权意识较强；

（2）市发改委、城建委重点工程，广为社会及政府所关注。

6. 工程技术难度大

（1）本工程为超限建筑表现为：主楼高度超限，裙楼平面扭转不规则、局部楼板不连续；

（2）施工技术难度较大分部分项：地下室、核心筒、钢骨柱、塔楼及酒店大堂、电影院等。

7. 安全风险大

（1）建筑高度 199.6m，危险源多、安全风险大；

（2）本工程危大工程较多：基坑支护、基坑土方开挖、基坑降水工程、混凝土结构模板支撑、落地式脚手架、附着式整体提升脚手架、钢骨柱安装、群塔作业、塔吊安装拆除、施工电梯安拆、物料提升机安拆等；

（3）本工程超危大工程清单：开挖深度达 15～20m 的基坑土方开挖、支护、降水工程；电梯井爬模施工；搭设高度 10.9m 混凝土模板支撑工程；1 号塔吊高度达 215m 安装拆卸工程；提升高度达 199.4m 附着式整体提升脚手架；施工高度达 199.4m 建筑幕墙安装工程。

24.1.3　全过程工程咨询服务范围及内容

1. 工作范围

在建设单位的授权范围内、履行项目可行性研究至保修期结束的建设全过程、全方位管理。包括项目总体策划、项目总控、综合管理、报批报建、设计管理、招标采购管理、造价咨询管理、合同管理、资金管理、BIM 管理、运维管理、工程监理等进行全面管控。

2. 工作内容

（1）全过程工程咨询公司依据《项目管理及监理委托合同》约定，代表建设单位全面行使对本项目参建单位的监督及管理权利，并按照《项目管理委托合同》约定承担相应管理责任及风险。

（2）全过程工程咨询公司负责全面承担本项目项目管理职能，包括项目建设全过程中需实施的前期报建管理、招标采购管理、造价咨询管理、工程设计管理、工程施工管理、工程竣工结算管理、项目试运行（竣工验收）及工程移交管理等工作，代表建设单位对本项目建设质量、安全、进度、投资、合同、信息等进行全面管理和控制，确保项目各项建设目标圆满实现。

（3）负责协助建设单位建立健全本项目建设期间各项管理制度及工作流程，并控制、检查、监督全体参建单位遵照执行。

（4）负责协助建设单位提出工程设计要求、落实设计管理指令、组织评审工程设计方案、审查设计单位过程成果文件，组织设计单位进行工程设计方案优化、限额设计、技术经济方案比选等。

（5）负责协助建设单位与工程项目总包企业或各专业分包施工企业、跟踪审计单位、设计单位等技术服务企业、建筑材料、设备、构配件供应等供货企业及时完成合同洽商及签署、并监督控制合同履约，及时落实履约纠偏。

（6）负责落实对勘察单位、设计单位、施工单位、供货单位等全体参建单位的合同管理，跟踪检查全体参建单位及参建人员的合同履约质量，检查、监督全体参建单位及参建人员全面履行合同，对参建单位及参建人员存在的过程违约行为有权依据对应承揽合同约定及相关法规规定及时落实纠偏指令及处罚措施。

（7）负责协助建设单位落实工程实施用款计划、及时申请项目建设资金、审批各类合同进度款支付、审批工程变更及设计变更、审批现场签证、处理工程索赔、合同争议、审批办理工程竣工结算等。

（8）负责协助建设单位落实对工程施工质量、进度、投资、安全的全面管理，协助建设单位组织竣工验收、整理移交竣工档案资料。

（9）负责协助项目建设单位单位落实生产试运行及工程保修期管理，负责组织项目后评估。

（10）负责按监理规范要求全面履行工程监理职责，负责按招标代理相关规定全面履行招标代理职责。

（11）负责项目 BIM 设计的进度及质量管控、使得在项目建设的不同阶段、BIM 设计深度及相应使用功能均能得到实现。

（12）配合协作建设单位运营招商工作、为项目招商运营提供技术支持、协调落实商户的各类合理使用需求。

（13）协助建设单位完成项目建设需同步实施的其他各项建设单位管理工作。

24.1.4 全过程工程咨询策划

1. 项目管理模式策划

在住房城乡建设部鼓励推行全过程工程咨询、工程总承包模式的大背景下，武汉某大厦建设项目为国有政府平台公司投资建设项目，为市重点工程和项目所在地"标志性"建筑，为确保项目建设管理规范、有序，顺利实现项目建设既定目标，建设单位报经上级领导批准，决定在本项目实行全过程工程咨询模式。全过程工程咨询模式同时也解决了建设单位管理专业人员紧缺的问题。

由此，武汉某大厦建设项目引进了全过程工程咨询管理模式。参建单位项目管理组织架构如图 24.1-2 所示。

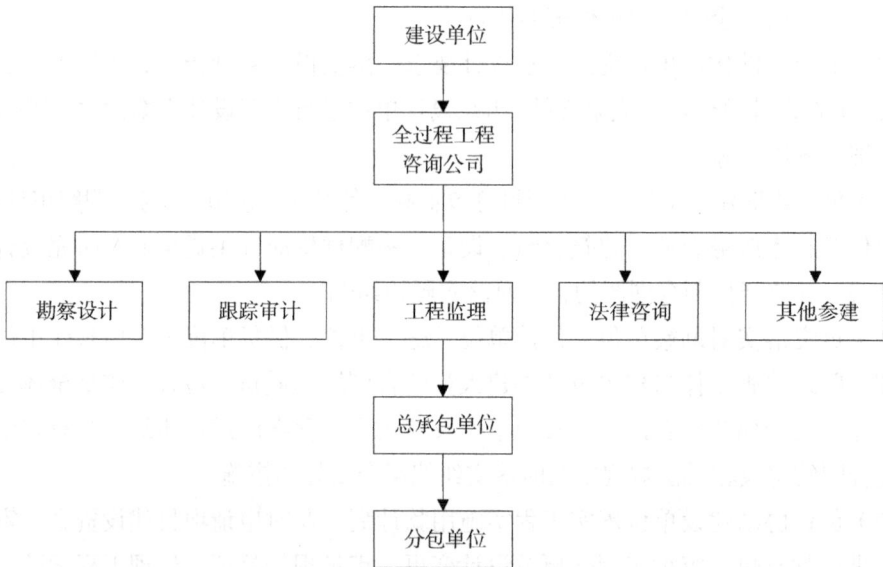

图 24.1-2 参建单位项目管理组织架构图

2. 建设目标策划：在项目正式实施前，本着与项目定位及影响力相匹配、由全过程咨询公司牵头，联合建设单位、设计单位等共同确定如下建设目标：

（1）进度目标：施工工期 3 年、2021 年 3 月整体交付；

（2）质量目标：确保"楚天杯"，争创"鲁班奖"；

（3）投资目标：建安工程结算额不得突破项目备案投资 10.79 亿元；

（4）安全文明：省级安全文明标化工地；

（5）技术创新：确保至少 1 项省级创新，争创国家级；

（6）海绵城市：符合《市海绵城市建设专项规划及实施方案》标准；

（7）BIM 技术：省级奖项。

3. 进度策划：本项目技术复杂且地处居民区、建设周期跨度长，为早日实现国有投资得到收益回报，进度策划总体思路：分阶段验收并投入使用，地下室及商业部分先期整体工程投入使用。机电安装设计也按此思路进行系统拆分设计，保证分阶段投入使用时系统的正常调试及使用。并策划里程碑节点工期如下：

（1）总工期 2021 年 3 月 20 日竣工交付投入使用；

（2）地下室超市 2020 年 6 月 1 日前正式投入运营；

（3）裙楼商业 2020 年 9 月 1 日前正式投入运营。

4. 招标策划

（1）为发挥总承包单位技术及管理优势、工程统筹协调力度，减少建设方合同管理及协调工作量，招标总体原则推行施工总承包管理模式、平行发包也纳入施工总承包管理并支付相应比例总承包管理费。

（2）对专业性极强的工作，为保证工程质量、兼顾发挥专业分包商的优势平行发包，精装修、电梯、暖通设备、弱电智能化、园林景观、高低压配电、泛光照明及 LED 屏、立体车库等平行发包。

（3）为减少招投标社会成本、提高招投标效率、确保建设方遴选到优质承包商，根据本地相关政策支持采用当地市城建委重点工程预选承包商模式进行招标。

（4）预选承包商招投标流程：招标公告发布（投标人网上报名）、资格预审（原件核验）、发放洽谈文件、投标人递交洽谈申请文件、审核洽谈申请文件（通过复查、比选产生不少于 7 家入围投标人）、入围资格预审公示（资格预审报告）、发售招标文件、投标单位提疑及答疑会（含答疑备案）、发布招标控制价、开标评标、中标公示、发放中标通知书。

（5）为保证工程质量及进度，体现投标人公平竞争原则，确保中标人顺利履约，将《建设工程施工合同》、主要材料设备品牌库纳入招标文件；并在施工总承包单位的招标中设立了工期奖罚：总工期每延误一天罚款 5 万元，最高罚款限额 1000 万元；质量奖罚：因承包人原因达不到"楚天杯"罚款 1000 万元，争创到"鲁班奖"奖励 500 万元。

5. 工厂式、装配式快速建造策划

（1）随着社会的不断发展、科技的进步，建筑业也在不断地创新和发展，鼓励采用工厂式、装配式技术及工艺，可以减少现场作业噪声，促进环保、加快工程推进速度，本项目也有应用。

（2）附着式整体提升脚手架：塔楼建筑高度 199.6m，为超高层建筑，项目采用了目前比较先进的附着式整体提升脚手架，如图 24.1-3 所示。

（3）基础承台装配式砌筑：工厂化、装配式工艺应用贯穿项目全过程，基础承台胎膜施工中采用了预制板模，不但安装快，而且绿色环保，如图 24.1-4 所示。

（4）石膏模盒的成功运用：在地下室梁板施工中，咨询工程师与建设单位共同考察并成功采用了石膏膜盒的施工工艺，使地下室的净高较传统梁板设计增加 60cm，提升了地下室的使用功能及空间感，如图 24.1-5 所示。

（5）单元式玻璃幕墙：为减少现场施工作业量、降低施工噪声带来的扰民苦恼、节省人力资源成本、降低超高层施工安全风险、促进施工进度，塔楼幕墙采用工厂化、装配式单元式玻璃幕墙。

图 24.1-3　附着式整体提升脚手架　图 24.1-4　承台胎膜装配　图 24.1-5　石膏模盒的运用

6.投资控制策划

（1）投资控制的成败直接决定了建设项目能否在原有资金筹备计划内建设完成、本大厦建设项目在投资控制方面采用了"三位一体"的控制模式，即设计管理、工程监理、造价管理三部门三位一体从设计阶段控制建设投资。

（2）设计阶段的投资控制是投资控制成效最为显著阶段，本大厦建设项目在保证建筑物使用功能、安全性及建设品质同时，成功控制了"三超"出现，真正做到施工图预算不超设计概算、设计概算不超投资估算、投资估算不超经批准备案投资额。

（3）在招标文件中确定了主要材料设备品牌档次备选范围，由投标人自主报价，确保了实施过程中材料设备的质量控制，避免了承包商选用劣质低档材料设备，避免了实施过程中材料设备的定价核价因素。

（4）在招标阶段严格审核工程量清单漏项、错项、清单重复、清单描述错误及含糊不清、主要分部分项工程量复核。

（5）设计管理工作的跟进，确保了招标时图纸的深度具备、基本未设置暂定价而减少因此带来的造价变动因素。

（6）在施工阶段严格控制设计变更程序、现场签证制度、现场施工的协调管理，做好施工阶段带来的投资增加、避免索赔事件产生。

24.1.5　全过程工程咨询成效

1.项目报批报建成效

（1）各项建设程序及报批报建手续均能同步、及时办理，保证了工程建设程序合法合规。

（2）各类评估评价（含交评、环评、航评、地灾等）、图纸审查（含消防、超限等）

均已完成。

（3）管线报迁改工作：天然气及自来水管线迁改排除场地内工程障碍，保证工程推进连续性及生产目标实现。

（4）正式水电气的报装正在进行中。

2. 建筑物功能及品质实现成效

（1）地下室设计为三层、无法满足《市建设工程规划管理技术规定》停车位数量规定，在方案不断研讨优化后，通过人防工程异地建设、调整地下室层高、调整地下一层及二层停车方案（调整为立体停车）等措施，在三层地下室设计情况下同时实现了停车功能、地下商超功能、设备用房功能。

（2）外立面幕墙、室外景观工程设计：持续研讨优化设计，提升了整个工程形象及感观。

（3）外立面上动态屏、静态广告位、建筑物及商家 LOGO 等，经过多轮多视角研讨评审，既实现了商业功能需求、也尽可能保留了建筑外立面原创设计效果。

（4）在通风空调设计方案评审中，考虑到后期运营中各业态空调使用时间上的不一致，为节省运营成本及投资，将原有统一空调系统调整为地下超市、购物中心、酒店、办公、影院共 5 个独立系统，节省后期运营成本若干。

（5）从项目总平设计开始，就已将商业业态、人流动向、交通流线、商家建议、消费者需求、物业管理、后期运营充分考虑，保证了建设与运营的高度融合。

3. 设计管理成效

往往体现在建筑物安全及功能实现、工程造价节省、方案优化带来的工期节省及施工风险降低，本章节略举几例：

（1）在基坑支护设计方案审核过程中：原基坑支护设计为 1.1m 排桩 +3 道内支撑，在保证安全前提下调整为 1.3m 排桩 +1 道内支撑 + 土钉挂网喷混凝土（且支撑布局采用圆盘锯形式），节省工期 5 个月，节省投资约 1000 万元。

（2）幕墙施工图深化设计后，为控制幕墙造价、减低详细概算超初步概算额度及比例，提出"裙楼顶部铝板顶棚取消朝下的装饰面"，铝板面积减少，造价下降约 200 万元。

（3）幕墙施工图深化设计后，为控制幕墙造价、减低详细概算超初步概算额度及比例，提出将"裙楼首层通道防火幕墙改为普通幕墙"，同时采用隔墙实现防火功能，幕墙单价大大降低，造价下降约 700 万元。

（4）在基坑支护施工中、发现地下管线与几颗支护桩平面位置重合，当时可管线迁改、设计变更两种选择；后经过多方的考察和研讨最后决定将管线处的支护桩平移内退 50cm 并微调设计，比之前改管线节省投资 100 万元、节省管线迁改工期 2 个月。

（5）基坑支护设计评审：基坑内支撑在塔楼密集设置会影响到塔楼的施工进度及整体地下室完成进度，后经各方讨论降低塔楼支撑密集度，整个地下室完成工期可提前 1 个月。

4. 招采管理成效

（1）招标策划方案合理：施工总承包管理模式、专业性强平行发包同时发挥了总承包及专业分包商各自的优势，也可节省工程造价若干。

（2）预选承包商制：当地市城建委重点工程、招投标预选承包商制节省了投标成本及招投标效率，确保遴选到信誉好、实力强的承包商。

（3）招标计划的按期实施：施工总承包单位、平行发包等招投标均能按招投标计划及工程实际推进、如期组织招投标，保证了各专业分包实时插入及工程的正常推进，促进了整体进度目标的最终实现。

5. 监理（质量、安全）管理成效

（1）本项目机电安装工程通过 BIM 统一综合布局，优化了各类管线平面布局及提升净高。

（2）样板引路：在每道工序施工前组织样板施工及验收如幕墙、机电综合管线、耐磨地面、砌体等。

（3）已完成中间验收：桩基工程，地基与基础分部工程，地下室、裙楼及塔楼 9 层以下主体结构经验收合格。

（4）电梯井核心筒部位：为保证其现浇结构几何尺寸及观感采用定型爬升模板工艺。

（5）塔楼大堂、裙楼扶梯、影院区域存在高大模板超危大工程，监理严格按经专家论证后施工方案及相关规范要求开展监理，保证其质量及安全。

6. 项目创优

（1）成立了项目"创优小组"，制定了"创优策划方案"，并定期邀请各方面专家前来授课讲学，提升项目各参建单位"创优创杯"意识及技能。

（2）质量目标：确保结构"楚天杯"，争创"鲁班奖"；因施工进度达不到申报节点，正在申报准备中。

（3）安全文明：省级安全文明标化工地，因施工进度暂未达到申报节点，正在申报准备中。

（4）BIM 技术：省级奖项，施工总承包单位正在完善并申报。

7. 项目运维效果

（1）项目施工阶段，专业商业运营公司即已进驻，开始招商及后期运营工作准备，并为项目建设提供商业支持。

（2）本项目地理位置优越、项目品质高端、商机无限，丰富的业态吸引了大量的商家前来洽谈，地下超市、影院、儿童乐园等主力店已与著名商家达成签约意向。

（3）项目施工阶段，物业管理公司提前进驻现场，从物业管理的角度为工程建设尤其是机电安装工程、献计献策。

24.1.6　全过程工程咨询管理体会

（1）采用全过程工程咨询模式利于集约化、专业化统筹报批报建、设计管理、招标采购、合同管理、现场管理、造价咨询等工作，利于项目总控目标的实现。

（2）目前实施全过程工程咨询人才（骨干人才）非常匮乏，从监理转型全过程工程咨询岗位的，无论从业务水平、工作态度、抗压能力及意识形态等，离全过程工程咨询的标准及要求，还有一定的差距。尤其是商业综合体项目，缺乏高端方案设计及评审、机电专业、现代信息技术及管理、商业咨询研讨等方面的人才。

（3）目前全过程工程咨询管理手册及指导手册、实施细则等具体到项目执行层时，显得比较宏观粗放，无法实质性指导全过程工程咨询工作的开展。

（4）目前尚无全过程工程咨询从业人员准入相关资格要求，为了保证工作质量，从业人员水平及要求相对应高于监理行业，相应薪酬标准也应提高，但目前并无全过程工程咨询费用计取规则，市场也依然在参考沿用监理薪酬标准，造成付出与收入的反差。

（5）在报批报建等外协工作中，全过程工程咨询公司社会资源缺乏，制约了其工作成效，往往需依靠建设单位协调。

（6）并未见实质性指导全过程工程咨询工作指南、工作标准、工作手册、工作考核标准。

24.2　某综合能源生产调度研发中心

24.2.1　项目背景

为加快实现企业的现代化管理，建立现代化的生产调度研发中心，在生产经营过程中，发挥其指导、协调和监督作用，以使之成为企业进行安全高效生产运营的有力保障。本项目建设有利于积极推动能源技术创新，为实现能源绿色发展与生产和消费革命增添助推器；有利于推动能源的清洁高效、绿色低碳发展；有利于 ZN 集团创造企业可持续发展的新的经济增长点，充分践行"低碳让生活更美好"的社会责任。

24.2.2　项目概况及特点

（1）建设地点：略。

（2）项目规模：总用地面积 24102 平方米，总建筑面积 137262 平方米，地上十层，建筑面积 79536 平方米，含办公 67994.5 平方米，商业 11272.6 平方米（其中酒店 8998.8 平方米）、物业管理办公用房 268.7 平方米等；地下三层，建筑面积 57726 平方米。

（3）建设内容：本项目建设内容包括企业办公、400 人会议室、展示中心、数据中心、配套商业、商务酒店、综合能源系统、泛光照明、地下车库、市政景观绿化、室外综合管线工程、供电工程等附属配套设施，是一个包括办公、交流、生活、零售、餐饮、休闲于一体的多功能"复合型园区"。

（4）投资规模：总概算 241993 万元。

（5）项目建设工期：合同总工期 1106 日历天，自 2019 年 5 月 24 日起至 2022 年 6 月 2 日止。

（6）质量目标：达到国家规定的合格验收标准，确保工程一次性验收合格通过，确保"钱江杯"，争创"鲁班奖"。

（7）管理模式：本项目实行"建设单位 + 全过程工程咨询 + 全过程造价咨询 +EPC 总承包"，即强管控下的 EPC 管理模式，旨在通过专业化管理实现建设周期全过程质量、进度、安全、投资全方面受控，最终实现建设目标。

（8）项目效果图如图 24.2-1 所示。

图 24.2-1　项目效果图

24.2.3　全过程工程咨询服务范围及内容

（1）项目管理工作内容：在委托人的授权范围内，履行工程项目管理的义务。包括项目策划、工程建设手续办理、施工图审查、造价管理、招标采购管理、施工管理、竣工验收、后期手续办理、配合结算并配合项目决算及审计工作、移交管理、工程保修咨询管理。收集、审查、整理工程相关档案资料，满足杭州市城建档案管理相关要求。对整个工程建设的质量、进度、投资、安全、合同、信息及组织协调进行全面控制和管理。

（2）设计管理工作内容：制定设计管理工作大纲，明确设计管理的工作目标、管理模式、管理方法。编制设计需求参数条件（如设计任务书），检查并控制设计进度，检查设计深度及质量。负责组织对各阶段各专业设计图纸的深度及质量进行审查。协调使用各方对已有设计文件进行确认。组织解决设计问题及设计变更，预估设计问题解决涉及的费用变更、施工方案变化和工期影响等。组织专项设计和专项审查，对评估单位提出意见的修改、送审，直到通过各种专业评估。对设计全过程进行限额设计管理。负责组织设计单位进行工程设计优化、技术经济方案比选并进行投资控制。审核工程竣工图纸。参与管理与协调 BIM 设计工作。

（3）施工监理工作内容：主要包括施工准备阶段、施工阶段各工序、各部位的监理以及工程备案验收证书取得至签发缺陷责任终止证书和工程结算、审计的监理服务工作。对该工程投资控制、进度控制、质量控制、建设安全监管及文明施工的有效管理、组织协调，并进行工程合同管理和信息管理等方面工作。

24.2.4　全过程工程咨询策划

合同签订后，根据合同明确委托内容及范围，立即组建由综合管理部、设计管理部、造价合约部及现场监理部四大部门组成的全过程工程咨询项目部进场配合建设单位开展前期工作，先后完成《项目策划书》编制、审查、评审并取得批复意见。同时，建立健全项目各级目标管理体系，相继编制或修编《设计管理规定》《施工图会审管理规定》《工程质量控制管理制度》《工程现场检查管理制度》《工程进度计划管理规定》《工程例会管理制度》《安全生产责任管理规定》《工程安全管理制度》《安全教育培训管理制度》《建设期工程采购招标管理办法》《工程档案管理办法》共计 10 项，协助配合完成《合同管理办法》《工程变更管理办法》《合同款支付管理办法》《工程结算管理办法》《无价材料（设备）签证管理办法》共计 5 项，目前各项制度相继已下发并投入使用，后续根据实际运行情况及时调整，保证动态管控。

同时，项目管理部根据项目特点，组织编制《项目工作手册》《项目监理规划》《项目应急预案》《项目安全文明实施细则》《钻孔灌注桩工程实施细则》《基坑围护工程实施细则》《深基坑工程实施细则》《危险性大分部分项工程实施细则》《旁站监理方案》《见证取样送检计划（桩基部分）》等现阶段质量、安全管控文件，建立健全各项管理制度，保证现场监理工作的顺利推进。在施工过程中，为保证各参建单位每日现场主要工作动态信息传递的及时、有效性，编制项目管理日报（如表 24.2-1 所示）并进行共享，同时项目综合管理部建立信息共享平台，对各类信息及时上传并实现共享，确保建设单位、全过程工程咨询单位、全过程造价咨询单位信息共享及"无纸化"办公。

24.2.5　全过程工程咨询成效

1. 投资管理成效

本项目实施全过程工程咨询管理，对项目建设资金管理严格履行资金支付申请、审核、审批、支付手续。即由申请单位提交工程款支付申请表，由全过程工程咨询、全过程造价咨询单位审核后报建设单位进行审批，最终提交建设单位财务进行支付。同时加强合同日常管理，建立并及时更新支付台账，做到笔笔支付审核手续完整、台账及时。鉴于本项目施工单位采取 EPC 总承包模式，招标图为初步设计、招标控制价为设计概算，中标价为费率下浮，该招标方案不同于传统综合单价招标，EPC 单位提交的任何施工方案均有可能涉及费用增加。为此，针对 EPC 单位提交的工作联系单或方案，均要求由 EPC 单位技术部门、生产部门、安全管理部门、造价部门共同进行完成内审并签署意见后，提交全过程工程咨询管理单位，全过程工程咨询项目部组织其

项目管理日报（样表） 表 24.2-1

项目管理日报

编号：项目简称-GLRB-000×

天气情况		编制日期	
施工环境情况			
施工劳动力投入情况			
施工主要机具			
材料进场及验收情况			
工序交接及验收情况			
安全文明施工情况			

施工进度情况汇总（视项目具体情况确定主要内容）

机号	区域范围（桩号）	截止 17：00 进展情况	实际天数	开孔时间	入岩时间	终孔时间	成桩时间
一、工程桩（含工程桩兼立柱桩）							
1.工程桩（共 × 根，剩余 × 根）							
2.围护桩工程桩（共 × 根，剩余 × 根）							
二、其他施工内容（视现场实际进行调整）							

施工情况汇总	当日完成情况	
	累计完成情况	
	其他情况	
	异常情况	
综合管理		
设计管理		
造价合约管理		

现场影像资料（涵盖当日工作主要内容与工序、照片各 1 张并配照片说明）

施工照片及照片内容描述	施工照片及照片内容描述

审批人： 校对人： 编制人：

×××项目管理部
× 年 × 月 × 日

设计部、监理部、造价合约部进行会审，再与全过程造价咨询管理部进行沟通，最终形成同意意见后提交建设单位进行审批，确保投资管理过程符合管理流程，有效控制项目投资。同时，本项目实行限额设计，设计单位施工图提交后由 EPC 单位组织技术部进行图审、造价部进行预算编制（初步），在投资受控情况下再进行施工图图审、施工图会审，一旦施工图会审完成后，除建设单位提出的变更外，其余设计变更增加费用均应由 EPC 单位自行承担，费用减少的扣回，并且在变更前要征得全过程工程咨询单位和建设单位同意后方可实施。

2. 设计管理成效

本项目设计管理实施分阶段管理，在方案及初步设计阶段，以建设单位及全过程工程咨询单位管理为主，通过组织召开联席会议形式，对阶段性成果进行审查，并形成会议纪要作为后续设计的依据；在施工图设计阶段，则以 EPC 总承包单位为主，全过程工程咨询管理部、建设单位配合并对阶段性成果进行审查。根据设计工作推进需要，成立专项设计小组，编制工作联络名册，在设计工作小组的统筹领导下展开各项专项设计工作，各单位相互协作，根据工作需要定期召开设计专题会议（如表 24.2-2 所示），确保各专项设计工作有序开展。

组织召开项目专题会议及纪要　　　　　　　　　　表 24.2-2

序号	文件编号	文件名称	备注
1	ZNZY-SJ-001	概念设计 01 工作联系单	
2	ZNZY-SJ-002	概念设计 02 工作联系单	
3	ZNZY-SJ-003	方案设计及初步设计第一次联络会议纪要	
4	ZNZY-SJ-004	各专业方案设计讨论会议纪要	
5	ZNZY-SJ-005	初步设计及概算第二次联络会议纪要	
6	ZNZY-SJ-006	数据中心设计交底专题会议纪要	
7	ZNZY-SJ-007	综合能源供应中心设计界面划分专题讨论纪要	
8	ZNZY-SJ-008	幕墙建筑立面方案论证意见表及其回复	
9	ZNZY-SJ-009	初步设计专家审查会会议纪要	
10	ZNZY-SJ-010	深基坑围护设计方案专家论证意见书及其回复	
11	ZNZY-SJ-011	数据中心设计协调会会议纪要	
12	ZNZY-SJ-012	初步设计内部审查会专题纪要（专题纪要 [2019]25 号）	
13	ZNZY-SJ-013	施工图设计对接与协调会议纪要（设计工作推进会）	
14	ZNZY-SJ-014	绿色建筑设计标准与施工图设计进度计划专题会议纪要	
15	ZNZY-SJ-015	绿色建筑设计专题会议纪要	
16	ZNZY-SJ-016	BIM 技术应用专题会议纪要	
17	ZNZY-SJ-017	专项设计提资讨论会议纪要	
18	ZNZY-SJ-018	数据中心设计对接专题会议纪要	

序号	文件编号	文件名称	备注
19	ZNZY-SJ-019	绿建、地下障碍物、施工图设计会议纪要	
20	ZNZY-SJ-020	地勘勘误会议纪要	
21	ZNZY-SJ-021	智能化设计原则专题会议纪要	
22	ZNZY-SJ-022	幕墙设计专题会议纪要	
23	ZNZY-SJ-023	室内、景观施工图设计专题会议纪要	
24	ZNZY-SJ-024	专项设计交流专题会议纪要	
25	ZNZY-SJ-025	幕墙专项设计专题会议纪要	

为确保施工图设计进度、深度满足现场施工需要，设计管理部在熟读施工图及EPC招标计划的基础上，编制计划管控一览表，确定设计重点、难点、出图时间及阶段性成果要求，实现了设计管控的计划性、针对性，有利于成果管控及提升执行力，在实施管控过程中取得较好效果。同时，在各阶段设计文件提交后，项目管理部设计管理人员及公司后台技术管理人员，对各阶段设计成果从满足国家规范、地方法规、设计任务书、各阶段设计要求、造价控制等多方面，进行合理性、优化性审查，提出专业性意见，与建设单位形成一致意见后与EPC单位设计管理人员、设计单位进行充分沟通协调，并将意见逐条落实到最终设计文件中，从而有效减少后期施工现场管理过程中大量变更，从技术上保证了施工的顺利进行和投资受控。

3. 招采管理

（1）招采策划

组建招标管理工作小组，编制招投标工作原则和管理制度；确定年度招标计划，对招标金额进行预估，判断管理层级，审核资质条件、招标文件、合同等；负责限额以上招标文件初审并报建设单位招标决策机构审定；全面配合建设单位组织限额以下招标采购，审批相关文件，最终报建设单位确定招标采购结果。

（2）招采实施管理

本项目采用EPC总承包管理模式，为避免合同履约纠纷，招标文件中对EPC总承包招标范围（除不可预见及政策调整外）、主材品牌、计价方式、变更条款处理、工程进度款支付方式、违约处理进行准确描述，同时合理确定控制招标控制价，其中招标最高限价必须载明设计费、建筑安装工程费用及设备购置费、工程建设其他费及预备费，便于后续过程控制，确保招标项目、采购物资的质量，同时也使项目总投资受控。

EPC总承包工程招采管理的难点为无价材料采购，为此，本项目编制《无价材料（设备）签证管理办法》，组建各参建单位共同参与的无价材料招标小组，并根据无价材料采购计划，提前组织对无价材料采购管理办法进行"试水"，及时调整并确定适合本项目的无价材料（设备）签证管理办法，确保后续大量无价材料采购进度满足现场施工进度需要。

表 24.2-3

设计管控计划一览表

序号	专项设计	设计条件梳理及确认	相关重点及交叉专业	EPC 单位内部审查	成果提交	成果审查	协同专业
1	幕墙设计	条件梳理/问题确认	效果/形式/材质/绿建/亮化/其他	内部审核/BIM建模及冲突检测		专家论证/图审	建筑/结构/绿建/亮化/标识
2	景观设计	条件梳理/方案优化/功能确认	效果/植物/材质/绿建/标识/其他（绿化率）			图审	建筑/绿建/智能化/亮化/标识
3	泛光照明设计	条件梳理/方案确认	效果/幕墙/标识/其他	内部审核		部门沟通（亮化办）	建筑/幕墙/景观/智能化
4	室内设计	效果/方案确认	效果/功能/智能化/土建/绿建/其他（使用需求）	内部审核/BIM建模及冲突检测		图审	建结水电暖/智能化/绿建/标识
5	智能化设计	条件梳理/方案确认	系统/室内/机电/绿建/其他	内部审核		与其他专项协同	建结水电暖/室内/景观/能源中心/电梯/太阳能
6	厨房深化设计	条件梳理/方案确认/其他专项协同	工艺/室内/土建/机电/其他	内部审核		部门沟通（卫生）	建结水电暖/室内/智能化
7	标识设计	其他专项协同	效果/智能化/景观/室内/机电/其他	内部审核		与其他专项协同	建筑/室内/景观/智能化
8	数据中心、财务机房设计		智能化/土建/机电/机电/其他	内部审核	质量审查/概算核查	与其他专项协同	建结水电暖/室内/智能化
9	能源中心深化设计	条件梳理/问题确认	土建/机电智能化/其他	内部审核/BIM建模及冲突检测		与其他专项协同	建结水电暖/室内/智能化
10	电力设计	条件梳理/问题确认	建筑/机电/其他（开闭所）	内部审核		部门沟通（供电）	总图/建筑/室内
11	燃气设计	条件梳理/问题确认	总图/景观/其他	内部审核		部门沟通（燃气）	总图/建筑/景观
12	交通标识设计	条件梳理/问题确认（车位数量，充电车位）	土建/室内/其他	内部审核		部门沟通（交通）	总图/建筑/室内
13	钢结构深化设计	条件梳理/问题确认（观光电梯）	土建/室内/其他	内部审核		与其他专项协同	建筑/结构/绿建
14	PC构件深化设计	条件梳理/问题确认	土建/室内/其他	内部审核/BIM建模及冲突检测		与其他专项协同	建筑/结构/绿建
15	太阳能深化设计	条件梳理/问题确认	土建/机电	建模及冲突检测		与其他专项协同	建筑/电气/景观/智能化

注：设计单位选择后报建设单位确认；设计单位根据工作内容为编制图纸；设计成果要求达到有关深度规定；全过程工程咨询单位组织图纸会审和设计交底。

EPC 总承包工程招采管理的另一个重点和难点是对 EPC 总承包分包采购管理。在分包单位招采前，要求 EPC 单位编制招标采购工作方案并提交招标管理工作小组进行审批，审批同意后方可组织招标，分包采购结果及合同需提交全过程工程咨询单位和建设单位备案。为防范 EPC 总承包单位分包进度款支付不及时，在总承包合同中明确，在建设单位按时向 EPC 总承包单位付款的情况下，如果发生 EPC 总承包单位没有按时向分包人、材料设备供应商付款，建设单位有权暂时终止向 EPC 总承包单位付款，直接向相关分包人、材料设备供应商付款，此转付款及相应利息（按银行同期贷款利率计算）将从下一笔向 EPC 总承包单位的付款中扣除。在 EPC 总承包单位向有关分包人、材料设备供应商支付相关款项后，建设单位将继续向 EPC 总承包单位付款。

（3）招采成效

目前已顺利完成概念性方案、方案及初步设计、全过程造价咨询、全过程工程咨询和 EPC 工程总承包单位招采工作，整个招标工作做到公开、公平、公正，程序合法合规。

4.监理（质量、安全）管理成效

（1）事先策划

建立工程质量控制管理流程及工程现场检查管理流程等管理制度；组织 EPC 总承包单位按照“鲁班奖”评奖要求编制“创优夺杯专项施工方案”；通过每周一次的监理例会或管理例会解决施工过程中出现的质量、安全问题，对下一阶段的施工进行合理安排，并形成会议纪要。

（2）过程控制

①质量管控与成效

项目开工后，安排专职见证人员从严控制材料进场验收，通过编制一套材料验收表格，既满足 EPC 总承包单位加强对分包单位验收管理需要，又同时完善 EPC 总承包单位自查自纠程序。通过层层把关，为项目建设打好坚实基础。项目现为桩基阶段，施工过程中按照经批准的见证取样计划，及时完成原材料现场取样与送检、焊接送检、混凝土立方体试块送检。同时严格验收程序，放线、就位、成孔、钢筋笼加工质量、钢筋笼竖向焊接、下导管、清孔、混凝土浇筑、成桩每道关键工序经严格验收，验收人员及时填写施工现场记录表，并形成一桩一影像，其他验收方法类似，所有过程检查验收和影像资料形成电子版，有电脑专门分类存储，保证资料的真实性及可追溯性。同时，加强对新进员工培训，通过内部学习、统一交底、新老员工帮带等方式，强化自身专业知识，夯实新员工业务能力，从而加强监理部人员质量控制工作。针对桩基施工过程中钢筋笼焊接存在脱焊、焊缝不饱满、箍筋间距过大等质量通病，不断要求 EPC 总承包单位及桩基分包单位对班组、班组对作业人员层层技术交底、加强自检与互检，巡视检查、平行验收等管理手段，施工质量完全受控。

②现场安全管控与成效

本工程要求确保"钱江杯",争创"鲁班奖",安全文明施工创浙江省、杭州市"双标化"工地。为此,本项目成立建设单位负责人任组长、各参建单位负责人任副组长、安全专业管理人员为组员的项目安全委员会,并每季度组织召开项目安委会,对项目整个安全管控起到监管作用。在日常管理过程中,项目监理部及时对 EPC 单位上报施工组织设计中安全技术措施或专项施工方案是否符合工程建设强制性标准进行审查,审查合格后批复同意施工。同时,安全监理工程师针对本项目实际情况编制《安全文明监理实施细则》,对施工现场危险源进行识别、分析,坚持以"安全第一,预防为主"方针,落实"纵向到底、横向到边",强化落实安全责任。同时为认真做好安全文明施工控制,项目监理部每周联合 EPC 总承包单位对施工现场进行安全周检;每月组织建设单位、EPC 总承包单位及桩基分包单位安全管理人员进行安全文明月检,对检查过程中发现问题以书面形式下发至 EPC 总承包单位要求限期完成整改,有效保障施工现场安全文明受控。

5. 项目创优计划

本工程要求争创"鲁班奖",为此,组建以 EPC 总承包单位项目负责人为组长的策划小组,建设单位、全过程工程咨询单位项目负责人作为策划小组成员,全程参与、监督落实"鲁班奖"各项评审要求在建设期的全面贯彻落实。施工策划方案由 EPC 总承包单位负责编制,策划方案要结合本项目"鲁班奖"质量目标及评审要求,确定项目施工措施和主要技术管理程序,同时制定施工分项分部工程的质量控制标准,为施工质量提供控制依据。施工策划包括工艺、标准、做法、施工技术、施工方法、管线布置、装饰色彩、管线走向、材料选择、装饰细部以及现场施工的各种要素等。通过统一的施工策划,保证各个分项工程内在质量和外部表现上的一致性和统一性。同时,在施工过程中,严格按照"鲁班奖"策划方案组织施工及监管,避免后续大量整改与返工,保障项目建设全过程真正按照"鲁班奖"组织建设。

24.2.6　管理体会

1. 实施经验

(1) 地下障碍物

本项目在前期已委托专业单位完成项目初步勘察和详细地质勘察,设计单位根据勘察报告完成桩基及围护施工图。EPC 总承包单位进场后,发现场地内大量原建筑工程桩及承台基础等地下障碍物,导致原桩基施工图大量调整,同时为有效控制投资,避免障碍物处理造价的大幅增加,设计调整贯穿整个项目地下障碍物清理全过程,同时对桩基施工进度、现场安全文明管控造成影响严重。虽然 EPC 总承包合同专用条款明确"现场障碍资料,包括工程设计、现场施工所需地上和地下已有建筑物、构筑物、线缆、管道、受保护的古建筑、古树木等坐标方位、数据和其他相关资料,由承包人自行勘测,现场障碍勘测和处理产生的费用由承包人自行承担"。但地下障碍物对施工进度的影响不可逆转, 同时现场见证工作量巨大、费用是否计取、如何计取、是否存在工期索赔等综合判定难度大。为此, 本着项目积极推进原则, 待地下障碍物清理完成后, 另行组织各参建单位、律师、专家召开专题会议, 最终确定合理合规处理方案。

为此, 建议新开项目在设计工作开展前, 务必掌握项目建设所在地块周边原地质情况, 调取设计图纸。必要时施工单位进场后、桩基施工前进行场地勘测, 一旦发现存在障碍物, 根据现场实际、工期、费用等综合考虑并及时制定处理方案、同时调整设计, 切勿边施工、边清障, 不利于现场施工进度管控的同时, 也对现场安全文明管控造成严重影响。

（2）无价材料等招标采购与 EPC 对接

本项目为初步设计阶段 EPC 招标, 设计、采购、施工均由 EPC 单位负责, 该模式有效减少建设单位招标采购工作, 但 EPC 模式目前尚处于探索阶段, 没有完整、成熟经验可以借鉴, 同时因建设单位、EPC 总承包单位内部招标采购流程管控存在差异, 尤其是项目实施过程中大量无价材料签证工作, 不仅工作量大, 而且矛盾突出, 如何有效解决是目前所有 EPC 总承包单位都将面临的难题。目前, 浙江省尚未有 EPC 项目已顺利完成工程结算, 建成后工程结算难度大、结算周期长。同时, EPC 总承包单位大部分采用联合体投标, 因此牵头人非常关键, 如牵头人是设计单位, 施工单位则作为分包单位, 大部分设计单位缺少施工管理经验, 不利于施工全过程管理; 如牵头人为施工单位, 施工单位对设计管理相对较弱, 仍以设计单位负责施工图、EPC 单位负责施工, 两家单位未真正意义上形成合力, 设计与施工的矛盾依然存在。EPC 总承包模式中, 如何有效融合各实施主体方, 需要进一步探索研究。

（3）土方外运困难

土方外运是杭州市所有建设项目面临的最大瓶颈。本项目地下三层, 土方外运总量约 30 万立方米, 但因杭州市已无土方消纳场地, 需通过码头向周边转运, 同时卸土码头为属地管理且运力限制, 不仅土方车辆到达码头后排队等候时间较长, 土方外运效率严重偏低, 而且土方市场价格已持续上涨, 远远高于中标价, EPC 单位积极性受挫, 建安成本控制风险增加, 不利于现场进度和投资管控。目前土方外运不是建设主体任何一方能够有效解决的难题, 必须通过政府协调方可有效解决。

2. 本项目全过程工程咨询实施的不足与改进措施及建议

全过程工程咨询工作内容涵盖项目建设全生命周期, 需要对项目策划、设计、招采、监理、造价等多项管理功能融为一体、全局策划, 因此, 对咨询团队、复合型人才、精细化管理提出更高要求。全过程工程咨询作为新型管理模式, 无规范和标准可以执行, 且目前咨询从业人员专业技能、管理经验仍较为单一, 管理水平良莠不齐, 无法满足建设单位的高期望、严要求, 同时 EPC 总承包也为新型管理模式, 成熟管理经验较少, 两个新型管理模式的磨合至质的飞跃仍需要较长的时间。为此, 唯有各参建单位利用自身优势, 形成项目团队, 责任明确、相互补位, 方可顺利完成项目建设。

24.3　杭州某大厦

24.3.1　项目背景

杭州某大厦项目经中国人寿保险股份有限公司开发并已列为浙江省重点建设项目，是办公、酒店、商业为一体的现代化高端城市综合体项目。项目本着以人为本的绿色发展理念努力打造新的城市办公楼标准。项目由三栋塔楼构成，位于杭州市江干区钱塘江北岸。东南方向邻近新城商业地产项目来福士广场，眺望钱塘江；西南方向隔新业路紧临市民中心标志性建筑，具有良好的景观和视野；通过地块西北的钱江路和新区主要交通动脉相连；东南侧民心路，是新城主要精品商业街。建筑最高点达190m，遥望钱江新城核心建筑群——杭州市市民中心、杭州大剧院及杭州国际会议中心，景观直达钱塘江岸。西侧城市绿地公园绿色景观资源得天独厚。在钱江新城大的总体规划要求下采用国际先进设计理念，实现建筑群体的一体化、标志性、可持续性和人性化。同时，关注周围楼群的群体关系，塑造钱江新城独特的优美天际线。

24.3.2　项目概况及特点

1. 项目概况

总用地面积35895m²，总建筑面积约428342m²（以批准的建设规划工程许可证为准），其中地上计容积率建筑面积287152m²，地下建筑面积为132719m²，如图24.3-1所示。项目总投资为65.89亿元（含土地款）；资金来源为自筹资金。

图24.3-1　杭州某大厦效果图

2. 项目特点

本项目为钢管混凝土框架—钢筋混凝土核心筒结构体系。其中商务主楼地上42层，建筑高度189.7m；商务副楼39层，建筑高度169.7m；培训楼32层，建筑高度

129.6m；裙房 5～6 层、地下室 4 层。围护结构采用 63m 的地下连续墙加四道水平支撑，地下室大底板深度 -21m，坑中坑深度 -28.6m，外立面幕墙为玻璃幕墙与石材幕墙结合的大单元板块，最大单元板块面积约 12m²，重约 3 吨。整个工程施工难度大，工艺要求高。

3. 项目质量目标

符合国家及地方验收标准要求达到合格，并获得"鲁班奖"。

4. 项目工期目标

开工日期：2012 年 12 月 25 日；竣工日期：2020 年 12 月 30 日。

24.3.3　全过程工程咨询服务范围及内容

1. 项目管理模式及范围

项目建设实行由建设单位委托全过程工程咨询单位进行全过程项目管理的模式。咨询服务从项目建议书评审开始，至项目保修期结束为止，实行全过程项目管理。严格控制质量目标、投资目标、进度目标、安全生产和文明施工目标。

2. 项目管理工作内容

依据建设单位与咨询单位签订的《杭州某大厦工程项目管理合同》，项目管理内容包括：

（1）组织方案选择、设计招标、工程勘察、初步设计概算编制；

（2）办理项目方案、初步设计、施工图等文件的审查审批手续；

（3）组织施工图设计、施工招标、监理招标、设备材料选购招标等；

（4）办理土地使用证、工程规划许可证、施工许可证、人防、消防、园林绿化、市政等手续；

（5）工程合同的洽谈签订与履约的监督与管理，严格进行质量、进度、投资和安全文明施工等方面管理；

（6）编制年度进度计划，投资计划、用款计划申请；

（7）参加工程基础、中间验收，组织各专项及竣工验收，编制工程结算报告、配合结算审计，组织基建建账、资产和建设档案移交、工程保修等。

24.3.4　全过程工程咨询策划

1. 项目管理内部组织策划

全过程工程咨询单位实行项目经理负责制，项目经理是全过程工程咨询单位在本项目上的全权委托代理人，负责项目组织、计划及实施，处理有关内外关系，保证项目目标的实现，是本项目的直接领导与组织者，项目副经理在项目经理的授权下代表项目经理开展各项工作。根据合同内容，项目设综合管理部、设计管理部、招标合约部、工程管理部四个部门；项目专家组、公司技术部门根据项目需要提供相应的技术支撑，如图 24.3-2 所示。

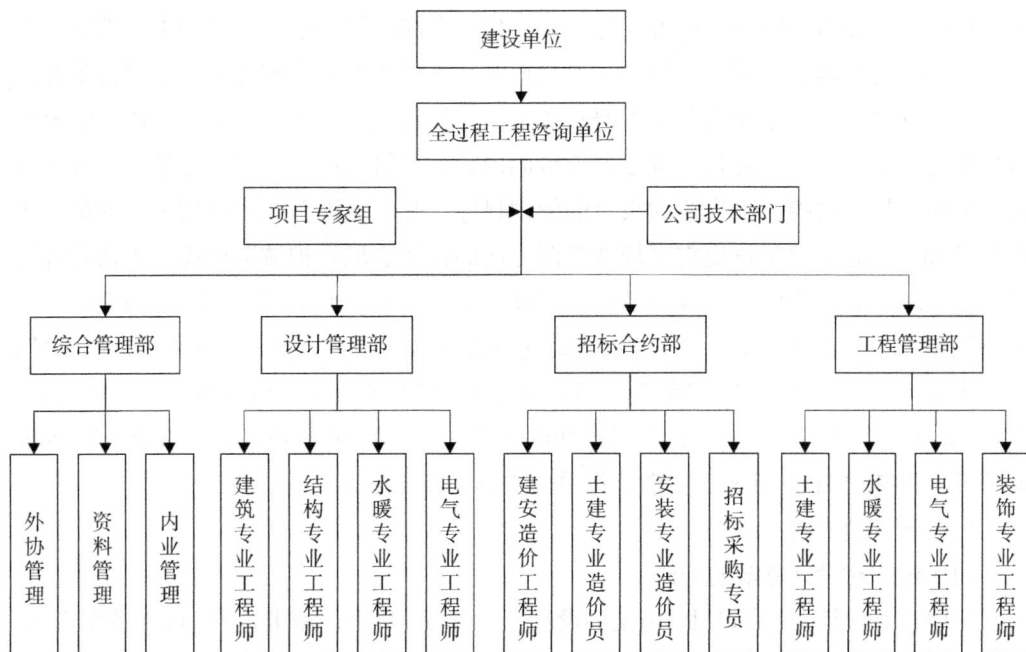

图 24.3-2　项目管理组织图

2. 项目总体组织策划

为了杭州某大厦项目的顺利实施，确保工程建设目标的实现，加强对各参建单位的组织、管理与协调，明确各单位间的工作流程、规范管理，保证各项工作科学、合理、有序地开展。依据国家有关法律、法规及项目参建单位合同，结合建设单位的管理模式和实际情况，全过程工程咨询单位联合建设单位共同编制签发《杭州某大厦建设工程项目管理手册》，作为本项目建设期间指导、规范全体参建单位、参建人员日常建设行为的纲领性文件，参建本工程的所有单位务必遵照执行。其中主要包括：管理机构、职责及项目参建单位关系、工程项目管理制度和办法（含工程管理会议制度、招标投标管理办法、合同管理办法、安全生产文明施工管理办法、工程质量管理办法、工程进度管理办法、建设资金管理办法、工程变更管理办法、工程签证管理办法、新增单价管理办法、工程结算管理办法、信息交流与档案管理办法）。

根据建设单位需求与现场实际情况，全过程工程咨询单位编制杭州某大厦建设项目总体控制性进度计划表并上报建设单位审定贯彻执行。根据总体控制性进度计划可以督促、协助参加项目建设的各方按照上述总控制计划的要求，编制各自的工作计划，使之相互协调，构成二级计划系统，应检查各方计划的执行情况，通知有关单位采取措施赶上计划进度要求。

24.3.5　全过程工程咨询成效

1. 投资管理成效

工程造价咨询服务的内容包括项目前期决策、招投标、施工、竣工与后评估分析等各阶段。其涵盖建设项目的方案比选与优化、合同体系的建立与合同类型选择、合同价款的确定与调整、工程造价的计量与控制、进度款的确定与支付、建设技术经济评价与后评估等。真正做到覆盖可研投资估算、设计概算、施工图预算、竣工结算阶段的全过程造价控制。凡是涉及工程造价的内容，严格管控。从源头开始树立节约投资的原则，层层把控，实现节约投资的管理目标。施工签证费用审核把关，如桩基工程准备期间，施工单位发现贯穿场地东西方向的古河道堆石护坡障碍物，需清理并回填平整。施工方上报障碍物处理费用为180.51万元，已经监理审核同意；但全过程工程咨询单位重新审查发现，块石等挖运已包含在原合同中、不考虑，无须外购土回填；相关人工、机械重新核定审核计算，最终审定额为14.05万元，核减额为166.46万元。截至2020年1月1日，已审核联系单200余份，签证单60余份，合计涉及金额9000余万元。核减约2600万元，帮助建设单位避免了该项损失。

2. 设计管理成效

（1）组织对设计方案的调研

围绕方案设计、初步设计、施工图设计三个阶段，从设计需求管理、设计进度管理、设计质量管理、设计投资管理四个维度进行设计管控。现已完成设计工作：方案设计、初步设计、施工图设计、基坑围护设计、建筑幕墙设计、智能化设计、高压配电设计、泛光照明设计、景观绿化施工图设计、酒店精装修设计、商业精装修设计、出租办公精装修设计、自用办公精装修设计、室外综合管网设计、区域管道燃气设计、毗邻城市连廊设计、国寿博览馆设计、智能化深化设计、厨房深化设计。后期设计任务：VI标识系统深化设计。

根据项目特点，结合全过程工程咨询服务内容，咨询项目经理应熟悉投资决策阶段的程序和内容、具备项目实施策划、招标采购管理、投资控制、勘察管理与设计管理、报批报建报验管理、合同管理、进度控制、现场工程管理、信息综合管理、风险管理、验收移交咨询，乃至运营阶段咨询及其他延伸专项咨询服务的能力。

（2）组织重大关键技术方案咨询会议

包括深基坑围护设计专家论证、幕墙设计专家论证、暖通专业设计专家论证、智能化设计研讨、电梯方案设计研讨、泛光照明设计方案研讨。

（3）成效

①采取针对措施，加强设计管理，提前完成施工图设计。项目前期，由于政策调整的原因，为不影响工期目标，全过程工程咨询管理部在设计院派驻专业人员进行对接，及时解决设计过程中遇到的问题，并将施工图设计提前25天完成，确保项目如期开工。

②提出500余条图纸审核意见（含合理化建议），覆盖了各个专业，减少了后续的返工和索赔。

③通过提出合理化建议，进行设计优化，节约投资约1.2亿。如：根据设计施工图及对应材料品牌询价，幕墙预算约3.64亿元，超出概算0.64亿元，设计管理部对施工图纸审阅后并提出合理化建议，调整设计图纸部分用材等，最终预算调减约0.49亿

元，调整为约 3.15 亿元；立体车库工程通过优化基层找平层做法，节约 500 万元；建筑墙体做法通过优化，节约 900 万元；精装修工程成品隔断优化为轻钢龙骨隔墙，节约 1500 万元；精装修地面做法优化用材等，节约 2000 万元。

3. 招采管理成效

（1）杭州某大厦项目的全过程工程咨询单位对所有招标工作的整体流程，对文件的合理性、合法性、合规性进行监督和检查，保证整个招标流程公平、公正、公开。协助建设单位与中标单位签订合同，审核合同内容，规避合同风险，填补合同漏洞以及参与合同条件谈判。

①招标文件内容全面性的审核把关：要求招标代理单位对招标文件中关于报价要求的内容要尽量全面并认真审核，如本项目工程量清单中有关封堵内容没有列项，关于电梯轿厢门封堵问题总包单位要求签证，由于招标文件报价要求中明确：总承包人还须负责对分包工程完工后的填补、修复与清理工作（如用水泥砂浆、砼材料填实设备、框架及建筑结构之间的缝隙；外露的电线、管道修补、批灰、面层修饰等工作）。孔、洞封堵工作中，分包人返工的除外，幕墙施工中分层防火封堵除外；避免后期各施工单位间工作推诿扯皮，责任落实单位要求索赔费用不成立，同时减少管理单位的工作协调量，对后期项目实施阶段有利。

②招标文件的审核，严把材料品牌关：招标属于项目实施的前期工作，前期工作细致为后续施工带来方便，特别是材料品牌的确认，要求设计、造价、代理公司、项目管理各单位分别提供，最终根据各家选定的品牌并说明理由，择优确定最终品牌。在询价过程中要求对各个品牌分别询价并存档，确保在同一档次。

（2）成效：通过把握招标工作重点、明确招标范围、明确合同计价方式和价格风险明确（措施费、人工材料机械价格波动、其他项目费等）、明确技术要求、材料设备品牌、设置合同乙方义务和违约责任等条款，实现了质量和造价风险的预控。另外，通过对造价咨询公司编制的招标控制价的审核，累计净核减 3000 多万元，在招标阶段实现了节约投资的管控效果。

4. 工程（质量、安全）管理成效

（1）杜绝人员死亡事故及火灾、中毒、环境污染等事件，达到杭州市、浙江省"双标化"工地、安全零事故。

（2）组织重大高危施工方案技术咨询：如深基坑施工方案专家论证、塔吊安装拆除方案专家论证、高大支模架专项施工方案专家论证、爬模方案专家论证、幕墙单元板块吊装方案专家论证、吊篮安装拆除专项方案专家论证。

（3）项目建设品质管控：杭州某大厦项目部分专项施工接近收尾阶段，要求并组织设计单位会同建设方和其他参建方定期现场巡查，以"鲁班奖"评奖要求为标准，结合现场成效，对专项工程设计成果进行判别，完善项目建设，确保项目品质、工程质量优良。

5. 项目创优成效

围绕"鲁班奖"为主线，目前项目已获得：2014 年度第四批全国建筑业绿色施工示范工程、2017 年度中国钢结构金奖、2018 年下半年度杭州市建设工程"西湖杯"（结构优质奖）。

6. 科研成果及课题研究

本项目施工阶段采用液压爬模技术（详见《建设监理》2017/3/ 总 213 期《液压爬模技术应用实践与安全管理》摘要：以杭州某大厦为例，通过在超高层建筑核心筒钢筋混凝土剪力墙施工中的研究与实践，进一步表明液压爬模施工技术不但操作简单、安全性高，而且便于现场文明标化建设，保证了混凝土浇筑质量、加快了施工进度、有效节省了施工成本），其中施工方研究课题——超限一次斜爬模施工技术研究荣获 2016 年度中国施工企业管理协会滑模工程分会颁发滑模、爬模工艺技术创新成果三等奖。

24.3.6　管理体会

1. 本项目实施经验

（1）组织单位进场协调及制度宣贯

依托"小建设单位大咨询"模式下，咨询单位在扁平化管理组织机构下，充分发挥专业化、职业化优势，对现场全部参建单位进行统一管理。组织参建单位进场协调及制度交底，采用 PDCA 循环管理定期组织项目负责人会议进行进度计划落实情况分析、纠偏、落实跟踪。

（2）影响因素的排除

建立高效的沟通与决策机制，实行首问责任制，及时解决影响项目推进的各项问题。除及时组织人员到现场解决问题外，还建立各个层次的微信、QQ 群，包括领导决策层、中间执行层等，以便及时有效沟通。

（3）召开管理例会及专题会议

为及时贯彻、落实政府主管部门和建设单位的有关文件和指示精神，确保工程顺利进行，布置、落实有关工作，协调参建单位间的关系，全过程工程咨询单位每天召开管理例会，并根据现场实际情况及工作需求定期组织召开各项专题会议。

（4）开展施工劳动竞赛

随着中国人寿大厦建设项目施工阶段不断开展，项目管理的重心有所倾斜，在安全生产文明施工的前提下，各方齐心配合、全力抢抓进度、按期完成合同工期目标成为工程建设的重点和中心任务；围绕"比施工进度、比安全文明、比施工质量、比团队协作"活动贯穿全过程，制定不同的竞赛办法。比如在杭州某大厦建设项目室内装修施工过程中围绕装修施工为主线开展施工进度劳动竞赛，明确组织机构、劳动竞赛范围和内容、竞赛评比流程、考评打分方法、竞赛的考核与奖励，发挥各施工项目部的整体优势，充分调动各参建单位和人员的积极性，勇争第一、团结协作、顾全大局，为中国人寿大厦项目建设创立新功。开展各装修标段施工进度劳动竞赛活动是调动参建单位生产积极性、优质高效完成工程建设任务的重要手段。

2. 本项目全过程工程咨询实施的不足与改进措施及建议

由于本项目体量大，功能复杂、设计内容烦琐，造成专业间不协调、空间矛盾大等不利现象，造成后期施工返工难度大，不利于工期及造价控制，本项目未充分利用先进建造体系——智慧建造及 BIM 技术，如采用先进建造体系将减少甚至避免相应此类问题。BIM 技术具有如下优势：进行三维协同设计，可视化设计沟通，提高图纸设计质量；通过 BIM 深度应用，加强项目管控力度，保障项目建设进度；BIM 相关工作落地实用，解决现场具体问题，体现 BIM 价值；探索 BIM 项目管理机制创新，提高项目管控细度及效率；快速精准地模拟真实环境、场景，大大缩短了设计师、建设单位的决策时间，加快项目推进进度。

在飞速发展的当今社会，各种专业技术和管理观念都存在着大小不一的"质"的变化，固守一种模式无异于井底之蛙，看到的永远只是同一片微小的天空，只有跳出井底，多接触外界的新鲜事物，作为建筑行业的管理者，处理一件事情要面对错综复杂的因素，不同的参建单位、不同的大环境、不同的人，这时就要考虑出多种解决方案进行应对，而不是一味地采取固定的模式进行处理，因为面对如此多的因素，处理问题的过程中，随时都会出现各种变数，只有提前想好各种变数的解决方案才能做到临危不乱。

第25章　体育场馆项目案例

25.1　蚌埠市体育中心

25.1.1　项目概况

蚌埠市体育中心是2018年安徽省第十四届运动会举办的主要场馆，也是向安徽省乃至全国展示蚌埠形象的标志性建筑。蚌埠市体育中心由"一场、两馆、一校、一塔"（一场为体育场，两馆为体育馆和多功能综合馆，一校为体校，一塔为景观塔）组成，如图25.1所示。该项目位于蚌埠市蚌山区解放路以西、燕山路以南、货场八路以北。规划总用地面积304019m²，总建筑面积144751m²，其中地上建筑面积113765m²，地下建筑面积30986m²。

图25.1　蚌埠市体育中心效果图

25.1.2　全过程咨询目标和服务内容

1. 管理目标

（1）进度目标：2018年5月30日通过竣工验收，6月30日完成工程移交。

（2）质量目标：黄山杯，体育场确保"鲁班奖"。

（3）投资目标：工程结算额不超过工程设计概算。

（4）安全目标：蚌埠市建筑施工安全质量标准化示范工地，国家AAA级安全文明标准化工地。

2.咨询服务内容

（1）项目管理总体策划管理

①招标内容：地基与基础工程、主体结构工程（其中钢结构工程应由中标人依法分包）、建筑装饰装修工程、屋面工程（其中金属屋面工程应由中标人依法分包）、建筑给排水及供暖工程（另外还包含虹吸雨水系统）、通风与空调工程、建筑电气工程（另外还包含消防电系统、夜景照明，不含 10kV 变配电工程高压部分）、智能建筑工程、建筑节能工程、电梯工程、室外工程；其中幕墙、智能建筑工程、涉及体育工艺的部分以专业工程暂估价形式纳入总包。

②调研项目地理位置环境、外围市政配套条件、政府部门为项目立项前期召开的各类会议等。

③搜集整理项目所在地政府及建筑行建设单位管部门颁布的有效的地方法规、政策文件、技术规范等。

④同项目建设单位具体沟通项目建设目标及管理构想。

⑤制订项目管理具体目标，包括进度、质量、安全、投资及管理。

⑥制订项目管理总体目标，按专项管理及项目建设节点分解确定分目标。

⑦同建设单位沟通确定全体参建单位管理架构，明确项目管理模式及各单位之间的管理关系管理层次，各单位在项目建设中的职责及定位。

⑧建立项目管理的组织机构，明确各部门及岗位工作职责。

⑨按专业、按阶段分解项目管理的工作内容，明确管理工作任务。

⑩同建设单位沟通制订项目管理工作程序及工作制度，完成全过程工程咨询工作手册及规划等指导项目管理的纲领性文件编制。

⑪制订全过程咨询管理各阶段各岗位的人力资源计划。

⑫分析确定针对项目主要参建单位的各项资源需求，在对应项目招标及签约中及时落实。

⑬编制项目总控计划，主要包括项目报批报建工作总控计划、项目设计工作总控计划、项目招标工作总控计划、项目建设施工总控计划等。

⑭跟随工程进展，定期检查项目实际工作进展同总控计划的偏差，采取针对性纠偏措施或动态调整失效的总控计划。

⑮及时协调项目各层面、各相关单位、各项工作关系，协调项目外部关系。

（2）报建报批管理

①收集整理项目所在地报批报建工作内容、程序及具体要求，编制报批报建工作实施细则。

②根据项目所在地报批报建具体工作要求编制报批报建工作控制计划。

③根据项目建设内容编制报建报批工作计划，完成项目前期及工程建设期间的各项报批报建手续（包括但不限于：办理土地、规划、建设、环保、人防、消防、气象、水土保持、市政接驳等），保证项目建设报批报建管理满足项目建设进度计划要求。

④积极协调与项目所在地政府有关部门关系，确保市政配套设施符合项目建设需要。

⑤根据报建工作计划，及时梳理每阶段需设计院配合出具的报建设计文件，提前落实设计院出具相关文件。

⑥根据报建工作要求，及时梳理每阶段需施工单位配合完成的报建手续文件，落实施工单位及时完成有关报建要件准备。

⑦梳理报建过程中所需建设单位缴纳的各项费用，协助办理费用缴纳。

⑧及时收集项目建设过程中有关配套收费标准及法规，及时完成有关配套费用测算。

⑨动态跟踪行建设单位管部门审批工作进展，保证报建工作进度。

⑩针对报建要件中存在的问题及时落实相关责任单位及时修改。

⑪跟随工程进展，组织相关单位及时完成报批报建所需的相关专项报验及检测工作。

⑫针对需要各参建单位自行办理的报批报建手续给出指导意见，及时协调制约报建工作进度的问题，保证报建工作进度。

⑬建立报批报建工作台账，动态检查报建工作进度。

⑭落实报建成果文件的日常管理及归档保管。

（3）设计管理

①制定设计管理工作大纲及设计管理实施细则，明确设计管理的工作目标、管理模式、管理方法等；对项目设计全过程的进度、质量、投资进行管理。

②根据使用功能需求条件，转化成设计需求参数条件，落实设计单位按时提交合格的设计成果，检查并控制设计单位的设计进度，检查图纸的设计深度及质量，分阶段、分专项对设计成果文件进行设计审查。

③组织对各阶段（方案、初步设计、施工图）及各专业（包括但不限于规划、总图、建筑、结构、装饰、景观园林、幕墙、电气、泛光照明、通风与空调、给水排水、建筑智能化系统、室外道路、建筑节能环保与绿色建筑、民防、消防、燃气、电梯钢结构、预应力、建筑声学、灯光、音响、基坑支护工程、地基处理、边坡治理、建设用地范围外的管线接入工程、水土保持工程施工图、厨房工程、实验室工艺、10kV外接线工程、建筑永久性标识系统以及其他与本项目密切相关、必不可少的系统、专业和其他特殊工程）的设计图纸设计深度及设计质量进行审查，减小由于设计错误造成的设计变更、增加投资、拖延工期等情况。对设计方案、装修方案及各专业系统和设备选型优化比选，并提交审查报告。

④协调使用各方对已有设计文件进行确认。确认设计样板，组织解决设计问题及设计变更，预估设计问题解决涉及的费用变更、施工方案变化和工期影响等，必要时开展价值工程解决设计变更问题。

⑤组织设计文件专项审查，包括但不限于：交通评估的审查、环境影响评价的审查、结构超限审查论证、消防性能化论证、深基坑审查、建筑节能审查、放射诊疗及核医学应用的环评卫评等。对评估单位提出的意见进行修改、送审，直到通过各种专业评估。组织工程勘察、设计、施工图设计审查、第三方检测等前期阶段的各项服务类招标、

签订合同并监督实施。

⑥对项目全过程设计进行投资控制管理。组织设计单位进行工程设计优化、技术经济方案比选并进行投资控制，要求限额设计，施工图设计以批复的项目总概算作为控制限额。

⑦对工程建设过程中的特殊结构、复杂技术、关键工序等技术措施和技术方案进行审核、评价、分析，解决施工过程中出现的设计问题，优化设计方案，对工程建设新技术、新工艺、新材料进行研究论证，对重要材料、设备、工艺进行考察、调研、论证、总结，从技术角度提出合理化建议或专项技术咨询报告。

⑧组织设计单位对监理和施工单位进行技术交底，对重点工序、重点环节的技术、质量进行控制，处理工程建设过程中发生的重大技术质量问题。

⑨针对设计管理进行设计质量、进度和投资策划，编制项目设计工作总进度计划、项目设计管理实施细则。

⑩跟随项目进展，编制专业设计管理年度和阶段性控制计划，及时审核设计单位提交的月、周设计工作计划。

⑪审查项目前期文件、招标文件中有关本专业设计技术要求的内容，提出审查意见。

⑫跟随项目招标工作进展，及时编制设计任务书、组织初步设计审查，及时搜集整理初步设计审查意见，督促设计单位完成有关设计调整。

⑬组织相关各方及时审查阶段性设计成果文件，提出审查意见，参与或组织施工图交底与会审，及时整理出具图纸会审纪要。

⑭协助工程监理部审查重要专业施工组织设计、施工方案等，参与重大专项技术方案的论证，从设计安全角度提出审查意见。

⑮组织施工单位做好本专业的深化设计工作，并对其深化设计成果进行审核，提出审核意见。

⑯及时审查设计变更、工程变更等洽商类文件。

⑰围绕设计管理事宜与建设单位、设计、监理、施工等各方人员间的密切联系与沟通。

⑱参与跟本专业相关的工程项目的质量事故、安全事故的调查处理，编制事故报告。

⑲组织重要设计方案评审、重要设备选型等。

⑳完成设计成果文件（设计图纸、概算、设计变更、深化设计等）过程管理，建立设计文件管理台账，做好过程管理及最终归档工作。

㉑对项目设计管理工作成效、存在问题定期进行总结，编写总结报告。

（4）招标采购管理

①根据项目特点对招标采购工作内容进行分解，明确项目招标任务，招标项目的具体范围、招标标段、招标界面、招标方式等，编制招标采购管理细则。

②制订项目招标采购总控计划，确定招标方式、招标时间、标段划分等内容。

③开展招标前的市场调研工作，针对潜在投标人资质业绩情况进行梳理，保证招

标文件的针对性，避免流标。

④编制招标文件和拟定设备材料的技术要求及参考品牌等。

⑤对造价咨询单位编制的报价原则、工程量清单、标底、上限价等经济技术指标进行审核。

⑥组织招标答疑与补遗编制、投标文件澄清工作，对投标资料、投标样板进行审查、验证，参与投标单位相关人员的面试、答辩等工作，对投标方及采购的设备材料进行调研。

⑦审查中标候选人技术标书中的施工组织设计及技术方案，审查材料设备的技术参数指标，审查中标候选人商务标书中的清单分项及投标报价，提出存在的问题并提出合理的优化建议。

⑧编制合同初稿，组织合同洽商，参加合同谈判，组织承包单位及时提交履约保函，组织建设单位及承包单位按时完成合同签订。

⑨及时办理合同备案。

⑩组织中标单位进场，召开进场会，组织中标单位同工程监理部、施工总包单位对接，推动中标单位进场工作。

⑪不定期组织针对中标单位履约检查，保证中标单位履约质量。

⑫针对合同纠纷，及时组织谈判，给出处理意见，推动纠纷解决。

⑬落实招投标过程资料、合同文件的日常管理及归档管理。

（5）进度控制管理

①及时编制完成工程总控计划及设计、招标采购、现场施工等单项控制性计划，明确各项工作的里程碑节点，报建设单位批准后执行。

②加强设计管理，提高设计文件特别是施工图的质量，及时组织图纸会审及日常施工中各专业人员的阅图审图工作，及时发现图纸中存在的问题，最大限度减少设计变更，将变更解决在施工前，保障施工顺利进行。

③协调设计单位及时审批工程变更、及时出具设计变更、及时处理现场施工中存在的各项技术问题，根据需要落实设计代表驻场服务，加强设计单位服务质量的管理。

④合理分解进度目标，围绕进度目标审核审批各项招标采购文件，及时组织各项招标采购工作，将进度控制要求在招标文件、合同文件中逐项约定及落实，加强合同管理，利用合同约束促进各单位进度控制。

⑤及时组织甲供设备招标、生产、供货，确保满足现场需要，及时组织专业分包进场，组织施工单位、供货单位、设计单位等全体参建单位围绕总进度目标各司其职、各负其责，加强工程进度管理的系统性。

⑥及时督促项目监理部及施工单位落实甲控乙供材料/设备的有关报审工作，提前做好样品、品牌的确认工作，避免施工期间停工待料。

⑦跟随项目建设总控计划、阶段性计划及实际进展情况，定期不定期核查施工单位各项资源投入情况并采取针对性纠偏措施，定期核查施工单位基于近期及远期施工进度计划需提前落实的各项备料、劳动力及机械设备储备情况，必要时应落实专人驻

场监造及抽查等。

⑧针对施工类招标合理划分施工标段，清晰界定各施工标段工作界面，减少各施工标段间干扰；协助建设单位及时落实资金计划及资金保障，做好合同款进度款过程支付，确保各阶段、各类应付资金按时足额支付。

⑨参与工程例会及进度协调专题会议，针对施工过程进度制约因素及时下达纠偏指令，促进项目监理部及施工单位的进度控制意识，针对项目监理部、施工单位、设计单位、供货单位制约进度的违约违规行为及时落实纠偏及处罚，严格执行合同约定的工期奖罚制度。

⑩严格审核审批承包单位编制的总进度及年、月、周进度计划及配套人员、机械、物资、资金投入计划，确认满足项目需求后监督执行。

⑪定期组织检查现场实际进度与进度计划偏差情况，落实承包单位对进度滞后情况制定详细可行纠偏措施，经审核确认后监督执行。

⑫对照合同约定，定期（至少保证一次 / 月）检查各承包单位管理人员及施工人员投入情况、施工机械及各项物资投入情况，对不满足合同要求并影响工程进展的，严格按照合同约定追究承包单位违约责任，给出处罚建议。

⑬建立进度协调专题会议制度，确保会议质量，对于有关进度控制事项，明确责任人及完成时间，并监督执行。

⑭加强现场工程质量及施工安全的控制，避免因质量安全事件影响现场进度，树立全面全过程落实进度控制工作的意识，从备料到验收，从设计到现场施工，针对每个环节每个方面落实进度管理。

⑮通过建立项目专用账户，严格监督各承包单位资金使用情况，确保专款专用，对挪作他用情形，严格按合同约定执行。

⑯加强进度主动控制工作，针对不同施工阶段落实施工单位提前做好各项准备工作，检查施工单位相关备料工作，督促施工单位及时落实、配合甲控材料 / 设备的采购工作，针对影响施工进度的各类制约因素提前提出预控方案并落实控制措施。

⑰及时完成现场各项验收及计划、方案审批审核工作，配合现场施工进度，加强各施工单位之间的组织协调工作，及时解决制约进度的影响因素。

⑱严格服从建设单位落实进度纠偏的各项指令，定期向建设单位汇报进度执行情况、偏差原因及采取措施，针对现场进度滞后的状况提出管理建议，针对施工单位申报的周计划、月计划等有细致的分析和核查，工作切实有效。

（6）投资控制

①确定投资控制目标，制订投资管理制度、措施和工作程序，做好决策、设计、招标、施工、结算各阶段的投资控制。

②负责设计概算的审核，配合发展改革委、评审中心概算评审工作，以批复的可行性研究报告中建安工程投资为依据，控制设计单位限额设计。

③管理造价咨询单位，组织概算全面审查工作，组织专家评审会议，根据项目特

点参考同类工程经济指标。

④概算经委托人批准后报送发展改革部门，与发展改革评审部门进行沟通、协调、确保评审结果的合理性与准确性。

⑤审核并且确认造价咨询单位编制的工程量清单、标底、控制价的准确性，尤其是材料设备的名称、规格、数量等内容，负责将招标控制价报送审计局审计或备案，招标上限价应按分项预算严格控制，对超过预算项说明原因，并报委托人招标委员会批准。

⑥审批工程进度款支付，审核工程变更及签证并送审计局备案，做好用款计划、月报、年报、年度投资计划等统计工作，建立分管项目的合同、支付、变更、预结算等各种台账；负责对项目投资进行动态控制，处理各类有关工程造价的事宜，定期提交投资控制报告；参与甲供材料设备招标工作。

⑦定期组织召开造价专题会议，解决造价问题争议，建立投资控制台账，督促完善设计变更等程序。

⑧负责办理工程量清单复核报告审批手续，检查督促造价咨询单位、监理及时审核工程量清单复核报告、设计变更及现场签证等，督促专业工程师及时办理设计变更、现场签证等审批手续。负责检查催办专业工程师招标阶段的结算资料收集整理和归档情况。

⑨负责工程结算的审核并配合报审计局审定；负责对项目工程造价进行经济指标分析，负责提交结算审核事项表；参与结算资料整理归档；配合财务办理竣工决算；负责审核结算款、保修款，协助办理审批手续。

⑩负责招标工程量清单编制及招标过程中各项商务事宜的澄清答疑。负责对施工索赔及结算工作的管理，负责结算定案工作。负责跟踪审计进度，及时反馈审计意见。负责审计报告征求意见稿的审批手续和审计报告的整理归档。负责在工程项目所有结算完成后书面通知委托人财务处办理项目决算，按委托人财务部门要求准备相关决算资料并配合决算审计。

⑪负责工程结算管理，送审、跟踪审计进度，反馈审计意见、归档审计报告，配合决算审计。

⑫执行工程投资控制月报制度。

a. 每月 25 日前，应向委托人提供当月的投资控制月报。

b. 投资控制月报应包括上月工程款支付情况、工程形象进度、工程完成投资额、承包商人员和机械设备投入情况、工程质量情况、检测资料、数据、工程设计变更及投资增加情况，提出问题，查找原因，并提出下月的工作建议。

c. 对于建设单位有特殊要求的情况，应向委托人提供投资控制双周报。

⑬落实投资控制工作总结制度

a. 在工程竣工验收后，应向委托人提交该项目的工程投资工作总结，该总结作为工程咨询工作的一项竣工验收资料，并报送委托人资料室备案。

b. 投资控制工作总结报告内容应包括并不限于：工程概况及建设全过程情况、造价咨询工作手段、造价管理情况，设计变更的内容、原因、造价审计中存在的问题及解决办法，对项目造价管理工作的评价与分析（包括但不限于概算与结算情况对比分析），工程遗留问题的总结与分析等，并提出合理的建议。

（7）造价咨询与造价咨询管理

①围绕项目造价管理特点及要求，针对性编制造价咨询与造价咨询管理实施细则；

②通过同类项目投资情况调研，完成投资估算分析；

③组织相关各方开展设计概算审核，保证设计概算的准确性；

④组织造价人员编制招标清单与招标控制价，现场造价管理工程师针对造价咨询提交的工程量清单进行详细审核，提出审核意见；

⑤跟随项目进展，编制项目年度、月度实施资金使用计划；

⑥定期汇总统计项目资金使用情况，编制项目实施资金使用报告；

⑦组织设计招标采购施工各阶段方案经济比较；

⑧组织针对项目建设过程中需缴纳的外部各项规费支付审核；

⑨跟随项目同步开展设计费用支付审核；

⑩配合招标工作，开展招标采购项目商务分析；

⑪跟随工程进展，同步落实施工阶段工程量审核；

⑫跟随工程进展，落实施工阶段工程进度款支付审核；

⑬针对现场签证、工程变更，同步完成费用审核；

⑭市场价格调研和价格信息收集，完成新增单价项目的价格认定；

⑮同步完成进度款审核，办理进度款支付；

⑯同步建立项目支付台账，动态监管项目造价情况；

⑰根据安徽省及蚌埠市地方法规政策规定，及时完成工程结算工作：

a. 负责在第一次付款前保存归档招标文件、答疑、标底、投标文件、评标报告、会议纪要、中标通知书、合同协议书、全套招标施工图纸等招标阶段结算资料。

b. 负责办理工程量清单复核报告、设计变更、现场签证、补充合同等结算资料的审批手续。

c. 及时办理设备开箱检查及移交记录、合同外单价分析资料、主材设备价格确定依据、图纸会审纪要、实物移交清单、相关验收证明资料等审批手续。

d. 配合建设单位造价工程师管理施工单位的结算工作。检查催办造价咨询单位的结算资料收集情况和结算审核进度，重点审核竣工资料与现场实际情况的一致性，并在造价咨询单位的结算初审报告上签署意见。

e. 负责协调施工、造价咨询和项目组各成员的结算分歧，督促专业工程师和造价工程师及时办理设计变更等结算资料，必要时召集各方协调解决造价分歧。

f. 负责施工和咨询单位的结算工作的管理。并在咨询单位的结算审核报告上签署意见。

（8）合同管理工作

合同管理主要工作任务为负责本项目涉及的土建项目和各专业系统地设计、咨询、施工、供货及相关的专业合同的起草、谈判，协助签订；对合同履约、变更、索赔、合同后评价进行管理；对合同风险进行分析并制定应对措施。具体任务如下：

①围绕项目招标采购计划及特点，针对性编制合同管理细则；

②围绕招标标段划分，分析梳理合同风险点，协助招标文件编制；

③审核招标文件中合同条款，提出审查意见；

④编制合同初稿，组织相关部门审查、修改直至定稿；

⑤组织合同谈判，推动合同洽商工作进展；

⑥组织合同签署，同步完成合同备案；

⑦完成合同资料的日常保管及管理；

⑧组织合同交底，就合同履约关键内容向承包商交底，促进合同履约质量；

⑨同步落实合同履约管理，加强履约检查；

⑩协助完成合同支付条件审核，提出审核意见；

⑪参与合同违约行为处置，提出处置意见；

⑫定期整理合同管理报告，总结合同管理存在的问题，提出纠偏措施；

⑬协助委托人处理合同纠纷及争议，组织协调推动争议解决；

⑭参与项目结算专题会，就合同条款解释给出意见；

⑮同步处理跟合同相关的管理工作。

（9）档案信息管理

①借助专业的信息管理软件及先进的信息技术平台，根据时间、内容、类型进行分类、编码、归集，高效检索、分享、传递、审批工程项目信息，保存能清楚证明与项目有关的电子、文档资料直至项目移交。

②负责对勘察、设计、监理、施工单位工程档案的编制工作进行指导，督促各单位编制合格的竣工资料，负责本项目所有竣工资料的收集、整理、汇编，并负责通过档案资料的竣工验收以及移交。

③借助先进的信息管理软件或信息技术平台，对工程建设过程中如质量、安全、文明施工等信息进行高效的分享、传递、监督、反馈、管理。

④跟随工作进展，同步完成资料信息的接收、清点、登记、发放、归档、管理工作。

⑤编制项目资料档案管理规章制度或资料档案管理实施细则。

⑥同步落实针对全体参建单位的档案管理进行定期不定期的检查纠偏。

⑦同步做好各类会议纪要的记录整理及签发工作。

⑧同步监督检查参建单位资料的编制、管理，做到完整、及时、与工程进度同步；对参建单位形成的管理资料、技术资料、物资资料及验收资料，按施工顺序进行全程督查，保证施工资料的真实性、完整性、有效性。

⑨组织完成项目备案资料的填写、会签、整理、报送、归档；完成工程备案资料管理，及时对竣工验收相关指标包括各类前期报批报建手续作备案处理。

⑩按时向公司档案报送项目过程资料，做好内网资料维护工作。

⑪同步完成档案资料台账的建立及维护。

⑫跟随工程进展，组织参建单位向市城建档案馆的档案移交工作；提请城建档案馆对列入城建档案馆接收范围的工程档案进行预验收，取得《建设工程竣工档案预验收意见》，在竣工验收后将工程档案移交城建档案馆。

⑬协助委托人做好对外协调、接待工作。

⑭跟随工程进展，同步汇总各种内业资料，及时准确统计，登记台账，报表按要求上报。

⑮通过实时跟踪、反馈监督、信息查询、经验积累等多种方式，保证汇总的内业资料反映项目建设过程中的各种状态和责任，能够真实地再现项目建设的情况。

⑯落实工程项目的后勤保障工作，负责部门成员考勤管理和日常行政管理等经费报销工作。

（10）竣工验收及移交工作任务

①围绕工程总进度目标及工程实际进展，针对性制定收尾阶段工程施工总进度计划，分专业分合同段清理收尾施工内容，明确施工任务，落实资源保障。

②针对收尾阶段各级管理的薄弱环节，加强各级管理人员责任意识管理，严格控制施工管理人员、劳动力、机械设备等施工资源的撤场，保证各项资源投入满足施工进度需要。

③针对收尾阶段管理工作特点，加强现场质量、进度、安全管理的检查、组织、调度的力度及频度，促进各级管理人员的责任意识及紧迫意识，确保收尾工程质量及工期。

④加强收尾阶段各项验收工作组织，按施工单位、合同段、工程实体、竣工资料等多方面多角度清查各项剩余工作及存在问题项目，及时组织责任单位整改及完善。

⑤加强各单位撤场条件控制，对照规范及合同约定，明确各单位撤场具体条件及要求，对照检查，不具备条件的严格控制擅自撤场的情况发生。

⑥组织五方责任主体按时完成相关工程竣工验收准备。

⑦组织、完成招标文件及合同规定的有关竣工验收工作。

⑧督促检查施工单位相关工程移交准备工作完成情况。

⑨组织、完成工程的移交和质量整改工作。

⑩组织、完成招标文件及合同规定的有关工程保修工作。

⑪组织、完成招标文件及合同规定的有关工程结算和资料归档工作。

25.1.3　管理成效

1. 进度管理成效

蚌埠市体育中心项目于 2015 年 6 月立项启动，2015 年 8 月 27 日可研批复，全过程工程咨询单位于 2016 年 1 月中标后进场。进场时施工图设计尚未完成，项目要求2018 年 5 月 30 日竣工。2016 年 11 月施工总承包单位完成招标，合同工期 18 个月，同类项目定额工期一般为 36 个月。工程合同工期跨越了两个春节，工期异常紧迫。全过程工程咨询单位进场后，进行了完善组织体系、加强资源保障、技术先行、节点工期保障等多方面统筹策划，同时采取了多项措施：

（1）组织措施：每周五早上9点组织召开进度专题调度会，动态管理、统筹兼顾，加大资源投入，加强对施工设备动态管理等。

（2）加强材料管理：派专人到工厂驻厂，监督生产。对专业分包材料、设备进行管控，每周更新各分包材料、设备计划，并跟踪、落实，从而保证工程质量和进度。

（3）技术措施：召集相关单位有丰富经验的工程师及专家对施工图设计进行会审，从便于施工及缩短工期的角度考虑，在不影响工程质量及不会大幅提高工程造价的前提下优化设计。

经多方努力，项目于2018年5月30日竣工。2018年10月16日，安徽省第十四届运动会开幕式在蚌埠市体育中心隆重举行。

2. 设计管理成效

（1）原设计体育场东西外立面有4部钢楼梯，经与消防支队对接后组织召开专题会议，取消这4部钢楼梯后仍能满足消防疏散要求，且取消后外立面效果更美观流畅。

（2）参照同类体育场馆经验，调整了进入主席台楼梯的布局。原施工图纸楼梯布置复杂，行走不够便利，对主席台有干扰；主席台座位数偏少且缺少主持区，调整后楼梯布置简洁，交通便捷，对主席台无干扰，增加了主持区，优化了主席台布置。

（3）有效预控了设计遗漏的楼梯间和人员通道砌体结构抗震措施及总图机动车道透水混凝土强度选择不合理等重大技术问题。

（4）在工程量清单编制阶段通过审查施工图纸，梳理出设计单位遗漏的健身中心室外羽毛球场地设计内容，避免了清单漏项事情出现。

（5）通过深化设计方案对比分析，景观塔泛光照明由静态改为动态，在增加较少投资的前提下实现了非常震撼的效果。

（6）对体育工艺施工图纸进行评审，结合场地赛事需求及后期运营等因素综合考虑明确体育工艺图纸26项需调整内容。

3. 投资管理成效

招标控制价编制过程中，以蚌埠市发展改革委批复的投资估算为控制价上限，参考设计概算的组价架构，材料、设备以《蚌埠工程信息》发布的价格计入，《蚌埠工程信息》中没有的价格参考周边地市的工程信息价格及市场询价；各专业工程的施工方案经过技术经济分析比对，计入的技术性措施费满足技术先进、经济合理施工方案所需费用的要求；经采用以上控制措施，使本项目的造价指标更趋合理。

施工过程中加强变更控制，对发生的变更进行事前和事后确认，及时进行工程量和造价的核定，避免了结算时事实不清、费用超支的发生，累计核减费用5505.08万元。加强月产值的复核，使每月核定的产值与现场的实际进度相对应，避免了资金超付，节省了资金利息成本。

4. 招标管理成效

工程招投标（含清单编制）代理工作全部由全过程咨询单位全权代理，依据《招标投标法》及蚌埠市当地招投标管理办法，全过程工程咨询单位坚持公平、公正、公开原则编制招标文件，保证项目如期实施，现就招标管理工作成效概述如下：

（1）根据项目总体实施计划，各招投标工作均按既定日期进行招标挂网工作，并顺利完成合同签署及备案工作。

（2）招标文件编制质量高，避免出现二次招标、招标清单错项、漏项、补遗等情况发生，经统计共 14 项招标，招标 17 次，补遗 8 次。

（3）清单编制齐全，无重大错项、漏项，价格控制合理。项目共完成招标项目 14 项，总投资额 16 亿元，总中标额 14 亿元，总招标额 16 亿元，节资率 12.5%，共节约资金 2 亿元。

（4）积极与招标局对接，结合当地招投标特点，因地制宜；结合项目特殊性，与招标部、备案科等部门积极协调，优化部分工作流程，使之高效、迅捷。

5. 工程管理成效

（1）工程进度总体受控。

（2）体育场已获得"鲁班奖"；在主体结构过程检查中，体育学校、体育馆、多功能综合馆施工质量符合安徽省"黄山杯"要求。

（3）施工安全整体受控，无安全事故，获得蚌埠市、安徽省安全文明施工标准化工地，国家 AAA 级安全文明标准化工地。

（4）有效地预控了现场签证的频繁发生。

25.1.4 全过程咨询经验总结及建议

与传统模式下专项管理单独发包的模式相比，全过程工程咨询服务对整个工程项目的管理更具系统性、连续性和完整性，更有利于工程项目目标的实现。通过全过程全方位管理服务，提高咨询管理人员的服务系统性、主动性、责任心，为建设单位带来实实在在的增值服务。具体表现在：

1. 有利于建设单位与咨询服务单位之间的责任界定

鉴于全过程工程咨询服务涵盖项目建设全过程管理内容，一家单位承担，有效避免传统模式下，建设单位与各专项管理人之间基于不同的利益出发点导致实施过程中存在决策分歧、相互推诿扯皮、责任不清等情况，便于管理责任界定，促进全过程工程咨询单位的责任意识和主动意识，更好地为项目服务、为建设单位服务，发生具体责任事件时，责任界定更清晰且没有争议。

2. 有利于弥补专项管理平行发包时各专项管理单位履行建设单位管理职能的不足

传统模式专项管理平行发包导致各专项管理单位主要服务职能还是基于工程现场质量安全监督管理，但对一个项目建设单位来说，更多的工作主要是在项目建设过程中大量的建设单位管理（包括项目报批报建、设计管理、招标管理、施工管理、造价管理、项目移交及后评估服务），目前的专项管理单位实际无法全覆盖，采用全过程工程咨询服务模式，由全过程工程咨询服务单位派驻具有较高专业管理知识的工程咨询人员来完成上述建设单位管理工作，从设计任务书的编制、方案的优化、对一些功能逐步完善，对实施过程中产生的设计变更作技术、经济分析并多方案进行比较，能最大限度地弥补专项管理行业服务工作范围的缺点与不足，真正实现全过程全方位管理。

3. 有利于建设单位管理的全局性、系统性

实行全过程工程咨询，有利于从项目前期围绕项目建设目标系统布局，前后呼应，全过程工程咨询单位通过项目管理策划，系统布局项目管理思路，通过总目标、总计划逐步分解分目标、年度计划、月度计划、周计划，环环相扣，着眼于管理上的有机结合，从而真正实现管理团队的合二为一。全过程咨询不仅使得人力资源配置得到进一步优化，而且使各项管理工作更加细化、更加明确，既从宏观上达到对项目的管理与控制，又从微观上对项目现场施工实施了真正有效的管理。同时，避免了管理层次的重复设置和工作内容的相互重叠，避免了职责不清、相互扯皮现象的产生，管理人员精简而工作高效，大大节省了人力资源，降低了管理成本。并在信息的采集、反馈、归档等方面都处于同一起点或同一层面上，要求一致、标准统一，使管理体系直线扁平化，加快信息流转的速度，反馈及时，有效地提高了工作效率。同时，由于资源的共用性，可以更好地缩短信息传递路径，更有利于决策、现场控制和资金管理。

4. 有利于防范建设单位的不专业带来的决策风险

随着我国经济水平的提高，政府投资项目的规模越来越大，技术含量越来越高，施工单位索赔意识也越来越强、越来越规范，专业从事项目管理的单位及工程师都面临需要不断加强职业学习，必须具备设计、招标、造价、现场管理等方方面面的知识，方能满足项目管理相应岗位的要求；否则，没有足够的经验和专业技能是不可能保证决策的正确性，对一个大型工程来说无论是组织安排还是设计方案、计划等，差之毫厘、失之千里，盲目决策的风险相当大。如果是政府临时组建项目班子，肯定无法保证足够的专业性和丰富的经验，导致项目成为"超规范超预算超决算"的三超工程自然就不例外了。

5. 实行全过程工程咨询模式，符合工程建设领域改革方向

实行全过程工程咨询，从机制上强化了管理体制，符合政府工程"建管"分离的改革方向，保障了政府投资工程实行专业化、统一化管理，按照"投资、建设、监管、使用"分离的原则，建立职责明确、制约有效、科学规范的政府投资工程管理运作机制，提高政府投资效益和管理水平。

全过程工程咨询单位作为社会专业管理单位，通过公开招标、市场竞争，获得项目承揽权，通过签订《全过程咨询服务管理合同》享有相应的责任、权利、义务，彻底解决了过去建设项目责任主体不明、责任不清的问题。也正是基于全过程工程咨询单位在项目管理上承担的责任，有利于全过程工程咨询单位在协助建设单位实施项目管理工作过程中，排除项目实施中出现的各种行政干扰，真正实现专业化管理，而政

府部门同样通过合同约定，实现了对全过程工程咨询单位的制约机制，明确项目管理目标，设立奖惩机制，既有利于激励全过程工程咨询单位不断提高管理水平、降低项目建设成本，同时也有利于约束全过程工程咨询单位通过专业化的管理，确保实现合同各项目标，避免损失。

6. 有利于将建设单位从烦琐管理事务中解放出来，真正把握项目建设宏观方向

实行全过程工程咨询单位，大大降低了政府部门在项目建设过程需耗费的精力，从烦琐的项目管理事务主办单位变换为监督单位，便于政府人员集中力量完成本职工作，也能够加强对建设工期、质量和资金合理使用的监督，有利于工程质量、进度、投资目标的实现。

一个大型工程，建设单位管理工作虽然相对宏观，但具体工作却是相当复杂，因为作为一个项目的决策者、组织者，它面临的是全体参建单位，面临的是项目建设全过程中所有需要处理的事项，从项目立项、报建、设计、采购、施工至项目竣工结算后评价等，工作量是非常大的，系统性非常强，围绕整个工程如何统筹安排推动全体参建单位分工协作，实现项目建设目标，及时落实相关指令，都是建立在具体的计划、翔实的数据基础上方能作出正确的指令和决策。实行全过程工程咨询服务模式后，这些大量的技术工作就由全过程工程咨询单位负责完成，保证了建设单位决策质量和效率，避免了一方说了算的现象，规范了政府投资项目的管理行为，更有利于政府人员从烦琐的项目管理工作中解放出来。

7. 有利于防止工程领域的腐败

实行全过程工程咨询，有利于铲除政府工程滋生腐败的体制土壤，从源头上有力遏制了建设领域腐败现象的产生。

基于全过程工程咨询服务合同约定的各项合同目标及对此应承担的责任，保障了全过程工程咨询单位与下属的参建单位之间形成相互制约、有效监督的约束机制，全过程工程咨询单位必须对工程的质量、进度、投资、安全承担全面的管理责任，杜绝了损失政府利益、中饱私囊的可能性，同时作为专业的项目管理人员，对目前的建设行业的法定程序、法规、法律责任等有着更为清晰的认识，公开、透明的社会招标代替了原来的暗箱操作，阻断了行政干预的可能，从源头上有力遏制了建设领域腐败现象的产生。

8. 有利于建设单位咨询管理费用的节约，降低项目成本

以蚌埠体育中心项目为例，全过程工程咨询单位承担项目管理、工程监理、造价咨询、招标代理职能，若本工程招标代理、造价咨询、工程监理、项目管理等单独发包，初步测算需增加比实际发生费用额 100% 的咨询服务费用。

总之，基于全过程工程咨询单位的专业知识、丰富经验及合同责任的约束等，政府工程实行全过程工程咨询避免了建设单位盲目决策的风险，有效提高管理水平，降低管理成本，提高项目实施的透明度，方便监督管理，同时，可以免去政府部门组织管理项目的具体任务，解决外行建设单位、分散管理、机构重叠等一系列问题，更有利于促进政府职能转变，真正实现政府投资项目效益最大化。

项目在开始阶段认真做好各类管理创新与创优策划，项目在建设过程和完工后获得了众多成果，分别如表 25.1-1、表 25.1-2、表 25.1-3、表 25.1-4、表 25.1-5 所示。

专利列表　　　　　　　　　　　　　　　　表 25.1-1

序号	名称	专利类型
1	一种可周转大模板拼装连接装置	实用新型
2	一种穿直立锁边屋面板加固立柱的防水系统	实用新型
3	一种穿金属屋面增强装饰层抗风揭能力的固定装置	实用新型
4	一种用于铝复合板手动折边的工具	实用新型
5	高空操作挂笼	实用新型
6	圆管类构件的测量定位装置	实用新型
7	格构支撑构件存储、运输及安装用的装置	实用新型
8	用于钢柱的高空操作平台	实用新型
9	大型构件安装卸载的支撑施工装置	实用新型
10	一种装配式大悬挑钢结构	发明
11	一种手持式电动液压丝杆切割工具	实用新型
12	一种 PPR 热熔器	实用新型
13	一种不锈钢管电动液压式卡压工具	实用新型
14	一种组合式快速紧固件及丝杆用组合式快速紧固件	实用新型
15	一种杠杆电缆放线器	实用新型
16	玻璃棉保温钉打钉器	实用新型
17	多功能测量定位尺	实用新型
18	一种挫屈束制支撑大悬挑结构体系	发明
19	一种塔式起重机附着杆支撑装置	实用新型
20	一种楼梯踏步阳角抹灰工具	实用新型
21	一种轻型重心可调吊装平衡梁装置	实用新型
22	一种金属屋面板滑道运输装置	实用新型

管理与创新成果汇总表示例　　　　　　　　　表 25.1-2

序号	论文 / 专著 / 奖项	期刊 / 出版社 / 评奖机构	刊号 / 出版日期 / 颁奖日期	作者 / 编者 / 获奖者
1	浅谈蚌埠市体育中心项目的质量管理与控制	《建筑工程技术与设计》	2016 年 34 期	梁小虎
2	BIM 技术在蚌埠市体育中心—体育场双曲面外环梁中的应用	江苏省建筑施工专业委员会	2016 年度	陈光福、李力
3	大截面柱新型可调加固件施工技术（新型可调加固件柱箍施工技术）	江苏省建筑施工专业委员会	2016 年度	江山、王欣、徐成荣、陈建华
4	塔吊小附着面超长附着架施工技术	江苏省建筑施工专业委员会	2016 年度	安永杰

续表

序号	论文/专著/奖项	期刊/出版社/评奖机构	刊号/出版日期/颁奖日期	作者/编者/获奖者
5	体育场门架式通道施工技术	江苏省建筑施工专业委员会	2016 年度	徐成荣、江山、陈建华、金磊、刘君
6	浅谈放坡开挖与土钉墙喷浆支护在深基坑中的应用	南京市施工专业学会	2016 年度	徐成荣、汪晓强、王欣
7	圆弧看台定位放线技术	南京市施工专业学会	2016 年度	王明文、王欣
8	体育场大悬挑钢屋盖施工技术研究	《科技经济导刊》	2018 年 2 月 6 期	江山、郝文平、史伟、徐成荣、王道新
9	塔吊小附着面超长附着架施工技术	《科技视界》	2018 年第二期	郝文平、徐成荣、安永杰、江山、王道新
10	钢结构屋面桁架施工技术	江苏省建筑施工专业委员会	2017 年度	徐成荣、江山、史伟、王道新
11	浅谈场馆工程阻尼器施工技术	江苏省建筑施工专业委员会	2017 年度	陈建华、江山、史伟、王道新
12	浅谈预制型橡胶跑道施工技术	江苏省建筑施工专业委员会	2017 年度	江山、金磊、王建军、王道新
13	直立锁边金属屋面板的滑道运输技术	南京市施工专业学会	2017 年度	汪晓强、徐成荣、金磊
14	浅析通过 BIM 技术应用提升总承包管理设计管理能力	江苏省建筑施工专业委员会	2017 年度	陈光福、金磊、徐成荣、王道新、李力
15	BIM 技术在砌体工程施工中的应用	江苏省建筑施工专业委员会	2017 年度	陈光福、李力、徐成荣、金磊、王道新
16	金属屋面龙鳞装饰板施工中 BIM 技术的应用	江苏省建筑施工专业委员会	2017 年度	陈光福、李力、徐成荣、金磊
17	蚌埠奥体中心体育场大悬挑预应力罩棚钢结构施工新技术	《建筑结构》	2019 年 5 月 7 日	徐成荣、胡舜、王静峰、王新乐、高翔、江山

工法列表　　　　　　　　　　　　　　　　　　　表 25.1-3

序号	名称	工法类型	日期	完成人	工法编号
1	直立锁边金属屋面上安装龙鳞装饰板施工工法	江苏省级工法	2018 年 12 月 21 日	江山、徐成荣、安永杰、王道新、全有为	JSSJGF2015-2-196
2	异形超大板块复合铝板加工及安装工法	江苏省级工法	2018 年 12 月 21 日	相超、陈礼新、吕道先、全有为、陈尚贤	JSSJGF2015-2-158

省级科技进步二等奖　　　　　　　　　　　　　　表 25.1-4

序号	名称	授奖单位	日期	参与单位	完成人
1	附着龙鳞金属屋面板大跨度预应力钢结构关键技术及工程应用	中国钢结构协会	2019 年 9 月 29 日	合肥工业大学、中建八局第三建设有限公司、蚌埠市重点工程建设管理中心、浙江江南工程管理股份有限公司	王静峰、徐永东、徐成荣、王义泉、张浩、黄星海、朱儒雷、王道新、胡舜、李贝贝

项目获奖一览表 表 25.1-5

序号	获奖项目	获得奖项	获奖时间	颁发部门
1	蚌埠市体育中心—体育场	中国建设工程"鲁班奖"	2019-12	中国建筑业协会
2	蚌埠市体育中心工程	中国建筑集团有限公司"中建杯金质奖"	2019-4	中国建筑集团有限公司
3	蚌埠市体育中心工程	中国钢结构金奖	2019-5	中国建筑金属结构协会
4	蚌埠市体育中心工程	安徽省优秀设计	2019-5	安徽省工程勘察设计协会
5	蚌埠市体育中心工程	安徽省新技术应用示范工程	2019-6	专家组评价
6	蚌埠市体育中心工程	全国绿色施工示范工程	2018-1	中国建筑业协会绿色建造与施工分会
7	蚌埠市体育中心工程	金属屋面工程"金禹奖金奖"	2019-3	中国建筑防水协会
8	蚌埠市体育中心工程	全国优秀 QC 成果	2017	中国建筑业协会
9	蚌埠市体育中心工程	全国建设工程项目施工安全生产标准化工地（AAA）	2018	中国建筑业协会安全分会
10	蚌埠市体育中心工程	安徽省建筑安全生产标准化示范工地	2017-9	安徽省建设行业质量与安全协会
11	蚌埠市体育中心工程	第九届"创新杯"BIM 应用大赛体育类 BIM 应用第三名	2018	中国勘察设计协会

25.2 黄石奥林匹克体育中心

25.2.1 项目背景

近年来我国体育产业得到了长足发展，规模不断扩大，领域不断拓展。体育产业在体育事业及国民经济和社会发展中发挥出日趋显著的作用。

黄石市新型城镇化不断推进，经济发展稳中有进，城市承载能力显著提升。区域性公共设施建设进入实质建设阶段。同时，群众体育发展欣欣向荣，全民健身蔚然成风。

湖北省运动会是全省规模最大、规格最高、竞技水平最强的综合性体育盛会，每四年一届，从 1952 年举办第一届至今已举办了十三届。黄石市基于自然和人文环境、体育设施、赛事经验、城市建设条件等各方面的良好条件，2013 年黄石市人民政府请求湖北省人民政府批准 2018 年湖北省第十五届运动会在黄石举办。2014 年 9 月 11 日，湖北省人民政府举行专题会议，决定湖北省第十五届运动会将于 2018 年在黄石举行。黄石市继 1986 年承办湖北省第七届运动会 32 年后，再次成为省运会举办城市。

为加快黄石市竞技体育事业和全面健身事业发展需要，满足湖北省第十五届运动会要求，完成黄石市体育事业和体育产业发展"十二五"规划的要求，黄石奥林匹克体育中心的项目建设是必要的。

25.2.2 项目概况

黄石奥林匹克体育中心项目位于黄石大冶湖生态新区核心区东区，东侧紧邻经三路，南至体育中心生态湿地廊道，北侧为新城大道，项目包括体育场、游泳馆、全民健身馆及室外网球训练场、景观雕塑、景观桥和商业配套等附属设施。设计理念为"天圆地方"，体育场为圆形建筑，游泳馆和全民健身馆两馆合一为方形建筑，如图 25.2-1 所示。

图 25.2-1 黄石奥林匹克体育中心效果图

黄石奥林匹克体育中心项目（以下称"本项目"）总用地面积 579676.86m²（869.51亩），一期总建筑面积 118775m²。其中，体育场建筑面积 42557m²；游泳馆建筑面积 30601m²；全民健身馆建筑面积 34775m²；平台层附属配套设施 10862m²。工程 ±0.000标高相当于绝对标高 17.500m。

25.2.3 全过程工程咨询服务范围及内容

浙江江南工程管理股份有限公司作为全过程工程咨询中标单位，承担项目管理和工程监理咨询服务内容。

1. 项目管理

按照委托人的工作要求和时限，全方位全过程组织、管理、协调本项目的实施，并以项目施工图设计为起点，直到工程竣工验收、移交及质保期管理的全过程的工程管理及技术咨询服务。包括项目设计（施工图设计及二次深化设计）管理、招标管理、采购管理、施工管理、工程监理管理、竣工验收、质保期管理、配合完成竣工决算审计等工作，并对工程项目进行质量、安全、进度、费用、合同、信息管理和控制、验收手续办理、质保期管理等工程项目建设全过程的所有管理服务工作。

2. 工程监理

对整个项目工程准备阶段、施工阶段、工程收尾阶段（包括但不限于竣工验收、整改、工程移交、工程结算等）及工程质量保修阶段的质量控制、进度控制、投资控制、职业健康安全和环境监督管理、合同管理、信息管理、组织协调、工程创优等所有方面进行控制和管理。

25.2.4　全过程工程咨询策划

项目全过程工程咨询，主要完成项目投资决策综合性咨询和工程建设全过程咨询。投资决策综合性咨询包括项目投资融资模式研究、项目可行性研究、专项评价等。工程建设全过程咨询包括全过程咨询服务、招标代理、勘察设计、造价咨询、工程监理、项目管理。

本项目全过程工程咨询团队对黄石奥林匹克体育中心提供除勘察设计之外的全过程咨询服务、招标代理、造价咨询、工程监理和项目管理。勘察设计业服务由项目建设单位进行建筑方案设计公开招标的中标单位提供。

1. 项目投资咨询策划

黄石奥林匹克体育中心项目依据公建建设项目的国家政策方向和项目建设单位情况，在向黄石人民政府提交项目建议书后，省人民政府审批决定本项目采用 PPP 模式进行投资、融资、建设及运营。项目实施机构为黄石市体育局，政府指定出资方为黄石市众邦体育产业开发有限公司。黄石市政府授权黄石市体育局作为项目实施机构，负责本 PPP 项目准备、采购、监管和移交等实施工作，同时指定黄石市众邦体育开发有限公司代表政府参股项目公司，以公平、公正、公开、择优的原则选择合作社会资本，并与依法选定的社会资本签订 PPP 协议。

本项目采用投资建设运营一体化 PPP 模式运作，即政府与社会资本成立项目公司，项目公司由黄石市众邦体育产业开发有限公司、中选社会资本出资组建。项目由众邦体育开发公司作为政府出资方代表，出资方式为现金出资，中选社会资本自筹资金参股。项目采用竞争性磋商的采购方式选取社会资本方，中选社会资本为"广州爱奇体育有限公司（运营方）—中信信托有限责任公司（投资方）—中国建筑第八工程局有限公司（施工方）联合体"。

（1）项目投资管理工作目标

严格按已批准的设计概算金额 169809.27 万元（其中建安工程费 124451.66 万元，工程建设其他费 37271.46 万元，预备费 8086.16 万元）进行建设。严格按合同进行计量、计价、变更确认及竣工决算的审核。加强设计、招标、施工、材料设备各环节的控制，采用新技术、新材料、新产品、新设备和先进的管理方式。节约投资，控制成本，提高效益。使工程总投资在不超过设计概算的前提下，力求 3% 的节余。

（2）项目投资管理工作内容

①可行性研究的投资估算经济分析和专项评估；

②通过招标优选设计单位；

③根据投资控制计划指标采用限额设计；

④利用价值工程理论对设计方案及主要设备、材料进行经济分析，组织优化设计方案，优选主要设备和材料；

⑤评审扩初设计概算；

⑥制定年度投资计划；

⑦通过详细划分工程材料、设备采购界面，审核招标文件、合同格式的合理性、正确性，审核招标采购文件和合同文件条款的合理性、严密性，审核、分析各材料设备供应商的投标报价，严密组织招投标活动的各项工作，参加评标择优选择各专业分包单位和材料、构配件、设备供货商；

⑧参加合同谈判，争取有利于建设单位的合同条件；

⑨审核施工图预算；

⑩编制资金使用计划；

⑪通过分析设计变更的合理性、可行性、必要性，估算设计变更费用，选择经济合理的设计变更方案，控制设计变更；

⑫暂估价设备、材料的投资控制；

⑬处理施工索赔，提出反索赔方案；

⑭工程预付款、工程进度款、材料、设备购置费用的审核；

⑮投资偏差分析，采取措施纠正投资偏差；

⑯审核阶段性结算，提出审查报告；

⑰审核竣工决算，提交竣工决算审核报告；

⑱投资信息管理；

⑲投资风险管理；

⑳投资资料归档、保管、移交。

2.项目组织模式策划

本项目的全过程咨询服务由浙江江南工程管理股份有限公司和湖北岳华工程咨询公司联合实施。由浙江江南工程管理股份有限公司牵头，负责实施项目可行性分析、项目管理、招标代理、造价咨询、工程监理等内容，并总体对项目服务质量负责，造价咨询单位作为联合体成员主要负责招标控制价的审核和编制，并一同参与管理项目所有材料造价审批和项目总的造价计算及进度资金审批程序。

在建设管理过程中，建设单位与全过程工程咨询团队共同组建联合管理团队，项目组织架构如图25.2-2所示。

由组织图可以看出，本项目全过程工程咨询团队成立了以"总咨询师（即项目经理）"牵头的咨询服务团队，项目总咨询师代表企业对委托方负责。

项目管理团队设投资分析组、项目管理组、招标采购组、造价咨询组（含联合造价咨询单位）和项目监理组，项目经理（也是总监）全面主持工作，协调、审核各组发出的咨询成果文件，从投资分析到项目结算均由项目经理统筹、负责，以项目经理为主线穿起了项目管理的全过程，保证项目管理过程中的信息流畅且消除传递过程中

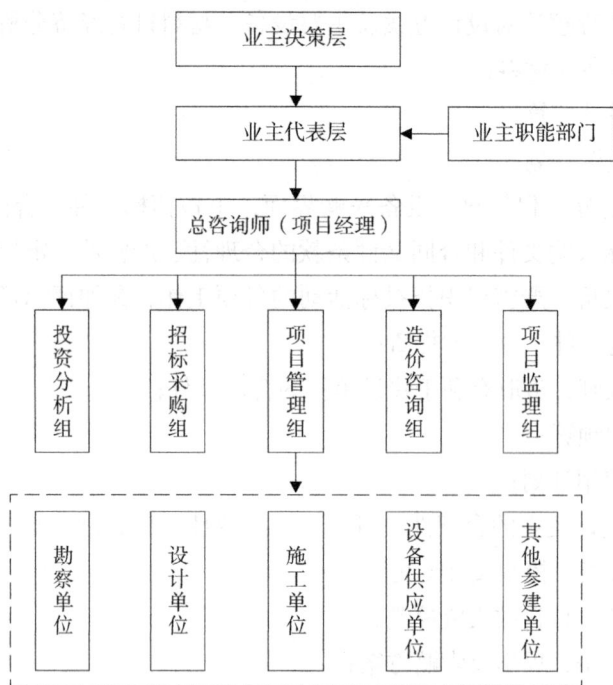

图 25.2-2　项目组织架构

信息丢失隐患。项目经理也是委托方、施工方及外界政府部门或参建单位的桥梁和润滑剂，便于梳理管理关系，以更公平的第三视角平衡各方关系，把控项目整体的成本、质量、进度、信息。

项目管理过程中的权利边界是双方展开工作的基石，对于项目的全过程咨询业务，为了能够在保留建设单位决策权的基础上充分发挥全过程咨询单位的统一性、积极性和专业性，全过程工程咨询单位与建设单位积极交流，双方统一目标为基础，完成了建设单位方、投资方、施工方、造价审核方等各方的责任、权利和手续流程划分，并编制成《项目管理手册》，为项目后建设工作开展打下坚实基础。

同时，项目部组织各部门编制完成《项目管理规划大纲》《项目管理实施细则》《项目投资管理实施细则》《项目招标采购实施细则》《项目管理实施细则》《项目设计管理实施细则》《项目工程管理实施细则》《项目综合管理实施细则》《工程监理规划大纲》等指导性文件，保证项目了项目管理工作规范、有序。工作内容基本清晰后，逐步完成了项目总控计划、招标合同管理等项目策划工作，为项目的顺利实施奠定了基础。

3. 项目实施策划

（1）项目目标策划

①工程质量目标：工程质量合格，确保"鲁班奖"。体育场达到绿色建筑一星级要求，全民健身及游泳比赛馆达到绿色建筑二星级要求。

②建设工程目标：

a. 计划开工日期：2016 年 2 月 28 日。

b.计划竣工日期(指达到相关培训、赛事负荷联合试运营时间):2018 年 4 月 30 日。

c.工期总日历天数：26 个月，以实际开工日期为准。实际开工日以发包人指示监理人向承包人发出开工令之日为准。实际竣工日期以专用条款中列明的日期为准。

（2）报建报批工作策划（参考蚌埠市体育中心，本处略）

（3）设计管理策划

设计管理的任务主要是设计管理工程师在设计准备阶段、设计阶段及配合施工现场施工阶段实施组织、协调、检查、纠偏、审查等管理措施，实现设计质量、进度、投资控制目标。

①制定设计管理工作大纲及设计管理实施细则，明确设计管理的工作目标、管理模式、管理方法等。对项目设计全过程的进度、质量、投资进行管理。

②设计进度管理，其最终目标是按质、按量、按时间要求提供方案设计、初步设计和施工图设计文件。建设工程进度控制的目标是确保实现总工期，而工程设计作为工程项目实施阶段的一个重要环节，设计周期又是建设工期的组成部分。设计进度管理是施工进度控制的前提，也是材料、设备供应进度控制的前提。

③设计质量管理，一是工程设计文件质量管理，二是设计单位的服务质量管理，包含设计文件的经济性、安全性、先进性、规范性管理。这两项管理工作均贯穿整个工程建设的全过程。

④设计阶段投资管理，这需要在工程建设开始设置一个科学的投资估算，随着可行性研究的论证编制投资估算，在设计阶段进行概算、施工图预算审核，在工程实施阶段进行设计变更费用审核和控制。

⑤设计管理人员要对设计变更进行控制活动。设计变更管理是施工图设计文件交与建设单位使用前或使用中，均会出现由于建设单位需求，或现场施工条件变化、国家政策法规的改变而引起设计变更。

（4）招标采购管理策划

招标采购咨询管理工作主要目的是协助建设单位将整个项目根据规模和专业合理地划分为几个区域和专业标段，使得项目整体的安排更加合理，同时特殊专业项目由专业公司进行设计、施工，对工程造价、质量和进度控制都十分有利。在招标过程中，主要是协助建设单位通过有效的招标过程的组织，使得建设单位能以最合理的价格选择到最具实力的承包商。

①工作范围

从项目可行性研究开始至工程保修结束实行全过程招标采购咨询管理，即可行性研究报告、项目建议书、勘察设计招标、工程总承包、专业分包、检测实验、暂估价等项目二次招标等工作范围。

②工作依据

a.国家和地方现行有关工程建设的法律、法规、政策、规范及标准，国家有关工程建设的强制性标准。

b. 项目管理含监理合同。

c. 项目管理手册。

d. 项目管理实施规划。

e. 建设单位签订的各类合同。

③工作内容

a. 依据项目管理实施规划，组织编制招标采购咨询管理细则。

b. 与建设单位工程部、合约部等相关部门进行沟通、联系，设计招标采购策划，包括确定招标采购的阶段、招标采购内容和方式。

c. 施工招标策划（施工标段的划分，发包模式和总分包界定，合同形式的确定，计价模式的确定，选定材料、设备的采购方式，初步确定投标人入围方案）。

d. 依据项目合同、设计文件、项目管理实施规划和有关招标采购咨询管理制度，确定招标采购的范围，组织编写招标采购计划。

e. 按照有关规定程序负责组织分包工程和材料设备采购的招标工作，编制招标方案、标底和评标办法，负责落实《招标文件呈批表》，组织评标。

f. 对招标过程中各种不利因素（一次成功、两次成功、流标或招标不成功需要竞争性谈判等）进行综合考虑，计算出项目招标应该完成的时间。

④工程总承包施工内容：地基与基础工程、主体结构工程（另外包含钢结构工程）、建筑装饰装修工程（另外包含精装修工程）、屋面工程（另外包含金属屋面工程）、建筑给排水及供暖工程（另外包含虹吸雨水系统）、通风与空调工程、建筑电气工程（另外包含消防电系统，不含10kV变配电工程高压部分）、建筑智能化工程、建筑节能工程、电梯工程、室外工程等；其中的专业工程（如钢结构、精装修、金属屋面、幕墙、建筑智能化、虹吸雨水等工程）以暂估价形式纳入总包，施工图完善后由总包组织、建设单位和项目管理参与，进行二次招标。

⑤第三方咨询或服务等采购：PPP项目投资单位、PPP项目运营单位、设计单位、勘察单位、建筑工程一切险单位由建设单位公开招标；土方回填单位、水处理单位、LED显示屏幕单位、泛光照明单位、钢构检测与监测单位、座椅单位、运功木地板单位、天然草坪单位、塑胶跑道单位、体育照明单位、场地扩声单位、标识单位、水土保持单位、火炬塔单位、家具采购单位、非竞赛类体育器材单位、雕塑单位、安保设施单位、绿建评估单位、土方复核测量单位、消防专项检测单位、规划核实（验收单位）、垃圾桶采购单位、厨房排油烟单位、竣工验收保护单位、房屋测量单位等，采取建设单位公开招标或建设单位内部比价采购的方式。10kV变配电工程由建设单位根据当地政策要求委托专门的电力单位进行设计。

（5）工程管理策划

①管理目标

a. 总体目标：通过实施领导、组织、控制、协调施工现场管理，确保工程项目的施工现场质量、进度、投资处于受控状态，确保工程安全、质量、进度管理目标的实现。

b. 质量目标：工程施工质量合格，实现项目评优评奖。体育场达到绿色建筑一星级要求，全民健身及游泳比赛馆达到绿色建筑二星级要求。

c. 进度目标：年度建设目标、里程碑节点目标按计划实现，确保按施工总控计划竣工。

d. 投资目标：施工类及供货类合同结算额控制在签约合同价以内。

e. 安全目标：杜绝死亡及重大安全事故，一般事故控制在1‰以内。

②工作内容

a. 围绕项目建设总控计划，编制施工总进度计划、专业分包单位进场计划、甲供设备/材料排产及进场计划、主要分部分项工程施工进度计划、专项工程验收计划。

b. 协助建设单位及设计管理部提出工程设计要求、进行工程设计优化、技术经济方案比选并进行投资控制。

c. 落实勘察单位进场，控制勘察质量、进度，实施勘察阶段投资控制。

d. 协助建设单位及采购、合约管理部组织工程设计、监理、施工、设备材料等采购招标工作。

e. 协助建设单位落实对工程质量、进度、投资、安全的全面管理。

f. 协助建设单位组织竣工验收、整理移交竣工档案资料。

g. 完成咨询合同约定的其他工作。

（6）造价咨询管理策划

①围绕项目造价管理特点及要求，针对性编制造价咨询与造价咨询管理实施细则。

②通过同类项目投资情况调研，完成投资估算分析。

③组织相关各方开展设计概算审核，保证设计概算的准确性。

④组织设计招标采购施工各阶段方案经济比较。

⑤组织针对项目建设过程中需缴纳的外部各项规费支付审核。

⑥跟随项目同步开展设计费用支付审核。

⑦配合招标工作，开展招标采购项目商务分析。

⑧跟随工程进展，同步落实施工阶段工程量审核。

⑨跟随工程进展，落实施工阶段工程进度款支付审核。

⑩针对现场签证、工程变更，同步完成费用审核。

⑪市场价格调研和价格信息收集，完成新增单价项目的价格认定。

⑫同步完成进度款审核，办理进度款支付。

⑬同步建立项目支付台账，动态监管项目造价情况。

⑭负责施工单位和建设单位、咨询单位的结算工作管理，并在咨询单位的结算审核报告上签署意见。

（7）合同管理策划

合同管理实际上在项目准备阶段就开始，包括合同类型的选择，合同条款的起草、谈判和签订。在项目实施阶段，工程管理的核心是合同管理，即按建设单位与承包商签订的合同文件规定对工程项目的进度、质量、投资和安全进行控制和管理。另外包括为了工作顺利开展而进行的合同信息管理。具体工作内容如下：

①编制合同管理细则。

②合同订立时的管理：

a. 对招标公告、招标文件、合同条件进行审查和分析；

b. 收集市场和项目信息；

c. 对项目合同体系进行总体策划；

d. 起草合同的初稿，报建设单位主管部门审核；

e. 协助建设单位与承包商进行合同谈判、签订合同（需要备案的报有关主管部门备案）。

③履约阶段的管理：

a. 监督、管理合同的履行，对项目的合同履行情况进行汇总、分析，对工程进度、成本、质量进行总体计划和控制；

b. 协调各合同的实施；

c. 处理建设单位与有关各方的关系；

d. 对合同实施进行总的指导、分析和诊断。

④做好合同管理人员素质培训，（建立合同支付台账），建立健全合同管理档案。要求：

a. 参与合同管理的所有人员，必须具有良好的合同意识，保证合同订立要达到的目的；

b. 合同订立的基础资料以及合同履行中所形成的资料，要有专人负责，随时注意收集和保存，及时归档。健全的合同档案是解决合同争议和处理索赔的依据。

（8）档案信息管理策划

①管理范围

在工程建设过程中形成的具有归档保存价值，直接反映单位工程全貌的文字、图表、声像等各种形式并按规定整理装订的历史记录，包括工程准备阶段文件、监理文件、施工文件、竣工图和竣工验收文件等工程档案管理工作。

②管理要求

a. 建设单位、项目全过程工程咨询单位、承包单位分别对各自形成档案文件的真实性、有效性、时效性负责，做到随发生随形成，杜绝突击补充资料。

b. 各单位要建立健全内部档案管理制度，并严格执行，落实专人负责档案管理。

c. 施工总承包单位负责所有施工资料的归档工作，负责制定分包单位档案管理制度、指导分包单位档案管理、对分包单位档案进行验收、接收分包单位合格档案，将全部自查合格施工档案报监理验收。

d. 项目全过程工程咨询单位负责档案资料及签字手续的严格把关，确保档案资料的真实性、完整性、时效性，做到资料归档与中间验收、计量支付等紧密结合，做到工程形象进度、资料归档、计量支付三同步。

e. 项目全过程工程咨询单位定期（每月一次）组织对施工总承包单位及建设单位独立发包的分包单位档案资料进行阶段性检查督办。

f. 最终验收前，项目全过程工程咨询单位组织专业档案验收人员对承包单位上报资料进行全面、系统地分类验收，竣工资料不完善不予办理实体验收。

g. 项目全过程工程咨询单位负责项目管理（监理）档案归档工作，建立自查自纠制度，确保各阶段资料完备。

h. 项目全过程工程咨询单位协助建设单位进行资料的整理、归档工作。

i. 建设单位根据工程进展情况或上级检查要求负责不定期检查监理、承包单位资料的日常归档情况，对上述单位资料不足之处责令限期整改。

j. 竣工验收前，项目全过程工程咨询单位负责将建设单位和监理单位的全部档案资料委托城建档案馆进行最终验收，竣工验收通过后，工程处组织向城建档案馆、使用单位移交档案。

25.2.5　全过程工程咨询成效

1. 投资管理成效

黄石奥林匹克体育中心项目原状为 80% 以上场地鱼塘、藕塘、沟渠，土方回填量约为 218 万方，主场馆基础为新近填土，地基处理难度很大，相应措施较多，技术复杂，是造成投资增加的主要原因。通过项目管理团队现场实时跟踪计量，和建设单位商定经济且有效的地基加固措施工艺，尽可能地保证工程进度速度同时节约成本约 1770 万元。

2017 年和 2018 年黄石市建设项目较多，环境整治限产和关闭矿山，造成砂石、混凝土、钢材等主要原材料涨价较多，比周边武汉等地市高出约三分之一，总包提出人工费、材料费等调差争议约 2.211 亿元。通过项目造价组和建设单位、造价审核单位共同进行材料询价认价等控制工作，节约成本约 5000 万元。

通过项目部代建设单位招标采购工作，避免总包招标友情分包，节约成本约 3 亿元。通过项目部与设计院对接进行实时的设计管理工作，节约不必要的或总包意向增加要求的设计变更成本费用约 1.5 亿元。

黄石奥林匹克体育中心为湖北省和黄石市重点项目，湖北省第一批、财政部第三批 PPP 示范项目，因工期较紧，项目 PPP 招标时无工程量清单，设计不完善，先确定施工单位，后反复谈判确定合同额，合同确定为按工程量和定额、清单计价，造成造价控制相当困难。2019 年 3 月 15 日总包申报结算总价约 21.5 亿元，总包合同额增加约 9 亿元。通过项目全过程工程咨询单位从项目前期、中期、到后期和建设单位、造价咨询单位、多家审计单位协同进行审计工作，项目初步结算审计总包合同额约在 16 亿～18 亿元之间，可以看出经由全过程工程咨询管理，本项目结算合同额缩减了约 4 亿～5 亿元左右，成本控制成效显著。

2. 设计管理成效

黄石奥林匹克体育中心 PPP 项目建设工程施工图纸完善程度较差，虽招标费用较少，通过项目的实施，发生了 200 多份设计变更，发出工程管理联系单 210 多份，对设计院发出设计联系单约 70 份，达成会议纪要 40 多份。通过提前审核图纸、效率协商变更、更成熟的工艺，项目咨询团队节约大量的材料成本和劳动力成本，有效加快施工进度，保证了工程质量和安全，设计管理成效显著。

3. 招采管理成效

本项目协助完成共同招标 14 家，协助建设单位完成公开招标 15 家，协助建设单位内部比价招标 9 家。通过项目工程咨询经验，为建设单位编制招标清单和协助招标工作，减少了因总包自主招标增加的费用，避免总包合作分包产生的质量问题，也加快了工程进度，可见管理成效显著。

4. 监理（质量、安全）管理成效

在工程施工过程中，坚持预控为主的原则，施工中加强过程监督，尽量将问题消化在施工过程中，避免造成不必要的返工。本项目施工过程中针对存在的问题先后签发监理通知单（质量类）165 份、监理通知单（处罚类）44 份、监理通知单（安全类）52 份，监理工作联系单 210 份，各类监理会议纪要 310 多份。通过项目咨询团队对工程施工全程的控制，监理（质量、安全）管理成效。

5. 项目创优

黄石奥林匹克体育中心作为省市重点项目，得到了国家体育总局、国家发展改革委、财政部、省市党政工团多个部门的关注和重视，各级领导经常到奥体检查指导工作。项目获得荣誉情况如表 25.2-1 所示。

黄石奥林匹克体育中心项目获奖一览表　　　　　　表 25.2-1

序号	奖项名称	获奖时间	颁发单位
1	2016～2017 年度第四批湖北省建筑结构优质工程	2018 年 3 月 9 日	湖北省建设工程质量安全协会
2	黄石市 2017 年度建筑结构优质工程奖	2018 年 4 月 2 日	黄石市建筑业协会
3	2018 年湖北省工程建设优秀 QC 成果二等奖	2018 年 4 月 25 日	湖北省建设工程质量安全协会
4	中国钢结构金奖	2019 年 4 月 28 日	中国建筑金属结构协会
5	2017～2018 年度第二批北京市建筑（结构）长城杯金质奖公建工程	2018 年 7 月 24 日	北京市工程建设质量管理协会文件
6	2017～2018 年度第一批湖北省建筑工程安全文明施工现场	2017 年 8 月 15 日	湖北省建设工程质量安全协会
7	湖北省第十五届运动会黄石组委会感谢信	2018 年 10 月 16 日	湖北省第十五届运动会黄石组委会
8	黄石市 2018 年度建设工程铜都杯奖	2019 年 4 月 12 日	黄石市建筑业协会
9	2018 年度建筑防水行业科学技术奖——工程技术奖（金禹奖）	2019 年 3 月 16 日	中国建筑防水协会金属屋面技术分会
10	2018～2019 年度中国建设工程鲁班奖（国家优质工程奖）	2019 年 12 月 10 日	中国建筑业协会
11	2019 年度湖北省优秀勘察设计一等奖	2019 年 8 月 1 日	湖北省勘察设计协会

6. 科研成果及课题研究

全过程工程咨询团队的项目管理成员和工程监理成员均有参与公司研究中心的课

题，主要为项目招标采购方面、体育场馆的监理、体育工艺（如灯光、地坪、屋顶、水处理、透水混凝土地坪）等课题研究。发文有：《浅谈黄石市城市规划与黄石奥林匹克体育中心建筑设计》《铝镁锰金属屋面系统的应用与质量控制探究》《浅谈黄石奥林匹克体育中心中心招标采购认质认价》《黄石奥林匹克体育中心中心监理要点分析》《浅谈倒置式屋面实际应用中的优缺点》等文章。

黄石奥林匹克体育中心项目工程先后获得专利 18 项（如表 25.2-2 所示），其中发明专利 4 项，省部级工法 3 项（如表 25.2-3 所示），软件著作权 1 项，发表论文 20 篇，其中国家核心期刊 1 篇，研究报告 1 份，经科技成果鉴定达到国际先进水平 1 项（如表 25.2-4 所示）。

专利汇总表　　　　　　　　　　　　　　　　　　　　表 25.2-2

序号	名称	专利类型
1	一种弯扭管构件的拼装方法	发明专利
2	用于钢结构工程拼装胎架垂直度的观测工具	发明专利
3	一种四圆管组合钢柱制作方法	发明专利
4	钢结构拼缝的缺陷校正装置及其校正方法	发明专利
5	钢筋笼穿管引导器	实用新型
6	一种吊挂空腔结构用吊钩及应用其的吊挂组件	实用新型
7	一种自适应式预制混凝土块制作模具	实用新型
8	一种用于建筑檐口位置施工的悬挑施工系统	实用新型
9	一种在吊顶区域内安装吊杆的施工套装	实用新型
10	一种吊洞的施工工具	实用新型
11	一种简易钢筋笼吊装工具	实用新型
12	用于钢结构主梁钢板拼缝调平的微调系统	实用新型
13	一种钢结构焊缝拼接宽度调节装置	实用新型
14	一种预制踏步吊装工具	实用新型
15	一种开放式铝板连接组件及铝板幕墙	实用新型
16	钢结构拼缝的缺陷校正装置	实用新型
17	用于钢结构工程拼装胎架垂直度的观测工具	实用新型
18	用于空间异形网架地面拼装的胎架结构	实用新型

工法汇总表　　　　　　　　　　　　　　　　　　　　表 25.2-3

序号	工法名称	类型
1	带异型埋件的现浇清水混凝土空心 Y 形柱施工工法	省级工法
2	大型双曲铝板单元板块施工工法	省级工法
3	基于三维扫描和逆向建模的钢结构预拼装施工工法	省级工法

专著、软件著作权及研究报告汇总表　　　　　　　　表 25.2-4

序号	名称	类型
1	黄石奥体中心体育场铸钢节点受力性能试验研究	专著
2	AutoCAD 快速建模软件	软件著作
3	弯曲圆管钢桁架结构数字化检测与装配关键技术研究	研究报告

7. 项目运维效果

湖北省运动会期间，项目全过程工程咨询团队全员参与黄石奥林匹克体育中心中心的运动会赛事保证工作中。项目管理和监理成员多次参与建设单位众邦公司十五届省运会开幕式保障指挥部会议，参与进行赛事保证各方单位人员的进场流线划分和特殊车辆布置，参与制作省运会赛事保证人员名单、参与场馆负荷测试。按管理内容划分专业人员进行值班保障，场地硬件应急保障内容包括：配电室、泛光照明、室外景观、场地扩声、升旗系统、智能照明、体育工艺照明、配电箱、变频多联机、空气源热泵、电梯、消防。从 2018 年 10 月 8 日开幕式到 10 月 14 日闭幕式，在各方的努力下，湖北省第十五届运动会圆满举行，项目全过程工程咨询团队作为赛事保障一方得到了建设单位和黄石组委会的肯定，并发送感谢信至提供全过程工程咨询企业。

25.2.6　经验教训

1. 本项目实施经验

（1）黄石奥林匹克体育中心 PPP 项目按照财政部相关文件规定，采用了竞争性磋商方式，引进了建设、投资和运营单位，但在近期在办理施工许可证过程中遇到了到与住房城乡建设部"国有投资项目必须公开招标"要求相冲突的问题。事实上，国家财政部与发改委本身在政策方面存在冲突，为解决这个问题，前后花费了很长时间，经向政府专题报告，由政府明确符合相关文件规定并出会议纪要承担相应责任，政府行政主管部门才同意办理。建议其他项目今后采用发改委相关政策，采用公开招标方式，事实上两者流程相似。

（2）关于资金到位率的问题，按照财政部相关文件规定，为鼓励 PPP 项目的推行，同意 20% 的注册资金符合相关政策规定，但与住房城乡建设部要求的 30% 的到位率相左，最终通过向政府专题报告，由政府明确符合相关文件规定并出会议纪要承担相应责任，政府行政主管部门才同意办理。

（3）关于建设主体问题，黄石奥林匹克体育中心因举办湖北省第十届运动会需求，建设工期仅有 22 个月，要求 2018 年 3 月具备试运行条件，但在前期体育局耽误了较长时间，2015 年 7 月移交众邦公司后，在方案比选、政府批复、PPP 项目谈判等方面进一步延误后，造成项目公司迟迟不能成立，由于前期所有手续均以众邦体育办理，在施工许可证办理时，建委以建设主体不同也提出了疑义，最终也是通过向政府专题报告，由政府明确符合相关文件规定并出会议纪要承担相应责任，政府行政主管部门才同意办理。建议项目筹备和谈判要预留适当的时间，上述种种工作约需要大半年到一年时间方可完成。

（4）本项目采用 PPP 费率招标，无工程量清单，合同谈判时间又较长，造成现场先施工后进行合同谈判，造成事实上的认价困难和计量困难。建议费率招标仅适用于简单工程，体育场馆复杂程度较高，涉及专业众多，不适用费率招标。

2. 本项目全过程工程咨询实施的不足与改进措施及建议

（1）实施过程中的不足：

①政府作为建设方时项目主动权往往难于控制，项目进度受领导意识干扰大，全过程工程咨询工作难度增加。

②对于 PPP 项目投、融资困难问题，全过程工程咨询团队和建设单位都缺乏有经验的金融专业资金招募人员。

③掌握新工艺、新技术不够快，如建筑 BIM 应用知识技能和建筑装配式及 3D 打印的学习。

（2）改进措施及建议：

①施工方案要多方案提前比选，黄石奥林匹克体育中心在新近回填土的地基处理方面也经历了粉喷桩、高压旋喷桩（单管、双管、三管）、静压注浆等方案比选，影响工作推进。

②关于共同招标的思考。黄石奥林匹克体育中心 PPP 将所有专业性的体育工艺和专业工程要求进行招标，但在实际实施过程中，因 PPP 方的私下协议，造成项目融资成本增加，造成的结果是提出分包单位上交 10% ~ 30% 点数，超越常规项目且无依据，所以造成多次流标。所以地方资金充裕，则不建议实行 PPP。与此类似材料设备的认质认价也有类似现象，但造成的影响没有公开招标大。

③施工单位的人员素质对项目推进造成重大影响，所以在施工单位履约方面要求严格执行合同，分包单位的适时选择也能对总包单位进行相应弥补，但若继续选择技术管理较差的单位，将形成恶性循环，对项目推进造成重大影响，不能及时发现问题，造成大量变更。

④对于认质认价品牌是否严格执行，处罚是否严格执行也是项目在实施过程中遇到较为突出问题。建议处罚选择合理时机。若质量尚可，依据充分，"秋后算账"，若质量不合格，品牌严格执行，及时退场。

⑤关于结算严重超概算，造成结算困难问题，主要从以下几个方面加强：一是合同签署过程中关于价款要认真审核，避免歧义造成严重影响，黄石奥林匹克体育中心关于认质认价范围的条款就出现争议影响较大；二是调价条款认定方面要仔细研究，避免施工单位钻空子，黄石奥林匹克体育中心信息价采用方面就存在漏洞，引起较大争议；三是过程中加强设计变更费用管理，及时申报，过程支付，动态监控概算超支情况，黄石奥林匹克体育中心设计变更过程中基本上未计量，由此造成结算初稿与概算出现较大偏差；四是建设标准、装修标准调整与概算及时对比，动态调整，避免结

算出现较大偏差;五是政府投资项目,工作范围调整坚持依据充分,对概算影响较大时,要做好调概准备。

25.3 枣庄市体育中心

25.3.1 项目背景

枣庄市在民间艺术、群众新文化活动、全民健身活动方面具有优良的传统,竞技体育水平位于全省前列。改革开放以来,枣庄在经济建设、城市建设方面取得了巨大成就,综合实力今非昔比,与社会经济和文体事业的迅猛发展相比,枣庄的文化体育设施建设明显滞后,尤其缺少大型公用文化体育设施。

在枣庄市体育中心建设之前,枣庄市尚没有一处达到中等规模、配套完善的文化体育场馆,现有的体育文化设施为 20 世纪 70 年代所建砖混楼房,面积较少。由于现有的设施条件严重制约了当地文化体育事业的发展,枣庄市委市政府高度重视,根据城市的总体规划及国家新时期体育事业发展的工作方针和总体要求,决定建设枣庄市体育中心工程。

25.3.2 项目概况

1. 工程概况

枣庄市体育中心是枣庄市的重点工程、民生工程,位于枣庄市新城区金沙江路以南,长江路以北,民生路与和谐路之间。枣庄市体育中心由"一场两馆"及室外配套工程组成。"一场"即 31284 座体育场及配套商业,其中体育场建筑面积为 54089 平方米,地上四层,建筑高度 40.23 米(建筑最高点),39.20 米(结构中心线最高点),为乙级中型体育建筑。场内设置标准 400 米环形跑道、标准足球场及田径场地,可满足举办地区性综合比赛和全国单项比赛的要求。其主体结构为钢筋混凝土框架结构,外围"拉花"结构为扭曲箱形钢结构,屋面罩棚为整体张拉大跨度索膜屋面。

"两馆"即 6000 座体育馆和 2000 座游泳馆,总建筑面积约 80111.98 平方米。其中,体育馆建筑面积 26817 平方米(不含地下室),观众席 6532 座(其中固定观众席 5032 座,临时 1500 座),建筑高度 26.10 米(建筑最高点),为大型乙级馆,建成后可满足省内综合及国内多个单项比赛要求,平时可作为专业运动员训练、群体活动、文艺会演、商业经营等场所使用。游泳馆建筑面积 24629 平方米(不含地下室),观众席 2015 座,建筑高度 24.84 米(建筑最高点),为中型甲级馆,由按照国家标准的跳水池、游泳池和训练池组成,能满足国际单项比赛及国内综合比赛的需求,平时可作为游泳健身的场所。如图 25.3-1、图 25.3-2 所示。

图 25.3-1　枣庄市体育中心体育场实景图

图 25.3-2　体育馆游泳馆效果图

枣庄市体育中心体育场室外工程总面积 235639.2 平方米，其中绿化面积 87634.2 平方米、铺装面积 117078 平方米、运动场地约 30927 平方米。运动场地包括 1 个标准天然草坪足球场、10143 平方米塑胶田径场地、6 片门球场、5 片地掷球场、4 片篮球场、4 片羽毛球场、3 片网球场、2 片三人制足球场、10 片乒乓球场、1 片手球场。另外还布置了一个由沙坑、爬梯、滑梯、轮胎攀岩、跷跷板、儿童拓展等器材构成儿童游乐中心，整个室外的活动设施基本满足了各年龄层次人员的活动需求。

图 25.3-3　枣庄市体育中心鸟瞰图

2. 项目进展

（1）体育馆、游泳馆工程：于 2013 年 12 月 15 日开工，2015 年 9 月建设完成，2015 年 9 月 12 日全国第三届智力运动会开幕式在体育馆举行。

（2）体育场工程：于 2014 年 4 月 28 日开工建设，2017 年 12 月 5 日竣工验收。2017 年 10 月 29 日—10 月 31 日，枣庄市第九届运动会田径比赛在体育场举行。

（3）体育场室外工程：于 2017 年 3 月 22 日陆续开工建设，2017 年 10 月底基本建设完成，2018 年 4 月 22 日正式竣工验收。

2017 年 11 月 12 日、2018 年 11 月 4 日，枣庄国际马拉松赛起点设置在体育馆游泳馆，终点及颁奖仪式设置在体育场。

25.3.3　本项目特点

1. 体育场特点

体育场的设计概念源自中国传统"红灯笼"。整体外立面由不同曲度的波浪线结构围合，既像是纸灯笼上的拉花纹理，又恰似运河中流淌的潺潺水流，曲韵流长。体育场看台屋面采用白色 PTFE 膜材，结构上使用整体张拉索膜结构体系，营造出一个轻盈典雅的屋顶造型，同时波浪形的边缘将更多的光线送入赛场中。远远看去，体育场半掩在高低错落的景观中，白色屋面若隐若现，如同腾云一般，如图 25.3-4 所示。

体育场罩棚立面宛若一圈起伏的钢结构网状"拉花"，浪漫优雅。"拉花"包裹着的体育场看台外圈近圆形，东西高南北低，在空中划出一条诗意的曲线。体育场看台下方孕育着生机勃勃的观众平台，在这里，铝合金金属幕墙和百叶简洁大方，内侧外墙上升起强有力的柱列，支撑着上方看台向远方深深地悬挑出去。看台下采用了红色铝合金管状吊顶，高贵典雅，当它们行至北向看台缺口侧面时，形成了强烈的序列感，如图 25.3-5 所示。

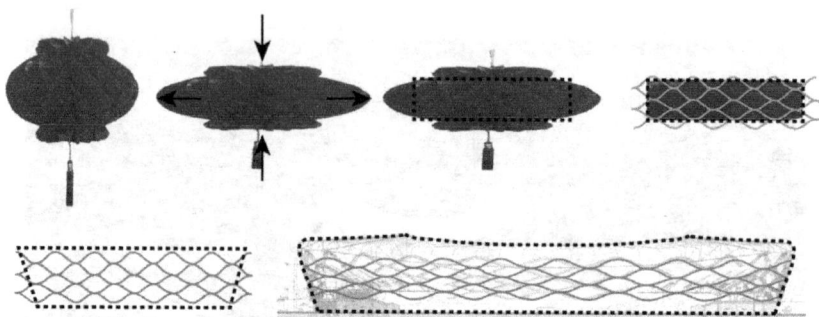

图 25.3-4　体育场设计概念的演化

图 25.3-5　体育场钢结构"拉花"

在看台挑出的最远端，体育场看台实体被这些管状装饰加以解构，于是与外墙柔美的拉花形成了一个美妙的过渡。体育场首层在涂料墙面外采用红色铝合金条带装饰幕墙，在有序的整体中创造无序的片段，既有小趣味又不失大气。

体育场罩棚由立面拉花结构和屋面两部分组成。立面整体向外倾斜 10 度，由 24 个拉花单元构成，拉花由两种构件组成，分别为"X"形节点和"/"形杆件。两种构件的截面尺寸皆为 1000mm×800mm。拉花单元通过这两种构件的组合，由下至上，形成五层拱形的钢结构形态。

屋面的结构由上、下两层索形成空间索桁架体系，上部索采用双向交叉车辐式结构，下部索由 48 根径向索组成，上下索之间设置系索；中部由上、下内环索及飞柱组成，飞柱之间设置斜拉索；拉花顶部设 2 道环梁，整个屋盖形成平缓型马鞍型。

屋面主材料为 PTFE，划分延续自拉花立面，并沿屋面结构上部交叉索其中一个方向延伸，共分为 48 个区域，相邻区域通过膜间的缝合连接，自然导水至固定于屋面张拉结构主压力环的排水沟。主排水沟设置地漏，通过立管与立面拉花连接在一起，立管沿拉花走势固定于立面拉花内部，如图 25.3-6 所示。

图 25.3-6　体育场索膜结构

2. 体育馆游泳馆特点

体育馆、游泳馆地上为两个独立的结构单元，其外观造型均为半椭圆球面形；地上部分均由看台结构和钢外罩结构组成。体育馆结构组成如图 25.3-7 所示（游泳馆类似，此处略）。

看台采用钢筋混凝土框架—剪力墙结构体系；钢外罩由钢屋盖和四周钢外罩组成，钢屋盖采用张弦梁结构，四周钢外罩为单层曲面空间网格结构。体育馆典型剖面如图 25.3-8 所示。

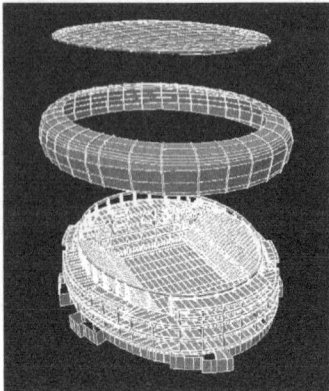

图 25.3-7　体育馆结构构成示意

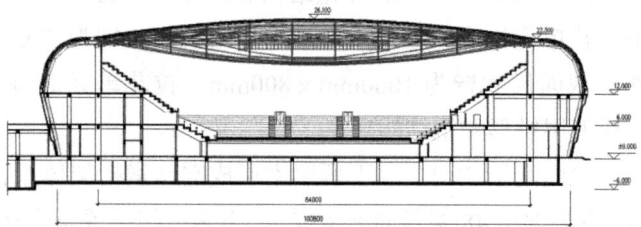

图 25.3-8　体育馆剖面示意图

体育馆、游泳馆特点：两馆间平台雨棚屋面采用钢结构与膜结构结合的形式，其中膜材为聚四氟乙烯（PTFE）半透明网格覆膜，网格覆膜由内、外层 PTFE 透明膜和中间层 PTFE 网格膜组成，中间层 PTFE 网格膜颜色为亮银色。

25.3.4 需求分析与服务策略

1. 原有"指挥部"管理模式介绍

枣庄市体育中心是枣庄市的重点工程，民生工程，为推进工程建设，成立了由国土、规划、住建、财政、体育等政府相关部门主要领导组成的建设工程指挥部，指挥部下设工程管理部、财务管理部和综合运营部三大部门。

为进一步明确建设责任，划分了工作职责。综合运营部由市体育局负责牵头，主要负责与市委、市政府和市属各个体育部门等有关部门的联络协调及指挥部日常事务的综合协调工作；参与体育场馆设计及有关体育工艺的设计与决策，负责体育场馆招商引资等前期运作。

财务管理部由市财政局牵头，主要负责与市财政局、市审计局和金融系统等相关单位联系工作，依法、合理、及时做好融资和资金拨付工作；负责财务管理和投资管理，承担会计核算工作；参与重大经济活动，督促有关合同的签订和实施，承担建设工程经济预测工作；配合工程管理部制定年度工程项目建设计划，参与招投标工作，依法筹集、使用、核算、管理建设资金，办理竣工项目财务收支审计和资产移交工作。为实现国家项目法人制的要求，由财务管理部成立了枣庄金声文化产业发展有限公司作为项目法人。

工程管理部由住建局牵头，负责与市住建局、市规划局等相关部门以及设计单位的联络协调，委托编制体育中心相关规划、设计，并组织审查；负责工程招投标工作，负责工程建设的质量、投资、进度控制以及工程竣工验收、移交工作，负责工程合同履约、信息统计上报的管理工作；编制项目总体和阶段实施计划、工程资金需求计划等。组织结构如图 25.3-9 所示。

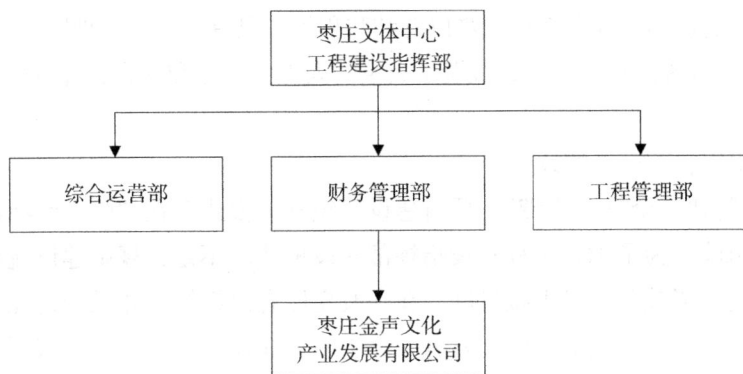

图 25.3-9　组织结构图

2. "指挥部"管理模式优缺点分析

由于工程建设指挥部是政府主管部门的临时组建机构，又有各方面主要领导组成的领导小组的指导与支持，因而在行使建设单位的职能时有较大的权威性，"三大部门"依托指挥部协调各方面关系，有效解决了征地、拆迁、外部配套等外部协调难题，加快了工程建设进度。但是随着工程建设的进一步推进，工程内容越来越复杂，越来越专业和具体，以指挥部为主体的工程项目管理模式越来越不能适应工程建设发展的需要，主要有以下三个方面的问题：

首先，建设责任不好落实。指挥部是临时性的机构，人员由各个部门抽调，由于临时性太强，工程建成后项目管理班子自行解散，导致建设单位的各项责任难以落实。工作责任制难以落实，势必就造成了工程建设周期长、工作效率不高、投资效益低下等诸多问题，导致建设项目投资收益不高。

其次，管理人员力量相对不足。指挥部虽然岗位设置较为全面、分工较为明确，但从立项到验收移交完毕，工作内容涉及前期手续办理、勘察设计管理、招标采购管理、合同管理、投资管理、现场施工管理、信息资料管理、后勤管理等方方面面，即便每人身兼数职，想把工作做到位也非常吃力。再加上工程规模大，专业工程众多，要做到对项目的全面管控，就要配置大量的管理人员，管理机构将非常庞大，原有的人员远远不能满足需求。

最后，管理人员缺乏体育场馆建设管理的经验。体育场馆不同于一般的工业与民用建筑，是建筑结构非常复杂的大型公共设施，是具有鲜明特色的专业化建筑，它除了包含一般工业与民用建筑的分部分项外，还增加了与体育工艺相关的系统。它涉及很多非常规的技术与材料，如超大型的铸钢构件、超大跨度的屋架钢结构、非常规的金属屋面/幕墙的安装方法等；与体育工艺相关的部分专业性非常强，如塑胶田径场地、专用的运动地板、足球场草坪、泳池水处理系统、场地扩声系统、计时记分系统、赛事管理系统等，建设难度非常大。同时在一定的地域内它具有稀缺性的特点，指挥部的成员可能从来没有参与过体育场馆的建设，经验缺乏。由于指挥部组成成员的临时性，其他一些工程建设的经验和教训也难以总结和积累，只有"一次教训"，没有"二次经验"，造成社会资源的重复设置，浪费了大量的人力、物力和财力，并可能引发质量和安全问题。

3. 项目组织管理模式的改进

"火车跑得快，全靠车头带"。项目建设组织管理模式存在缺陷，给项目的实施带来了很高的风险。为了弥补工程建设指挥部建设模式的不足，规范建设流程，加快工程建设，提高投资效益，经上报批准，在不改变原有组织结构体系的情况下，通过公开招标的方式选择综合能力较强、具有较高水平、在体育场馆建设领域颇有建树的专业化的管理咨询公司作为全过程咨询单位来协助工程建设，全过程工程咨询的内容以实施阶段的项目管理 + 建设监理的方式实施，形成了新的合同结构，如图 25.3-10 所示。

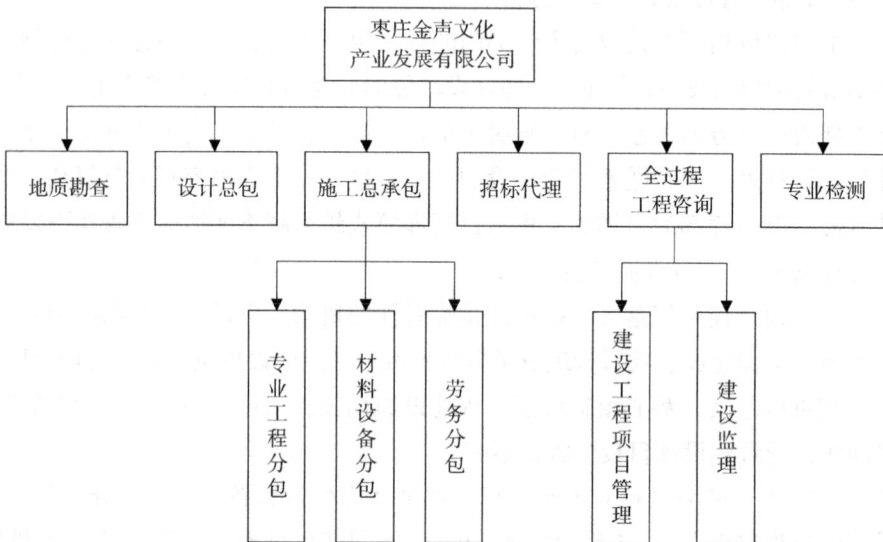

图 25.3-10　合同结构图

引入全过程工程咨询，以工程建设指挥部为依托，在充分发挥指挥部综合协调的长处的基础上，调整工程建设的管理结构（如图 25.3-11 所示），形成了 4 级控制层级，弥补指挥部建设管理力量的不足。

首先，明确工程建设的管理范围与管理责任，落实工程建设责任制。在进行全过程咨询招标与签约时，通过合同的形式对全过程咨询管理任务做出详细的描述。其主要内容包外部协调管理、工程设计管理、工程合同管理、工程质量管理、工程进度管理、工程投资管理、工程安全管理、工程信息与档案管理、工程现场管理、工程风险管理、建设监理、工程竣工验收与保修阶段管理等。并根据管理范围提出相应的质量管理目标、进度管理目标、投资管理目标等一系列的量化目标。通过范围与目标的约定，落实建设责任制。

宏观决策与指导

枣庄市文体中心工程建设指挥部

综合运营部　　财务管理部　　工程管理部　　枣庄市财政投资评审中心

实施决策与协调

枣庄金声文化产业发展有限公司

实施策划与控制

浙江江南工程管理股份有限公司
枣庄市体育中心工程项目管理部　相互协调、相互配合　现场跟踪审计
相互监督

具体实施

地质勘查　设计总包　建设监理　招标代理　专业检测

体育馆游泳馆施工总包　室外市政工程专业承包　室外园林绿化专业承包　室外体育场地设施专业承包　室外景观亮化专业承包　室外安防与广播专业承包　体育场施工总包

钢结构专业分包　金属屋面与幕墙专业分包　泛光照明专业分包　智能化专业分包　体育工艺专业分包　钢结构专业分包　索膜结构专业分包　泛光照明专业分包　智能化专业分包　体育工艺专业分包

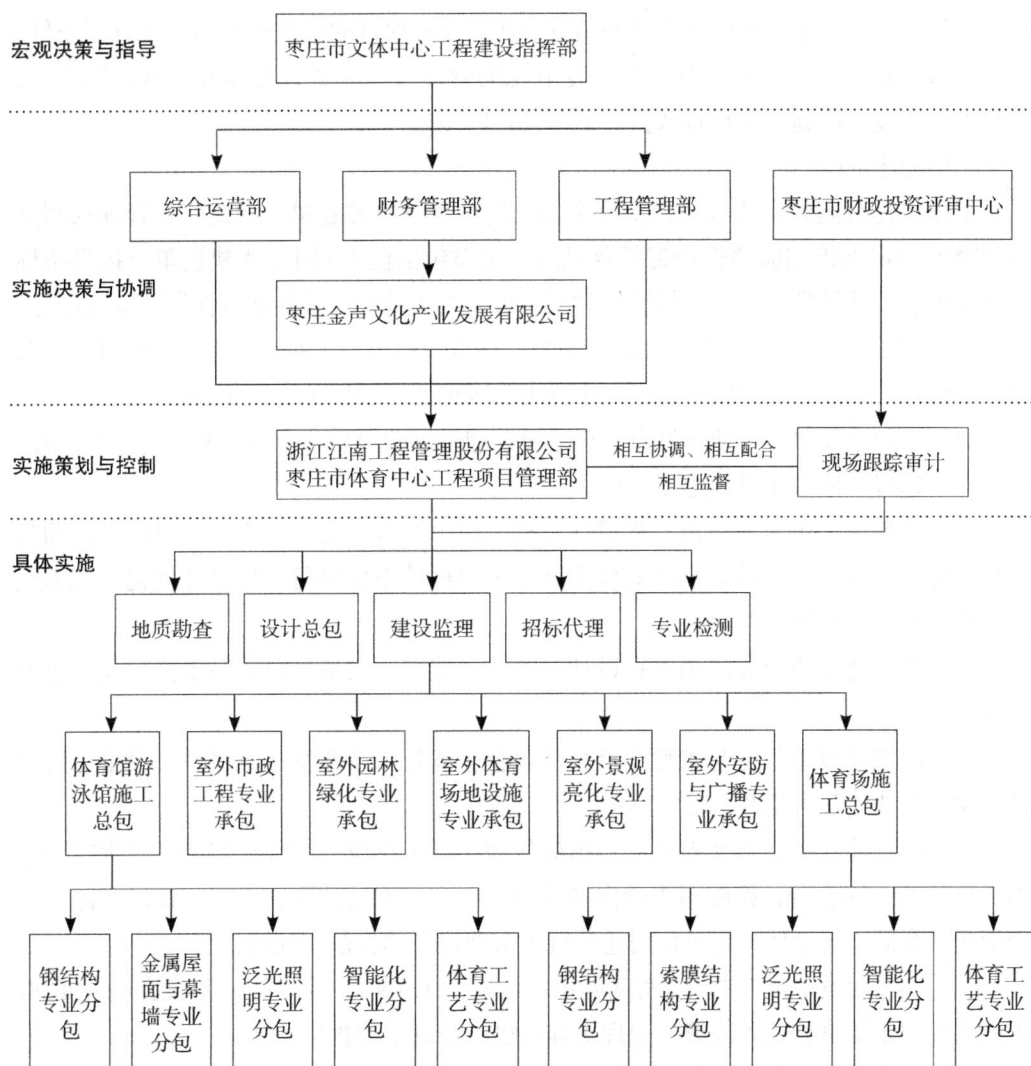

图 25.3-11　管理结构图

　　其次，人力资源得到补充与优化。全过程咨询招标时，对全过程咨询管理团队做出要求，全过程咨询单位进场后，根据招投标文件及公司经验，迅速组建相应的管理团队，在人员年龄构成及专业领域互补方面，做到人尽其用，充分发挥专业人员的各项专业特长和长期积累的项目管理经验，以默契的团队合作来实现项目管理目标。同时，全过程咨询单位根据不同的时间阶段，针对相应的工作重点对人员进行动态的调整。

　　最后，信息资源得到共享。全过程工程咨询单位——浙江江南工程管理股份有限公司是有着 3000 多名工程技术人员的大型咨询服务企业，有众多在体育场馆建设领域具备丰富项目管理经验的人才，并以其公司资源为依托，组建了公司内部的体育场馆工程建设研究中心，创建了专门的资源信息库。本项目的项目管理部以公司丰富的资

源为依托，可以直接享用信息库里的信息资源，为本项目的管理咨询创造了有利条件。

通过全过程工程咨询的规范化、专业化的管理咨询服务，为提升工程建设水平，加快工程建设，提高工程投资效益打下了良好的基础。

4. 咨询服务内容

根据委托合同约定代表建设单位全面行使对本项目参建单位的监督及管理权利并按照合同约定承担相应的管理责任及风险。工作包括但不限于：为建设单位提供招标采购管理、设计管理、施工现场管理和试运行（竣工验收）及缺陷责任期等管理服务，代表建设单位对工程项目进行质量、安全、进度、投资、合同、信息等管理和控制，确保项目各项建设目标圆满实现，全过程工程咨询的主要服务内容包括：

（1）协助建设单位方建立健全工程建设期间各项建设单位方管理制度及工作流程，并组织、监督全体参建单位遵照执行；

（2）协助建设单位方提出工程设计要求、组织评审工程设计方案、组织工程勘察设计招标、签订勘察设计合同并监督实施，组织设计单位进行工程设计优化、技术经济方案比选并进行投资控制；

（3）协助建设单位方组织工程设计、监理、施工、设备材料采购招标以及设备材料询价；

（4）协助建设单位方与工程项目总承包企业或施工企业及建筑材料、设备、构配件供应等企业签订合同并监督实施；

（5）协助建设单位落实对设计、招标代理、评审单位、监理、施工、供货等全体参建单位的合同管理，跟踪检查全体参建单位的合同履约情况，组织、督促全体单位全面履行合同，对全体参建单位的违约行为协助建设单位落实处罚；

（6）协助建设单位方提出工程实施用款计划、申请项目建设资金、审批合同进度款、审批工程竣工结算和工程决算、处理工程索赔、控制工程投资；

（7）协助建设单位方落实对工程质量、进度、投资、安全的全面管理；

（8）协助建设单位组织竣工验收、整理移交竣工档案资料；

（9）协助建设单位落实对全体参建单位及主要管理人员履约质量的过程检查、纠偏及后评价；

（10）协助建设单位落实生产试运行及工程保修期管理，组织项目后评估；

（11）工程建设监理；

（12）完成全过程工程咨询合同约定的其他工作。

5. 建设目标的重新定位

目标是活动的预期目的，为活动指明方向，具有维系组织各个方面关系构成系统组织方向核心的作用。既然完善了项目建设组织模式，引入了工程咨询管理服务的新理念，弥补了原有建设模式的不足，明确了咨询服务内容，那么建设目标在原有的基础上根据建筑特点进行了提升，以发挥建设项目的最大效益。

（1）质量目标：体育馆游泳馆在原合格的基础上，主体结构（含钢结构）要达到省优标准;体育场由于设计新颖别致,有一定的施工难度,且符合"鲁班奖"申报条件,因此在原质量目标为合格的基础上,提出了争创建筑工程质量最高奖——"鲁班奖"的目标。

（2）工期目标:按照合同约定按时完成。

（3）投资目标:在保证质量目标提升、原有功能不降低的前提下,项目总投资控制在设计概算范围内。

（4）安全目标:零死亡目标,杜绝一般安全事故及火灾、中毒、环境污染等事件。

（5）绿色建筑目标:取得二星绿色建筑设计标识认证。

25.3.5　咨询服务方案

1. 整体咨询方案及关键控制点

（1）整体咨询方案

根据以往类似项目的管理经验、设计合同等相关文件,结合本工程特点,组建全过程工程咨询管理部,在总咨询工程师的领导下,编制项目咨询管理手册,建设监理、设计与技术管理、招标采购管理、合同管理、造价管理、信息管理等各专业项目管理实施细则,制定了会议制度、周报制度、考勤制度、信息资料传递与管理制度、招标采购管理制度、合同管理制度、设计管理制度、进度管理制度、质量管理制度、现场签证管理制度、专业分包进场管理制度、专业协调管理制度等,基本涵盖了工程建设所能碰到的所有问题的管理制度,并报建设单位审批,以经审批的手册、细则、管理制度等作为工作依据,要求设计、施工等参建单位按照流程开展工作,实现项目进度、质量、安全、造价等方面管理目标。

（2）关键控制点

本工程为体育建筑,涉及的体育工艺等专业性较强的专业工程较多,塑胶跑道、运动木地板、门球场、泳池水处理系统等,体育场地的设计定位是设计管理的关键控制点;本工程施工总承包合同为费率合同,如何确定专业分包及材料设备价格是造价控制的重点及难点;如何选择专业实力较强的场地照明、扩声、体育工艺等专业分包单位是招标采购管理重中之重;本工程钢结构、索膜结构及金属屋面幕墙工程施工难度较大,是质量控制的关键点。因此,本工程的关键控制点放在体育工艺等设计管理、专业分包招标、材料设备价格确定、钢结构及索膜结构等专业工程施工质量控制方面。

2. 组织架构设计

根据工程特点,企业在现场组建全过程工程咨询管理部,代表企业全面负责项目管理咨询工作的具体实施、总体方案、进度计划、工作协调、落实政策等合同约定的全部项目施工阶段管理咨询工作并承担具体管理咨询责任。全过程工程咨询管理部实行咨询工程师负责制,下设设计管理部、工程监理部、造价合约部、综合管理部四个职能部门,各职能部门负责具体专业事项的处理,并对咨询工程师负责、接受总咨询工程师的检查指导，凡涉及造价调整类的设计变更签发、工程变更批复、索赔处理、招标方案、招标文件定稿、招标补遗及澄清、招标控制价及标底、合同文件定稿、补充协议、总进度及过程工期节点计划调整、合同项目实施、合同款及进度款支付、主材品牌审批确认、工程竣工结算、参建单位绩效奖励及违约处罚、参建单位主要负责人的变更及撤换等重大事项、重大质量安全问题处理、参建单位及人员履约质量后评价等重大事项需报总咨询工程师审批同意方为有效。

各职能部门具体岗位职责分工如下：

（1）工程监理部

负责落实现场各项计划、指令的细化和落实及具体工程管理制度的建立并控制执行，现场各参建单位的关系协调、落实对参建单位合同履约情况的检查、督促、处罚，工程变更及合同内容的实施、落实，施工组织设计及专项施工方案的备案审查，主持或参加各类现场专题会、协调会，现场签证、工程索赔、进度款支付、监理费支付的初步审核，各阶段工程计量审核、现场的安全文明施工管理、组织并参与分部工程及单位工程竣工验收、落实各专业分包单位进场、退场的管理，组织甲供设备进场验收、组织施工单位及监理单位工程竣工结算及归档资料的整理、协助落实项目移交、落实对施工单位及其主要人员的履约评价，协助总咨询工程师完成项目的后评价组织等。

（2）设计管理部

负责设计管理制度的建立并控制执行，落实设计任务书的编制并配合设计招标，落实各项设计进度、质量、投资控制，组织设计文件审核、优化、初步审查设计概算，协调设计配合现场或采购需要出图或出具设计变更，组织图纸会审和设计交底工作，协调设计单位落实工程变更及各专项设计的审批，协调设计单位参与现场质量问题的处理，协调设计单位针对现场施工质量定期或不定期巡查，落实对设计单位的履约质量的检查及绩效考核，落实设计费支付审核等。

（3）造价合约部

制定本部门管理制度的建立并控制执行，各项招标采购工作的组织，招标文件、合同文件的审核、合同款及进度款的支付审核、协助落实现场合同履行情况检查、材料设备询价及其价格确定、造价控制、索赔最终处理、协助建设工程部落实甲控专业分包的进场、根据建设工程部要求落实甲供材料或设备的排产及进场、负责协调相关单位或部门完成有关现场询价工作、负责审查设计概算、审核办理工程预付款、进度款、工程竣工结算。

（4）综合管理部

负责项目部的人力资源管理、信息档案管理、内外协调工作、制度建设和落实、后勤管理、财务管理、配合办理项目报建、报验、报批工作，负责项目部的形象建设和管理，落实总咨询工程师交办的其他事务。

25.3.6　全过程工程咨询成效

1. 设计管理成效

（1）设计方案管理成效

设计方案是建设工程落实建设目的前提，是实现设计目的的表现形式，只有设计方案合理可行、成熟可靠，才能最大限度地将建设目的变成现实。

在原设计中，体育场室外田径场地、手球、三人制足球、乒乓球、羽毛球、网球、篮球场地均采用透水塑胶，门球、地掷球采用丙烯酸类材料面层，考虑枣庄市属温带季风型大陆性气候，各季气温差异明显。该地区由于受大陆季风控制，冬季比较干冷，降雪量不大。但该地域冬季气温在最冷时达到零下 15 度左右，一旦降雪或降雨则容易结冰打滑，且水分无法排除，严重影响了室外运动场地的使用。因此，我方根据气候特征、规范、类似场馆经验，并结合实际需求、考虑性价比，提出体育场室外田径场地参照主场地采用国产混合型塑胶跑道，门球、地掷球、三人制足球采用人造草坪，手球、乒乓球、羽毛球、网球、篮球场地采用硅 PU 做法的建议，最终建设单位采纳了我们的建议。

同时，设计方案还应充分考虑后期的运营维护管理。在体育场室外运动场地施工过程中，门球场地北侧为混凝土挡墙，挡墙外地面与门球场地高差达 4 米，原设计无围网，一旦跌落，后果不堪设想。因此，结合现场实际高差及后期运营管理等方面考虑，在该运动场地周边增加围网。

（2）设计功能管理成效

①体育竞技

功能的实现才能保证设计目的的实现，体育建筑作为专门建筑，在设计上往往有比较特定的要求，一旦不能满足，将导致无法正常使用，严重时导致建设目的都无法实现，因此，设计的功能管理也是一块非常重要的内容。

如游泳馆一层泳池西侧房间未按体育建筑设计规范要求设置必要的裁判室等技术用房，并将意见反馈给设计院进行调整等。

②体育休闲

在全过程工程咨询单位的建议下，室外工程增设了门球场、儿童活动场地，如滑梯、跷跷板、悬空踏桩等项目，使整个室外活动场地在原设计篮球、羽毛球、三人制足球、网球、乒乓球等运动项目的基础上，增设了适合老年人活动的门球场地，增设了适合儿童活动的专用场地，使整个室外运动场地满足了老、中、青、少、幼等各个年龄阶段的体育休闲需求，实现了全龄覆盖，给广大市民提供了一个休闲活动的场所，得到了一致好评（如图 25.3-12 所示）。

③综合利用

枣庄市体育中心不仅仅是一个竞技中心，还是一个学习的场所。在其一层的东区，布设了 8600 平方米供老年人学习与活动的场所——老年大学（如图 25.3-13 所示）。它的布设赋予了体育中心竞技体育更快、更高、更强之外的更健康的内涵，回归了体育的本质。

图 25.3-12　枣庄市体育中心室外活动场地的使用

图 25.3-13　功能的复合利用

④体育公园

枣庄市体育中心不单单是一个体育中心，休闲中心，还是一个大型的公园。它的室外配套总面积约 24.8 万 m²，由山景绿化、喷泉水景、健身步道等组成。景观以三季有花、四季常绿为设计主线，在突出枣庄乡土植物的基础上，赋予了其更加丰富的内涵。春季赏樱，夏季戏萤，秋季观叶，冬季品雪，已经成为广大市民的休闲胜地（如图 25.3-14 所示）。

图 25.3-14 体育公园景观

（3）设计技术管理成效

工程设计技术管理主要是在施工阶段做好施工图审查工作，发现不合理的设计，及时提出，积极与设计人员沟通，完善施工图纸。

如体育馆空调水系统中，看台下均是斜房间，房间风机盘管安装位置均比走廊主干管要低，这样在冬季，暖水在高处就窝气，影响回水的流动，若要降低主干管标高，则需要降低体育馆环廊走道装饰标高，根据现场管理经验，建议在盘管供回水管道上，各增加一个放气阀门，解决了管道中窝气现象，后经调试，效果很好，也验证建议的合理性。

游泳馆水处理系统中，跳水池、比赛池、训练池机房分别在三个位置，而三个池的水处理板换系统均在游泳馆热水处理机房，这样水热量流失大，建议将热水主管道送至每个水处理机房，板换安装在每个机房，这样既能减少板换后热水能量损失，也便于控制，该建议也得到设计单位的采纳。

10kV 高压配电室设计由枣庄当地电力设计院设计，设计图纸中电缆沟的走向及配电柜布置与现场结构空间不符，图纸上标示存在错误，在施工前，积极与设计人员沟通，并进行修改，减少拆改情况的发生。

2. 招标采购管理成效

根据相关法律法规及合同约定，枣庄体育中心项目工程和材料设备达到招标采购限额的，均须采用公开招标方式以优中择优的原则进行。2012 年 12 月 4 日枣庄市体育中心首个项目招标程序启动至 2017 年 6 月 26 日枣庄市体育中心最后一个项目下发中标通知书，枣庄市体育中心共计有 80 个项目进入公共资源交易市场依法公开招标，先后有近 600 家投标企业参与竞标，中标合同金额累加逾越约人民币 17 亿元，其中：工程类招标 32 个项目，累计中标金额约人民币 15 亿元，货物类招标 44 个项目，累计中标金额约人民币 1.9 亿元，服务类招标囊括监理、项目管理、枣庄市体育中心民生路、长江路防洪渠及道路土石方监理服务、体育场屋盖罩棚健康监测 4 个项目，累计中标金额约人民币 0.3 亿元，招标类别与数量比例如图 25.3-15。

枣庄市体育中心项目、资金统计

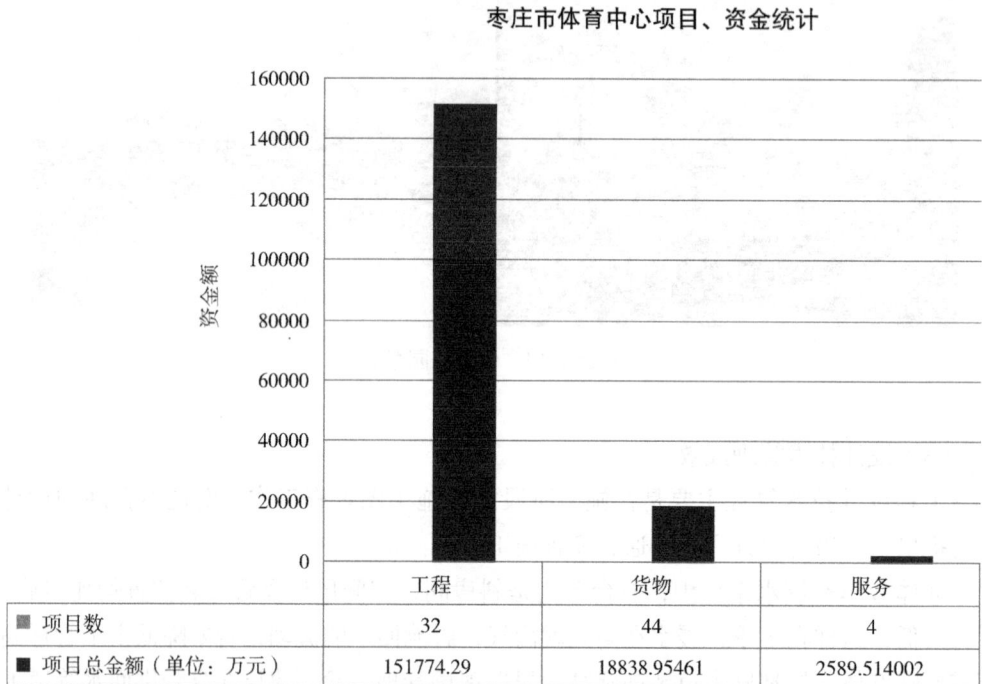

	工程	货物	服务
■ 项目数	32	44	4
■ 项目总金额（单位：万元）	151774.29	18838.95461	2589.514002

图 25.3-15 招标类别与数量统计图

纵览枣庄市体育中心招标，历程近五年时间，期间招标过程见证了由电子光盘辅助评标到电子交易平台招标投标的发展历程，由早期的光盘辅助评标演变至网上递交投标文件，市场经济的瞬息万变，成就了建筑工程招投标市场和制度日趋成熟完善，我们在运行枣庄市体育中心招标项目过程中，以相关法律法规及规章制度为运行基底，以公开、公平、公正、科学、择优为项目运行技术目标，稳扎稳打，理论结合实践，为招标项目圆满结束奠定了坚实的基础，并在保证项目建设工期、项目建设质量的前提下节约了大量国家资金。

3. 进度管理成效

本工程施工阶段的进度管理与其他工程均相同，一般通过总进度计划、年进度计划、月进度计划和周进度计划进行四级控制，通过每周检查形象进度完成情况与计划进度相比较, 来判断进度是否符合计划要求, 如不能符合, 则调整进度计划, 进行动态控制, 从而达到总控制目标。但合同订立阶段与施工准备阶段一直是进度管理被忽视的时间阶段。本文着重讲述这两个阶段的进度控制。

枣庄市体育中心体育场室外工程设计于 2016 年 8 月底完成, 按照实施计划于 2016 年 9 月份启动招标程序, 2016 年 12 月逐步发布招标公告, 2017 年 1 月份陆续发出中标通知书并订立合同, 2017 年元宵节后 (2 月 13 日) 开始施工。由于体育场周边为山地, 地势起伏较大, 地形复杂, 同时具有专项工程较多、工序之间的时间搭接比较多、工程建设周期短等特点, 为确保如期完成, 将室外工程分成了市政工程、园林绿化工程、体育场地设施工程、景观亮化工程等 5 类 10 个标段。由于园林绿化遍布整个工程区域范围内, 与道路、广场、体育场地等相互交叉, 因此决定市政工程标段负责全部的地形塑造, 地形塑造完成后再由园林绿化承包人铺设种植土, 进行苗木的种植。园林绿化工程作为具有明显季节性施工的专业工程, 必须在适当的季节种植方能保证成活率, 也才能够最大限度地在建设当年表现出绿化效果。因此排布计划工期时, 将园林绿化工程第一块场地移交后种植土覆土的日期定在了 2017 年 3 月 8 日, 并进一步约定于 2017 年 3 月 12 日植树节当日开始进行苗木的种植。要实现此目标, 就要求市政工程承包人必须按照预定的时间节点完成场地的移交。

为了保证上述时间节点能够按时完成, 在招标文件的编制中对合同订立阶段与施工准备阶段的时间节点均进行了详细的约定。

本工程招标文件采用 2012 年版《简明标准施工招标文件》。进行市政工程招标时, 在第二章工程投标人须知前附表 "需要补充的其他内容" 中, 明确规定, 招标人和中标人应当自中标通知书发出之日起 14 日历天内 (日期以中标通知书载明日期开始计算), 根据招标文件和中标人的投标文件订立书面合同。中标人无正当理由拒签合同的, 招标人取消其中标资格, 其投标保证金不予退还; 给招标人造成的损失超过投标保证金数额的, 中标人还应当对超过部分予以赔偿。

开工日期的确定, 考虑到措施方案编制时间、监理审批时间及当地的施工许可文件上报批准时间等施工准备环节时间周期的影响, 在招标文件第四章第二节合同专用条款 7.3 开工中约定, 以合同签订后第 14 个工作日日期为合同工期起算日。如届时不具备施工条件, 则由责任单位承担相应的责任。

本工程市政工程两个标段均于 2016 年 12 月 19 日发布招标公告, 2017 年 1 月 23 日完成中标公示, 2017 年 2 月 8 日发出了中标通知书, 2017 年 2 月 13 日完成合同的签订。合同订立时间周期均符合招标文件 14 日历天内完成的要求。

合同订立的同时, 任务最重的市政工程一标段也于 2017 年 2 月 13 日开工, 展开了作业。2017 年 3 月 5 日与园林绿化承包人完成了第一批场地交接, 园林绿化承包人按照预定计划于 2017 年 3 月 12 日种下了第一批乔木——法桐, 此后进行了见缝插针式的工作面交接与施工, 按照约定完成了建设任务, 取得了理想的效果。

合同签订阶段与施工准备阶段一直是进度管理被忽视的时间阶段。在准备充分、工程标的相对简单、中标人信用良好的情况下，合同订立阶段的时间周期是可以压缩的；在施工准备阶段，其时间周期法律法规、规章制度没有具体的规定，可以依据工程的具体情况，计算出合理的时间周期进行约定。在进度管理中，通过充分的准备，科学合理的计划与安排，在施工合同签订阶段与施工准备阶段，其时间是可以合理压缩的，不但为后期施工阶段赢得了时间，而且有利于降低工程投资，也保证了施工质量与施工安全。

枣庄体育中心的进度管理，通过如上述细节的——管控，层层落实，最后均按照原计划按实现了预定目标。

4. 投资管理成效

要进行投资的管理，除了大家日常关注施工阶段的投资管理之外，设计阶段的投资管理才是重中之重，技术与经济结合的控制方法才是进行投资控制最有效的手段。

（1）专业设计方案的再论证

全过程工程咨询单位承接过大量的体育建筑工程，也积累了丰富的实践经验，在体育工艺的认识上有着比较深刻的认识，而设计院在体育工艺上的技术欠缺，因此我们发挥了全过程工程咨询单位之长，在体育工艺上提出了不少中肯的建议。

塑胶跑道面层种类，全过程工程咨询单位就根据近几年是否有重大比赛要求，提出了合理的建议。在自然环境中，塑胶跑道面层均存在自然老化、物理性能降低的问题，塑胶跑道的认证等级在初次认证完成后再有大型高等级比赛均需再次检验认证，否则成绩无法判断。等级认证一般有效期为4~5年，如近年没有重要的比赛活动，就会造成资源的浪费，并列举了国家体育场（鸟巢）的案例。国家体育场于2008年建设完成，并成功举办了奥运会，塑胶跑道采用的是意大利蒙多的预制型跑道，其价格高昂，但性能也比较优异。但为了2015年在国家体育场举办的世界田径锦标赛，在2014年对原有跑道进行了重新铺设。因此我们建议使用造价相对较低、性能较好的国产混合型现场摊铺塑胶跑道，不但完全满足现阶段的使用需求，符合体育场的设计定位，而且工程投资得到了控制，最终建设单位采纳了我们的建议。目前该主场跑道工程已经通过了中国田协的验收，完全符合Ⅰ类场地的要求，获得了相应的认可证书，仅此一项就可节约资金约700万元，取得了理想的效果效益。

两馆LED显示屏系统原设计采用P6屏，类似场馆多采用P10屏且可以满足使用要求，P10屏价格比P6屏低很多，考虑经济性，向建设单位建议采用P10屏，降低了工程投资。

当然，投资的控制也应从项目的整个生命周期出发进行考虑，并不是一味地降低，有时也可能是增加投资，但立足长远，应该是降低的。如在本项目海绵城市的建设上我方就主张增加了雨水回收利用系统。为响应海绵城市及绿色建筑的要求，考虑现场实际情况，经协商，在原来体育场西侧有一组雨水回用设备的基础上，在体育场东侧增加了雨水回用设备一组，增加需水量月300m³，并与设计单位协商对原设计的管路进行了改造，增加的机组与原机组连成一体，并增加了水泵扬程，使其可以为整个体育场周边的绿化进行灌溉。这样虽然在建设阶段增加了 90 万元左右的投资，但降低了项目的运营维护成本。经测算，增加的投资，仅需 4.5 年左右即可完全收回成本，而其使用寿命却长达 20 年，其经济效益可见一斑。

（2）设计选材的再论证

设计选材应根据规范规定，在满足使用功能的前提下，选择技术成熟、市场供应充足、经济合理的产品，以达到降低造价节约投资的目的。但设计人员一般得到的经济信息较少，在选材时更注重的是技术指标，因此设计师在选材时往往选在技术上可行，但经济上不是最合理的，造成了投资的浪费。

全过程工程咨询单位在此方面也有不少的建议，也得到了建设单位的采纳，并获得了好评。如我方根据场馆的建设定位以及投资预算的限制，在不影响使用功能的情况下，建议电气原设计的高性能辐照电缆变更为普通型低烟无卤阻燃型电缆；对给排水设计的给水紫铜管变更为衬塑钢管和不锈钢管，降低了工程造价。再如原设计图纸橡塑保温材料的参数描述中有 ABPV 字样，与难燃性 B1 级橡塑保温材料描述相矛盾，而 ABPV 为不燃材料，价格比难燃性 B1 级橡塑保温材料高两倍多，根据规范要求，采用难燃性 B1 级橡塑保温材料已经可以满足防火要求，不需采用 ABPV 保温材料，建议设计单位修改为 B1 级橡塑保温材料，节约了造价。

通过诸如上述的控制，使投资控制始终处于已批复概算之中，达到了预定甚至超出了的目标。如体育馆游泳馆概算投资额为 6 亿元，但施工图的建筑面积比初步设计时的建筑面积增加了 12000m^2，超过了概算面积的 10%。虽设计人对此部分不再收取设计费用，但要完成该工程建设，同样需要建设费用，给投资控制造成很大压力。后经过一系列的设计优化，在保证原使用功能不降低的基础上，守住了已批准设计概算的额度，取得了令建设单位满意的效果。

5. 项目安全、质量成效

安全与质量一直是管理咨询工作的核心内容之一，因此，狠抓安全与质量的落实。安全为质量之基，只有安全方能生产，也只有安全，才能更好地生产。在枣庄市体育中心项目上，通过参建各方的共同努力，安全一直处在受控状态，取得了较好的效果。

质量是生产之本，只有保证质量，才能更好地发挥其效用，因此严把质量关，取得了令人满意的效果。其中体育场工程屋面索膜结构由于其设计新颖、施工质量优异，中国钢结构协会空间结构分会于 2017 年 5 月在项目上举办了现场观摩交流会。此外体育场工程分别获得了 2015 年度"枣庄市建设工程优质结构杯奖"、2015 年度"山东省建设工程优质结构杯奖"、2017 年度"第十二届第二批中国钢结构金奖"、2018 年度山东省建筑质量"泰山杯"，入选 2018—2019 年度第一批"鲁班奖"的评选，获得了专家的一致好评。

项目质量、安全处于可控状态，无质量、安全事故发生。项目获奖如表 25.3-1 所示。

项目获奖一览表　　　　　　　　　　　　　表 25.3-1

序号	获奖项目	获得奖项	获奖时间	颁发部门
1	体育馆游泳馆	2014 年度山东省建筑工程优质结构	2015 年 2 月	山东省住房和城乡建设厅
2	体育馆游泳馆	第十二届第二批中国钢结构金奖	2017 年 5 月	中国建筑金属结构协会
3	体育场	2015 年度山东省安全文明标准化工地	2016 年 1 月	山东省住房和城乡建设厅
4	体育场	2015 年度山东省建筑工程优质结构	2016 年 2 月	山东省住房和城乡建设厅
5	体育场	2015 年度枣庄市建筑工程优质结构	2016 年 3 月	枣庄市建设质量协会
6	体育场	第十二届第二批中国钢结构金奖	2017 年 5 月	中国建筑金属结构协会
7	体育场	全国第四批建筑业绿色施工示范工程	2017 年 6 月	中国建筑业协会
8	体育场	2018 年度山东省建筑质量泰山杯	2019 年 1 月	山东省建筑业协会
9	体育场	2018 ～ 2019 年度第一批中国建设工程"鲁班奖"	2019 年 2 月	中国建筑业协会
10	体育中心体育场西侧室外工程	2017 年度山东省市政基础设施工程安全文明工地	2017 年 12 月	山东省城市建设管理协会
11	体育场园林绿化工程一标段	2018 年度山东省园林绿化优质工程	2018 年 11 月	山东省城市建设管理协会

25.3.7　管理咨询创新

在管理上，全过程工程咨询单位也一直致力于管理方法的创新，以达到更好地为项目服务的目的。如在园林景观工程的采购上，对于不确定因素较多、数量无法估算的土方与石方，其招标清单在我方的建议下，在招标采购时运用了"招标控制单价"的方法，有效避免了承包商通过不均衡报价取得超额利润的可能，取得了理想的效果，得到了枣庄市财政投资评审中心的一致好评。又如在货物的招标采购上，通过技术指标"超规法"的创新与应用，也取得了非常理想的效果。该方法在中国招标投标协会举办的"2017 年度中国招标投标行业研究与实践创新"活动中，获得了二等奖。本项目通过管理创新活动，形成了一系列的成果，发表了多篇论文，并与枣庄市文化中心（也为全过程工程咨询单位管理咨询的项目，为同一建设单位）一起公开出版项目专著一本，即《枣庄市文体中心建设撷英》，已由中国建筑工业出版社出版发行，成果汇总如表 25.3-2 所示。

在枣庄市体育中心项目上，采用了全过程工程咨询的模式，在建设单位的鼎力支持下，在参加各方的一致努力下，取得了一定的成效。2018 年度，由全球知名专业体育场数据网站 StadiumDB 发起的年度最佳球场评选中，通过价值、功能、创新三个维度的综合评比，枣庄市体育中心体育场凭借 8.63 分（满分 10 分）的成绩荣获全球年度最佳球场第 4 名（如图 25.3-16 所示）。本次获奖，是荣誉，也是对枣庄体育中心管理咨询成果的肯定，更是继续总结、提高，提供更好咨询服务的起点。

管理与创新成果汇总表　　　　　　　　　　　　表 25.3-2

论文 / 专著 / 奖项	期刊 / 出版社 / 评奖机构	刊号 / 出版日期 / 颁奖日期	作者 / 编者 / 获奖者	备注
体育场馆扩声系统工程招标泛论	建设监理	CN：31-1656/TU ISSN：1007-4104	谷金省	2015（11）：43-45.
枣庄市体育中心体育馆游泳馆钢结构施工关键技术	施工技术	CN：11-2831/TU ISSN：1002-8498	唐香君、谷金省、曹云宝、刘俊威、李鹏	2016，45（02）：26-29.
枣庄市体育中心（体育场）拉花环梁钢结构卸载施工技术	中国建筑金属结构协会	装配式钢结构建筑工程技术应用论文集	唐香君	2018：339-342.
枣庄市体育中心钢结构施工关键技术	中国建筑金属结构协会	第六届全国钢结构工程技术交流会论文集	唐香君、郑洋、曹云宝	2016
货物招标评标办法中技术指标的来源、选择与验证	招标采购管理	CN：10-1075/F ISSN：2095-4123	谷金省	2017（07）：46-48.
枣庄市体育中心体育场地面层材料的论证与选用	建设监理	CN：31-1656/TU ISSN：1007-4104	谷金省	2018（09）：64-68.
枣庄市文体中心建设撷英	中国建筑工业出版社	ISBN：978-7-112-24310-5	康宝奇、胡新赞、赵峰	

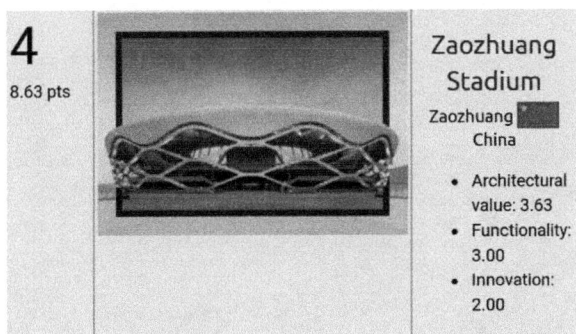

图 25.3-16　枣庄市体育中心获评 2018 年度全球最佳球场之一

第4篇

工作指南摘录

　　房屋建筑工程全过程工程咨询是一项由房屋建筑工程各专业技术咨询、管理咨询和运营咨询组成的新型建设组织模式，它牵涉到全过程工程咨询单位内部与外部的全方位资源调配与应用，为有效开展工程建设项目的全过程工程咨询工作，根据工程实践经验，对咨询服务内容要求比较全面的大型复杂项目，我单位派驻项目现场的咨询机构一般包括项目负责人、综合管理部、招标采购部、造价合约部、设计技术部、BIM技术部和工程监理部等。为有效指导项目咨询工程师进驻现场后，迅速开展项目工作，负责对接全过程工程咨询现场机构的公司职能部门全过程咨询事业部，组织公司全过程工程咨询资深咨询师编制出各有关工作指南，现将指南部分内容予以摘录，与同行分享。

第 26 章　综合管理

26.1　综合管理概述

项目综合管理部作为全过程工程咨询服务现场机构的一个重要组成部门，是一个对外联系的窗口，是联系公司各部门、项目经理、项目总监及各专业工程师之间的桥梁，也是协调项目部各部门之间关系的纽带。综合管理部主要负责项目报批报建、项目前期手续办理、项目总控计划、策划方案编制，负责项目各项重大事务的组织协调，负责信息资料的收集及日常管理，负责针对项目部内部诸如人力资源、制度及形象建设、办公纪律、成本控制等各项综合事务的管理，以及围绕项目建设需落实的项目报批报建手续办理、信息档案、项目参建单位关系协调、驻场办公参建单位办公纪律、廉政纪律、维稳、项目形象宣传及展示等各类综合事务的管理，综合管理重点以组织协调、贯彻落实为主，通过综合管理，有效衔接其他各项专项管理工作，促进项目各项管理工作有序进行。归纳总结综合管理部主要由以下几方面功能：

1. 管理功能

在项目实践中激励员工开拓创新，严格贯彻"执行企业文化，在业内树立企业品牌"，建立好良好的形象，对企业来说是一个长期的无形资产。同时也要加强对外宣传企业文化，提升企业知名度。公司自从开展全过程工程咨询业务以来，全过程工程咨询制度还不是很完善，需要各项目部对项目实际情况制定相应的制度，对原有制度进行不断完善，不断提高公司全过程咨询管理水平的同时降低企业的风险。

2. 外协功能

全过程工程咨询单位作为建设单位的服务部门，根据合同规定还有一个重要的外协功能，前期手续办理工作需与政府许多职能部门联系，必须熟悉各项手续办理的流程及具备很强的沟通能力；同时面对众多的参建单位，为保证沟通渠道的畅通，减少矛盾，需建立相关的制度与流程。

3. 服务功能

综合管理部最重要的职责是内勤服务工作。平时工作中做好上下沟通，倾听项目部员工心声，并反馈给企业相关部门。有助于公司领导及时了解员工思想动态，有针对性地调动员工积极性，激发他们的工作热情。同时建立有效的激励考核机制，做到有奖有罚、奖罚分明，督促员工进行自我约束，营造一个公平、公开、公正的工作环境。做好固定资产管理，根据办公的需要，及时采购各种办公设备及用品，建立办公设备领用台账，定期为各种设备进行保养。

本章节围绕以上综合部的三个功能，对综合管理的目标、依据、对象等方面进行阐述，对管理工作内容进行约定。

26.1.1　管理目标

1. 项目管理目标

（1）质量目标：工程合格率 100%、合同履约率 100%、顾客满意率 100%；

（2）质量方针：以信誉赢市场、以创新促发展、以管理创名牌；

（3）环境方针：遵守环境法纪、加强污染预防、创建一流环境、促进社会发展；

（4）职业健康安全方针：控制职业安全隐患、提高全员安全意识、遵章守法保证安全、持续改进保障健康。

2. 综合管理目标

为保证公司质量、环境与职业健康安全管理体系的管理方针、管理目标的顺利实现，根据综合办公室的管理体系职责，制定管理目标如下：

（1）综合协调、沟通服务、高效完成职责范围内工作，以保证质量管理体系的有效运行。

（2）来往文件的识别、传递、发放和存档管理符合规范要求，信息反馈收集及时，使其处于受控状态。

（3）会同各部门做好办公用品及固定资产的需求、报销等管理工作，对产生的废纸、墨盒等废弃物，按环保无害原则，统一处理。

（4）定期组织员工进行安全教育，提高安全意识和自我防范能力，并做好各项后勤保障工作。

26.1.2　工作内容

1. 内部管理

内部管理是在企业各项规章制度的前提下，为营造一个整洁文明、井然有序的内部办公环境，明确企业内部管理职责，使内务管理工作更加标准化、制度化，对程序文件实施中的有关要求做出具体的规定。包括项目部部门设置、部门岗位职责设定、项目部形象建设与维护、宣传展示、内部沟通管理、企业制度宣贯与考核、项目部制度建设与监督实施、项目成本管理、人力资源管理、财务管理、项目人员绩效及考核管理、项目部信息管理、各部门协作管理、后勤保障管理等。

2. 外部管理

综合办公室作为综合性的办事机构，负责与其他单位之间公共关系的协调与维护。主要包括项目管理实施模式的确立、建设方、管理方与各参建单位的管理架构、总体管理目标确立、会议制度与系统建立、办公制度及纪律建立、通信联系系统建立及维护、管理平台搭建与管理维护、项目报建、报验与验收备案管理、项目风险管理、项目总控制计划管理，项目参建单位履约评价管理、项目廉政管理、项目档案资料管理等。

26.1.3　工作依据

1. 内部管理

依据公司制定的各项规章制度与章程、劳动合同。

2. 外部管理

依据国家现行有关的法律、法规、条例和规定；政府部门的办事指南；各单位签订的合同文件、协议；工程技术文件；建设工程设计、施工及验收规范、规程，质量检验、评定、验收标准等。

26.1.4　管理对象

1. 内部管理的对象

主要指项目部的全体员工。

2. 外部管理的对象

包括建设单位（代建单位），各参建单位（施工单位、设计单位、造价单位、招投标单位等），手续报批报建单位，以及其他与项目部有业务往来的企（事）业单位。

26.1.5　工作要求及注意事项

1. 提高工作的准确性

要求事情要逐件落实到位、办文环环相扣无差错、信息条条真实、建议个个稳妥。

2. 提高办事效率

要求工程及时、适时、精简、高效。

3. 坚持保密原则

综合管理工作涉及领导决策、重要文件、重要会议、甚至重要机密，因此保密是综合管理工作的基本要求。一是要在工作中采取措施保证文件、资料的安全，二是要保证多做少说，知密而不泄密。

4. 坚持一切从实际出发

办公室工作涉及面广，既有政策性强的工作，又包括烦琐、零散、事务性强的内容。因此，一切应从具体的事情出发，以满足现实的需要为原则。

5. 以协调配合为原则

综合管理工作的综合性强，涉及人员、事件和机器设备等。它既是信息的交汇处，又是人事矛盾的聚集地，因而综合管理工作的主要内容就是协调，将各种复杂的人、事、物调整到最和谐的状态。

26.2 内部管理

26.2.1 项目部组织机构设置及部门岗位建设

项目组织管理,是指为进行项目管理、实现组织职能而进行组织系统的设计与建设、组织运行和组织调整三个方面。组织系统的设计与建立,是指经过筹划、设计,建立一个可以完全完成合同范围内任务的组织机构,建立必要的规章制度,划分明确岗位、层次、部门的责任和权力,形成管理信息系统及责任分担系统,并通过一定岗位和部门内部人员的规范化的活动和信息流通实现组织目标。

26.2.2 项目部形象建设与宣传策划

一方面,项目部根据项目建设规格或要求不同,建立适合于项目特色的项目形象,进而展示公司形象。

1. 公司标志

标志的启用将有助于提高企业标志的辨识度和专属性,提升企业品牌形象,项目现场办公区应正确使用通过国家商标总局注册的公司标志。

2. 上墙图文的规定

为了进一步提升公司的品牌影响力,规范和统一项目部视觉形象系统,公司统一项目部宣传展板的模板,分公司、项目部统一进行布置。

3. 门牌

大小尺寸要求:45cm × 60cm。

4. 胸牌

胸牌尺寸 70mm × 110mm。

5. 名片:统一格式。

6. 着装、文明办公形象

(1)办公时间员工着装应体现整洁、大方、得体的职业风格。

(2)严禁在办公室内着短裤、拖鞋、无袖装、超短裙等不严肃服装。

(3)迎接公司考核检查、建设单位领导视察、行建设单位管部门检查、出席专题会议、图纸会审、中间验收、竣工验收、外出考察等场合,项目部提倡员工着公司统一制作的工装;

(4)项目部员工统一悬挂胸牌、禁止穿拖鞋进入办公场所。

另一方面,通过各种传媒手段,结合区域优势,运用新思维,突破常规,以"影像 +BIM"、新闻媒介等多方位表现形式,展示项目形象,提高项目关注度,体现各级管理单位管理水平。宣传平台包括:

(1)新闻媒体;

（2）微信公众号：公司公众号、建设单位公众号、项目微信、项管平台；

（3）美篇 APP（建设单位、项目端）；

（4）参建单位媒介平台；

（5）信息公示牌；

（6）宣传册。

26.2.3　项目部办公纪律管理

（1）不得在办公室内高声喧哗，追逐嬉闹，接待来访、业务洽谈可在会议室、接待室进行，不具备条件，在办公室接待的，也应尽量避免影响他人的工作。

（2）使用电话注意语言简明，杜绝公话私用，因特殊情况需要公话私用时原则上每次通话不得超过 5 分钟。

（3）在同事不在办公室时，无论是电话还是有人来访，部门同事均应作好代为接听及接待工作，针对相关事宜及时处理，无法处理的应做好记录并及时转告当事人。

（4）办公时间不得擅离工作岗位，需暂时离开时应向部门领导报告。

（5）办公时间不得趴在桌子上或半躺在椅子上，不得表现出懒懒散散状态。

（6）注意保持整洁的办公环境，每天整理自己的办公桌，公共区域的卫生清理及打扫轮流值班，树立公共卫生、人人有责的观念。

（7）适时调整你的手机铃声，办公区域内适当调低，代表公司参加各类外部会议时请将手机设定为静音状态。

26.2.4　项目部人力资源管理

项目部人力资源管理工作由综合办公室负责具体实施。负责配合公司人力资源需求计划的制定、组织实施及人才队伍的建设工作；负责项目管理部的考核及日常管理工作；负责组织员工培训计划的制定、落实、实施及监督检查；负责项目绩效管理体系的建立及实施，制定相关奖惩制度；负责项目人力资源的考核、辞退工作；负责项目部员工的考勤、奖金、津贴的发放及请销假工作等。负责项目人员管理台账。

具体人力资源管理事项可参考企业有关人力资源管的制度规定。

26.2.5　生产成本管理

1. 固定资产管理制度

固定资产管理制度是对公司项下的所有固定资产进行管理的制度方法，它的制定可加强固定资产的管理，掌握固定资产的构成与使用情况，确保公司财产不受损失。

2. 办公用品采购

按公司相关规定执行。

3. 通勤车辆使用管理

项目部车辆由综合办公室负责统筹管理，除日常上下班通勤外，各类临时用车应本着节约的原则实行用车预约制，应提前足够时间预约并报项目经理批准，夜间用车下班前预约,严禁公车私用,综合办公室就各部门每天的申请用车情况安排好合理拼车，提高车辆使用率，降低办公成本，尽量减少员工乘出租车外出办事的频率，全体员工均有义务就每天外出办事的用车计划尽可能提前通知综合办公室，根据事情的轻重缓急情况服从综合办公室的车辆调度。

4. 公用宿舍租房及水电费管理制度

为保证员工宿舍良好的卫生环境及公共秩序，加强项目部员工集体宿舍安全、文明环境管理，促使员工在清洁、宁静、安全、文明的生活环境中休息，更好地开展日常工作，特制定本规定，适用于项目部统一解决住宿的全体员工。

5. 其他规定

根据公司相关规定执行。

26.2.6　项目部财务报销管理

为实现公司财务管理与项目部财务管理有效衔接和统一，提高工作效率，按公司规定执行项目部报销管理制度。

26.2.7　管理周报

基于建筑工程具有"体量大、工期紧、技术含量高、难点集中"等显著特点，围绕项目建设的项目管理工作非常纷繁复杂，各项管理工作既相互支持又相互制约，系统性非常强，为促进全体参建单位真正实现"统一思想、统一步调、各司其职、各负其责、紧密协作"，保证建设单位全面掌握各项管理工作动态，及时就各级管理过程中存在的问题定期总结、交流并及时解决，保障决策质量及决策效率，促进工程质量、进度、安全的过程控制,促进参建单位及人员的工作主动性,工程建设期间的设计管理、招标采购管理、施工管理、造价管理、综合管理应对应编制工程周报。

26.2.8　管理月报

《项目管理月报》在参考现场管理表式（修订）201812 版，并与上期月报内容形成闭合。《项目管理月报》应侧重反映项目管理工作情况，务必客观真实，内容完整，应能充分反映每月管理工作完成情况、存在的问题等，围绕项目报建、招标采购、造价管理、设计管理、工程管理五大部分内容，对下月各项管理工作做出计划安排。《项目管理月报》每月 27 日前上传公司内网。具体格式根据全过程咨询事业部专用格式。

26.2.9　阶段性总结

项目部针对项目前一阶段工作内容进行总结，如施工图设计完成阶段总结、招标完成阶段总结、工程量清单编制完成阶段总结等，对存在的问题进行分析，寻找解决的办法，并进行归纳，以备今后的项目借鉴。

26.2.10　印章刻制及使用管理

根据企业相关规定执行。

26.2.11　绩效奖金分配管理

为客观地分析、检查、评价员工岗位职责的履行和全年工作绩效情况，更好地调动项目部员工的工作积极性，全面提升项目部员工工作绩效，保障项目部的工作效率。同时落实公司对项目部的管理，为公司提供真实可靠的人力资源管理和开发的相关数据，为优秀员工的加薪、晋升，工作岗位调配等提供直接依据，保障项目经理及部门负责人对项目部员工的管理和激励权利特制定本办法。绩效奖励金额按收回项目收费的 1% 计取。

26.2.12　档案资料管理

为加强项目部建筑工程文件资料的统一管理，提高工程管理水平，充分发挥档案资料的作用，落实档案管理责任，确保建筑工程档案完整化、标准化、系统化，建立完整、准确、规范的工程档案。

26.2.13　行文规范管理

项目行文需要有自己的要求，原则上，向政府有关部门申报的文件可以参考下列 1 ~ 4 要求。

1.公文规范格式（如表 26.2 所示）

公文规范格式　　　　　　　　　　　　　　　　　表 26.2

类型	字体	字号	格式	结构层次序数
文章大标题	方正小标宋简体	二号	居中	/
一级标题	黑体	三号	首行缩进 2 字符	普通公文：一、二、三…… 规章制度：第一章 第二章…… 业务操规：1 2 3……
二级标题	楷体 GB 2312	三号	首行缩进 2 字符	普通公文：（一）（二）（三）…… 规章制度：第一条 第二条…… 业务操规：1.1 1.2 2.1……
三级标题	仿宋 GB 2312	三号	首行缩进 2 字符	普通公文：1. 2. 3.…… 规章制度：（一）（二）（三）…… 业务操规：1.1.1 1.1.2……
正文	仿宋 GB 2312	三号	首行缩进 2 字符	1.5 倍行距
"附件"	黑体	三号	顶格编排在左上角第一行，后无冒号	附件正文格式同上

2. 图表

（1）标题格式

应居中排于图表的上方，标题用三号黑体字，序号和标题之间空 1 字（2 个半角空格）。

（2）内部文字

表内字体及图内可编辑文字原则上应使用小四号宋体字，excel 表格为 12 磅，单倍行距。同一类型的字段对齐方式应保持一致。

3. 标点符号

（1）标题

各级标题如独立成段的，句末不加句号。

（2）表格

表格里的内容，如为短语则句末不加标点符号，并居中对齐；如为长句（句子中有逗号隔开的）则加分号或句号，并左对齐；如为并列的多个段落，除最后一段末加句号外，其他每段末加分号。

（3）连续书名号或引号

连续的书名号（《××》《×××》）或引号（"××""×××"）之间不需要用顿号，但如果附带了括号 [《××》（××）、《×××》（××）] 需要加顿号。

（4）文件引用

引用文件名称时，发文文号中的年份用六角括号"〔××××〕"；使用单书名号时应用"左尖括号和右尖括号"，即"〈 〉"，注意与大于号和小于号"< >"的区别。

4. 文中结构层次序数

文中结构层次序数依次采用"一""（一）""1.""（1）""①"。一般第一层用黑体字、第二层用楷体字、第三层和第四层用仿宋体字标注。第一层作为小标题时句尾无标点，第二层作为小标题时句尾标点可有可无，第三层无论是否作为小标题，要有标点，第四层必须有标点。正文中标准字数是每个页码 22 行，每行排 28 个字。

公文排版规格。《实施细则》规定，公文用纸采用 A4 型纸，幅面尺寸为：210mm×297mm。公文页边与版心尺寸：公文用纸天头（上白边）为：37mm±1mm，下空约 33mm±1mm，用纸订口（左白边）为：28mm±1mm，版心尺寸为：156mm×225mm（不含页码）。

5. 项目内部行文格式

内部行文包括会议纪要，联系单，通知单，日报、月报、年报和技术总结等，版面设置，按照 A4 版面考虑，竖向排版页边设置：上 2.5cm、下 2.5cm，左 3cm、右 2.5cm，页眉、页脚：页眉为 1.5cm，页脚为 1.7cm；横向排版主要考虑表格需横向打印的，上 3cm、下 2.5m，左右各 2.5cm，页眉 1.7cm、页脚 1.5cm。

表头或文件名字体以加粗标准小 4 号宋体，正文为小 4 号不加粗宋体，1.5 倍行间距，撑满版心，其他要求遵从国家标准文字管理要求，特定情况可作适当调整。

26.2.14　项目部员工廉政行为管理

根据国家规定以及企业有关廉政管理的相关制度，制定廉政管理相关规定，加强工程廉政建设，预防违法乱纪及腐败犯罪，保证工程建设顺利进行。

26.2.15　员工申诉流程及管理

当项目员工认为个人利益受到不应有的侵犯或对项目部的规章制度有不同的意见，或发现主管领导有违反公司各项规定的行为时，可以向企建设单位管部门申诉，项目部管理者充分理解员工的这种行为是员工的基本权益，是责任心、职业道德的体现，是有利于项目部工作正常有序开展的。

26.2.16　内部沟通管理

1. 项目部内部例会制度

（1）项目经理就本期会议作会前发言，主要就项目目前实际实施情况进行简单介绍。

（2）各部门负责人对上期会议安排的工作任务的完成情况进行汇报。同时提出本周期工作时存在的主要问题。

（3）全体参会人员进行会议讨论，主要就需要跨部门协调的工作进行沟通。

（4）项目经理做最后总结，同时对下一步工作计划及工作重点提出要求。

（5）资料员在会后 1 天内，将《会议纪要》整理完成报项目经理审批，并将审批完成的最终版《会议纪要》下发至各部门。

2. 项目部组建 QQ 群、微信群

为了项目部内部沟通、交流，资料文件的有效性、及时性的传递，项目要充分利用 QQ 群及微信群的功能。

26.3　外部管理

根据项目情况，项目参建单位主要包括：建设单位、全过程工程咨询单位、监理单位勘察设计单位、招标代理单位、施工总承包和专业分包单位、各种材料、设备供应商、造价咨询审计单位。为确保各参建单位分工清晰，职责明确，现对项目参建单位在整个建设过程中分别担负的主要管理职能进行了分工明确。

26.3.1　项目管理总体目标系统建立

项目管理的总体要求就是通过对项目建设全过程的设计、采购、施工、项目保修期一体化、专业化的管理，实现项目资源最佳配置和优化，最终确保项目投资效益最大化，全面实现项目预定目标。

26.3.2　全过程咨询模式及管理关系

全过程咨询服务类项目，指全过程咨询单位按照合同约定，在工程项目投资决策阶段，为建设单位编制可行性研究报告，进行可行性分析、项目管理实施方案和项目总体组织策划等；在工程项目实施阶段，为建设单位提供招标采购管理、投资控制管理、勘察与设计管理（含 BIM 设计）、报批报建管理、合同管理、进度管理、现场管理（含工程监理）、造价管理和试运行及项目后评估等管理服务，代表建设单位对工程项目的质量、安全、进度、费用、合同、信息等进行管理和控制，并按照合同约定承担相应的监理、管理责任，代表案例如中山大学全过程咨询服务。

项目管理承包类项目（PMC），指项目管理企业按照合同约定，除完成项目管理服务（PM）的全部工作内容外，还可以负责完成合同约定的工程监理、招标代理、初步设计（基础工程设计）等工作并按照合同约定承担相应的管理风险和经济责任，代表案例如沈阳奥林匹克体育中心体育场项目管理（含工程监理）。

26.3.3　项目会议系统设立

完善工程管理制度，保证参建单位集中沟通，加强对在建工程的进度、质量、投资控制的管理，提高工作效率，确保工程各参建单位之间沟通及时、畅通、有效，真正建立上传下达的连贯体系，促使各参建单位思想一致，方向统一，在决策管理中相互信任、支持和尊重并紧密配合，有效提高各项管理工作效率，切实解决工程建设中实际存在的问题。

26.3.4　项目通信系统的建立与维护

1. 项目通信系统的建立

（1）建立各参建单位的单位名称、项目负责人及成员、联系方式。

（2）建立项目管理部人员的通信录、应急通信录。

（3）项目通信系统的维护：关注各单位负责人、成员的通信是否畅通，电话号码是否变动。若变动及时沟通，及时通知其他单位，便于沟通。

2. 动态交流平台的建立及维护

建立以计算机为主要交流工具的动态平台，以及办公网络平台等，建立 QQ 群、微信群，方便及时的交流与沟通。

动态交流平台的维护：QQ 群主、管理员关注群内动态，对于不是本项目各参建单位的人员，拒绝加入。

26.3.5　驻场单位办公纪律管理

为严格项目管理制度，规范驻场服务单位及驻场人员的日常办公行为，确保合同约定驻场人员能真正到位并服务于本工程，约束并促进驻场单位及人员的合同意识、责任意识，真正发挥驻场单位及驻场人员的作用，进一步促进工程进度、安全、质量控制，提高工程效益，特制定驻场单位办公考勤管理制度。

26.3.6　项目风险系统管理

项目风险是一种不确定的事件或条件，一旦发生，就会对一个或多个项目目标造成积极或消极的影响，如项目范围、进度、成本和质量。

项目风险管理包括规划风险管理、识别风险、实施风险分析、规划风险应对和控制风险等各个过程。项目风险管理的目标在于提高项目中积极事件的概率和影响，降低项目中消极事件的概率和影响。

26.3.7　项目总控制计划管理

项目总控制计划包括《前期报建工作计划》《项目设计进度计划》《项目招标、采购进度计划》《工程实施进度计划》《项目资金计划》《项目投资控制计划》《项目人力资源计划》《项目收尾与移交计划》等。项目总控制计划管理就是运用系统科学的方法和手段对项目建设期各阶段的工作内容、工作程序、持续时间和衔接关系编制工作计划，确保项目总体控制目标实现。

26.3.8　项目报批报建及验收管理

项目报批报建及验收工作因受地域因素影响较大，不同地区的项目具体的工作内容也会略有不同。各项目可根据实际情况，依据所在地的地方性规定及行政职能部门相关要求开展工作，在具体的工作中注意根据项目所在地要求进行变通。

26.3.9　参建单位履约评价管理

履约评价管理工作由履约评价领导小组负责具体实施。建设单位负责组建，建设单位、管理公司、监理单位等单位人员参与，依据工程建设的法律、法规、规章或强制性标准和执业行为规范以及施工合同，对全体参建单位自工程招投标、施工、结算至保修结束的建设项目全过程的履约行为进行评价。

参建单位履约评价应当遵循公开、公平、公正和诚实信用的原则，并实行评价人签认负责制度和评价结果公示制度。

履约评价工作周期为每月评价并进行通报，不奖惩；每季度综合评价，并奖惩。履约评价领导小组采取日常巡查、每月检查、季度检查相结合的方式进行检查。

26.3.10　其他需落实的对外综合管理内容

除上述内容外，综合管理部还负责与其他单位组织一些项目活动、业务的谈判以及配合建设单位单位及分公司、公司，提供一些必要的支持等。

第27章 报批报建报验

27.1 术语

（1）全过程工程咨询单位：指受工程项目建设单位方委托，对建设工程全生命周期内的策划咨询、前期可研、工程设计、招标代理、造价咨询、工程监理、施工前期准备、施工过程管理、竣工验收及运营保修等各个阶段提供咨询服务的单位。

（2）工程报批报建：为取得建设项目立项、用地审批、设计审核、开工的审查、竣工验收、产权办理等批准手续的一系列活动总称。

（3）规费：为取得相关政府行政批文而需缴纳的相关费用。

（4）审查：审核、调查，或者说是对某项事情、情况的核实、核查。

（5）审核：为获得审核证据并对其进行客观评价、核对，以确定满足审核准则的程度所进行的系统的、独立的并形成文件的过程。

（6）审批：审查批示（下级呈报上级的书面计划、报告等）。指对某物进行审查，看是否合格。

（7）备案：向行政职能部门报告事由存案以备查考。

（8）核准：行政职能部门对申报单位送交审查的事项进行的审核，并办理核准手续。

（9）批复：答复申报单位请示事项的公文，它是机关应用写作活动中的一种常用公务文书。

（10）登记：把有关事项或东西登录记载在册籍上。

（11）报批报建咨询师：依据工程项目规划和部门工作安排，负责办理工程项目从申报立项到产权证申领等与报批报建有关工作的咨询工程师。

27.2 报批报建报验流程与审批事项

全过程工程咨询团队进驻现场后，报批报建咨询工程师要及时对接项目所在地行政主管部门，搜集建设项目审批流程和审批事项清单，对照流程和清单开展报批报建报验工作有关准备和组织工作，并跟踪报批报建报验内容全过程，保证工程项目建设程序合法有序。

流程图和审批事项清单略。

第 28 章　招采合约管理

28.1　招采策划

28.1.1　招采策划的编制依据

（1）相关法律法规、政策文件、标准规范；

（2）项目可行性研究报告、建设单位需求书、相关利益需求分析、不同深度的勘察设计文件（含）技术要求、决策和设计阶段造价文件；

（3）投资人经营计划，资金使用计划和供应情况，项目工期计划；

（4）项目资金来源、项目性质、项目技术要求、投资人对工程造价、质量、工期的期望以及资金充裕程度；

（5）承包人专业结构和市场供应能力分析；

（6）项目建设场地供应情况及周边基础设施配套情况；

（7）与建设单位签订的全过程工程咨询服务合同。

28.1.2　招采策划的编制内容

招采策划工作的主要内容包括但不限于：投资人需求分析，标段划分，招标方式选择，合同策划，招标计划，资源需求分析。

1. 招采策划投资人需求分析

投资人需求分析可以通过实地调查法、访谈法、问卷调查法、类似项目比较法进行收集、整理、汇总投资人对项目质量目标、造价目标、安全文明施工目标、绿色建筑目标、节能目标等目标需求信息，编制投资人需求分析报告，如图 28.1-1 所示。

2. 招标策划标段划分

影响标段划分的因素很多，根据拟建项目的建设内容、建设规模和专业复杂程度提出标段划分的合理化建议。

标段划分应遵循的基本原则：与国家相关法律法规相符，责任明确，界限清晰，经济高效，务实客观，便于操作，利于管理。划分标段时，应综合考虑各种影响因素，主要有：建设项目特点、投资人内部管控能力、工程造价、建设工期等投资人要求、潜在承包人专长的发挥、建设资金筹备情况和项目日常管理。

3. 招标方式选择

4. 合同策划

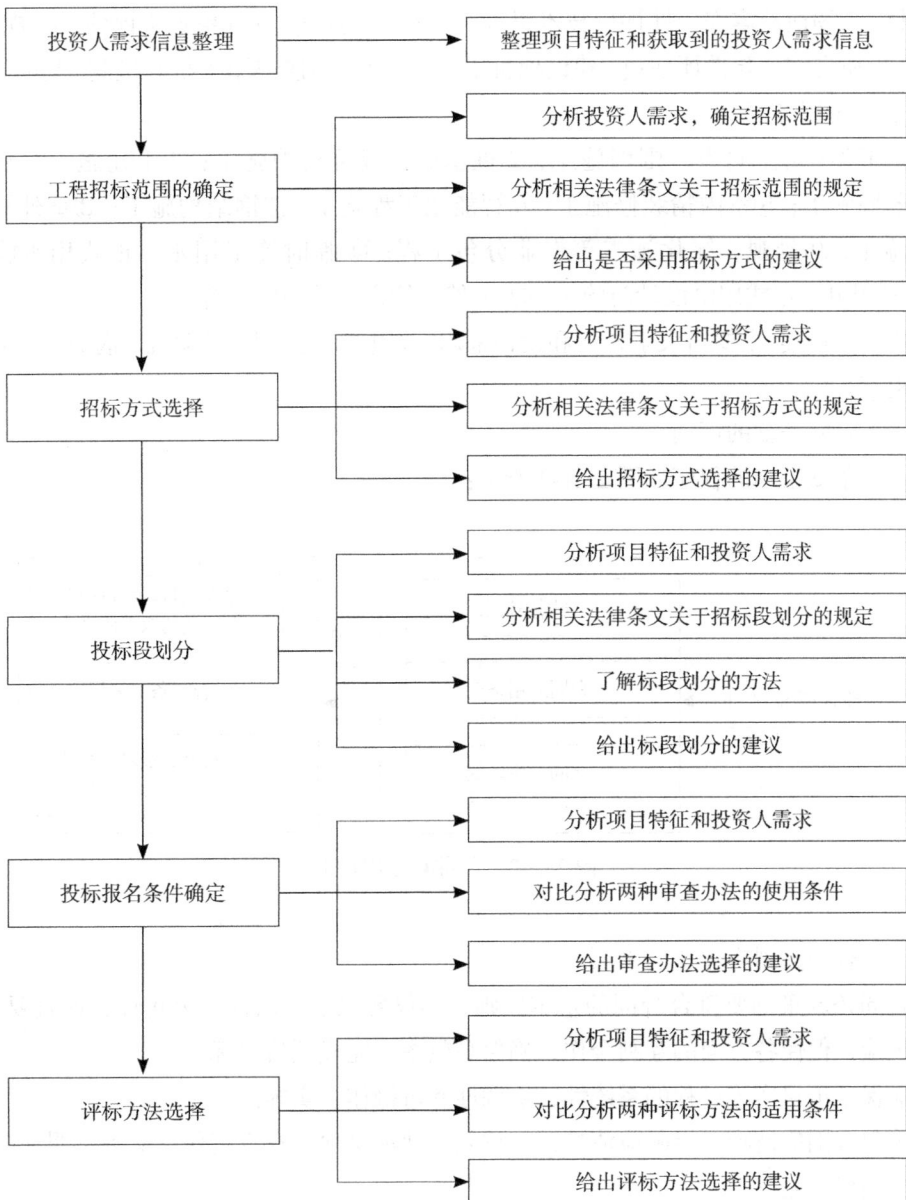

图 28.1-1 投资人需求分析主要内容

合同策划原则上跟标段划分保持一致,即一个标段一份合同。合同策划包括合同种类的选择和合同条款的选择。

(1)合同种类的策划

建设工程合同种类主要包括技术服务类、施工类和货物采购类。其中各类合同分别包括但不限于以下内容:

技术服务类:①勘察、设计(含各类专业深化设计);②全过程工程咨询或项目管理、监理;③招标代理、造价咨询;④材料检测;⑤施工图审查;⑥环境影响评价报告表编制；⑦场地地震安全性评价技术报告书；⑧卫生防疫；⑨气象灾害评估；⑩规划测绘；⑪地质灾害危险性评估；⑫建设项目用地矿产覆压调查等；⑬桩基检测、基坑监测；⑭专有技术服务等。

施工类：①土石方、围墙施工；②桩基础、基坑支护施工；③土建施工总承包；④外幕墙施工；⑤室内精装修施工；⑥智能化工程施工；⑦钢结构施工；⑧室外管线、道路施工；⑨景观、绿化施工等专业分包工程；⑩临时施工用水、正式用水施工；⑪临时用电、正式用电设计与施工；⑫天然气管道设计与施工等。

货物采购类：主要指大宗材料和设备采购，如电梯、空调、发动机、锅炉、配电箱、低压柜等。

（2）合同条款的策划

合同条款策划的程序如图28.1-2所示：

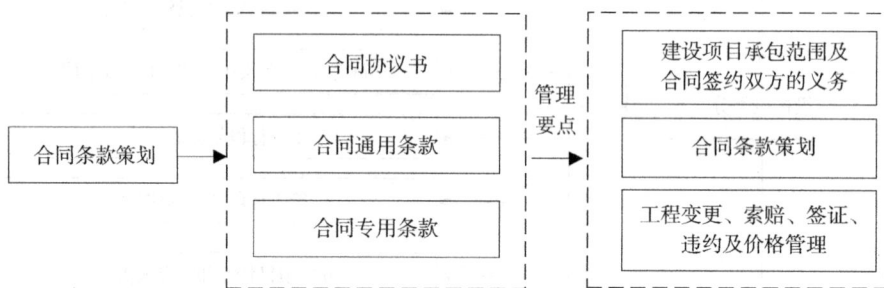

图28.1-2　合同策划程序图

（3）合同策划应注意的事项

合同条款策划要符合合同的基本原则，不仅要保证合法性、公正性，而且要合理分担风险，促使各方面的互利合作，确保高效率的完成项目目标。

应保证项目实施过程的系统性，协调性和可操作、实施性。

承包范围应清晰，界限应清楚，无重复、缺项事项或双方责任、义务不明确。

5. 招标计划

编制招标计划既要和设计阶段计划、建设资金计划、征地拆迁计划、建设工程总进度计划相呼应，又要考虑合理的招标时间间隔，特别要考虑有关法律法规对招标时间的规定，并且又要结合招标项目规模和范围，合理安排招标时间。若所招标项目，需要深化设计，必须充分考虑深化设计所需时间。根据国家现行法律法规，必须招标的建设工程项目招投标事项时限汇总如表28.1所示，若地方性法规、规章有其他时限要求的，应根据项目所在地实际情况和项目特点进行调整。

根据建设项目总进度计划和法律法规、地方性规章制度规定的时间，结合项目所处阶段，编制项目指导性的招标计划，招标计划作为项目实施过程中的重要环节，招标工作的推进和落实，直接影响项目各项指标的实现。

工程招投标时限汇总表　　　　　　　　　　　　　　　表 28.1

序号	工作内容	时限
1	招标文件（资格预审文件）发售时间	不得少于 5 日
2	提交资格预审申请文件时间	自资格预审文件停止发售之日起不得少于 5 天
3	递交投标文件的时间	自招标文件开始发出之日至投标文件递交截止之日止，不得低于 20 天。大型公共建筑工程概念性方案设计投标文件编制时间一般不得低于 40 日。建设工程实施性方案设计投标文件编制时间一般不得低于 45 日
4	对资格预审文件进行澄清或修改的时间	澄清或者修改的内容可能影响资格预审申请文件编制的，应当在提交资格预审申请文件截止时间至少 3 日发出
5	对资格预审文件异议与答复的时间	对资格预审文件有异议的，应在提交资格预审申请文件截止时间 2 日前提出，招标人应自收到异议之日起 3 日内作出答复，作出答复前，应暂停招标投标活动
6	对招标文件进行澄清或修改的时间	澄清或修改的内容可能影响投标文件编制的，应在递交投标文件截止时间至少 15 天前发出
7	对招标文件异议与答复的时间	对招标文件有异议的，应在提交投标文件截止时间 10 日前提出，招标人应自收到异议之日起 3 日内作出答复，作出答复前，应暂停招标投标活动
8	对招标异议与答复时间	投标人对开标有异议的，应在开标现场提出，招标人应当场作出答复
9	评标时间	招标人应根据项目规模和技术复杂程度等因素合理确定评标时间。超过三分之一的评标委员会成员认为评标时间不够的，招标人应适当延长
10	开始公示中标候选人时间	自收到评标报告之日起 3 日内
11	中标候选人公示时间	不得低于 3 日
12	对评标结果异议与答复时间	投标人对评标结果有异议的，应在中标候选人公示期间提出，招标人自收到异议之日起 3 日内作出答复，作出答复前，应当暂停招标投标活动
13	投诉人提起起诉的时间	自知道或者应当知道其权益受到侵害之日起 10 日内向有关行政监督部门投诉。异议为投诉前置条件，异议答复期间不计算在投诉限制期内
14	对投诉审查决定是否合理的时间	收到投诉书 5 日内
15	对投诉作出处理决定的时间	受理投诉之日起 30 个工作日内；需要检验、检测、鉴定、专家评审的，所需时间不计算在内
16	确定中标人的时间	最迟应在投标有效期满 30 日前确定
17	向监督部门提交招投标情况书面报告备案的时间	自确定中标人之日起 15 日内
18	合同签订时间	自中标通知书发出之日起 30 日内
19	保证金退还的时间	招标终止并收取投标保证金的，应及时退还；投标人依法撤回投标文件的，自收到撤回通知之日起 5 日内退还；招标人与中标人签订合同后 5 个工作日内退还

　　招标计划编制完成后，经全过程工程咨询管理部内部审核通过后，报建设单位批示，经建设单位批示后的招标计划，作为开展项目招标工作的纲领性文件。

通过了解拟建项目情况、投资人需求分析、标段划分、招标方式选择、合同策划、招标计划时间安排等工作细节，将工作成果进行汇总整理，形成招标策划书，流程如图 28.1-3 所示。

在组织招标策划过程中，应对社会资源供需情况进行深入分析。

充分考虑项目功能，未来产权划分对标段的影响，招标策划工作中应根据投资人的需要，对有限使用的功能，产权明晰的项目优先安排招标和实施。

项目招标策划应与项目审批配套执行，充分考虑审批时限对招标时间安排的影响和带来的风险，避免因项目审批未通过而导致招标无效，影响此项目建设程序和进度。

招标策划应充分评估项目建设场地准备情况，特别需要在招标前完成土地购置和征地拆迁工作，现场三通一平条件是否具备，避免招标结束后中标人无法按时进场施工从而导致索赔和纠纷问题。

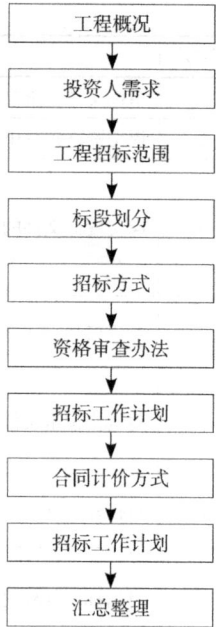

图 28.1-3　招标策划流程图

28.2　招标采购管理

28.2.1　招标采购管理总则

目前招标工作主要由建设单位自行招标、建设单位委托招标代理单位招标、全过程工程咨询单位组织招标三种方式组成。作为全过程工程咨询单位，通过科学策划，精心组织和严格管理招标采购工作，择优选择咨询、勘察、设计、施工和材料、设备供货单位，实现项目总体的质量、进度、投资等目标。

本节主要介绍建设单位委托第三方招标代理机构招标的形式，作为全过程工程咨询单位对招标过程中的管控工作。

28.2.2　招标采购管理对象及工作依据

1. 招标采购管理对象

招标采购管理涉及管理对象主要包括招标代理机构、造价咨询机构、法律咨询机构、建设单位及中标候选人。

2. 招标采购管理工作依据

（1）国家及地方性有关招投标、政府采购的规范性文件。

（2）针对本工程的立项及设计文件，如已批准的项目建议书和可行性研究报告、初步设计方案、施工图纸、设计概算等。

（3）当地相关计价文件，如预算定额、费用定额、计价规则、调价文件等。

（4）与建设单位签订的全过程工程咨询合同、协议书等。

28.2.3　招标采购管理内容

1. 招标前期准备工作

（1）收集项目所在地地方性招标相关的法规及规范性文件、本工程设计及投资文件、项目所在地计价文件编制成册。

（2）收集项目所在地勘察设计、施工、咨询、材料设备等各类招标项目的通用招标文件版式。

（3）根据招投标相关法律法规和地方性规章制度结合项目特征，根据项目进展情况组织相关单位和部门讨论确定招标采购策划书（前期）或招标采购细则（实施阶段）设想，并负责编制成稿。

（4）招标采购管理策划书（前期）或招标采购细则（实施阶段）上报建设单位审批后实施，并根据项目招标进展情况的变动和调整及时进行版本更新。

（5）招标工作制度建立。

2. 单项招标前期工作

（1）单项招标工作正式启动前由全过程工程咨询单位组织招标工作参与各方确认招标采购管理策划书中关于此单项招标的相关内容，并针对本单项招标采购工作进行交底，交底内容包括招标采购的方式、招标采购范围、标段的划分及界面、招标采购日期、资格条件设置、评标办法、合同主要内容、材料设备档次定位（如有）等招标文件实质性内容，若与招标采购管理策划书中对应单项内容不一致的需以会议纪要形式予以记录。

（2）根据交底会中确定的具体要求，全过程工程咨询单位组织各方进行招标文件（资格预审文件）初稿的编制工作。

（3）根据招标采购工作进度，由全过程工程咨询单位组织各相关参建方对招标采购文件合同文本进行评审并形成评审纪要。

（4）由全过程工程咨询单位组织招标代理单位、造价咨询单位（若有）、全过程工程咨询单位造价管理人员进行清单及预算核对工作，统一意见形成最终招标清单和控制价文件。

（5）招标采购文件（资格预审文件）正式上报审批前，由全过程工程咨询单位组织各相关参建方对招标文件进行整体评审并形成评审纪要。

（6）按招标文件审批流程表督促招标代理公司及时办理招标采购文件（资格预审文件）审批流程（略）。

28.2.4　招标采购管理实施细则编制及审查

1. 细则时间

招标采购工作管理细则编制时间为全过程工程咨询服务合同签订后，招标工作开始前完成。

2. 细则编制原则

始终坚持"合法""公正""科学""可控"的原则。

3. 细则编制依据

（1）《中华人民共和国招标投标法》《中华人民共和国招标投标法实施条例》（国务院令第 613 号）《中华人民共和国建筑法》《工程建设项目招标范围和规模标准规定》等国家法律法规。

（2）9 部委〔2007〕第 56 号令《标准施工招标文件》《房屋建筑和市政基础设施工程标准施工招标文件》等各类标准示范文本。

（3）项目所在地地方性规则制度。

（4）国家颁发的各项资质标准。

（5）建设单位规章制度及项目实际情况。

（6）项目管理工程资料（包括合同、图纸、批文等）。

4. 招标采购管理实施细则编制内容

（1）项目概况。

（2）编制依据。

（3）招标、采购管理组织机构。

（4）招标、采购工作参与各方工作分工及职责。

（5）单项招标工作交底内容及流程。

（6）项目概算汇总表。

（7）招标、采购项、界面划分、招标模式确定。

（8）招标、采购进度计划。

（9）主要材料设备品牌档次确认。

（10）合同形式。

（11）招标、采购工作归档资料要求。

5. 招标采购管理实施细则审批流程

招标采购管理实施细则审批流程如表 28.2-1 所示。

28.2.5　招标采购管理组织机构及工作职责

1. 建设单位职责

（1）负责整个项目招标采购管理实施细则的审批。

（2）负责招标采购文件的最终审批。

（3）负责整个项目招标采购工作的审批及资金的落实。

2. 全过程工程咨询单位职责

（1）组织编制招标采购管理实施细则。

（2）组织招标采购文件或资格预审文件的审核。

（3）协助招标代理公司组织招标采购项目流程的履行。

招标采购管理实施细则审批流程表 表 28.2-1

文件名称		文件编号	
招标合约管理部 拟稿说明		签字:	日期:
法律顾问意见 （或内控合规部）		签字:	日期:
全过程工程咨询单位 项目经理意见		签字:	日期:
建设单位 项目负责人意见		签字:	日期:
建设单位 （分管）总经理意见		签字:	日期:

（4）对招标代理单位进行履约评价。

3. 造价咨询单位职责

（1）编制招标用清单和预算。

（2）与招标代理公司进行招标清单和预算的核对及修改。

（3）负责对招标采购文件中涉及投资控制的条款的审核。

（4）参与合同评审。

4. 法律咨询单位职责

负责对招标采购文件条文的合法性进行审。

5. 招标代理单位职责

（1）成立项目招标工作小组，参加由全过程工程咨询单位组织的招标采购工作交底会议，协助全过程工程咨询单位编制招标采购管理实施细则。

（2）向有关负责招投标管理及监督的行政部门进行招标申请。

（3）编制招标采购文件（实行资格预审的还要申报资格预审文件）、拟定招标采购公告或投标邀请书。

（4）将最终确定并盖章齐全的招标采购文件（资格预审文件）及招标采购公告（或投标邀请书）向有关部门备案。

（5）发布招标采购文件（实行资格预审的先进行资格审查）和有关资料，收取投标保证金或者由专门的部门收取。

（6）组织投标人踏勘现场（也可令投标人自行踏勘），对招标采购文件进行答疑和澄清，答疑纪要经相关部门备案后发至各投标人。

（7）召开开标会议，组织评标专家成立评标委员会。

（8）定标，将有关评标资料及中标通知书向有关部门备案后发放中标通知书。

（9）将整个招标、采购过程的有关资料向全过程工程咨询单位及招标人（建设单位）移交。

（10）协助进行合同的签订。

28.2.6　招标采购工作质量管理

1. 招标采购文件编制质量的控制

（1）招标采购公告的审查：

①项目名称、工程概况等是否正确；

②招标人、代理人名称、资金落实情况等是否正确；

③招标内容是否清晰，招标范围是否明确，界限划分是否准确；

④结合工程规模和概况审查资格条件设置是否合理；

⑤审查招标公告用词是否规范准确，如类似项目、公共建筑等；

⑥资格预审文件、招标采购文件发售时间是否符合法律法规要求，文件获取方式是否明确；

⑦投标文件提交截止时间是否符合法律法规要求；

⑧投标文件递交地点、招标人、代理人地址，联系方式是否准确等。

（2）评标办法的审查：

①评标原则、程序、内容是否清晰准确；

②评标组织的设置是否符合法律法规要求；

③无效标条款的设置是否清晰无争议；

④结合工程规模和概况审查技术评分条款及分值设置是否合理；

⑤商务报价评审修正原则是否准确；

⑥商务评审条款设置是否合理；

⑦资信条款的设置是否合理，是否基于项目自身特征进行设置；

⑧对有效投标不足三家情形出现的出来办法设定是否合理；

⑨对评标报告、决标的要求是否准确。

（3）招标、采购文件合同内容的审查：

①合同模板是否符合法律法规或项目所在地行政主管部门的要求；

②协议书填写内容是否完整准确，特别是项目名称、金额、工期、甲乙双方信息的准确性等；

③通用条款内容是否齐全；

④专用合同条款与招标文件的对应性；

⑤合同附件是否齐全；

⑥合同约定付款方式和付款条件是否满足发包人本身财务规章制度，是否符合市场通行办法；

⑦合同违约处罚条款设置是否具备可执行性；

⑧合同调价条款设置是否合理清晰，不存在争议性。

（4）清单、预算及清单预算编制说明的审查：

①清单是否漏项、项目特征描述是否准确；

②清单编制说明、预算编制说明是否清晰准确；

③取费条款设置是否满足项目所在地法律法规要求；

④清单编制范围、预算编制口径是否与招标文件设置一致；

⑤预算部分材料、设备主材价格是否与招标文件设置的材料设备品牌档次匹配；

⑥招标采购文件材料、设备品牌设置是否合理；

⑦预算编制是否准确。

（5）技术条款审查：

组织项目工程管理相关人员对技术条款进行审核。

2.招标采购过程的质量控制

（1）严格履行法律法规要求的招标流程。

（2）严谨组织参建单位处理招标采购过程中疑问答复、质疑处理和投诉处理。

（3）招标采购工作结束后按法律法规规定的时间内组织完成合同的谈判及签订工作。

3.严格履行招标采购工作制度和程序

（1）建立招标采购方案的汇报制度：

每项招标、采购工作启动前一个月时间，对招标采购文件拟定的条件及在拟定条件下符合条件单位的初步调查情况向招标小组进行汇报。

（2）建立招标采购工作交底制度：

每单项招标工作启动前1周内，由全过程工程咨询单位组织各相关参建单位进行招标采购工作交底，主要交底内容为招标采购的方式、内容、范围，进度控制计划、单项招标采购控制概算，主材材料设备的档次、本次招标采购界面的划分等内容。

（3）履行招标采购文件的审批流程：

每单项招标采购文件定稿后，按招标采购文件审批流程进行审批，未经审批的招标采购文件不得发布。

（4）履行合同文件呈批流程：

每单项招标工作完成后，应在规定的时间内进行合同签订，合同签订前需按合同文件审批流程进行审批。

28.2.7　招标采购工作进度的管理

1.招标、采购工作进度计划的编制

（1）招标采购工作计划编制依据：

①《中华人民共和国招标投标法》《中华人民共和国招标投标法实施条例》（国务院令第613号）等法律法规规定的各个环节时间限定；

②项目总进度计划；

③项目所在地招投标市场投诉情况；

④项目所在地招投标主管部门对招标文件审查备案程序。

（2）招标、采购工作计划编制注意事项：

①招标采购工作启动至合同签订控制时间节点为90天，施工总控制计划中关键线路的招标时间周期可适当加长，确保工期能顺利衔接；

②特殊招标采购项如剧院工程中舞台机械和舞台设备、电梯等涉及结构设计调整的招标项应根据项目需要提前招标；

③涉及深化设计的项目招标工作时间周期设置需考虑深化设计及深化设计文件审核时间。

2.招标采购进度管理保证的措施

招标采购工作进度管理采取月度、年度、总计划三级控制，及时纠偏。

28.2.8 招标采购工作流程

1.招标采购工作流程图（略）

2.招标采购文件呈批流程（如表28.2-2所示）

招标采购文件呈批表 表28.2-2

工程名称：

文件名称		招标（采购）编号	
招标（采购）范围		招标（采购）金额	
计划招标（采购）时间	年 月 日至 年 月 日		
招标（采购）方式	□公开招标 □邀请招标 □竞争性谈判		
招标代理公司拟稿说明		签字：	日期：
全过程工程咨询单位 招标合约部意见		签字：	日期：
法律顾问意见 （或内控合规部）		签字：	日期：
全过程工程咨询单位 项目经理意见		签字：	日期：
建设单位基建办 （或工程部）意见		签字：	日期：
建设单位合约部 （或财务部）意见		签字：	日期：
建设单位 （分管）总经理意见		签字：	日期：

注：招标文件呈批流程需根据项目组织机构进行调整，此为样板。

28.2.9 招标采购工作的信息管理

1. 信息收集

（1）招标采购工作启动前应收集的信息：

①项目立项批文，建设用地、征地、拆迁文件，经审批的项目建议书可行性研究报告；

②工程所在地的工程地质、水文地质勘察报告，当地的长期气象资料；

③经审批的扩大初步设计及设计概算书；

④经审查的施工图设计文件及施工图预算；

⑤设计、地质勘察、测绘的审批报告等方面的信息，特别是该建设工程有别于其他同类工程的技术要求、材料、设备、工艺、质量要求有关信息；

⑥工程所在地区的材料、构件、设备、劳动力价格的市场信息及其变化规律；

⑦当地施工单位管理水平，施工质量、设备、机具能力；

⑧本工程适用的规范、规程、标准，特别是强制性规范；

⑨国家和地方关于招投标的相关法规、规定，国际招标、国际贷款指定适用的范本，本工程适用的建筑施工合同范本及特殊条款；

⑩所在地招投标代理机构能力、特点，所在地招投标管理机构及管理程序；

⑪该建设工程采用的新技术、新设备、新材料、新工艺。

（2）招标、采购工作启动后应收集的信息：

①招标、采购文件及其补遗文件；

②招标清单及控制价编制文件；

③投标报名单位、投标单位名单和联系方式，汇总成表格形式；

④开标记录表、评标报告（如有）、决标报告（如有）、中标通知书；

⑤投标文件（中标人留书面文件和电子版文件，其他投标人留电子版文件）；

⑥质疑、投诉及其处理意见文件；

⑦填写招标信息一览表（略）。

2. 项目投资信息的整理、分发、检索和存储

（1）及时做好收发文登记，并有收发人员签字。

（2）项目信息在有追溯性要求的情况下，应注意核查所填部分内容是否可追溯。如果不同类型的项目信息之间存在相互对照或追溯关系时，在分类存放的情况下，应在文件和记录上注明相关信息的编号和存放处。

（3）信息管理人员应负责文件档案资料真实性、完整性、有效性。

（4）文件档案资料以及存储介质质量应符合要求，适应长时间保存的要求。

（5）信息档案必须使用科学的分类方法进行存放，以满足项目实施过程查阅、求证的需要，又方便项目竣工后文件和档案的归档和移交。项目建设过程中文件和档案的具体分类原则将根据工程特点制定总目录、分目录及卷内目录。

（6）采用计算机对项目招投标信息进行辅助管理。

（7）文件档案资料应保持清晰，不得随意涂改记录，保存过程中保证资料的完整性。

（8）文件档案应进行汇总整理。

28.2.10　招标代理工作评价细则

招标代理工作评价细则如表 28.2-3 所示。

招标代理工作评价细则表

表 28.2-3

单位名称：　　　　　　项目名称：

序号	分项内容	满分分值	评价标准	得分
一	人员配备	10		
1	人员数量及专业配置	5	优秀 4～5 分：代理项目人员配置齐全，职责明确，有专职的项目负责人； 合格 1～3 分：代理项目人员配置基本齐全，有专职的项目负责人，职责不明确； 不合格 0 分：代理项目人员配置不全，职责不明确，没有专职的项目负责人	
2	项目负责人要求	5	优秀 4～5 分：配备的专职项目负责人具有高度责任心、良好的协调沟通能力、专业的业务水平； 合格 1～3 分：配备的专职项目负责人具有高度责任心、一般的协调沟通能力、一般的业务水平； 不合格 0 分：配备的专职项目负责人没有高度责任心、协调沟通能力差、业务水平差	
二	履约质量	67		
3	招标代理方案计划	8	优秀 7～8 分：代理方案内容全面，重点突出，计划安排合理； 合格 5～6 分：代理方案内容一般，计划安排一般； 不合格 0 分：代理方案内容不完整，计划安排不合理	
4	投标人资格审查	5	优秀 4～5 分：对投标人资格、资质设置合理准确，能对合格的投标人进行完整、有效及正确的资格预审； 合格 2～3 分：对投标人资格、资质设置较为合理准确，能对合格的投标人进行较为完整、有效及正确的资格预审； 不合格 0 分：对投标人资格、资质设置不合理不准确，对合格的投标人进行的资格预审不够完整正确	
5	招标、采购文件编制质量	12	优秀 10～12 分：编制的招标、采购文件结合本项目特点，符合项目建设单位要求，文件内容表述清楚合理，评标办法设置科学、合理、细化； 良好 8～9 分：编制的招标、采购文件结合本项目特点，较符合项目建设单位要求，文件内容表述较为清楚合理，评标办法设置科学、合理、细化； 合格 6～7 分：编制的招标、采购文件结合本项目特点，基本符合项目建设单位要求，文件内容表述基本清楚合理，评标办法设置一般； 不合格 0 分：编制的招标、采购文件未结合本项目特点，不符合项目建设单位要求，文件内容表述不够基本清楚合理，评标办法设置不够合理	

序号	分项内容	满分分值	评价标准	得分
6	工程量清单编制质量	12	优秀 10 ~ 12 分：清单项目编制齐全，分类清楚，无漏项，工程量清单准确率在 97% 以上（不含 97%）； 良好 8 ~ 9 分：清单项目编制比较齐全，分类比较清楚，无重大漏项，工程量清单准确率在 95% ~ 97% 以上（不含 95%）； 合格 6 ~ 7 分：清单项目编制基本齐全，分类基本清楚，无重大漏项，工程量清单准确率在 90% ~ 95% 以上（不含 90%）； 不合格 0 分：清单项目编制不够齐全，分类不够清楚，有重大漏项，工程量清单准确率在 90% 以下（含 90%）	
7	招标控制价（预算）编制质量	10	优秀 8 ~ 10 分：招标控制价与专业审计局审定价（扣除审定价错误或不合理部分）相差小于 3%（不含 3%），且主材价询价工作细致认真； 合格 5 ~ 7 分：招标控制价与专业审计局审定价（扣除审定价错误或不合理部分）相差在 3% ~ 6%（不含 5%），且主材价询价工作基本细致认真； 不合格 0 分：招标控制价与专业审计局审定价（扣除审定价错误或不合理部分）相差在 6% 以上（含 6%），且主材价询价工作不够细致认真	
8	开标评标组织工作质量	10	优秀 8 ~ 10 分：由专职代理人员负责组织，做到公开、公平、公正原则，开标评标按照程序规定井然有序，无工作疏漏及违规操作； 合格 5 ~ 7 分：由专职代理人员负责组织，做到公开、公平、公正原则，开标评标按照程序规定较为顺利有序，无明显工作疏漏及违规操作； 不合格 0 分：由专职代理人员负责组织，开标评标秩序混乱，有重大工作疏漏或违规操作	
9	询标工作质量	5	优秀 4 ~ 5 分：能在询标中对中标候选人在投标书中未明确的及实际施工或供货中可能会发生的问题进行针对性、有效性的质询； 合格 2 ~ 3 分：能在询标中对中标候选人在投标书中未明确的及实际施工或供货中可能会发生的问题进行基本的质询； 不合格 0 分：无法在询标中对中标候选人在投标书中未明确的及实际施工或供货中可能会发生的问题进行质询	
10	招投标情况报告的质量	5	优秀 4 ~ 5 分：提交的报告真实、完整，对整个招标过程能有见地的进行分析总结； 合格 2 ~ 3 分：提交的报告真实、较为完整，对整个招标过程的分析总结稍有欠缺； 不合格 0 分：提交的报告不完整，有疏漏，对整个招标过程没有分析总结	
三	履约时间	8		
11	工作时间	8	优秀 7 ~ 8 分：能够及时按照合同及建设单位方要求完成项目各个阶段的招标工作； 良好 5 ~ 6 分：能够比较及时按照合同及建设单位方要求完成项目各个阶段的招标工作； 合格 3 ~ 4 分：能够基本及时按照合同及建设单位方要求完成项目各个阶段的招标工作； 不合格 0 分：不能够及时按照合同及建设单位方要求完成项目各个阶段的招标工作	

续表

序号	分项内容	满分分值	评价标准	得分
四	履约配合	15		
12	配合情况	15	优秀 12～15 分：项目负责人及项目团队能够认真主动地组织或参与招标文件讨论、工程量清单预算核对审计、招标答疑、询标等相关工作会议，能够认真负责地完成项目在招标办的备案、审查工作； 良好 9～11 分：项目负责人及项目团队能够较为认真主动地组织或参与招标、采购文件讨论、工程量清单预算核对审计、招标答疑、询标等相关工作会议，能较为认真负责地完成项目在招标办的备案、审查工作； 合格 6～8 分：项目负责人及项目团队组织或参与招标、采购文件讨论、工程量清单预算核对审计、招标答疑、询标等相关工作会议表现一般，基本完成项目在招标办的备案、审查工作； 不合格 0 分：项目负责人及项目团队不能够认真负责地组织或参与招标、采购文件讨论、工程量清单预算核对审计、招标答疑、询标等相关工作会议或缺席相关会议，不能够认真负责地完成招标办备案、审查工作	
五	直接判定评价不合格的行为			
			擅自转包或未经同意分包全部或部分代理业务的	
			泄露应当保密的与招标投标活动有关情况和资料的	
			与投标人或其他有关人员串通损害建设单位方利益的	
			代理合同履约中存在不良行为，被建设单位方投诉 2 次及以上并查实的	
			其他严重失信行为，经市级及以上建设行政主管部门核查属实的	
	合计	100		

注：评价得分率 85% 以上为优秀，70% 以上，85% 以下为合格，70% 以下为不合格。

28.3　合同管理

28.3.1　合同管理总则

本着平等、自愿、公平、诚实信用、合法的原则订立合同，通过对合同的管理，把工程进度、质量、投资控制在预定目标范围之内，达到订立合同的目的，顺利完成全过程工程咨询管理目标。

28.3.2　合同管理工作主要阶段及内容

1. 项目启动时合同管理工作内容

（1）了解项目所在地咨询、勘察设计、施工、材料设备等合同适用版式。

（2）根据项目招标采购管理实施细则内容分析项目合同组织与管理关系，并确定合同组成构架。

（3）根据项目合同组成构架，制定本项目合同管理体系。

（4）编制合同管理细则。

2. 招标采购阶段合同管理工作内容

（1）根据招标代理公司提供的招标文件合同内容结合本项目特征，编制合同文件初稿。

（2）由全过程工程咨询单位组织项目相关单位审核合同初稿并形成审核纪要，根据审核意见修改合同内容，形成正式合同文本提交给招标代理公司。

（3）招标采购文件呈批时需注明招标文件合同部分审批意见。

3. 合同订立阶段合同管理主要工作内容

根据招标采购文件中合同内容，协助招标人与中标人进行合同谈判并按时签订合同。

4. 合同履约阶段合同管理主要工作内容

（1）按咨询、施工、勘察设计、材料设备等分类管理合同文本。

（2）监督、管理合同的履行，对项目的合同履行情况进行汇总、分析，对工程进度、成本、质量进行总体计划和控制。

（3）协调各合同主体的履约。

（4）对合同实施进行总的指导、分析和诊断。

5. 合同终止后合同管理主要工作内容

（1）及时进行合同履约分析并形成评估报告上报建设单位。

（2）合同终止呈批。

28.3.3　合同订立的程序

1. 招标项目的合同订立

（1）招标代理公司提供合同范本文件，全过程工程咨询单位根据招标采购交底会，起草招标文件中的合同文本。

（2）合同评审会上对合同文本进行评审，由全过程工程咨询单位根据评审意见对合同条款进行调整。

（3）合同文本修改和调整完成后，法律顾问对合同文本进行审查并出具单独合同文本审查意见，全过程工程咨询单位根据法律顾问审查意见进行合同文本修改。

（4）招标采购文件修改和调整完成后，报建设单位审阅，若审阅后对招标采购文件中的合同条款有重大分歧或意见，则由全过程工程咨询单位再行召集会议，就重大歧义条款进行讨论并形成一致意见；若建设单位审阅后无重大分歧或意见，则履行招标采购文件呈批程序。

（5）中标通知书发出后，由全过程工程咨询单位根据招标采购文件及相关补充文件完善合同文件，法律顾问审定合同后，履行合同呈批程序，同时组织合同的制作、签订工作。

2. 非招标项目的合同订立

（1）合同谈判前期，由全过程工程咨询单位召集、组织相关部门或单位进行必要的调查研究，切实了解有关市场行情及签约对方的企业性质、经营状况、履约能力、信誉等相关情况，形成初步意见后进入谈判阶段。

（2）由建设单位或全过程工程咨询单位召集并组织与签约对方的商务谈判，以会议纪要等方式确定合同基本条款。

（3）全过程工程咨询单位根据会议纪要的内容起草合同文本，法律顾问审定合同文本后报建设单位及签约对方审阅。

（4）根据各方审阅后的意见，由全过程工程咨询单位根据评审意见进行必要的调整，各方审阅后对合同条款有重大分歧或意见，则由建设单位负责人或全过程工程咨询单位再行召集会议，就重大歧义条款进行讨论并形成一致意见。

（5）由全过程工程咨询单位根据最终的各方审阅意见，起草合同文本，法律顾问审定后并报签约对方、建设单位审阅。

（6）合同文本经各方审阅无异议后，由全过程工程咨询单位履行合同呈批程序，同时组织合同的制作、签订工作。

3. 其他合同的订立

其他合同主要包括与主合同相关的补充协议等，此部分合同文本的订立，参照非招标项目合同订立的相关程序执行。

28.3.4 合同文件的呈批及保管

（1）全过程工程咨询单位负责合同文本的呈批工作。

（2）合同呈批表（如表28.3-1所示）及呈批流程（略）。

合同文件呈批表　　　　　　　　　　　　　表28.3-1

工程名称：

文件名称		合同编号	
发包范围		合同金额	
计划履行时间	年　月　日至　　年　月　日		
招标（采购）方式	□公开招标　　□邀请招标　　□竞争性谈判　　□单一来源采购		
全过程工程咨询单位招标合约部拟稿说明		签字：　　　　　日期：	
法律顾问意见（或内控合规部）		签字：　　　　　日期：	
全过程工程咨询单位项目经理意见		签字：　　　　　日期：	
建设单位项目负责人（或工程部）意见		签字：　　　　　日期：	
建设单位合约部（或财务部）意见		签字：　　　　　日期：	
建设单位（分管）总经理意见		签字：　　　　　日期：	

注：合同文件呈批流程需根据项目组织机构进行调整，此为样板。

（3）合同一经签订后，由全过程工程咨询单位负责分发至建设单位各相关部门、全过程工程咨询单位、审计单位各一份，其他剩余合同由建设单位存档。

28.3.5　合同文件的管理

1. 合同文件的组成管理

（1）非招标采购项目：合同协议书、竞争性谈判文件、履约担保等。

（2）招标采购项目：包括合同协议书及附件、中标通知书、投标文件、履约担保、招标采购文件（包括补遗与澄清）等。

2. 合同文件的分类管理

按工作内容属性划分：咨询类合同、勘察设计类合同、施工类合同、材料设备类合同。

3. 合同台账的建立

（1）合同信息台账建立（表略）

（2）合同签订流程台账建立（表略）

（3）合同履约台账建立（表略）

（4）合同履约保函缴纳台账（表略）

4. 合同费用支付管理

（1）严格按已经签订的合同付款条件支付工程款。

（2）严格履行付款审批流程。

5. 合同争议的处理

合同履行中及时提醒有关各方，尽量避免若发生争议，应及时了解争议的全部情况（包括进行调查和取证），与合同双方磋商，尽可能促成双方以和解或调解的方式进行解决，同时督促双方继续履行合同，保持施工连续，并保护好已完工程。

合同争议解决的基本流程如图 28.3-1 所示。

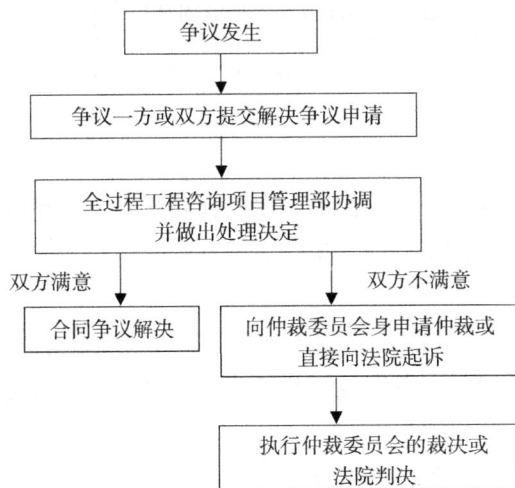

图 28.3-1　合同争议解决的基本流程图

6. 合同索赔管理

（1）索赔包括费用索赔和工期索赔。索赔既包括承包人向发包人的索赔，也包括发包人向承包人的索赔，考虑工程实践的实际情况，重点对承包人向发包人的索赔进行控制。工程管理中，应尽量将工作做在前面，通过有效的合同管理减少索赔事件的发生。索赔发生后，要以合同为依据，公平合理地处理和解决索赔。

（2）索赔处理的基本流程如图 28.3-2 所示。

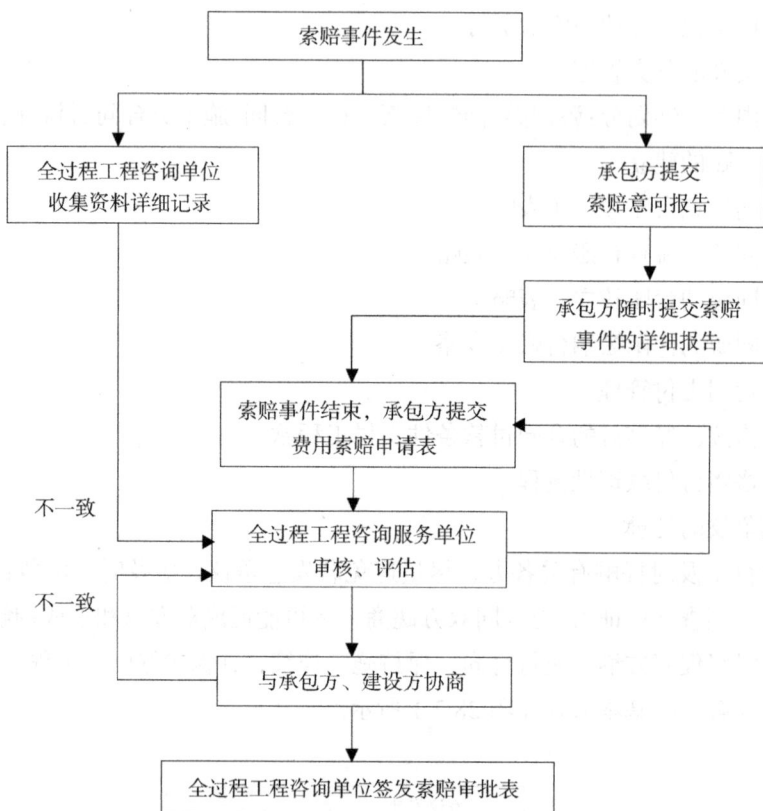

图 28.3-2　索赔处理的基本流程图

7. 违约处理

日常管理过程中，要加强主动控制，促使合同双方全面履行合同，及时提醒有关各方，尽量避免或减少违约事件的发生。对已发生的违约事件，要以事实为依据，以合同为准绳，公平处理。

对于违约产生的后果，并非一定要等到合同义务全部履行后才追究违约方的责任。当违约现象发生后，全过程工程咨询项目管理部要尽快收集相关证据，并及时与各方沟通，协商处理。

违约处理的基本流程如图 28.3-3 所示。

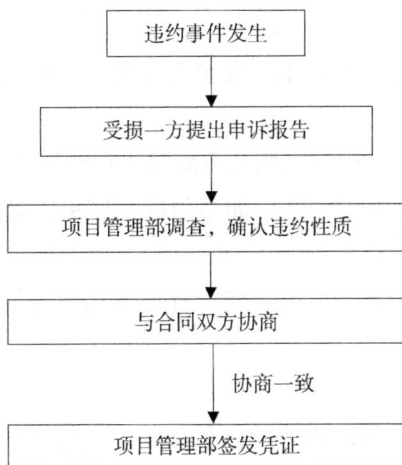

图 28.3-3　违约处理的基本流程图

28.3.6　合同管理的工作重点

1. 勘察设计合同

（1）合同主要内容

勘察设计合同的内容包括提交有关基础资料和文件（包括概预算）的期限、质量要求、费用以及其他协作条件等条款。

（2）合同履行

①督促发包人（建设单位）及时将合同中明确应提供的各种资料提供与勘察设计单位，以便其尽快开展工作；

②督促勘察设计单位尽快按合同规定向发包人（建设单位）提交勘察报告或图纸、资料、说明、资料等相关文件；

③协调勘察设计单位与施工单位等相关业务单位关系，组织协调设计交底与图纸会审、勘察单位地基验槽等工作的顺利开展，施工中遇到问题及时与相关各方沟通，保证施工的顺利进行。

（3）控制重点

合同签订前要仔细审查勘察设计单位及具体负责本项目勘察设计人员资质是否符合要求；合同签订时要明确规定勘察设计单位应当完成的任务、明确规定勘察设计质量要求，同时明确发包人（建设单位）对勘察设计单位的支持。

2. 工程总承包合同

（1）合同主要内容

工程承包合同应明确规定履行内容、方式、期限、违约责任以及解决争议的方法外，还应明确建设工期、中间交工工程的开工和竣工时间、工程质量、工程造价、技术资料交付时间、材料设备供应责任、工程款支付和结算、交工验收、质量保证期、双方互相协作等内容。

（2）合同的履行

①根据合同中相关规定，督促承、发包双方履行各自义务，以保证工程施工的顺利进行。

②对合同中施工进度、工程质量相关方面的履行情况进行监督、管理。

③严格控制合同变更与价款调整；如必须进行变更，则必须严格按照国家规定和合同约定的程序进行。

④加强主动控制，尽量减少索赔，使工程更顺利地进行，降低工程投资，减少施工工期。

（3）控制要点

合同签订时要明确承、发包双方的权利义务，履行过程中重点控制施工进度、工程质量、价款管理，同时做好合同变更及风险管理。

3. 货物采购合同

（1）主要内容：货物种类要具体化，质量标准及要求、时间要求明确，价格条款、交货条款、验收条款、结算条款清晰，并明确违约责任。

（2）控制要点：材料采购合同重点做好材料的进场验收工作；设备采购合同主要是货物的生产过程，尚需做好监造、检验、货物催交工作。

4. 专业分包合同

（1）严禁承包人将其承包的工程进行转包，严禁分包单位将其承包的工程再次分包。

（2）分包合同的签订

施工总承包人必须自行完成项目的主要部分，其非主要部分或专业性较强的工程可分包给资质符合要求的建筑安装单位。分包单位资质等相关资料须报于全过程工程咨询单位审查，未经发包人、全过程工程咨询单位同意，总承包人不得将承包工程的任何部分分包。

分包合同签订后，发包人与分包单位之间不存在直接的合同关系，全过程工程咨询单位与分包单位之间不存在直接的管理关系，分包单位应对总承包人负责，总承包人对发包人、全过程工程咨询单位负责。

（3）分包合同的履行

工程分包不能解除承包人的任何责任与义务，分包单位的任何违约行为、安全事故或疏忽导致工程损害或给发包人造成其他损失，承包人承担连带责任。

全过程工程咨询单位对分包单位的管理通过总承包进行，督促总承包人在分包场地派驻相应监督管理人员，保证该分包合同的履行。分包工程价款由承包人与分包单位结算，未经发包人同意不得以任何名义向分包单位支付各种工程款项。

28.3.7 合同管理的风险控制

合同风险是指合同中的不确定性，合同风险事件可能发生，也可能不发生，如果风险成为现实，则主要由承担者负责风险控制，并承担相应损失、责任。因此对于风险的定义属于双方责任划分问题，不同的表达，就有不同的风险，就有不同的风险承担者。

1. 咨询及勘察设计类

在咨询及勘察设计类合同中，承包人完成技术服务内容，提供技术成果性文件（如勘察报告、施工图设计文件、检验试验报告、咨询报告等），而合同发包人则履行支付服务费的义务。因此对于发包人而言，风险主要存在于承包人提供的技术成果性文件是否符合发包人及国家相关标准的要求，是否能满足工程建设的需要，达到优化建设资源分配的目的，所以在此类合同中风险主要存在于技术成果提交的时间、份数、设计文件深度、权威性和真实性等。

2. 工程施工类

工程施工过程中，风险主要存在于质量、工期、安全、造价等方面。为了规避这些风险，合同条款的设定一定要清晰、细致、严密，明确的表达合同双方的职责、权利和义务，合理分担风险。

首先要充分考虑合同实施过程中可能发生的各种情况，在合同中予以详细的规定，防止意外风险。

其次应使风险型条款合理化，力争对责权不平衡的条款、单方面约束性条款修改或限定，防止独立承担风险。

最后可以通过合同谈判，合理分配风险，增加权益保护性条款。

3. 货物采购类

货物采购类合同的风险主要有以下几点：

供货商是否能按期交货：这取决于供货商的生产能力，可以在采购阶段通过资质条件的设定，确保供货商具备一定的生产和供货能力。

供货商提供的货物质量和性能是否满足要求：可以通过采购阶段设定设备技术要求，保证货物满足工程需要，并设置货到现场的开箱检验，和货物安装完毕后的系统调试验收的过程，并配合相应付款条件，最大限度地避免风险。

质量保修期：机电类设备的质量保修期一般为两年（或两个制冷期、供暖期），可以通过质量保修条款的设定，和质量保修金的设立避免保修期的各项风险。

第29章 工程设计管理

设计管理是指应用项目管理理论与技术，为完成一个预定的建设工程项目设计目标，对设计任务和资源进行合理计划、组织、指挥、协调和控制的管理过程。设计管理贯穿于项目建设的全过程，他属于全过程工程咨询中项目管理的工作内容。作为直接影响建设工程使用功能、项目投资与项目经济效益和建设周期的工程设计管理工作，是项目管理的重点工作之一。

29.1 设计管理的工作内容

设计管理工作内容总的来说包括设计招标管理、设计进度管理、设计质量管理、设计成本管理和设计变更管理共5个部分，与之相关的工作包括编制设计管理工作细则、编制设计管理工作计划、策划设计管理内容并合理划分设计任务、编制或审核设计任务书、设计合同谈判、跟踪设计过程、设计过程协调、审查或验收设计成果、审查处理设计变更等。

全过程工程咨询管理人员中设计管理人员进场后，设计管理工作必须围绕以上内容展开，每项内容、每项工作都必须认真策划，做好每项细部工作的流程设定，并严格按照流程执行，出现偏差时应及时总结及时纠偏。

29.2 设计管理的方法与措施

《建筑工程设计文件编制深度规定》（2016年版）1.0.4条指出，建筑工程一般分为方案设计、初步设计和施工图设计三个阶段；对于技术要求相对简单的民用建筑工程，当有关主管部门在初步设计阶段没有审查要求，且合同中没有做初步设计的约定时，可在方案设计审批后直接进入施工图设计。复杂工程的设计管理工作实际上也就是围绕工程设计的三个阶段开展。

29.2.1 方案与施工图（含初步设计）设计

重要工程、复杂工程、规模较大项目工程，选择设计单位的方式应分两阶段进行。

（1）方案设计单位可以采取方案竞赛或邀请招标的方式确定。

（2）施工图设计单位在方案设计的基础上，采取公开招标的方式进行选择，设计任务包括初步设计和施工图设计，设计内容应尽可能多地包括项目所涉及的所有专业，以减少协调环节。

方案设计、初步设计和施工图设计的设计任务书应尽量详细，减少不确定因素，以保证设计内容全面、完整，避免后期变更。

29.2.2　施工图分阶段设计的控制要素

很多政府、标志性工程由于工期紧，会出现边设计边施工现象，设计工作的进度和质量将对工程建设的进度和投资控制产生重大影响。这类项目必须进行限额设计，加强过程中的设计质量控制（专业对图）和设计深度的审查，严格控制设计变更。最好将限额设计、设计进度（设定出图节点）、设计变更量等在设计合同中明确奖罚措施，加大设计单位对自身设计质量和工程投资的控制力度。

29.2.3　及时组织各阶段成本分析与会审

要求设计单位将限额设计贯穿于工程设计的各阶段（包括初步设计、施工图阶段），主要手段是组织各阶段的成本分析与会审，分析与会审时最好能与类似已完工程进行对比，借鉴经验、汲取教训，合理控制工程费用。

材料设备产品档次的选择标准，设计过程要及时确认，确认时要结合功能需求、建设标准等因素，能借鉴同类同等项目标准的最好予以借鉴。

29.2.4　加强对设计变更的预控

根据工程特点，分析设计变更可能出现的方面，使变更控制在施工图出图之前；要求设计单位按照设计或非设计原因两种表格填写设计变更单，并计算出变更费用及分析对投资的影响，然后由设计管理人员按照规定的权限报有关部门审批。

29.3　设计管理的原则与控制目标

29.3.1　设计管理原则

设计必须在符合现行规范和标准的条件下，满足功能和使用要求的基础上，确保结构安全可靠、施工可行、经济合理。

设计必须使用成熟技术、成熟工艺、成熟的材料设备，对于"四新"的应用应当结合工期和投资予以综合考虑，在后期的使用及维护成本、环保节能及工程的投资、进度方面寻求合适的平衡。

29.3.2　设计质量控制目标

（1）设计图纸质量等级：按住房和城乡建设部《民用建筑工程设计质量评定标准》执行；

（2）初步设计及施工图设计质量须符合建设部《建筑工程设计文件编制深度的规定》，各阶段设计深度须满足报建的要求；

（3）在严格遵守国家法规和技术标准的前提下，使工程设计做到"技术先进、安全可靠、经济合理"。

29.4　设计管理协调工作

29.4.1　细化设计工作范围

签订设计合同时，要细化合同关于设计承包人的主要内容，明确项目各分部各阶段的设计工作界面，确保设计承包人与专项设计承包人之间工作界面清晰。

比如某体育中心项目，设计单位除了有规划设计、方案设计、建筑安装施工图设计（含初步设计）、园林绿化设计单位外，还有幕墙、金属屋面、智能化、二次装修、虹吸排水、体育工艺等专项设计，这时对设计范围的统筹管理就非常重要，设计除了横向的面与面之间界面划分要十分清晰之外，纵向的点线与点线之间的界线归属也要十分明确。否则就会出现推诿、扯皮，影响设计质量与设计进度的事宜。如体育工艺设施用电设备电源归属问题，正确做法应是体育工艺设计提出用电容量需求，由建筑安装施工图设计单位核算，留设二级配电箱作为体育工艺设施电源接驳点，否则就会造成混乱，这当然是最简单的示例。复杂项目的设计内容界面划分，项目设计管理人员就必须结合类似工程项目管理经验予以合理划分。

29.4.2　建立设计协调工作网络

为准确将使用单位需求反映到最终设计施工图上，应建立使用单位与设计单位的及时沟通机制，及时组织设计单位向使用单位汇报设计成果，保证设计成果满足使用需求。

为加快施工过程图纸问题的解决，要求设计单位派驻经验丰富的工地代表，处理如某些材料更换、局部修改或其他有关工程的随机需协商事宜，以保证现场施工工作不受或少受影响。

29.5　设计管理小结

工程项目设计阶段是项目建设实施过程中一个非常重要的阶段，对于整个项目寿命周期也有着不容忽视的作用。设计管理工作贯穿于项目的全过程，重视工程项目的设计管理对整个项目的质量、投资、进度等控制均有着积极的影响，全过程工程咨询管理人员必须把握好项目有关设计管理的各项工作，认真编制设计管理工作实施细则，并落到实处，以便促进项目价值目标的实现。

第30章　工程造价管理

30.1　造价管理总则

工程造价管理是指遵循工程造价运动的客观规律和特点，运用科学技术原理和经济及法律等管理手段，解决工程建设活动中的工程造价确定与控制、技术与经济、经营与管理等实际问题，力求合理使用人力、物力和财力，达到提高投资效益和经济效益的目的。严格控制实施项目按已批准的概算指标进行建设，按合同进行计量、计价、变更确认及竣工决算的管理，保证项目投资目标的实现，避免"三超"现象的发生。

30.2　各单位工作职责与界面

30.2.1　各参建单位工作职责

1. 建设单位职责

（1）负责向发展改革委报送投资匡算、投资估算、投资概算等送审件；负责向发展改革委报送年度投资计划。

（2）负责工程变更的审核监督工作、负责合同监督管理工作、负责工程预结算监督管理工作。

（3）负责招标文件的发布、中标通知书签发以及合同签订等工作。

2. 全过程工程咨询单位职责

（1）负责组织统筹概算编制单位进行概算编制，并对编制概算成果进行审核。

（2）负责招标文件的编制，并协助建设单位做好招标文件的发布、中标通知书发放以及合同签订工作。

（3）负责工程施工阶段的合同管理工作，严格按合同约定做好工程变更管理、工程结算管理以及工程决算管理等工作。

（4）负责履行好全过程工程咨询合同中约定的各项义务和工作内容。

3. 造价咨询单位职责：

（1）严格履行造价咨询合同约定条款，遵守有关法律法规以及建设单位相关的投资控制管理办法，对所承担的咨询业务质量和进度负责。

（2）严格按审批的造价咨询方案开展造价咨询工作；按照委托人要求咨询业务配置相应的专职操作人员，包括项目负责人、相应的各专业造价工程师及造价员。

（3）以设计概算不突破投资估算，施工图预算和结算不突破设计概算为原则对工程造价实施全方位控制；若发生偏离，工程造价咨询企业应及时向委托人反馈并建议采取相应的控制措施。

（4）接受合同履约考评，对过程中出现的问题进行及时整改。

（5）参与各类涉及投资控制管理的会议，如监理例会、方案论证会、项目生产例会、造价工作例会等。

（6）其他有关造价咨询管理方面的工作。

4.承包单位职责：

（1）严格按合同约定进行项目投资管理组织体系建立，按投标文件承诺组织人员就位。

（2）严格按投资控制管理办法和施工合同约定及时提交各阶段相关投资报表。

（3）参与各类涉及工程造价的会议。

（4）及时办理各类收方、签证、变更、洽商手续，并留存好原件。

（5）配合参建各方完成投资控制管理业务的相关事项。

30.2.2　各参建单位工作界面划分

各参建单位工作界面划分如表 30.2 所示。

各参建单位工作界面划分表　　　　　　　　　　　　表 30.2

序号	工作步骤	使用单位	建设单位	全过程工程咨询单位	造价咨询单位	勘察单位	设计单位	承包单位
1	前期阶段							
1.1	投资匡算		审批	审核			编制	
1.2	投资估算		审批	审核			编制	
2	设计阶段							
2.1	初设概算	参与	审批	审核			编制	
2.2	限额设计		签发	检查			执行	
2.3	设计方案经济比选与优化		审批	审核			提交	
3	发承包阶段							
3.1	招标文件		审批	审核	参与			
3.2	合同条款策划		审批	审核	参与			
3.3	工程量清单		审批	审核	编制	参与	参与	
3.4	招标控制价		审批	审核	编制	参与	参与	
4	实施阶段							
4.1	资金使用计划		审批	审核	编制			参与
4.2	工程造价动态管理		审批	编制	审核			
4.3	工程计量与支付管理		审批	审核	审核			编制

序号	工作步骤	使用单位	建设单位	全过程工程咨询单位	造价咨询单位	勘察单位	设计单位	承包单位
4.4	工程变更管理		审批	审核	编制或审核			编制
4.5	工程索赔管理		审批	审核	审核			编制
5	竣工阶段							
5.1	竣工结算管理		审批	审核	审核			编制
5.2	竣工决算管理		审批	审核	编制			
6	运维阶段							
6.1	经济指标分析		审批	编制	参与			
6.2	投资管理工作总结		审批	编制	参与			

30.3　造价管理主要工作内容

30.3.1　项目可行性研究阶段投资控制管理

1.项目可行性研究阶段主要投资控制管理内容

参与分析项目资源情况；参与项目咨询范围界定；参与具体项目机会论证；参与进行概念性方案设计并配合立项修改；主持编制可行性研究（政府投资类）投资估算金额确定等工作。

2.项目可行性研究阶段主要投资控制管理要点

（1）负责项目可行性研究从技术、经济、工程等方面进行调查研究和分析比较，并对项目建成以后可能取得的财务、经济效益及社会影响进行预测，从而提出该项目是否值得投资和如何进行建设的咨询意见。进一步做好项目建议书阶段调研基础上的补充调查。总体遵循实事求是、科学合理、资源集约、效益最高、适度超前的原则。

（2）明确项目建设标准，根据国家、省市相关规范、政策。项目建议书批复的投资匡算进行评估，对项目用地面积、建设面积、建设规模、工程建安造价指标进行系统分析，并根据对项目场地与项目功能、规模的分析，判断投资控制的方向和可能出现的疑难问题，明确项目投资目标。在总目标确定的情况下，结合全生命周期成本最优原则、可实施性原则，利用价值工程原理合理分解目标，进而将目标转换成限额设计，从而达到控制投资的目的。

（3）负责审查投资估算范围与依据；建设投资估算；流动资金估算；总投资额及分年投资计划等。重点复核投资估算、土地、资金、建造成本分析的合理性。对投资和成本费用的估算应采用分项详细估算法。审核重点为投资的构成是否完整，具体投资的价、量、费是否合理。是否考虑了土地使用费等，费用测算做到不重不漏。是否考虑打足了投资满足控制设计概算的要求。

30.3.2 设计阶段投资控制管理

1.初步设计阶段投资控制管理

（1）初步设计阶段的主要投资控制管理内容：

参与初步设计评审、优化；对专项设计方案进行经济分析；督促项目设计概算的编制与审核；对设计进行经济优化建议等。

（2）初步设计阶段的主要投资控制管理要点：

①督促设计单位依据批复的可行性研究报告和投资估算进行初步设计，并编制项目设计总概算，设计总概算应当包括项目建设所需的一切费用；设计概算编制完成后，在报送市发改部门审批前，应委托造价咨询单位对设计概算进行复核，全过程工程咨询单位也应对设计概算进行审查，必要时应报建筑经济专业组评审或组织召开专家预评审会（包括外请专家）；在参考同类工程经济指标的同时充分考虑项目特点，确保设计概算全面、合理、准确；

②设计概算报送市发改部门后，造价合同管理团队协助建设单位与评审部门进行沟通、协调，力争确保评审结果的合理性；

③重点审查的内容：设计概算文件是否齐全；设计概算编制依据的适用范围，是否合法和时效性有效；设计概算编制深度是否满足要求；建设规模标准：如概算总投资超过原批准投资估算的10%以上，应进一步核查超估算的原因，若确实需要扩大投资规模，应按规定重新进行可行性研究报告的调整并获得批复；设备的规格、数量和配置是否符合要求；建筑安装工程费是否有多算、错算、重算、漏算的现象；概算工期是否符合工期定额规定；计价指标依据是否符合要求；其他工程费用依据引用和计算过程是否正确；

④为了保证概算编审质量，做好对概算编制单位的工作质量考核，定人定专业，落实审核差额考核比率；编制过程中，应组织编审人员踏勘现场，充分了解工程情况和设计意图，认真阅读设计说明，考虑好概算工期对造价的影响。

2.施工图设计阶段投资控制管理

（1）施工图设计阶段主要投资控制管理内容：

参与施工图设计评审、优化；对专项设计方案进行经济分析；确定项目限额设计指标；对设计文件进行造价测算；对设计进行经济优化建议等。

（2）施工图设计阶段主要投资控制管理要点：

①督促设计单位应主动进行工程设计优化、技术经济方案比选并进行投资控制，要求限额设计，施工图设计以批复的项目总概算作为控制限额。项目概算一经批复，必须严格按批复的建设内容执行，不得擅自调整建设规模、标准和建设内容，以确保项目总投资控制在批复概算内；

②合理确定项目投资限额：编制投资估算量要求做到科学、实事求是地编制项目投资估算，合项目投资额与单项工程的数量、建筑标准、功能水平相对应协调，单位

工程间的投资额分配不得随意调借；

③根据投资额进行初步设计：设计人员在投资限额前提下依据价值工程原理和全寿命周期成本理念进行多方案比选，以满足限额设计的要求。确实需要超投资额设计的，应组织内部（或专家）评审会，确认后按程序进行调整；

④建立评价指标体系和参数体系，即设计方案评价与优化的衡量标准；

⑤对单项工程或单位工程设计的多方案经济评价与优化，应将技术与经济相结合，配合项目建设单位确定合理的建设标准。采用统一的技术经济评价指标体系进行全面对比分析。在进行多方案经济评价时应与项目建设单位及设计人员充分沟通，可参考借鉴类似项目的技术经济指标，提出的优化设计建议应切实可行。

30.3.3 招标阶段投资控制管理

1. 工程量清单及招标控制价编审管理的内容

组织造价咨询单位编制工程量清单及招标控制价；组织召开参建各方的讨论会和专家评审会等。

2. 工程量清单及招标控制价编审管理的要点

（1）工期设置应以定额工期为依据，不宜大幅度压缩工期，如工期压缩较多，应在上会时提出，招标控制价适当考虑赶工措施费用。

（2）人工材料调差：项目较小、工期较短或材料总量较少的不要调差，工期较长项目的人工及大宗材料应调差。

（3）发包时尽量不要包含图纸不完善的项目，如有则视主要材料情况确定定价方式：如果多数材料有信息价，则可暂定项目合价由投标人自报下浮率方式定价，如果多数材料没有信息价，则设为材料暂估价专业工程暂估价，另行公开招标定价；或者通过甲控乙招方式，在实施时由总包单位进交易中心公开招标定价。

（4）部分材料通过设置参考品牌以及技术要求仍不能确定品质的，招标时还应提供招标样板，作为投标报价和实施时对版使用。

（5）管好设计图纸，避免招标过程中图纸不断变化，导致造价咨询公司重复工作，耽误时间，降低效率。拒绝接收设计院更换版号而不注明变化之处的图纸。

（6）根据招标文件确定的材料设备技术要求、样板及参考品牌，造价工程师应督促并检查造价咨询单位询价情况，要求询价单位原则上不得少于三家，招标控制价主材价应基本符合市场水平，并将询价结果与建设单位充分沟通。

（7）造价工程师应督促并检查咨询单位根据已确认的专项施工方案及技术措施，编制其制作、安装及措施费用。

（8）对于按项包干的单项或分项工程，应明确说明包干的工程内容、条件、风险、结算原则、价格调整原则。

（9）对于造价咨询公司提交的招标控制价，造价工程师应进行复核，重点审查金额较大的清单子目，核实清单数量、价格的准确性。

（10）当出现招标控制价超过概算时，首先对造价咨询的工作成果进行量、价复核；其次，通过控制材料设备的档次以达到控制造价的目的；如仍然超概则必须对设计进行评估，凡概算中没有的项目不得实施（此要求无论超概与否均要遵循）。通过上述手段仍然超概的，要找出超概问题所在，报告相关领导协调解决。

（11）招标阶段，造价管理团队应重点做好招标文件、工程量清单、招标控制价的审查及对中标候选人投标文件（商务标）澄清等工作。

30.3.4 实施阶段投资控制管理

1.动态投资控制

（1）编制资金使用计划：根据合同、施工图预算、施工进度计划等编制包括建安费用、设计费、监理费、造价咨询费等各种费用的总资金使用计划及各年度、季度、月度资金使用计划。

（2）利用专业投资控制软件每月进行投资计划值与实际值的比较，并提供各种报表；对出现实际投资超计划值的，及时分析项目施工过程中投资偏差与进度偏差产生的原因，并采取相应的组织、经济、技术、合同措施进行纠偏。

（3）设置投资预警机制：当工程投资出现超概算风险时，应及时启动投资预警。应报告建设单位领导，并组织设计、全过程咨询、造价咨询等相关单位对投资进行全面梳理，分析工程建设过程中可能引起投资增加的各种因素，评估投资超概算的风险，采取优化设计、调整建设标准、暂缓实施部分设计内容等措施，务必把投资控制在概算投资以内。

2.工程变更（含签证）管理

（1）工程变更管理工作主要内容

①对预计发生的工程变更进行洽商，由全过程工程咨询单位组织工程变更洽商会议，确定变更必要性，并对变更方案技术可行性、经济合理性及工期影响等方面对进行综合评审，对费用和工期方面与承包单位进行协商，经协商达成一致后，由全过程工程咨询设计管理工程师整理变更相关依据性资料（如设计图纸、往来函件、洽商会议纪要及《工程变更洽商记录表》等），发起工程变更事项审批；

②对工程变更进行事项审批，对于50万元以下变更由全过程工程咨询管理单位审批，对于大于等于50万元的变更由建设单位审批，经批准后由总监理工程师签发工程变更指令，监督工程变更的实施，并跟踪落实执行情况；

③对正式变更进行费用审批，对于50万元以下变更由全过程工程咨询管理单位审批，对于大于等于50万元的变更由建设单位审批；

④对现场签证进行责任界定，留存计量及计价的证据；

⑤审核施工过程中发生索赔的真实性、全面性、关联性、及时性、具有法律证明效力。加强索赔的前瞻性，在实施过程中对可能引起的索赔要有所预测，并及时采取措施，注意收集过程中相关依据资料，定期组织索赔谈判，解决合同争议问题。

（2）工程变更管理工作控制要点

①在变更实施前，要对导致变更发生的原因进行分析，判定变更原因是否充分、合理；

②在变更实施前，对工程变更引起的合同工期、质量、进度、费用等要素进行评审，评定工程变更的技术可行性及经济合理性，评估工程变更是否符合工程质量标准、是否满足使用功能要求，对竣工后的使用和管理有无不良影响，形成事前洽商、严格审核、分级审批、先批后建、监督实施、跟踪落实的管理机制；

③加强工程施工招标前各阶段、各环节管控，减少可预判、可预查、可避免的工程变更；

④以施工单位报送估价为变更最高限价、按报送价区分变更分类进行审批，避免因各方需提交造价书而影响变更的发放和实施；

⑤由于承包人原因造成工程变更而发生的费用由承包人自行承担；

⑥鼓励优化设计、优化施工方案以提高工程质量、缩短工期、节约工程成本；

⑦根据变更分类，实行按权限分级审批制，严禁未经批准擅自变更并施工的行为；

⑧经审批同意的工程变更总金额超过规定数额的，可签订补充合同；

⑨现场签证工程量应事前确认，由承包人、全过程工程咨询管理单位、造价咨询单位三方共同在现场核实工程量，必要时还可请设计、勘察人员共同参与签证工程量确认，并留下全面充分的影像资料；

⑩审查工程变更、签证及索赔申报、审批程序是否符合有关要求，依据资料（包括但不限于图纸、影像、工程联系单、往来函件、会议纪要、洽商记录、计算书等）有关负责人的签字是否真实、齐全、日期是否有效。

3. 工程计量支付管理

（1）工程计量支付管理工作主要内容

依据合同支付进度款的相关约定，对承包单位申报的进度款支付申请，进行现场计量和造价复核，合理确定应支付进度款，并按支付流程办理相关审批手续。

（2）工程计量支付管理工作控制要点

①申请计量支付的工程必须是实际已完成工程且工程质量验收合格；

②合同工程量清单是工程计量支付的依据。对于特殊工程（如采用模拟工程量清单、实物量清单、无标底或 EPC 工程总承包等），应按合同约定的方式进行计量支付；

③按规定需进行合同履约评价的，每季度末（或阶段或保修期）计量支付时需完成本季度的合同履约评价并提供履约评价报告；

④工程变更（包括设计变更、新增合同外项目、现场签证等）、材料调差、清单复核、清单漏项等的计量支付，均需事先按有关程序办理且经批准同意，并结合现场施工情况及合同约定的支付方式，进行支付；如工程变更应先按《工程变更管理办法》的规定，取得总监理工程师签发的《工程变更令》，工程变更费用经批准后才可考虑进行支付；

⑤为避免发生超付，工程计量支付须与工程实施情况相对应。

30.3.5 结算阶段投资控制管理

1. 竣工结算管理目标

以工程施工合同或专业分包合同规定为结算依据，在工程竣工并验收合格的基础上，全面收集、整理已完工项目在实施过程中的验收及实际签证基础资料，根据进度支付情况及时与施工单位办理工程结算，做到有据可依、及时准确、合理合规，结算额控制在批准的概算范围内。

2. 竣工验收阶段工程结算原则

（1）工程结算必须实事求是、真实准确、完整，不得弄虚作假；

（2）按图施工，按实计量，并依据合同约定进行结算；

（3）以每份合同为对象，及时办理结算。

3. 竣工结算条件及内容

（1）工程结算的前提条件

合同承包范围内的工程内容完成，工程验收合格，并取得竣工验收证明或单项工程验收证明；具备完整有效的工程竣工档案（资料）或结算资料，包括（不限于）：经审核确认的设计文件（如施工图、竣工图、图纸会审纪要等）、经审批确认的工程变更（如设计变更、现场签证等）及工程验收资料等。

（2）工程结算依据

双方签订的合同文件及补充协议、招标文件、投标文件、国家及省市的有关法律、法规、规章制度；有关材料、设备采购合同；工程竣工图、施工图、经批准的施工组织设计及专项施工方案、设计变更及签证、工程洽商、材料及人工调差和相关会议纪要、建设工程工程量清单计价规范或工程预算定额、费用定额及价格信息、调价规定等。

（3）结算基础资料及要求

①主要内容：

a. 涉及合同费用结算及支付的条款；

b. 结算书及电子文档；

c. 竣工图纸（蓝图）；

d. 图纸会审（交底）的会议纪要；

e. 工程量计算书及电子文档；

f. 设计变更图纸、变更令及工程变更申报审批表；

g. 变更签证及工程变更申报审批表；

h. 工程竣工验收证明；

i. 开、竣工报告；

j. 中间计量资料；

k. 其他竣工档案（资料）或其他资料。

结算资料的内容、格式应符合有关规定，并具有完整性和合法性。资料不完整的，要求施工单位限期整改，否则不予办理或对该部分资料不予认可。因资料不齐而影响结算审核工作的，由施工单位负责。

②要求：纸质工程结算资料应为原件，一式三份；工程结算书封面采用规定的统一格式；封面必须盖单位公章，编制人、审核人、负责人均应签字，其中编制人和审核人需盖注册造价工程师执业专用章，必须装订成册；工程变更必须及时按《工程变更管理办法》的规定办理有关审批手续，结算时提供原件才予以确认；工程变更必须编号、归类。

4. 竣工结算加快措施

（1）结算应贯彻工程实施全过程，完成每个单体建筑或单位工程后应及时编制竣工图并进行结算；

（2）过程资料及时归档：监理与施工单位每月或定期核对、梳理当月签发的变更令及现场签证，避免遗失，并将所有原件资料进行归档作为工程结算基础资料；施工单位应及时上报变更及签证报价；

（3）如承包单位不按合同规定时间报送结算书，可由工程咨询单位对承包单位签发催报书面通知，明确报送期限，如在期限内仍不报送结算时，由监理收集、整理所有实施过程资料（工程变更、签证、材料/人工调差等），编制初步结算资料并与施工单位、造价咨询核对确认，推进结算流程；

（4）核查工程结算范围与合同工作范围是否一致，对于存在的差异，分析差异原因是清单漏项、设计或施工变更所致，还是工作被甩项、被另外分包或删除；

（5）签证工程量的结算应结合合同条款规定，是否支付应根据甲乙双方的责任及义务决定；核查相互关联的签证单避免重复结算；

（6）工程结算的签证工程量应经责任人（施工、监理、工程咨询、甲方）签字盖章，符合约定的确认程序，具备真实性、合规性、合法性；

（7）服务类、材料设备采购等合同的结算，应在合同承包范围内的工作内容执行完成后，按合同约定并参照上述结算规定办理。

30.3.6　运维阶段投资控制管理

1. 项目后评估阶段主要投资控制管理内容

（1）工程竣工移交后 14 个工作日内，协助建设单位完成项目总结评价报告。

（2）工程结算造价咨询部门审定后 7 个工作日内，协助建设单位完成合同结算情况报表。

（3）工程决算造价咨询部门审定后 7 个工作日内，协助财务部门完成决算报表。

（4）工程保修期满后 7 个工作日内，协助建设单位完成工程保修阶段情况说明。

（5）协助建设单位完成工程项目后评估报告。

2. 项目后评估阶段主要投资控制管理要点

（1）整理质量保修金金额、支付时间、支付条件等台账，协助建设单位及时完成质量保修金的支付工作。

（2）收集工程保修期内维修发生原因及责任、保修金使用情况等资料，为建设单位与承包单位结清工程质量保证金提供依据。

30.4　造价管理主要工作流程

30.4.1　工程变更审批流程图（略）

30.4.2　计量支付审批流程图（略）

第 31 章　竣工验收与移交

31.1　竣工验收

工程竣工验收工作由建设单位负责组织实施，并依法于工程竣工验收合格之日起 15 日内向政府建设行政主管部门备案。

竣工验收实施过程接受政府行政主管部门（以下简称主管部门）或其委托的工程质量监督机构（以下简称质监机构）监督。

31.1.1　竣工验收的条件

工程具备以下条件方可进行竣工验收：

（1）完成工程设计和合同约定的各项内容。

（2）施工单位在工程完工后对工程质量进行了检查，确认工程质量符合有关法律、法规和工程建设强制性标准，符合设计文件及合同要求，并提出工程竣工报告。工程竣工报告应经项目经理和施工单位有关负责人审核签字。

（3）全过程工程咨询单位（项目监理部）对工程进行了质量评估，具有完整的监理资料，并提出工程质量评估报告。工程质量评估报告应经总监理工程师和监理单位有关负责人审核签字。

（4）勘察、设计单位对勘察、设计文件及施工过程中由设计单位签署的设计变更通知书进行了检查，并提出质量检查报告。质量检查报告应经该项目勘察、设计负责人和勘察、设计单位有关负责人审核签字。

（5）工程技术档案和施工管理资料整理完备并交验合格。

（6）工程使用的主要建筑材料、建筑构配件和设备的进场试验报告整理完备并交验合格。

（7）建设单位按合同约定支付应付工程款。

（8）施工单位已签署工程质量保修书。

（9）城乡规划行政主管部门对工程是否符合规划设计要求进行检查，并出具认可文件。

（10）完成各专项工程验收（包括工程档案专项验收、消防专项验收、环保专项验收、建筑节能专项验收等），并取得市（区）城建档案全过程工程咨询单位门、公安消防、环保等部门出具的认可文件或者准许使用文件。

（11）建设行政主管部门及其委托的工程质量监督机构等有关部门责令整改的问题

全部整改完毕。

31.1.2 竣工验收的程序

（1）施工单位完成设计文件和合同约定的全部内容，并自检完毕，向全过程工程咨询单位（项目监理部）报审工程竣工报告。

（2）全过程工程咨询单位（项目监理部）收到竣工报告之后，应当组织有关单位进行初验。初验合格的，由总监理工程师、监理单位法定代表人出具初验合格意见，然后由施工单位向建设单位申请竣工验收；初验不合格的，全过程工程咨询单位（项目监理部）应提出具体整改意见，由施工单位根据意见进行整改。

（3）工程经初检合格或初检整改后合格，由总监理工程师在施工单位报送的工程竣工报告上签署意见后上报全过程工程咨询单位审核，认定合格后提交建设单位批复，准许施工单位申请工程竣工验收。

（4）建设单位收到工程竣工报告后，认定具备竣工验收条件的，批复同意进行工程竣工验收，由全过程工程咨询单位协助建设单位组织勘察、设计、施工等单位和其他有关方面的专家组成验收组，制定验收方案，并于工程竣工验收3个工作日前将验收的时间、地点及验收组名单书面通知负责监督该工程的工程质量监督机构进行到场监督。

（5）由全过程工程咨询单位协助建设单位按制定的竣工验收方案进行竣工验收，并按主管部门规定的格式文本编制竣工验收报告，由建设、代建、设计、施工、有关单位的负责人签字并加盖单位公章。

31.1.3 竣工验收备案

竣工验收后3个工作日内建设单位未收到质监机构签发的责令整改通知书或者重新组织验收通知书，且上述竣工验收实施前提条件中的燃气、消防、电梯等专项验收全部合格，即进入主管部门要求的竣工验收备案程序，应于15日内向主管部门提交下列资料（实际提交情况按主管部门要求增加或删减），办理备案手续：

（1）竣工验收备案表；

（2）工程竣工验收报告；

（3）燃气主管部门出具的燃气工程验收文件；

（4）质量技术监督部门出具的电梯验收文件；

（5）公安消防、规划、环保部门出具的专项验收文件；

（6）施工单位签署的工程质量保修书；

（7）法规、规章规定必须提供的其他文件；

（8）《住宅质量保证书》和《住宅使用说明书》。

工程竣工验收合格后3个月内由全过程工程咨询单位协助建设单位向城建档案部门移交一套完整的工程竣工档案（具体竣工资料形成见本手册《工程档案资料管理流

程》)。工程竣工验收结束后，建设单位结合竣工验收时验收成果文件出具相应文件，需要移交的按相关要求办理移交手续。

31.1.4　相关责任划分认定

（1）竣工验收实施过程中，各参建单位应按参建内容、合同约定及本手册规定的责任范围做好本职内工作及配合工作，如出现互相推诿、消极怠工等不配合情况，全过程工程咨询单位和建设单位将按连带责任划分视情节严重予以暂停结算办理或处以罚金。

（2）各专业施工单位（包括甲方分包单位、总包分包单位）负责各自竣工验收条件的准备工作，并按总包要求提交总包单位进行统一汇总，针对总包要求各专业施工单位可按专业角度进行补充更定，但须征得总包单位同意。

（3）全过程工程咨询单位（工程监理部）负责竣工验收初验的组织工作，审核总包单位提报的竣工报告并签署意见提报建设单位审核。

（4）全过程工程咨询单位项目负责人负责审核全过程工程咨询单位（项目监理部）提报的工程竣工报告，认定合格后报送建设单位批复，并协助建设单位组织竣工验收，初步形成竣工验收报告，进行竣工验收备案准备工作。

（5）建设单位负责组织工程竣工验收，审定竣工验收报告，并向主管部门备案。

31.2　工程移交及保修管理

31.2.1　移交范围

工程项目实体、工程竣工资料、竣工图纸、设备使用维护手册（含说明书及随机资料）、资产交割资料、房间钥匙等移交工作的全过程。

31.2.2　移交程序

（1）建设单位成立工程项目移交工作组，负责工程项目的移交工作，工程项目移交工作组由建设单位、使用单位、项目监理单位、承包单位（或材料、设备供应单位）组成。

（2）工程竣工前，按合同规定在检验系统运行稳定，各项指标达到设计及规范要求，方组织正式验收，验收完毕按移交程序办理移交工作。

（3）由工程项目移交工作组分别组成建筑主体与装修、电气工程、给排水工程、暖通工程、智能化工程、消防工程等专业的移交小组分专业与接收单位进行移交。

（4）移交工作进行过程中发现存在的质量缺陷，填写《工程回访单》予以记录，并由监理单位通知承包单位限期予以整改，逾期不予整改的，由建设单位全过程工程咨询单位组织安排队伍整改，其费用从责任方质量保证金中支付。

（5）工程实体移交给使用单位后，各项维护、保修权利主体变更为使用单位，各从业单位维护、保修义务及有关质量责任不变。

（6）工程决算完成经审计部门审计后，进行工程项目的资产交割，办理相关手续。

（7）建设单位在有关合同的签订时，应阐明项目建设单位的资产转移。可视具体项目条件，考虑将因合同对方原因影响工程向建设单位移交的时间作为违约索赔事项，在合同中加以明确。建设单位在与建设单位办理资产移交和资产交割时，法律顾问应对移交过程提供咨询、见证意见。

（8）对于按期通过竣工验收、办理完竣工验收备案、工程决算完成、不存在违约索赔争议、档案文件齐全的工程项目，由项目移交工作组按本节规定的移交程序与接收单位办理工程移交。

（9）对于已通过竣工验收、办理完竣工验收备案，但因存在工程量计量、工程款支付、工期等方面违约索赔事项，致使工程决算不能正常进行或存有其他争议的工程项目，该工程可暂不办理移交。如确有必要办理移交的，可将相关争议事项提交法律顾问进行评估，在经法律顾问确认工程移交不影响争议解决的，可由工程项目移交工作组按本节规定的移交程序与接收单位先行办理工程移交，但在办理移交时，应当对处理争议的所需的相关文件档案预留备份，并对处理争议所需的相关文件档案原件建立检索路径，避免工程文件的移交妨碍相关争议处理。

31.3 竣工验收及移交阶段报批报建检测及测绘工作内容

竣工验收及移交阶段报批报建检测及测绘工作内容　　　　　表 31.3

序号	实施机构	事项名称	办理时限	是否收费	服务成果	办理阶段
1	市卫生健康委员会、省质监局	室内空气质量检测	12 个工作日	是	室内空气质量检测报告	检测及测绘
2	省质监局	生活用水水质检测	12 个工作日	是	生活用水水质检测报告	
3	测绘与地理信息局	房产测绘	预测绘 16 个工作日实测绘 21 个工作日	是	房产测绘成果	
4	市园林文物局、市规划和自然资源局	绿地面积测绘	11 个工作日	是	绿地面积测绘成果	
5	市公安消防局、省质监局	建筑消防设施检测	按照工程进度	是	建筑消防设施检测报告	
6	市规划和自然资源局、测绘与地理信息局	土地登记宗地测绘及用地复核验收宗地测绘	15 个工作日	是	土地登记宗地测绘及用地复核验收宗地测绘成果	
7	市气象局	防雷检测	15 个工作日	是	防雷检测报告	
8	市规划和自然资源局、市园林文物局、市住保房管局、市人民防空办公室	综合测绘（联合测绘）报告编制	15 个工作日	是	综合测绘（联合测绘）报告	

续表

序号	实施机构	事项名称	办理时限	是否收费	服务成果	办理阶段
9	市供电公司	建设工程临时用电审批	大约需要用时53 天	部分	正式通电	配套手续
10	市水务集团	建设工程正式通水手续	21 个工作日	部分	正式通水	
11	市燃气公司	非居民用户管道燃气安装接入	19 天内	部分	正式通燃气	
12	交警大队	占用及挖掘道路行政许可	7 个工作日	否	占道及挖掘道路行政许可决定书	
13	市城管局	占用、挖掘城市道路审批	15 个工作日	是	占用、挖掘城市道路审批	
14	市园林文物局	占道、挖掘城市绿地核准	20 个工作日	是	行政许可决定书	
15	市城管局	排水接管技术审查	15 个工作日	否	建设项目排水接管技术审查同意意见书	配套手续
16	市城管局	建设项目排水许可	20 个工作日	否	建设项目排水许可证	配套手续
17	市规划和自然资源局	建设工程竣工规划核实	12 工作日	否	建设工程规划核实确认书	竣工专项验收
18	建设、规划、国土、消防、人防、城管、交警、卫生等部门	联合专项验收	25 工作日	否	竣工测验合一综合意见	
19	市城建档案馆	档案专项验收及移交	—	否	建设工程竣工档案认可意见书	
20	市城乡建设委员会	单位工程五方主体竣工验收（含节能验收）	—	否	竣工验收报告	竣工验收备案及产权证办理
21	市城乡建设委员会	房屋建筑工程竣工验收备案	1 工作日	否	竣工验收备案表	
22	不动产登记中心	产权证办理	5 工作日	否	产权证	